JN409782

회계학
레시피

고윤성 저

유비온

p r e f a c e

머리말

친 구 : "너 회계 공부하고 있다며, 잘 되어가니?"
고윤성 : "잘 되긴…… 미치겠어. 알 것 같기도 하고, 모를 것 같기도 하고. 알고 있다고 생각했던 것도 실제로 문제를 풀려고 하면 안 풀려. 아무래도 내 팔자에 회계는 없는 것 같아 …… 휴."

위의 대화는 약 30년 전에 제가 실제로 했던 이야기입니다. 정말 회계란 존재를 내 인생의 옆에 두고 싶어 하지 않았던 그 시절, 회계학 책에 있는 수많은 이야기와 숫자들은 저에게 그냥 새하얀 종이와 검은 점들에 불과했습니다. 수많은 회사와 조직이 회계처리를 하고 있으며, 그보다 훨씬 많은 사람들이 회계 관련 일을 하면서 살아가고 있는데, 나는 그들보다 너무나 아둔하여 회계가 어렵기만 한 것일까? 라는 생각을 수도 없이 해보았습니다.

그 이후 여러 우여곡절을 겪으며 지금까지 30년간 회계를 하면서 살고 있는 저를 보면서 두 가지 생각이 들었습니다.

첫째, 인생은 참 알 수 없구나.
둘째, 회계는 정말 어렵기만 한 것일까?

잠시 생각해 보면 회계가 엄청나게 어렵기만 한 것이라면 평범해 보이는 저 수많은 사람들이 회계를 하면서 살아갈 수는 없을 것입니다. 물론 회계를 이해하기 위하여 많은 시간을 투자하였겠지요.

회계를 이해함에 있어서 지름길은 없지만, 고속도로는 있습니다.

회계학 레시피는 회계기준에 따라 정해져 있는 회계를 처음 공부하고자 하는 분들에게 명확한 로드맵을 제시하고, 그에 따라 직관적으로 이해할 수 있도록 친절하고 반복적인 설명을 함으로써 효율적으로 회계를 공부하는 데 도움을 드리고자 합니다.

이 책을 집필하면서 가장 주안점을 둔 부분은 회계의 필요성은 크게 느끼지만, 회계의 어려움과 막막함으로 인해 시작을 망설이는 사회인과 대학에서 회계원리를 수강하는 학생들을 위하여 좀 더 쉽게 이해되고 즐겁게 읽을 수 있는 회계학 책을 만들고자 함이었습니다. 회계는 어렵고 재미없다는 인식에서 벗어나 회계를 처음 접하는 독자들이 이 책의 간결하고 쉬운 문장과 한눈에 쏙 들어오는 핵심정리 그림을 통해 흥미를 가지고 즐겁게 공부할 수 있었으면 하는 것이 저자의 간절한 바람입니다.

p r e f a c e

맛있는 요리를 만들기 위해서 초보요리사가 레시피를 보고 차근차근 요리를 배워나가듯, 회계학의 기초를 배우고자 하는 독자들에게 이 책이 친절한 회계학 레시피가 되었으면 합니다.

이 책은 한국채택국제회계기준을 도입한 직후인 2012년도 회계학 레시피 1판을 저술한 이후 지난 8년간 주요 회계기준이 변경되는 내용을 반영하고, 회계를 처음 공부하는 분들의 학습 효율성을 높이기 위하여 다양한 변화를 하여 왔으며, 최근 변경된 손상 및 금융자산 관련 회계기준을 반영하였습니다.

또한 기업의사결정의 핵심정보인 회계가 기업의 운영과 어떻게 연결되어 운영되는지를 초심자도 쉽게 이해할 수 있도록 4행(四行 : 수水 · 목木 · 화火 · 금金)의 원리를 활용하여 설명하였습니다. 즉, 기업의 의사결정 과정인 자금의 조달(수水 : 부채와 자본), 자금의 활용(목木 : 자산), 투자(화火 : 비용), 회수(금金 : 수익)가 회계와 어떻게 연동되는지에 대한 새롭고 흥미로운 시각을 제시하였습니다.

이 책의 구성은 다음과 같습니다.

▶ 기본적으로 알아야 할 회계학의 기본 내용만을 담아 총 11편으로 구성하였고, 각 편을 1장, 2장, 3장으로 구분하여 대학에서 실제 3시간 동안 강의하고 학습하는 데 도움이 되도록 하였습니다.

▶ 간결하고 명확한 설명을 비롯하여 해당 설명에 대한 Key point와 예제를 실어 본문 내용의 이해 및 학습효과를 극대화하였습니다. 그리고 각 장의 마지막 부분에 있는 학습정리를 통하여 학습한 내용을 반복 정리할 수 있도록 구성하였습니다.

▶ 다양하고 풍부한 퀴즈, 객관식 및 주관식으로 연습문제를 구성하여 응용능력이 향상될 수 있도록 하였습니다. 또한 각 문제마다 난이도를 표시함으로써 수준에 맞는 학습이 가능하도록 하였습니다.

이 책의 완성도를 높이기 위하여 열정을 다해 지속적이고 반복적인 검토를 해주신 ㈜유비온 관계자 여러분에게 감사를 드립니다. 앞으로 보다 유용한 책이 될 수 있도록 충실히 개선작업을 하도록 하겠습니다. 또한 선생님들의 강의의 편의와 학생들의 내용정리를 위하여 강의교안(PPT파일)을 준비하였으니 적절히 활용하시길 바랍니다.

엄청난 사건들이 세상을 뒤덮고 있는 2020년, 회계학 레시피 5판의 개정 작업을 끝까지 마칠 수 있도록 허락해 주신 주님과 사랑하는 아내, 귀한 보석 나윤, 나은 그리고 부족한 제가 오늘날 있기까지 오직 사랑으로 키워주신 그리운 어머님과 아버님께 감사의 말씀을 드립니다.

2020년 8월 저자 올림

c o n t e n t s

차 례

제1편 재무회계 기초 개념

c o n t e n t s

제2편 재무제표 및 재무보고 개념체계

c o n t e n t s

contents

제5편 재고자산

c o n t e n t s

제6편 유형자산과 무형자산

제7편 금융자산 Ⅱ

제8편 금융부채 및 금융자산 Ⅲ

c o n t e n t s

제9편 자 본

contents

c o n t e n t s

제 1 편

재무회계 기초 개념

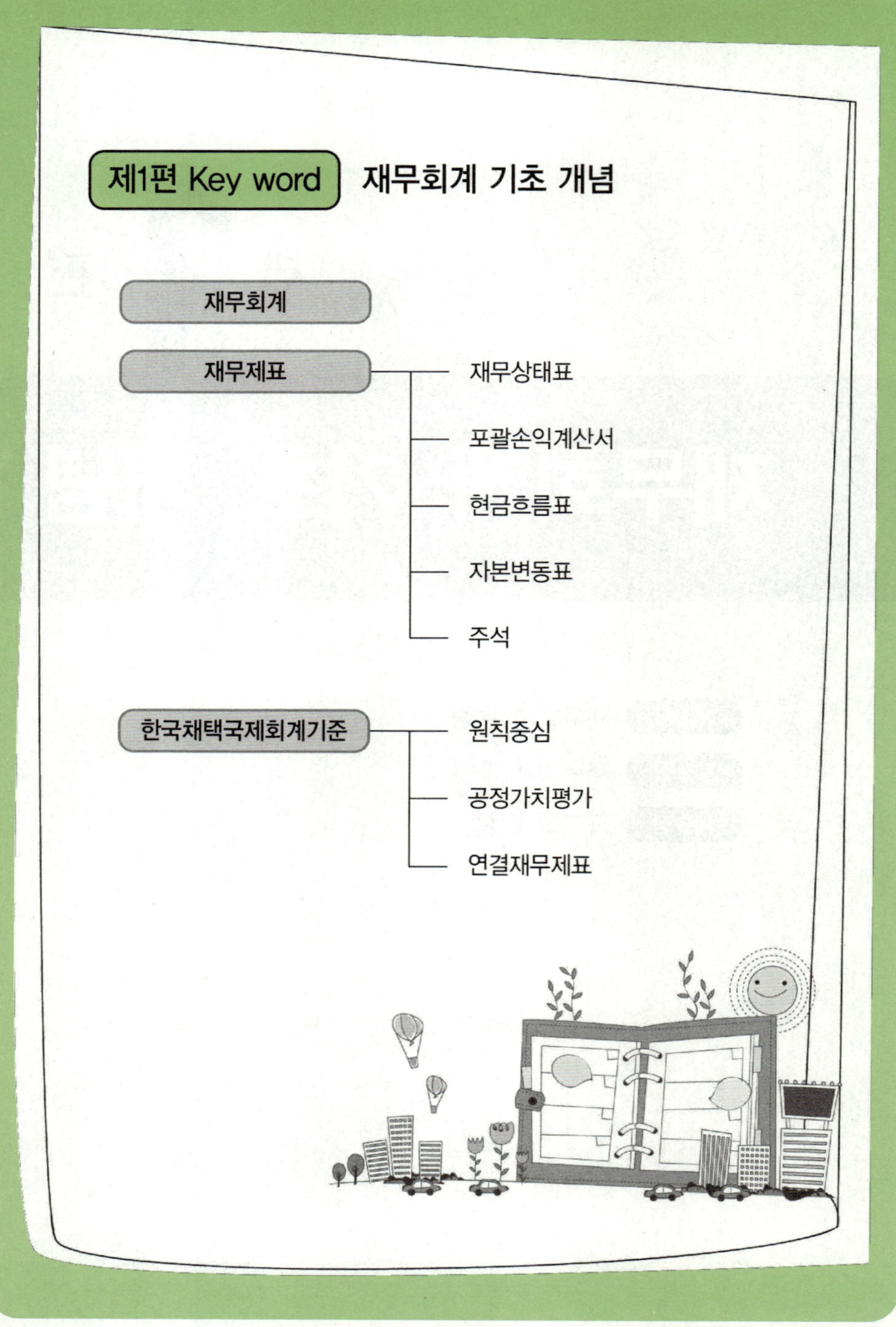
제1편 Key word
재무회계 기초 개념
재무회계
재무제표
재무상태표
포괄손익계산서
현금흐름표
자본변동표
주석
한국채택국제회계기준
원칙중심
공정가치평가
연결재무제표

기업의 과거, 현재, 미래 그리고 회계학

회계학은 각 경제주체의 과거, 현재, 미래에 대한 의사결정 내용을 담고 있는 가계부이다. 우리는 가계부를 통해 다양한 경제주체(국가, 기업, 학교, 병원 등)의 과거 및 현재를 살펴보고 특히 미래를 엿보고자 한다. 즉, 다양한 경제주체 중 우리는 특히 기업의 과거, 현재를 정확히 파악하여, 기업의 미래를 보다 정확하게 예측하고자 하는 것이 회계학의 주된 목적이라고 할 것이다. 그런 의미에서 회계학은 미래학이다.

일상생활 속에서 우리는 많은 경우 미래를 엿보고 싶어 하고, 그래서 새해가 되면 토종비결 같은 것을 보기도 한다. 토종비결을 볼 때 가장 기본적으로 활용되는 정보는 인간에게 주어진 가장 오래된 정보인 생시(生時)이고, 생시를 통해 결정된 오행(五行 : 수水·목木·화火·금金·토土)을 이용하여 과거 및 현재 그리고 미래를 이야기한다.

회계학도 과거 및 현재 그리고 미래를 이야기한다는 차원에서 토종비결과 일맥상통하는 면이 존재한다. 본 책도 기업의 과거 및 현재 그리고 미래를 이야기함에 있어서 기업의 오행 중 토土를 제외한 수水·목木·화火·금金을 이용하여 기업의 과거, 현재, 미래에 대해 이야기를 하고자 한다.

첫째－수水, 기업을 설립 및 운영하기 위해서는 돈이 필요하다. 돈은 물(수水)이라고 할 수 있다. 신체도, 농사도, 경제도 적당하고 좋은 물이 잘 순환하여야 건강해지는 것과 같이 물(수水)은 생명유지에 있어서 가장 필수적인 요소이다. 기업을 운용하기 위해서는 돈이 필요함에 따라 경영자는 우선 돈을 마련해야 한다. 기본적으로 돈의 종류를 남의 돈과 내 돈으로 구분할 수 있다. 즉, 기업을 운영함에 있어서는 남의 돈과 내 돈을 어떻게 조달할지? 얼마나 조달할지? 등이 1차적으로 필요한 의사결정사항이다. 회계학에서는 남의 돈을 부채, 내 돈을 자본이라고 한다. 남의 돈(부채)을 너무 많이 빌리면 상환의 위험을 나타내는 부채비율이 높아지게 되고, 내 돈(자본)은 주주의 몫이기 때문에 세심한 관리가 필요하다.

둘째－목木, 필요한 물(수水)이 준비되었다면, 물을 잘 공급하여 좋은 나무(목木)를 키워야 한다. 즉, 물(수水)을 사용하여 기업 운영상 필요한 도구(목木)를 마련해야 한다. 나무(목木)를 이용하여 필요한 집도 짓고, 책상도 만들고, 필요한 장비도 만든다. 회계학에서는 나무(목木)에 해당하는 도구를 자산이라고 한다. 즉, 사무실, 공장, 기계, 자동차 등의 도구(목木)를 이용하여 기업을 운영하게 된다.

셋째－화火, 잘 키운 나무(목木)로 적당한 불(화火)을 피우는 것이 필요하다. 불(화火)은 에너지로서 기본적인 동력(Input)이 된다. 맛있는 요리를 함에 있어서 가장 중요한 요소 중 하나는 불(화火) 조절이다. 너무 강해도 안 되고, 너무 약해도 맛있는 요리를 만들 수 없다. 회계학에서는 화火를 비용이라고 한다. 화火의 핵심이 불조절인 것과 같이, 적절한 비용 지출을 위한 의사결정은 매우 중요하다. 즉, 인건비, 재료비, 관리비 등을 합리적으로 사용하는 것이 필요하다. 비용의 지출이 너무 많아도, 너무 적어도 기업 운영에 문제가 생긴다.

넷째－금金, 결국 기업의 1차원적 목적은 돈(금金)을 버는 것이다. 적당한 자원(수水)을 사용하여 좋은 도구(목木)를 마련하고, 합리적인 비용(화火)을 투입하여 돈(금金)을 버는 것이 기본적이면서 가장 중요한 기업의 의사결정사항이다. 회계학에서는 돈(금金)을 수익이라고 한다. 수익은 결과물(Output)이므로 투입 대비 결과물을 좋게 하는 것이 모든 의사결정의 핵심사항이다.

이러한 수水·목木·화火·금金의 관련성을 도식화하면 다음과 같다. 기업 의사결정에서 가장 중요한 수水·목木·화火·금金을 가계부를 통해 기록 및 분석하고 의사결정에 사용하기 위하여 우리는 몇 가지 종류의 가계부를 작성한다. 가계부 중에서 가장 중요한 가계부인 재무상태표에는 자금의 조달(수水)과 자금의 활용(목木)을 기록하고, 포괄손익계산서에는 비용(화火)과 수익(금金)을 기록하여 체계적으로 4가지 요소를 관리한다. 따라서 우리는 재무상태표와 포괄손익계산서를 중심으로 회계학을 학습하고자 한다.

제1장 재무회계 특징

:: 학습목표

- ✔ 현대사회에서 회계학이 중요한 이유가 무엇인지 학습한다.
- ✔ 회계의 개념을 학습한다.
- ✔ 회계정보이용자가 누구인지 학습한다.
- ✔ 회계정보의 기능이 무엇인지 학습한다.
- ✔ 회계학의 분야에 대해 학습한다.

1 재무회계(Financial accounting) 개념

(1) 현대사회에서 회계학이 중요한 이유

현대사회에서 현대인들은 일상의 여러 부문에서 돈을 벌고, 지출을 하는 등 변동하는 돈의 흐름에 관심을 가지고 돈과 관련된 의사결정에 직면하게 된다. 이처럼 우리가 일상생활에서 접하게 되는 회계 관련 의사결정에는 무엇이 있을까?
가정에서는 하루의 지출내역에 대하여 가계부를 적어 경제적인 생활을 하기를 원한다. 한 달의 수입 중 지출한 내역을 기재하여 한 달 동안의 수입범위 내에서 생활을 하고, 향후의 계획을 수립한다.
기업에서는 다양한 의사결정을 함에 있어서 자금의 조달 및 활용 의사결정을 하고, 향후 미래가치를 평가하기 위하여 회계정보를 이용한다.

현대사회는 소유와 경영이 분리되고, 주식회사제도가 발전됨에 따라 기업의 소유자는 주주이지만, 실제적인 경영은 경영자가 대신하여 수행하고 있다. 이처럼 경영자는 자신에게 맡겨진 돈의 흐름에 대한 정보를 명확히 보고하여야 할 수탁책임이 있으며 이러한 돈에 대한 수탁책임을 잘 수행하였다는 것을 성실히 측정, 기록, 보고하여야 한다.
결론적으로 현대사회에서 회계가 필요한 이유는 현대사회에 필요한 경제적 의사결정에 유용한 정보의 제공과 수탁책임에 대한 회계보고 때문이다. 특히 우리가

이 책에서 중점적으로 살펴보고자 하는 것은 기업 활동과 관련되어 있는 회계정보이다.

기업의 회계정보란 **기업의 성적표**라고 할 수 있다. 우리는 기업의 성적표인 회계정보를 통하여 자신이 투자하고자 하는 기업의 재산상태가 어떠한지, 향후 이 기업이 돈을 잘 벌 수 있을 것인지 등에 대한 예측을 하고자 한다.

① 회계는 기업의 입장에서 작성하는 "기업의 가계부"이다.
② 회계는 다양한 이해관계자(관심 있는 사람)를 위해 생성한다.
③ 기업의 가계부를 작성함에 있어서는 공식적인 기업의 언어로 기록한 장부(재무제표)를 제공해야 한다.

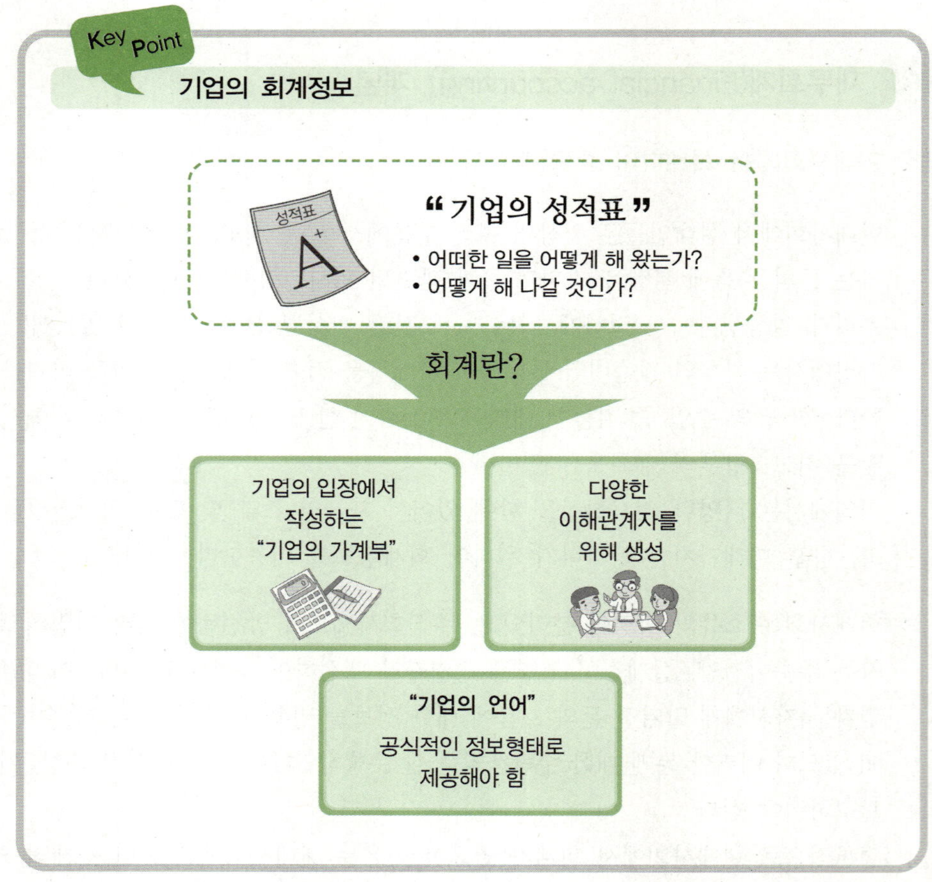

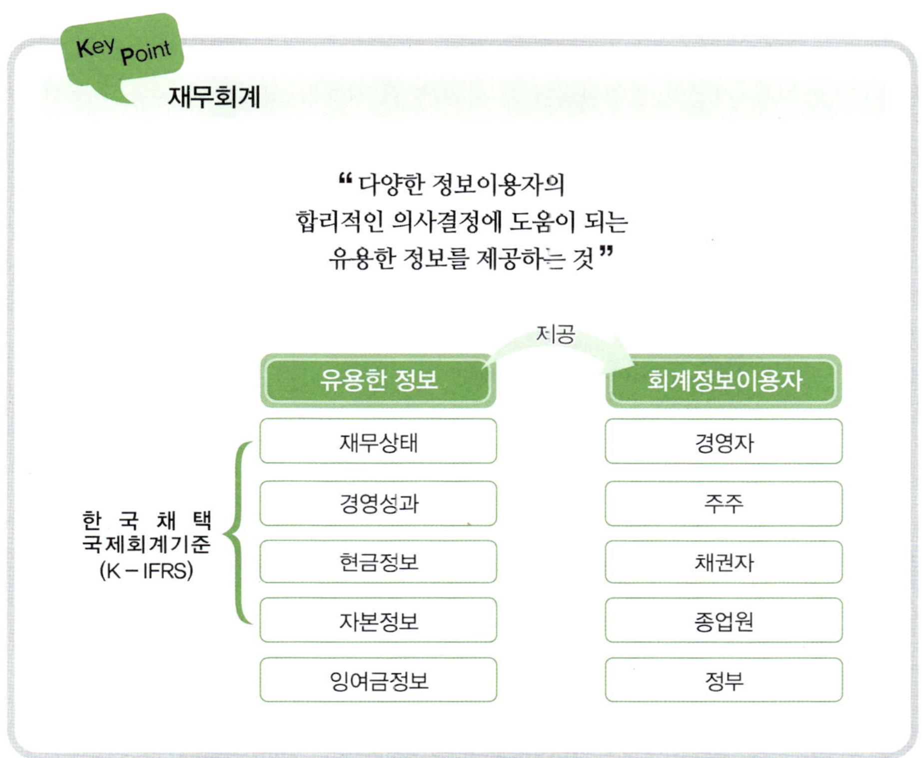
Key Point
재무회계
"다양한 정보이용자의
합리적인 의사결정에 도움이 되는
유용한 정보를 제공하는 것"
제공
유용한 정보
회계정보이용자
재무상태
경영성과
현금정보
자본정보
잉여금정보
경영자
주주
채권자
종업원
정부
한국채택
국제회계기준
(K-IFRS)

(2) 회계정보의 흐름

회계정보는 기업의 경영활동을 통해 발생된 거래를 식별하여 유용한 정보의 형태로 측정 및 전달하여 합리적인 경영의사결정에 도움이 되도록 하기 위함이고, 그에 따라 회계정보는 다음의 흐름과 같이 식별, 측정, 전달된다.

2 회계정보이용자(User of accounting information)

(1) 회계정보이용자 개념

① 회계정보이용자란 회계정보가 나타내는 실체(기업 등)의 경제적 현상에 대하여 직접 혹은 간접으로 이해관계를 맺고 있는 개인 혹은 집단 등이다.

② 회계정보이용자는 자신의 경제적 이익을 보호하거나 극대화하기 위하여 경제적 현상에 대하여 관심을 가지고 회계정보를 필요로 한다. 따라서 회계는 회계정보이용자의 이익을 보호 또는 극대화하기 위하여 관심을 가지고 있는 실제의 경제적 현상을 적절히 나타내야 한다.

(2) 회계정보이용자 종류

① 회계정보이용자는 기업의 현재 및 잠재적 이해관계자를 포함한다.

② 기업에 자본을 공급하는 주주 및 채권자가 주된 이해관계자이다.

③ 경영자, 정부, 종업원, 시민단체, 고객은 기업의 내부 및 외부 이해관계자이다.

(3) 회계정보이용자별 회계정보의 이용 목적

① 주주 및 투자자는 투자이익률, 배당수익률 등을 검증하기 위해 회계정보가 필요하다.

② 채권자는 원금 및 이자회수의 확실성을 위해 회계정보를 이용한다.

③ 종업원은 직장의 안정성 및 보상의 적절성을 위해 회계정보를 필요로 한다.

④ 거래상대방은 대금회수의 확실성과 계약의 지속성 등을 위해 회계정보를 이용한다.

⑤ 정부는 조세징수를 위한 정보를 얻기 위해 회계정보를 필요로 한다.

⑥ 이상에서 언급한 정보이용자 이외에도 다양한 정보이용자들이 각자의 목적을 달성하기 위해 회계정보를 필요로 한다.

[회계정보이용자와 회계정보이용 목적]

회계정보이용자	회계정보이용 목적
주주 및 투자자	투자이익 및 배당 가능성
채권자	원금 및 이자회수의 확실성
종업원(노동조합)	직장의 안정성, 보상의 적절성
거래상대방	대금회수의 확실성, 계약의 지속성
정부	조세징수

3 회계정보 기능 및 종류

(1) 회계정보 기능

1) 경제적 의사결정

① 사회의 한정된 자원의 활용 및 배분은 개인의 경제적 의사결정을 통해 이루어진다. 각 개인은 자신의 한정된 자원을 활용하여 최대의 효익을 얻으려고 하며, 이러한 목적을 위하여 그들은 의사결정과 관련된 경제적 현상의 의미를 이해할 필요가 있다.

② 회계는 이와 같이 한정된 자원의 활용에 따른 경제적 현상을 가장 기본적인 단위인 화폐 단위로 표현함으로써 합리적이고 객관적인 의사결정을 내릴 수 있게 한다.

2) 자원 관리

① 기업은 일정한 인적·물적 자원을 지배하며, 기업이 지배하는 자원을 활용하여 기업의 기능을 효과적으로 수행하기 위한 의사결정을 한다.
② 회계는 기업의 지배하에 있는 인적·물적 자원을 효율적이고 효과적으로 관리할 수 있도록 자원의 경제적 가치 등에 대한 정보를 제공해 준다.

3) 수탁책임 보고

① 기업의 규모가 커지고 복잡해짐에 따라 투자자(주주, 채권자 등)를 대신하여 투자자의 자원을 경영자들이 수탁하여 운영하게 되었다.
② 회계는 기업의 자원을 위임받아 관리하는 수탁자(경영인)가 위탁자(주주, 채권자 등)에게 회사 경영에 관한 정보를 제공해 준다.

4) 정책적 기능

회계는 조세 자료, 경영·경제정책 자료, 기업의 부정행위 등과 관련된 정보를 제공한다.

(2) 회계정보 목적 및 종류

미국의 회계 개념 보고서 1호는 회계정보(재무회계)의 목적을 아래와 같이 정의하고 있다.

① 현재 및 잠재적인 투자자와 채권자, 그리고 기타 이용자들이 투자와 신용제공 및 이와 유사한 문제에 대한 합리적인 의사결정을 하는 데 유용한 정보를 제공하여야 한다.

② 현재 및 잠재적인 투자자와 채권자, 그리고 기타 이용자들이 배당이나 이자 및 증권의 매각, 대여금의 상환 등으로부터 유입될 것으로 예상되는 현금수취액의 금액과 시기 및 불확실성을 평가하는 데 도움이 되는 정보를 제공하여야 한다.
③ 기업의 경제적 자원과 경제적 자원에 대한 청구권 및 자원과 청구권에 변동을 일으키는 거래와 사건, 환경의 영향 등에 관한 정보를 제공하여야 한다.

즉, 회계정보(재무회계)의 목적은 투자 및 신용제공과 관련한 의사결정에 유용한 정보를 제공하는 것이며, 유용한 정보가 되기 위해서는 투자나 신용제공에 따른 미래의 현금흐름에 관한 정보를 제공해야 한다.

이를 위해서는 기업의 경제적 자원과 경제적 자원에 대한 청구권(재무상태표) 및 자원과 청구권의 변동에 관한 사항(포괄손익계산서, 현금흐름표, 자본변동표)을 제공해야 한다.

4 회계학 분야

회계의 주요 기능은 다음과 같다.

① 회사의 가계부(재무제표)를 통하여 기업 외부의 이해관계자들에게 기업의 재무상태 및 경영성과를 적정하게 보고하는 것이다.
② 기업 내부의 경영자와 관리자에게 경영관리에 기여할 수 있도록 회계정보를 제공하는 것이다.

이 두 가지의 기능 중 전자의 역할을 담당하고 있는 회계를 재무회계라 하고 후자를 관리회계라 한다.

(1) 재무회계(Financial accounting)

재무회계의 목적은 기업 전체의 종합적인 재무상태 및 경영성과를 측정·보고하는 것으로서 다음과 같은 특성이 있다.

① 재무회계는 다른 모든 회계의 기초이다.

② 재무회계는 다양한 외부 이해관계자를 위해 생성되기 때문에 사전에 정해진 기준(일반적으로 인정된 회계원칙 GAAP, Generally Accepted Accounting Principles) 또는 법령의 규정에 의하여 준수가 요구되는 강제적인 회계제도의 성격을 강하게 갖는다.

③ 과거와 현재 중심의 정보에 초점을 두고 있다.

④ 한국채택국제회계기준은 재무회계에 대해 규칙중심(Rule based)보다는 원칙중심(Principle based)의 재무회계를 지향하고 있다.

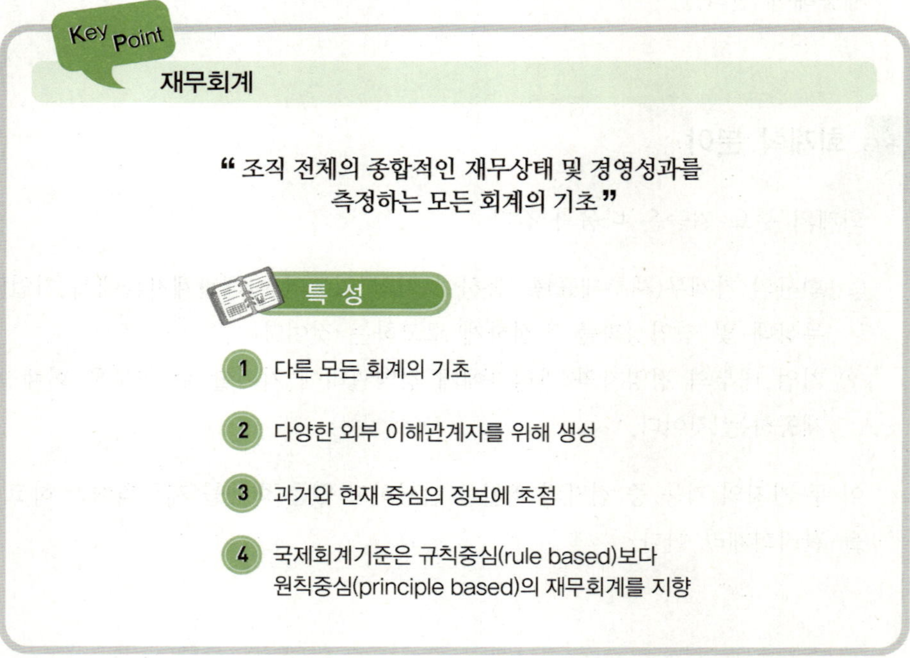

(2) 관리회계(Management accounting)

관리회계는 조직내부 경영 및 관리자를 위한 회계, 또는 경영 및 관리의사결정을 위한 회계로서, 관리회계의 목적은 재무회계를 기초로 하여 경영정책수립에 필요한 자료를 제공하는 것으로 다음과 같은 특성이 있다.

① 관리회계는 내부 경영 및 관리자의 경영관리를 위한 자료를 제공한다.
② 기업 내부적으로 유용성, 실용성을 중시한다.
③ 과거의 정보를 포함하여 현재부터 미래까지의 정보를 지향한다.

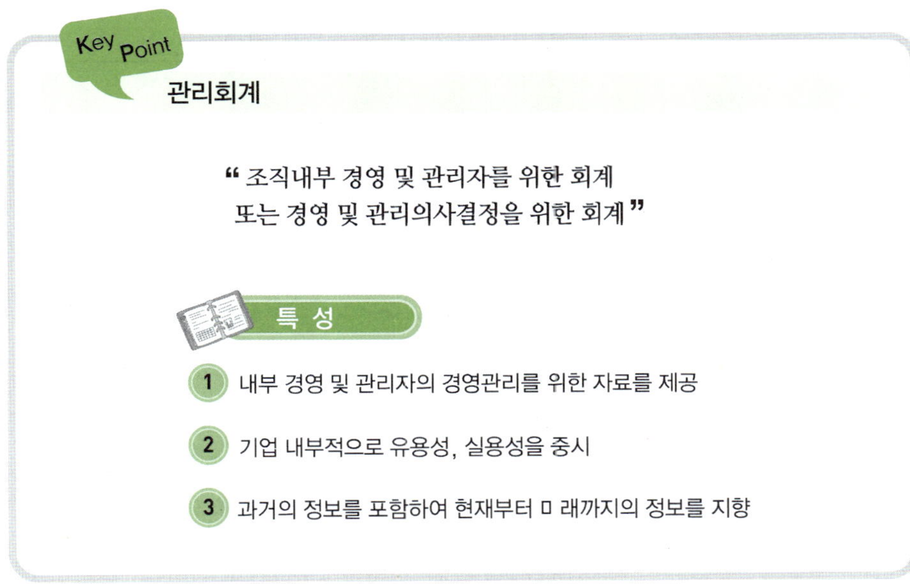

이상에서 언급한 재무회계와 관리회계의 주요 사항을 비교 정리하면 다음과 같다.

[재무회계와 관리회계]

관점 \ 영역	재무회계	관리회계
기능	보고회계, 측정회계	의사결정회계, 업적평가회계
목적	외부이해관계자의 의사결정을 위한 회계정보제공	내부관리자의 경영관리를 위한 자료제공
성격	사회적 조직 속에서 적법성·정확성·정밀성을 중시	내부통제적 조직 속에서 유용성·신속성·실용성을 중시
시간	과거와 현재의 회계	현재부터 미래까지의 정보를 지향
제약	회계기준·법률 기타 전통적 관습에 충실	기타 가능한 모든 방법을 동원하여 문제 해결

(3) 세무회계(Tax accounting)

세무회계는 조세법규에 의하여 과세소득을 계수적으로 정확하게 산정하고 이를 세무당국에 신고하기까지의 일련의 절차와 관련된 회계로서 다음과 같은 특징이 있다.

① 세무회계는 재무회계기준과 세법상 규정의 차이를 조정하는 회계이다.
② 세무회계는 과세소득을 계산하는 회계이다.

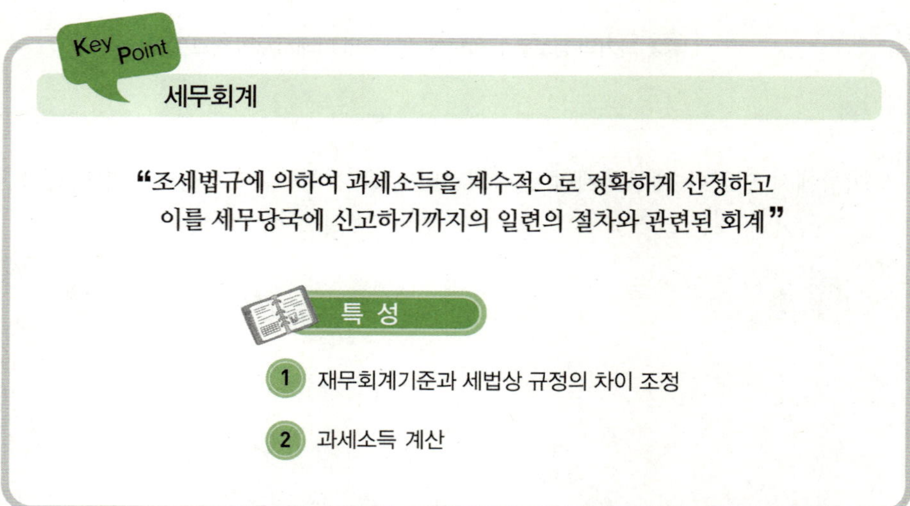

(4) 정부회계 및 비영리회계(Government & non-profit accounting)

정부회계 및 비영리회계는 최근 들어 각광을 받고 있으며, 우리나라 정부 역시 복식부기를 도입함으로써 그 중요성이 강조되고 있다. 이러한 정부회계 및 비영리회계(병원, 사회단체, 종교단체 등)는 영리를 추구하지 않고 공공서비스를 제공한다는 면에서 재무회계와 큰 차이가 존재한다. 따라서 정부회계 및 비영리회계는 이들 단체의 회계보고책임, 운영성과, 재정상태, 재무건전성 등의 보고를 위하여 존재한다. 또한 정부회계 역시 공인회계사 시험과목으로서 관심 및 중요성이 더욱 커지고 있는 추세이다.

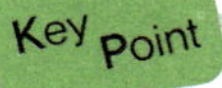

정부회계 및 비영리회계

"영리를 추구하지 않고 공공서비스를 제공하는 기관 및 단체의 회계보고, 운영성과, 재정상태, 재무건전성 등과 관련된 회계"

정부가 복식부기를 도입함으로써 그 중요성이 대두되고 있음

(5) 회계학 기능별·수준별 영역

회계학의 영역을 재무회계와 관리회계로 구분하는 경우에 재무회계의 영역으로는 회계원리, 중급회계, 회계이론(재무제표론), 회계감사, 재무제표분석 등이 있고, 관리회계의 영역으로는 원가회계, CVP분석, 의사결정회계 등이 있다. 또한 세무회계 분야로는 조세개론, 법인세회계, 소득세회계 등이 있다. 회계학의 영역을 기능별, 수준별로 체계화하면 다음과 같다.

[기능별·수준별 회계학 영역]

수준 / 기능	초 급	중 급	고 급
재무회계	회계원리	중급회계, 회계이론, 회계감사	연결/합병회계, 재무제표분석
관리회계	원가회계	관리회계	의사결정회계
세무회계	조세개론	법인세회계	소득세회계 부가가치세회계

5 타 학문과 연계성

(1) 경제학(Economics)

회계학과 경제학은 인간의 경제적 활동 내지 경제현상을 연구대상으로 하고 있으면서도 목적·범위·수단을 달리하고 있다.

회계학	경제학
개별경제의 자본순환과정인 경영실태를 계수적으로 파악	국민경제적인 현상을 총체적으로 파악
기업의 차원인 미시적 입장에서 기업활동 연구	국가적 차원 내지 국제적 차원인 거시적 입장에서 기업활동 연구

기업활동이 합쳐지면 국민경제를 이루는 것이므로 회계학과 경제학의 연구대상은 유사함

(2) 경영학(Business administration)

회계학은 경영학의 한 부분으로서 기업경영을 할 때 가장 필수적이고 기본적인 계량화된 정보를 생산하는 역할을 담당한다.

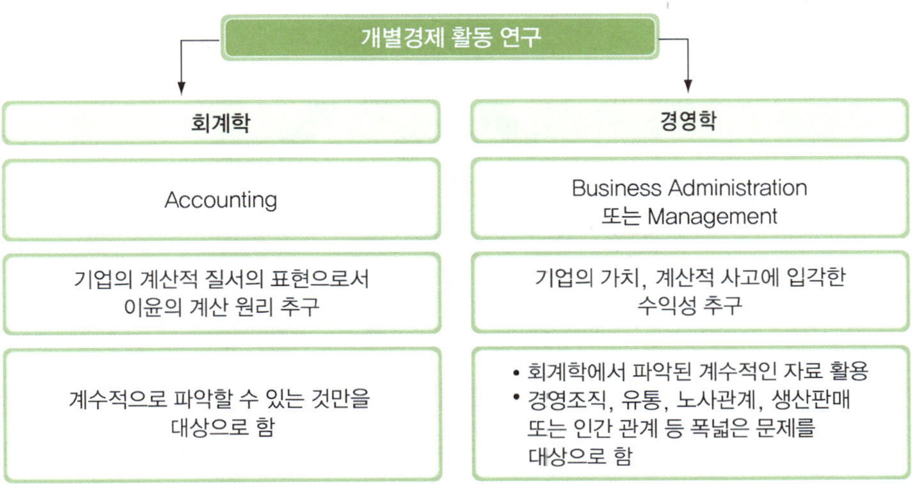

[경영학의 각 분야와 관련된 회계학]

마케팅관리	재화의 판매 및 유통에 관련된 분야로서 판매 분석·가격결정을 위하여 회계정보를 이용하거나 회계적으로 분석함
생산관리	• 생산계획·공정관리·품질관리·재고관리·원가관리 등이 포함됨 • 경영공학과 함께 관리회계의 대상임
인사관리·노무관리	종업원의 채용이나 승진·퇴직·조직편성·임금결정문제 등은 회계정보를 필요로 함
재무관리	• 자본조달론과 자본운영론 등은 회계정보를 필요로 함 • 증권투자론의 중심부분에서 회계적 계산은 필수임

(3) 법학(Law)

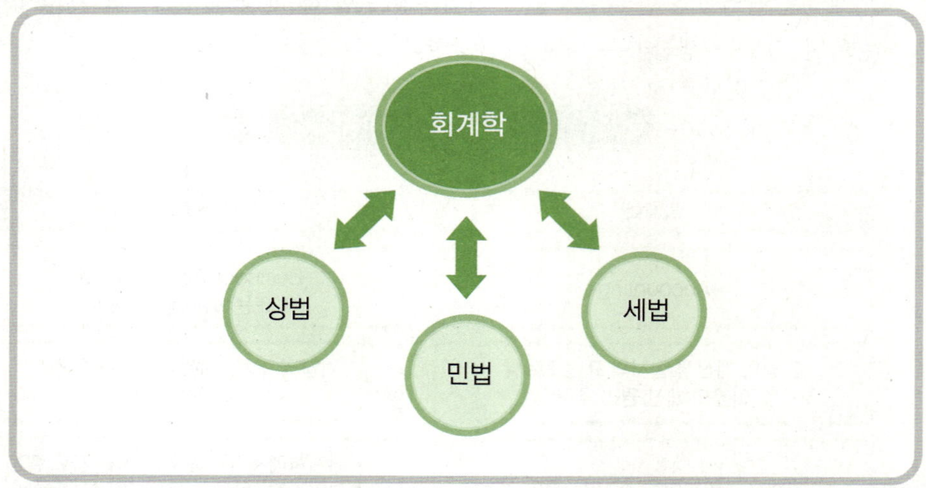

회계학은 주로 재산과 자본의 가치 변동을 계수적으로 파악하는 것으로 재산상의 권리·의무 등의 규제를 중심과제로 다루고 있는 법학과 매우 밀접한 관련성이 있다.

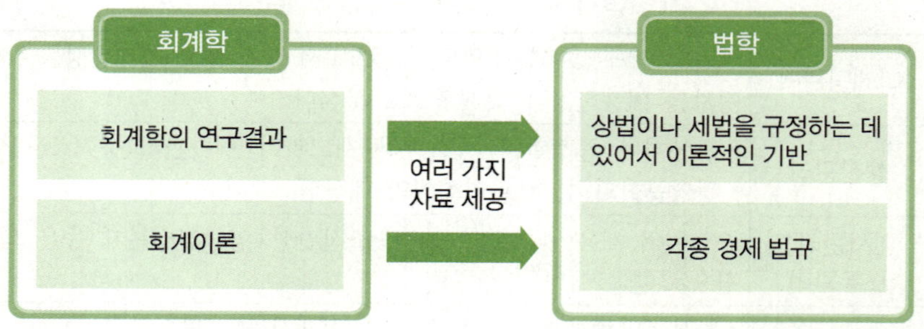

예를 들어 재무제표·자산평가·회계감사 등에 관한 규정이나 그 밖의 경제 관련 법규의 입안·개폐 등은 모두 회계학의 연구 성과를 고려하고 있다. 그러나 법학과 회계는 그 목적이 다르므로 같은 회계문제를 대상으로 하는 경우라도 양자 간의 조정이 매우 어려운 경우가 발생하기도 한다.

(4) 통계학(Statistics)

- 회계학의 연구에 있어 매우 중요하며 이용범위도 확대되고 있다.
- 경영통계는 광의의 회계학에 있어 중요한 부분이다.
- 회계학은 본래 숫자의 개념으로부터 출발한 것으로 통계학 지식을 활용하여 회계정보를 분석해 경영의사결정을 하는 것이 매우 중요하다.

학습 Quiz

01 다음 중 회계의 의의에 대한 설명으로 옳지 않은 것은 무엇인가?

① 거래의 측정 및 기록 과정 ② 기업가치 정보의 전달 과정
③ 경영자의 성과평가 과정 ④ 기업의 부정 적발 과정

02 다음 중 회계정보의 직접적인 이용자로 옳지 않은 것은 무엇인가?

① 미래의 투자자 ② 채권자
③ 인권단체 ④ 기업의 노조

03 다음 중 회계가 제공하는 정보로 옳지 않은 것은 무엇인가?

① 재무상태 정보 ② 미래 주가 예측정보
③ 자본변동 정보 ④ 경영성과 정보

04 다음 중 재무회계의 특징으로 옳지 않은 것은 무엇인가?

① 내부 이해관계자의 의사결정을 위한 정보를 제공한다.
② 계량 가능한 것만 중시한다.
③ 회계기준을 중시한다.
④ 과거와 현재의 정보이다.

05 다음 중 중요한 회계학의 분야로 옳지 않은 것은 무엇인가?

① 재무회계 ② 관리회계
③ 생산회계 ④ 세무회계

해설

01 회계를 통하여 기업의 부정을 밝혀낼 수는 있으나, 기업의 부정을 적발하는 것이 회계의 기능이라고 할 수는 없다. | 정답 ❹ |

02 미래의 투자자, 채권자, 기업의 노조는 회계정보의 직접적인 이용자이다. | 정답 ❸ |

03 회계정보를 이용하여 미래 주가를 예측할 수는 있지만, 회계정보가 직접적으로 미래 주가 예측정보를 제공하지는 않는다. | 정답 ❷ |

04 재무회계는 외부 이해관계자의 의사결정을 위한 정보를 제공한다. | 정답 ❶ |

05 재무회계, 관리회계, 세무회계, 정부회계 등이 중요한 회계학의 분야이다. | 정답 ❸ |

학습정리
*

1. 회계의 중요성

현대사회에서 회계가 필요한 이유는 현대사회에 필요한 경제적 의사결정에 유용한 정보의 제공과 수탁책임에 대한 회계보고 측면이 중요하기 때문이다.

2. 재무회계의 정의

회계정보이용자의 합리적인 의사결정에 유용한 정보를 제공하는 것이다.

3. 회계정보이용자

주주, 채권자, 경영자, 종업원, 정부 등이 있다.

4. 회계정보 종류

	재무제표
(1) 재무상태에 대한 정보	: 재무상태표
(2) 경영성과에 대한 정보	: 포괄손익계산서
(3) 현금에 대한 정보	: 현금흐름표
(4) 자본에 대한 정보	: 자본변동표
(5) 주석과 주기	

5. 회계학 분야

재무회계, 관리회계, 세무회계, 정부회계 및 비영리회계 등이 있다.

6. 재무회계 및 관리회계 특성

재무회계는 재무제표를 통하여 기업 외부의 이해관계자들에게 기업의 경영성과나 재무상태를 적정하게 보고하는 것이고, 관리회계는 기업 내부의 경영자와 관리자에게 경영관리에 기여할 수 있도록 회계정보를 제공하는 것이다.

제2장

재무제표 개념

:: 학습목표

✔ 재무제표 개념을 학습한다.
✔ 재무제표 종류를 학습한다.
✔ 재무제표 특성을 학습한다.

1 재무제표(Financial statements) 정의

① 재무제표는 기업이 경제활동에 관한 재무정보를 이해관계자들에게 전달하기 위하여 작성하는 재무보고서이다.

② 기업의 저무상태와 경영성과 등에 관한 회계정보를 기업의 이해관계자에게 전달할 목적으로 작성되는 일정 양식을 갖춘 계산 서류를 총칭한다.

Key Point

재무제표

" 기업이 경제활동에 관한 재무정보를 이해관계자들에게 전달하기 위하여 일정 양식을 갖추어 작성한 재무보고서 "

2 재무제표 기능

재무제표의 기능은 크게 재무정보의 전달과 경영자의 수탁보고책임의 수단으로 구분할 수 있다.

(1) 재무정보 전달수단

① 재무정보의 전달이라 함은 기업의 재무상태와 경영성적을 일정 시점 혹은 일정 기간마다 확정하여 특정한 양식으로 이해관계자에게 보고하는 것이다.
② 재무상태에 관한 정보는 자산, 부채, 자본으로 재무상태표를 통해 보고한다.
③ 경영성과에 관한 정보는 수익과 비용으로 포괄손익계산서를 통해 보고한다.

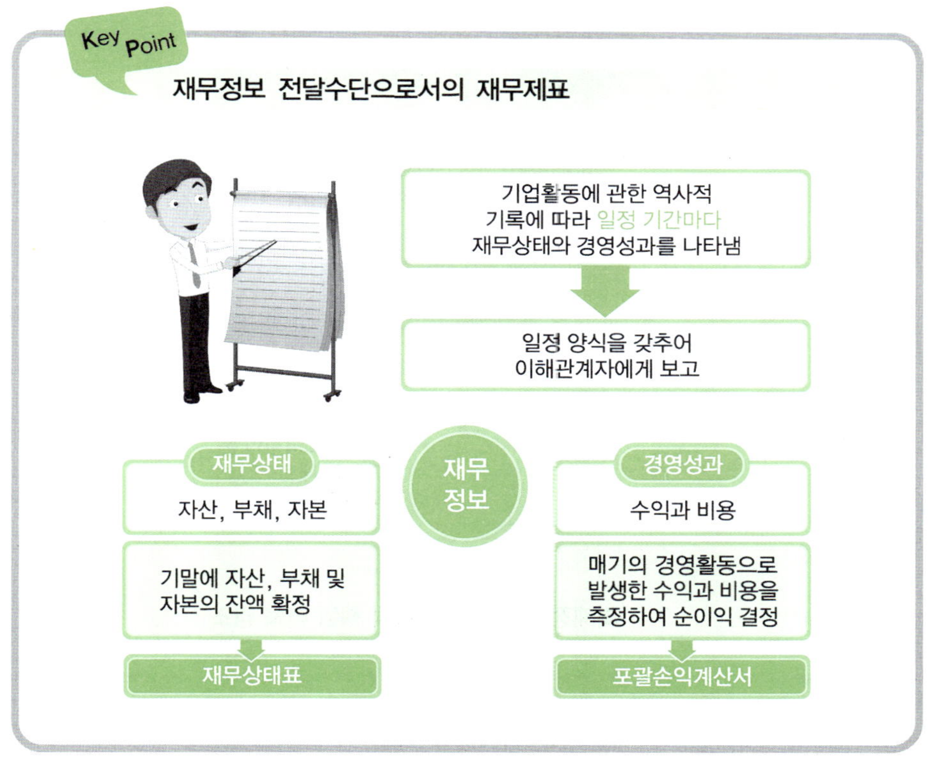

(2) 수탁보고책임의 수단

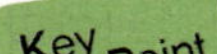

Key Point

수탁책임 보고수단으로서의 재무제표

산업발달 초기

초기에는 재무정보가 기업의 기밀사항이었음

기업의 소유주인 자본주나 은행 등 출자자나 일부 채권자에게만 제공

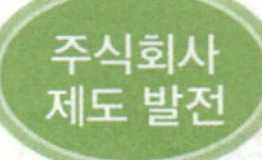

주식회사 제도 발전

소유와 경영의 분리경향이 강화
➡ 기업경영에 직접 관여하지 않는 다수의 부재주주가 발생

기업경영을 위임받은 경영자가 그것을 위임한 주주에 대해서 그의 수탁책임을 명백히 하기 위해 재무정보를 제공할 의무가 발생

신용경제의 발전	주식회사의 양적, 질적 발전
장기채권자의 비중 증대	주주 · 채권자 · 종업원 · 감독관청 · 세무당국 · 거래처 · 고객 · 지역주민 등 기업에 대한 이해관계자가 증대

회계정보 보고의 사회적 책임 더욱 강조

① 산업발달의 초기에 기업의 재무정보는 기밀사항이었으므로 기업의 소유주인 자본주나 은행 등 출자자나 일부 채권자에게만 제공되었다. 그러나 주식회사 제도의 발전에 따라 소유와 경영의 분리경향이 강화되고 기업경영에 직접 관여하지 않는 다수의 부재주주가 발생함에 따라, 기업경영을 위임받은 경영자가 그것을 위임한 주주에 대해서 그의 수탁책임을 명백히 하기 위해 재무정보를 제공해야 하는 의무가 발생하였다.

② 신용경제의 발전은 채권자의 비중을 증대시켰고, 최근에는 주식회사의 양적 및 질적 발전으로 주주·채권자뿐만 아니라 종업원·감독관청·세무당국·거래처·고객·지역주민 등 기업을 둘러싸고 있는 이해관계자가 증대하여 회계정보 보고의 사회적 책임이 더욱 강조되고 있다. 이러한 사회적 책임을 수행하기 위하여 이용되는 것이 재무제표이다.

3 재무제표 종류

한국채택국제회계기준(K－IFRS)상 재무제표는 다음과 같다.

[재무제표의 종류 및 관련 정보]

재무제표의 종류	관련 정보
① 재무상태표	재무상터 보고
② 포괄손익계산서	경영성과 보고
③ 현금흐름표	현금 유출입 보고
④ 자본변동표	자본변동 정보 보고
⑤ 주석과 주기	재무제표상 추가정보 보고

(1) 재무상태표(Statement of financial position)

재무상태표는 일정 시점(결산일 현재)의 회계실체의 재무상태(자산, 부채, 자본)를 나타내는 정태적 보고서이다.

재무상태표는 다음과 같은 유용한 정보를 제공해 준다.

① 기업의 권리(자산), 의무(부채), 순자산(자본)에 관한 정보를 제공한다.
② 기업의 자금 활용과 자금 조달에 관한 정보를 제공한다.
③ 기업의 미래수익 창출능력에 관한 정보를 제공한다.

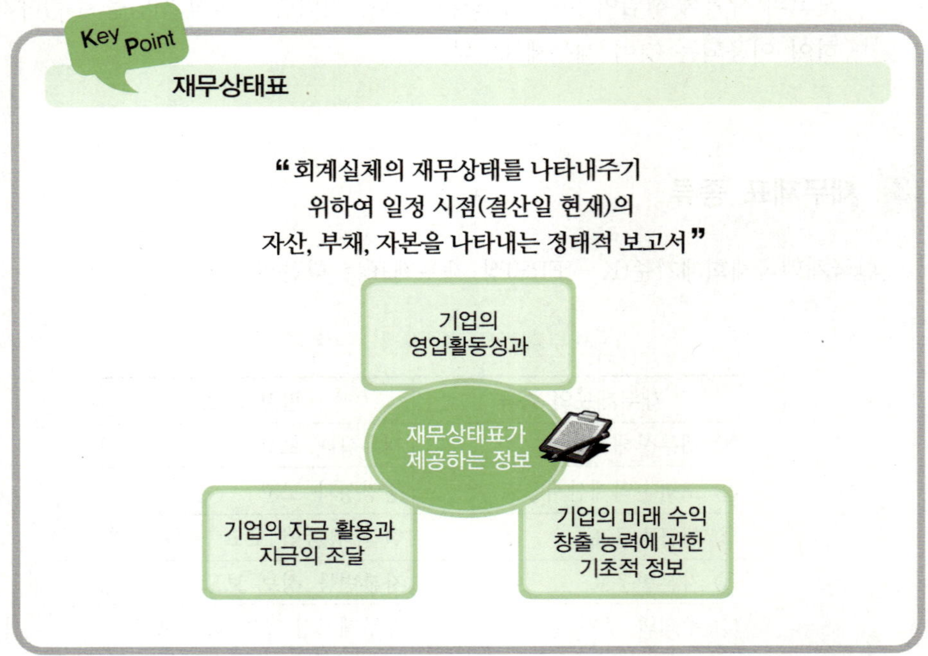

(2) 포괄손익계산서(Statement of comprehensive income)

포괄손익계산서는 일정 기간(회계기간) 동안의 회계실체의 경영성과(수익, 비용, 이익)를 나타내는 동태적 보고서이다.

포괄손익계산서는 다음과 같은 유용한 정보를 제공해 준다.

① 기업의 경영성과에 관한 정보를 제공한다.
② 기업의 수익력과 미래의 순이익흐름에 관한 정보를 제공한다.
③ 기업의 경영계획이나 배당정책을 수립하기 위한 기본정보를 제공한다.
④ 경영분석을 위한 기본정보를 제공한다.
⑤ 경영자의 경영능력이나 경영업적을 평가하기 위한 기본정보를 제공한다.

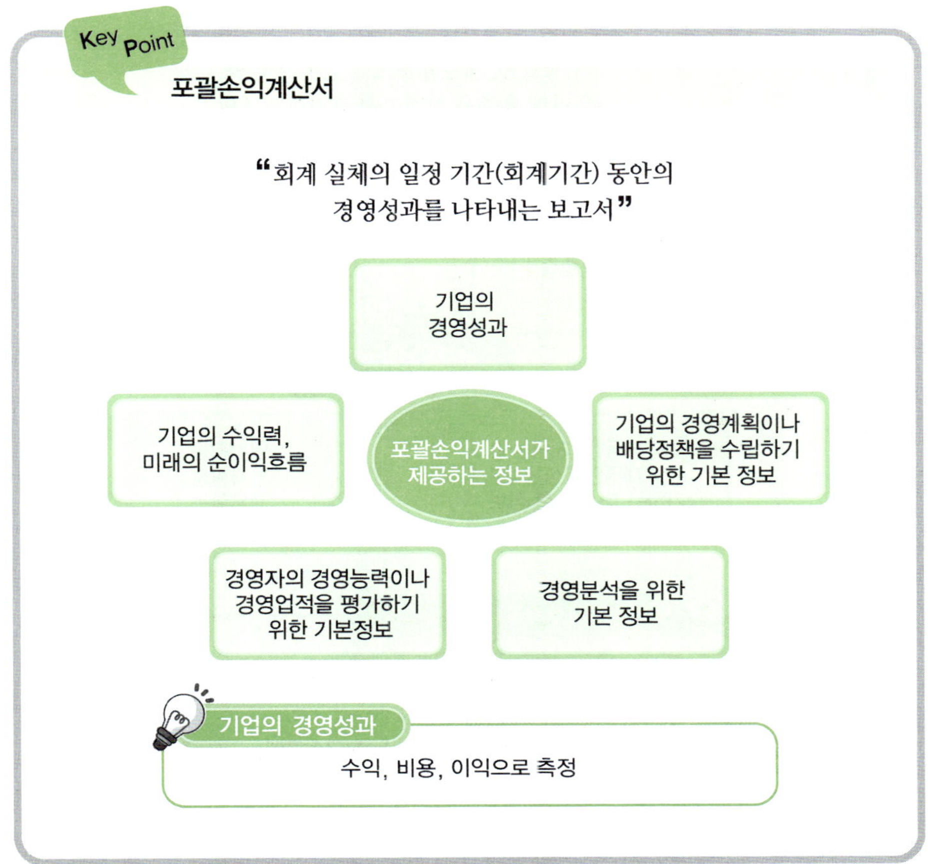

(3) 현금흐름표(Statement of cash flow)

현금흐름표는 일정 기간(회계기간) 동안의 회계실체의 영업활동, 투자활동, 재무활동으로 인한 현금의 변동내용을 나타내는 보고서이다.

현금흐름표는 다음과 같은 유용한 정보를 제공해 준다.

① 미래현금흐름에 대한 정보를 제공한다.
② 이익의 질에 대한 평가를 위한 유용한 정보를 제공한다.

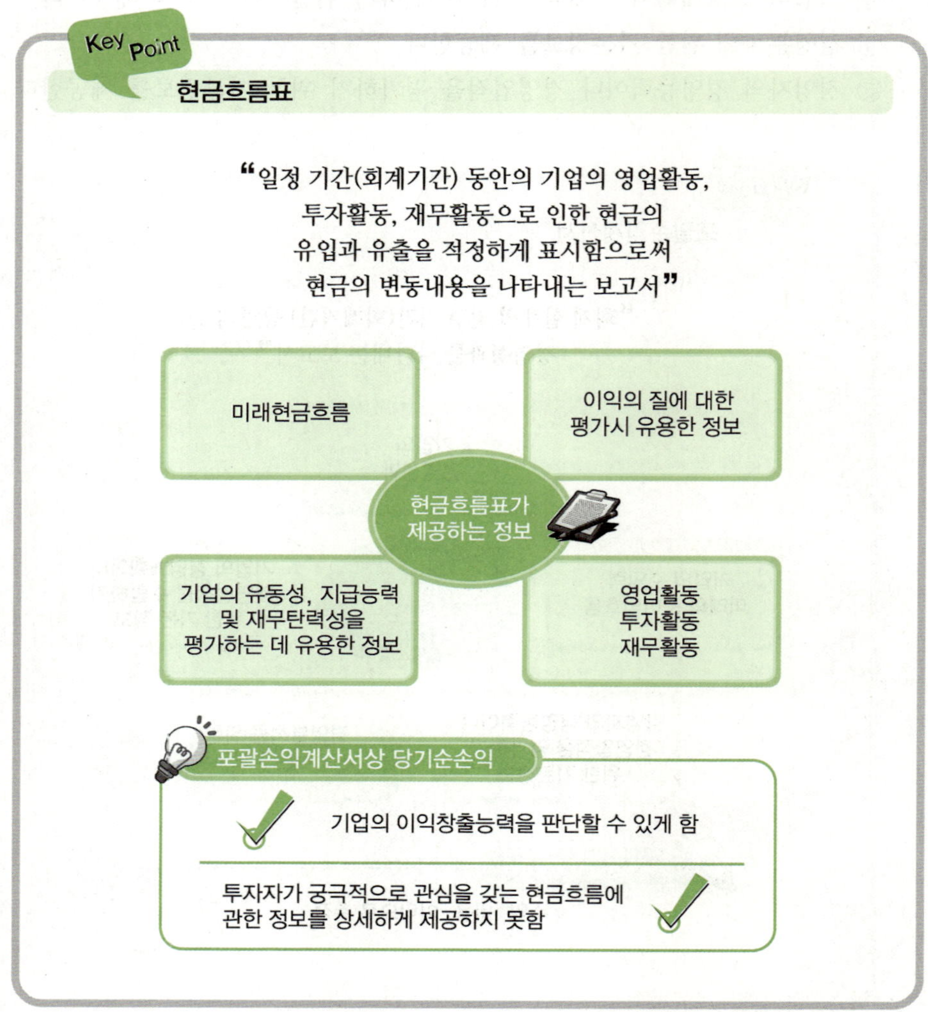

③ 기업의 유동성, 지급능력 및 재무탄력성을 평가하는 데 유용한 정보를 제공한다.
④ 영업활동, 투자활동, 재무활동에 관한 정보를 제공한다.
⑤ 발생주의를 적용하여 계산된 포괄손익계산서상 당기순손익은 기업의 이익창출 능력을 판단할 수 있게 하지만, 현금흐름표는 투자자가 궁극적으로 관심을 갖는 현금흐름에 관한 정보를 상세하게 제공한다.

(4) 자본변동표(Statement of change in equity)

자본변동표는 일정 기간(회계기간) 동안의 자본의 크기와 변동에 관한 정보를 제공하는 보고서이다. 자본변동표에는 납입자본, 이익잉여금 및 기타자본구성요소의 각 항목별로(예 자본금, 자본잉여금, 자본조정, 기타포괄손익누계액 및 이익잉여금) 기초잔액, 변동사항, 기말잔액을 표시한다.

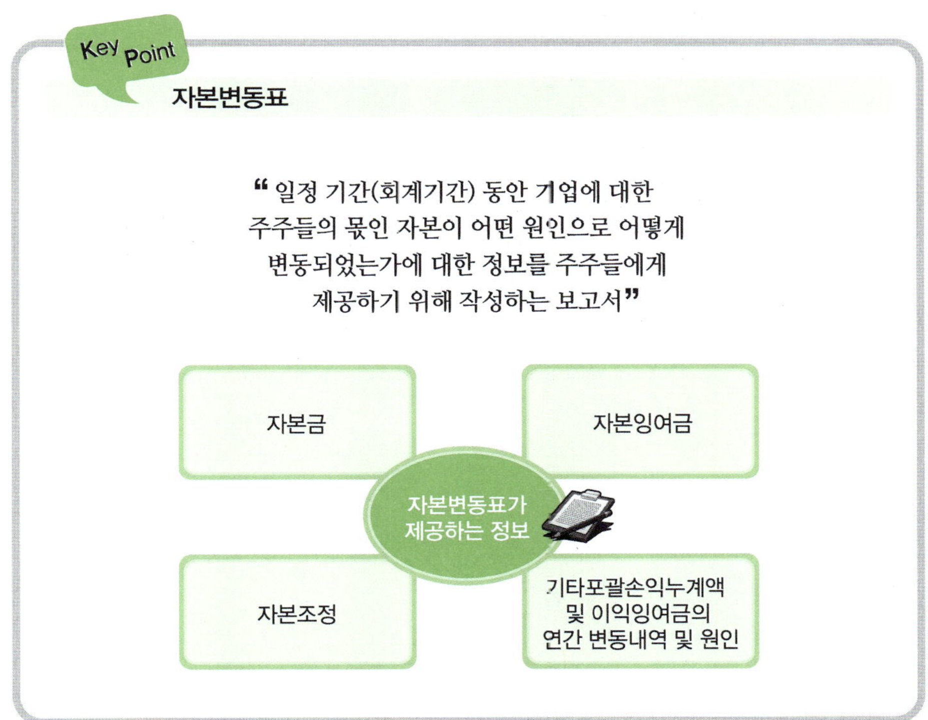

(5) 주석과 주기(Foot note and Explanatory note)

① 주석은 재무상태표, 포괄손익계산서, 자본변동표, 현금흐름표에 표시하는 정보에 추가하여 제공된 정보이다.

② 재무제표의 명료성을 해치지 않게 하기 위하여 별도로 필요한 설명을 하는 방법으로, 재무제표에 표시된 항목을 구체적으로 설명하거나 세분화하고, 재무제표 인식요건을 충족하지 못하는 항목에 대한 정보를 제공한다.

③ 주기는 재무정보를 재무제표의 본문 안에 괄호로 표시하는 방법이다. 정보의 성격상 길게 서술할 필요가 없을 때에는 주석이나 기타의 방법을 이용하기보다는 주기를 사용하여 계정과목 옆 괄호 안에 표시한다.

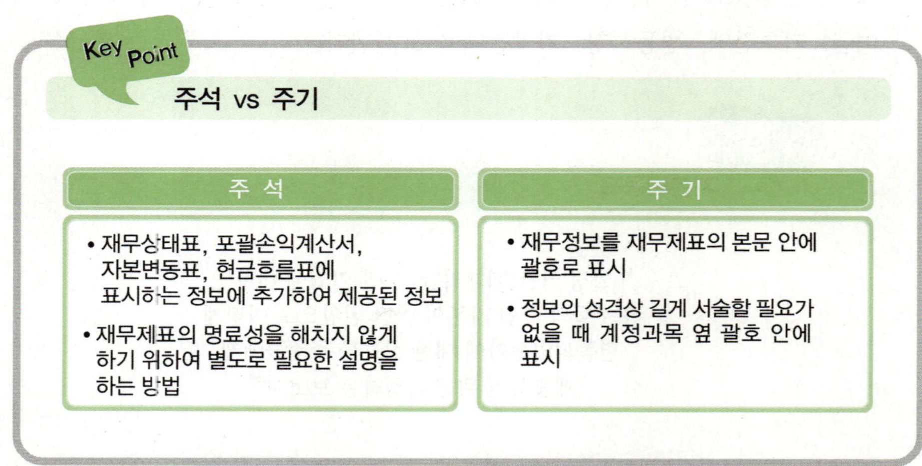

01 다음 중 한국채택국제회계기준하에서의 재무제표로 옳지 않은 것은 무엇인가?

① 재무상태표 ② 포괄손익계산서
③ 현금흐름표 ④ 사업보고서

02 다음 중 재무제표에 대한 설명으로 옳지 않은 것은 무엇인가?

① 재무상태표는 자산, 부채, 자본에 대한 정보를 제공한다.
② 현금흐름표는 영업활동, 투자활동, 재무활동에 관한 정보를 제공한다.
③ 자본변동표는 최대주주의 지분율 변화 정보를 제공한다.
④ 포괄손익계산서는 경영자의 경영능력이나 경영업적을 평가하기 위한 기본정보를 제공한다.

03 다음 중 포괄손익계산서에 대한 설명으로 옳지 않은 것은 무엇인가?

① 기업의 경영성과에 관한 정보를 제공한다.
② 기업의 일정 시점에서의 수익력에 관한 정보를 제공한다.
③ 기업의 경영계획이나 배당정책을 수립하기 위한 기본정보를 제공한다.
④ 경영분석을 위한 기본정보를 제공한다.

해설

01 한국채택국제회계기준하의 재무제표는 재무상태표, 포괄손익계산서, 현금흐름표, 자본변동표, 주석과 주기이다. | 정답 ❹ |

02 자본변동표에는 납입자본, 이익잉여금 및 기타자본구성요소의 각 항목별로(예 자본금, 자본잉여금, 자본조정, 기타포괄손익누계액 및 이익잉여금) 기초잔액, 변동사항, 기말잔액을 표시한다. | 정답 ❸ |

03 포괄손익계산서는 일정 기간 동안의 기업의 수익력에 대한 정보를 제공한다. | 정답 ❷ |

학습정리

*

1. 재무제표 정의

재무제표는 기업이 경제활동에 관한 재무정보를 이해관계자들에게 전달하기 위하여 작성한 재무보고서이다. 즉 기업의 재무상태와 경영성적에 관한 회계정보를 기업의 이해관계자에게 전달할 목적으로 작성되는 일정 양식을 갖춘 계산 서류를 총칭한다.

2. 재무제표 종류(한국채택국제회계기준)

재무상태표, 포괄손익계산서, 현금흐름표, 자본변동표, 주석과 주기가 있다.

3. 재무제표 특성

① 재무상태표는 회계실체의 재무상태를 나타내주기 위하여 일정 시점(결산일 현재)의 자산, 부채, 자본을 나타내는 정태적 보고서이다.
② 포괄손익계산서는 회계실체의 일정 기간(회계기간) 동안의 경영성과를 나타내는 회계보고서이다.
③ 현금흐름표란 일정 기간(회계기간) 동안의 기업의 영업활동, 투자활동, 재무활동으로 인한 현금의 유입과 유출을 적정하게 표시함으로써 현금의 변동 내용을 나타내는 보고서이다.
④ 자본변동표는 일정 기간(회계기간) 동안의 자본의 크기와 변동에 관한 정보를 제공하는 보고서로 납입자본, 이익잉여금 및 기타자본구성요소의 각 항목별로(예 자본금, 자본잉여금, 자본조정, 기타포괄손익누계액 및 이익잉여금) 기초잔액, 변동사항, 기말잔액을 표시한다.
⑤ 주석 및 주기도 재무제표에 포함한다.

제3장 국제회계기준

:: 학습목표

- ✔ 국제회계기준이 무엇인지 학습한다.
- ✔ 한국채택국제회계기준 적용기업 및 시기를 학습한다.
- ✔ 국제회계기준의 주요 특징을 학습한다.

1 국제회계기준 정의 및 기대효과

전 세계적으로 고품질의 단일 회계기준을 적용함으로써 국제적 공신력 확보 및 회계투명성을 향상시켜 자본시장을 활성화하기 위하여 우리나라는 상장기업을 대상으로 2011년부터 국제회계기준(International Financial Reporting Standards : IFRS)을 도입하였다. 이러한 상황하에서 한국채택국제회계기준(K－IFRS)을 중심으로 재무회계를 학습하는 것은 매우 시급하면서도 중요한 사항이다.

(1) 국제회계기준(IFRS) 정의

국제회계기준(IFRS)은 전 세계 국가로부터 재정지원과 회계적 의견을 수렴하여 국제회계기준위원회(IASB)가 기준서를, 국제회계기준해석위원회(IFRIC)가 해석서를 제정하여 발표하며, 다수의 국가들이 채택한 재무회계 기준이다.

(2) 국제회계기준 필요성 및 기대효과

① 세계적인 회계기준 단일화 추세에 적극 대응하고자 현재 유럽을 중심으로 전 세계 약 125개 이상의 국가가 국제회계기준을 전면 도입하여 운영하고 있다.
② 회계적으로 세계 공통언어인 국제회계기준을 사용함으로써 회계에 대한 대내외 신뢰성을 향상시키고자 한다.
③ 글로벌 기업들의 재무제표 이중작성 부담을 경감하고자 한다.

전 세계적으로 미국, 일본 등을 제외한 대다수의 국가들이 국제회계기준을 이미 도입하였거나, 도입하기 위하여 신속한 준비를 하고 있다.

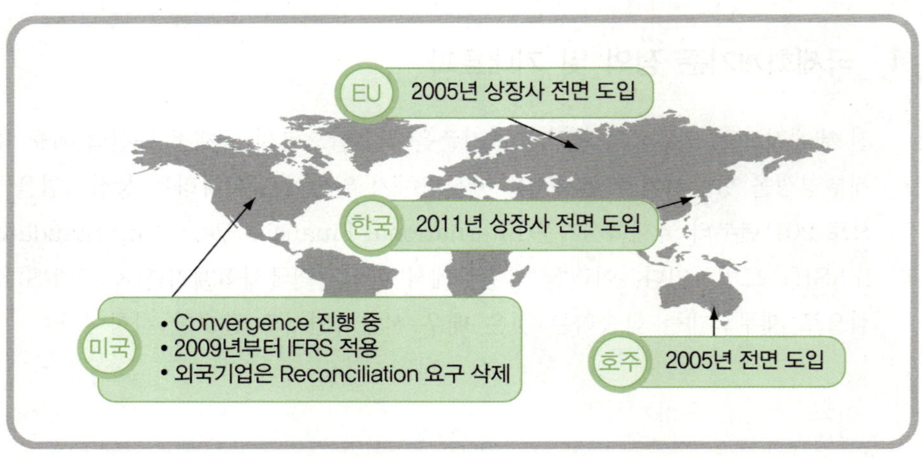

2 한국채택국제회계기준 적용기업 및 적용시기

(1) 한국채택국제회계기준 적용기업

① 2011년부터 상장법인(KOSPI · KOSDAQ 기업)은 한국채택국제회계기준을 의무 적용해야 한다(KONEX 기업 제외).

② 비상장기업의 한국채택국제회계기준 적용은 선택사항이나, 한국채택국제회계기준을 선택한 경우 변경할 수 없다.

③ 한국채택국제회계기준상 주 재무제표인 연결재무제표 작성은 국제회계기준 적용과 별도로 자산 2조 원 이상 기업만 2011년부터 의무화하고, 자산 2조 원 미만인 기업은 2013년부터 연결재무제표를 주 재무제표로 작성하여야 한다.

④ 한국채택국제회계기준 의무 적용기업이 아닌 비상장기업의 부담을 경감할 수 있도록 비상장기업은 2011년부터 일반기업회계기준을 적용한다.

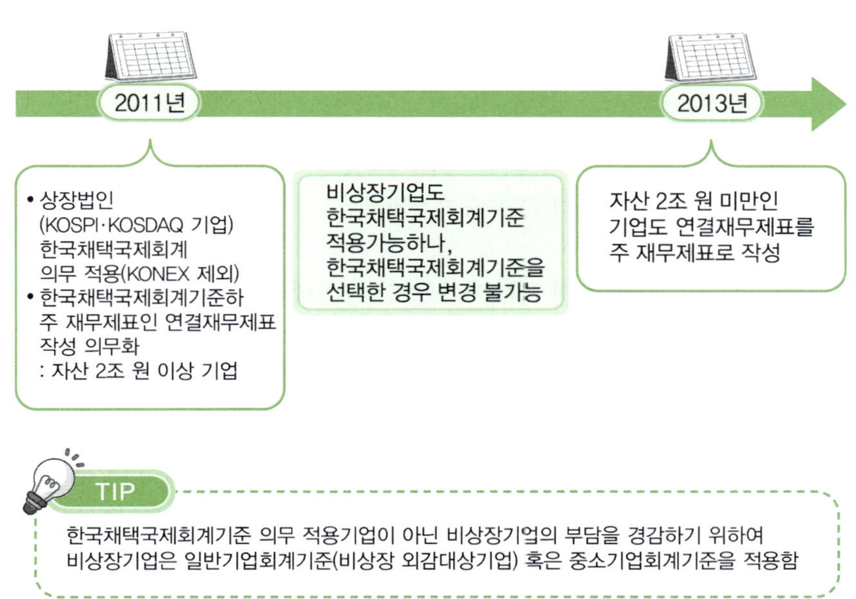

TIP

한국채택국제회계기준 의무 적용기업이 아닌 비상장기업의 부담을 경감하기 위하여 비상장기업은 일반기업회계기준(비상장 외감대상기업) 혹은 중소기업회계기준을 적용함

3 한국채택국제회계기준 주요 특징

(1) 원칙중심 기준체계(Principle-based accounting)

① 한국채택국제회계기준은 상세하고 구체적인 회계처리방법을 제시하기보다는 회계담당자가 경제적 실질에 기초하여 합리적으로 회계처리를 할 수 있도록 회계처리의 기본원칙과 방법론을 제시하고 있다.

② 즉, 기존의 회계기준이 규칙중심(Rule-based)이었다면, 한국채택국제회계기준은 원칙중심(Principle-based)의 회계기준이다.

③ 그에 따라 회계담당자들의 전문적인 의사판단이 중요하게 되었고, 개별 기업에 맞는 회계정보를 생성할 수 있게 되었다. 예를 들어, 원칙중심 기준하에서는 학생은 도서관에서 공부를 하지 않고 원하는 어느 곳에서든지 공부를 열심히만 하면 충분하다.

④ 다만 이러한 특성으로 인하여 회계정보의 중요한 속성 중 하나인 기업 간 비교가능성은 감소되었다.

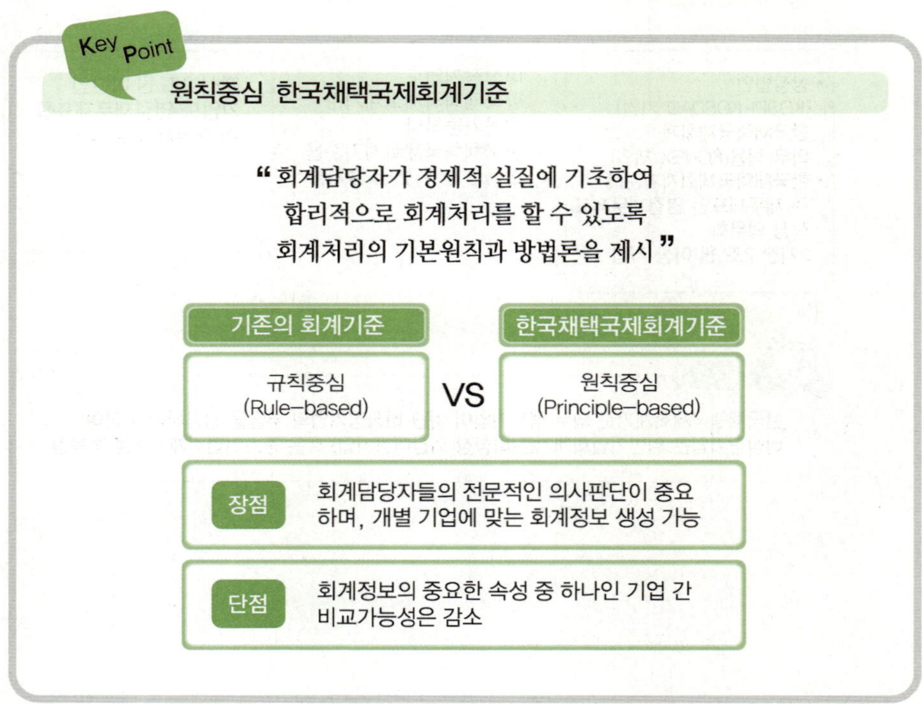

(2) 공정가치평가(Fair value accounting)

① 한국채택국제회계기준의 내용상 핵심은 자본시장의 투자자에게 기업의 재무상황 및 내재가치에 대한 의미 있는 투자정보를 제공하기 위함에 있다.

② 이를 위하여 한국채택국제회계기준은 기존의 신뢰성에 따라 강조하던 역사적 원가주의뿐만 아니라, 기업이 보유하고 있는 자산, 부채를 공정가치로 평가 가능하도록 하였다.

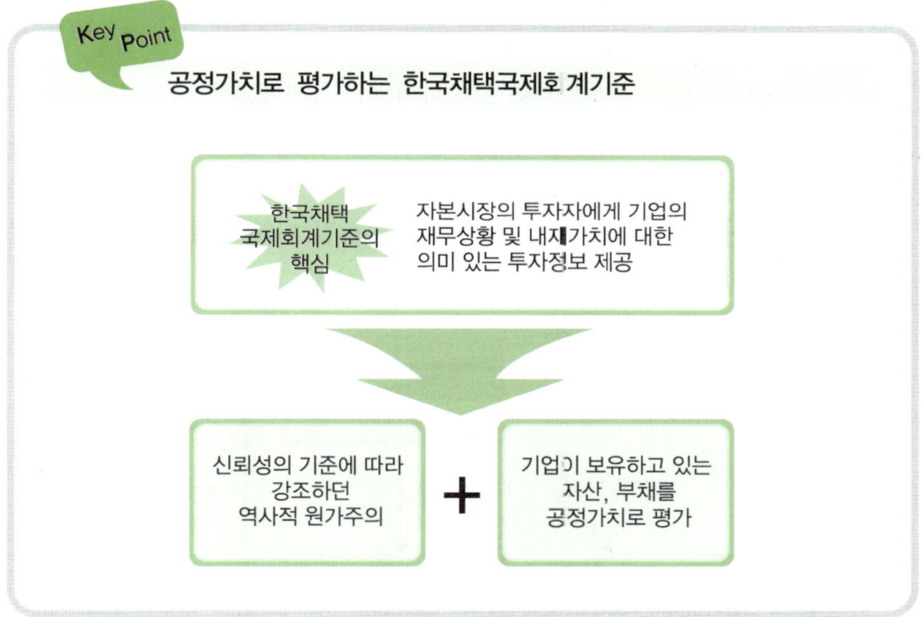

(3) 연결재무제표(Consolidated financial statements)

1) 기본개념

① 한국채택국제회계기준은 형식적인 요건보다는 경제적 실질을 중시하기 때문에 지배회사와 종속회사를 개별 회사로 판단하여 작성하던 개별재무제표(Individual financial statements)를 지양하고, 지배회사와 종속회사의 경제적 실질에 따라 지배회사와 종속회사를 하나의 경제적 실체(회계실체)로 간주하고 작성된 연결재무제표를 주 재무제표로 정하였다.

② 연결재무제표란 한 회사(지배회사)가 다른 회사(종속회사)의 주식을 상당부분 소유하여 지배 및 통제하기 때문에 다른 회사(종속회사)의 영업 및 재무 정책에 중대한 영향을 행사함으로써 법률적으로는 분리되어 있으나, 경제적으로는 실질이 동일하기 때문에 지배회사의 재무제표와 종속회사의 재무제표를 하나로 합쳐서 작성한 재무제표이다.

③ 기업이 다른 기업에 대한 지분율이 50%를 초과하거나, 지분율이 50% 이하라도 실질적인 지배력(기업의 중요정책에 영향을 줄 수 있는 능력)이 있는 경우 지분율을 보유한 회사를 지배회사(Parent)라고 하고, 피지배회사를 종속회사(Subsidiary)라고 한다.

④ 지배회사는 모든 종속회사를 포함하여 연결재무제표를 작성해야 한다.

⑤ 예를 들어 아래의 그림과 같이 지주회사 P는 지분을 50% 초과하여 보유하고 있는 종속회사 S1(지분율 60%)과 S2(지분율 55%)를 포함하여 연결재무제표를 작성하고, 관계회사 S3(지분율 20%, 실질 지배력 없음 가정)는 지분율이 50% 이하이므로 연결재무제표 작성 대상에서 제외한다.

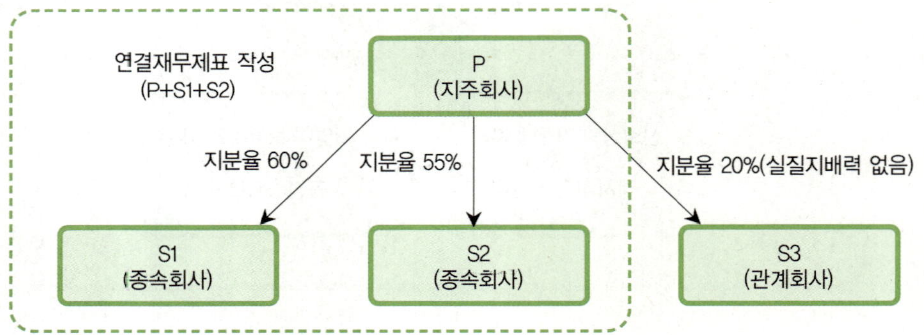

⑥ 연결재무제표는 연결재무상태표, 연결포괄손익계산서, 연결자본변동표, 연결현금흐름표로 이루어지며, 주석 및 주기를 포함한다.

⑦ 연결재무상태표는 보고기간 말 현재 연결실체의 자산, 부채 및 자본의 잔액을 표시한다. 연결재무상태표는 지배기업과 종속기업 각각의 자산, 부채, 자본을 같은 항목별로 합산한 금액에서 지배기업의 종속기업에 대한 투자자산과 각 종속기업의 자본 중 지배기업지분을 상계하여 작성한다.

⑧ 연결포괄손익계산서의 수익, 비용, 당기순이익 및 기타포괄손익은 지배기업과 종속기업의 각 항목 합계에서 연결대상회사 간의 내부거래 및 관련미실현손익

을 제거하여 산출한다.

⑨ 연결재무제표를 작성하는 회사는 세금 계산 등을 위하여 동시에 개별재무제표를 작성하여야 한다.

⑩ 한국채택국제회계상 연결재무제표는 주재무제표이기 때문에 그 내용이 매우 중요해졌다. 그러나 내용이 방대하고 복잡한 사항이 있기 때문에 회계원리 수준에서는 기초적인 사항만을 학습하고, 보다 상세한 사항은 고급회계를 통해 반드시 학습하기 바란다.

2) 연결재무상태표 작성 사례 : 지배기업이 장부금액으로 종속기업의 지분 100%를 취득한 경우

① 연결재무상태표는 지배력 획득시점부터 작성한다.

② P사의 재무상태표에 있는 투자주식 ₩10,000은 종속기업 S사의 순자산장부금액 ₩10,000을 구입하면서 기록한 것이다. 다라서 종속기업의 재무상태 내역이 나타나지 않는다.

③ P사와 S사의 연결재무상태표를 작성하기 위해서는 P사와 S사 재무상태표상 자산·부채를 합한 후 P사의 투자주식계정과 S사의 자본관련계정을 상계제거한다.

④ 아래의 사례와 같이 별도재무상태표상 P사의 기타자산(₩20,000)과 S사의 기타자산(₩20,000)을 합하여 연결재무상태표상 기타자산(₩40,000)을 산출하고, 별도재무제표상 P사의 부채(₩15,000)와 S사의 부채(₩10,000)를 합하여 연결재무상태표상 부채(₩25,000)를 산출한다.

⑤ 연결재무상태표상 자산과 부채를 산출한 후 별도재무상태표상 P사의 투자주식(₩10,000)과 S사의 자본금(₩8,000) 및 이익잉여금(₩2,000)은 상계제거된다.

⑥ 따라서 P사는 재무상태표의 단일 투자주식 계정 대신 S사의 순자산을 구성하는 개별자산과 부채 항목을 보여주는 연결재무상태표를 작성함으로써 P사와 S사로 이루어진 연결실체에 대한 경제적 실질을 보다 잘 보여줄 수 있다.

⑦ P사의 투자주식을 제거해야 하는 이유는 연결재무상태표상에 S사의 순자산을 구성하는 개별자산과 부채가 직접 포함되므로 투자주식을 제거하지 않으면 S사 순자산이 중복되어 포함되는 결과가 발생하기 때문이다.

⑧ 또한 S사 자본계정이 제거되어야 하는 이유는 S사의 자본을 P사, 즉 연결실체 내부에서 소유하고 있기 때문이다.

⑨ 이처럼 지배력 획득시점에서 P사의 재무상태표와 연결재무상태표가 보고하는 순자산은 동일하다 하더라도 연결재무상태표는 연결실체의 개별자산·부채 내역을 보여줌으로써 연결실체의 재무상태에 대한 보다 유용한 정보를 제공할 수 있다.

[연결재무상태표 작성 사례]

재무상태표

P사 20x1.1.1 현재

투자주식	₩10,000	부채	₩15,000
기타자산	20,000	자본금	13,000
		이익잉여금	2,000
	₩30,000		₩30,000

재무상태표

S사 20x1.1.1 현재

투자주식	₩ 0	부채	₩10,000
기타자산	20,000	자본금	8,000
		이익잉여금	2,000
	₩20,000		₩20,000

연결재무상태표

P사 20x1.1.1 현재

투자주식	0[3]	부채	₩25,000[2]
기타자산	40,000[1]	자본금	13,000[3]
		이익잉여금	2,000[3]
		소수주주지분	0
	₩40,000		₩40,000

1) 40,000=P사의 기타자산 20,000+S사의 기타자산 20,000
2) 25,000=P사의 부채 15,000+S사의 부채 10,000
3) P사의 투자자산 10,000과 S사의 자본금 8,000 및 이익잉여금 2,000을 상계제거하였기 때문에 투자자산은 0이 되고, P사의 자본금과 이익잉여금만 존재하게 됨

3) 연결포괄손익계산서 작성 사례 : P사가 20x1년 1월 1일 S사 발행주식 60%를 장부금액(공정가치와 동일)인 ₩6,000에 취득한 경우

① 연결포괄손익계산서는 지배력획득일 이후 회계연도부터 작성한다.

② 지배력을 획득하면 그 후의 기간에서는 지배기업과 종속기업으로 구성된 단일 경제적 실체로서의 연결실체에 대한 경영성과를 보고해야 한다.

③ 연결포괄손익계산서를 작성하기 위해서는 지배기업과 종속기업의 각 포괄손익계산서상의 수익과 비용을 동일 항목별로 합산하여야 한다.

④ P사가 20x1년 1월 1일 S사 발행주식 60%를 장부금액(공정가치와 동일)인 ₩6,000에 취득한 경우 P사의 연결포괄손익계산서는 다음과 같다.

⑤ 연결포괄손익계산서를 작성하기 위해서는 먼저 P사와 S사의 별도포괄손익계산서상 수익(₩30,000+10,000=₩40,000)과 비용(₩20,000+8,000=₩28,000)을 각각 합산한다. 합산한 결과 연결포괄손익계산서에는 연결실체의 당기순이익 ₩6,000(5,000+1,000)이 계상된다.

⑦ 연결실체의 당기순이익은 지배기업의 소유주에게 귀속되는 순이익과 비지배지분에 귀속되는 순이익으로 구분하여 당기순이익 아래에 표시한다. 이 예제에서 비지배지분에 귀속되는 순이익은 연결포괄손익계산서에 포함된 S사의 당기순이익 중 40%인 ₩400(1,000×40%)이며, 이를 연결실체의 당기순이익에서 차감하면 지배기업의 소유주에게 돌아가는 순이익 ₩5,600(6,000－400)이 산정된다.

⑧ 연결포괄손익계산서는 지배기업과 종속기업의 수익과 비용을 같은 항목별로 일단 합산한 다음 연결분개를 통하여 내부거래를 제거함으로써 작성된다. 연결실체의 당기순이익은 지배기업의 소유주에 속하는 부분과 비지배지분에 속하는 부분으로 별도 구분 표시한다.

[연결포괄손익계산서 작성 사례]

포괄손익계산서

P사	20x1.1.1~12.31
매출액	₩30,000
매출원가	(20,000)
매출총이익	₩10,000
영업비	(5,000)
당기순이익	₩5,000

포괄손익계산서

S사	20x1.1.1~12.31
매출액	₩10,000
매출원가	(8,000)
매출총이익	₩2,000
영업비	(1,000)
당기순이익	₩1,000

연결포괄손익계산서

P사	20x1.1.1~12.31
매출액	₩40,000 1)
매출원가	(28,000) 2)
매출총이익	₩12,000
영업비	(6,000)
당기순이익	₩6,000 3)
지배회사지분순이익	5,600 5)
소수주주지분순이익	400 4)

1) 40,000=30,000+10,000
2) 28,000=20,000+8,000
3) 6,000=5,000+1,000
4) 400=1,000×40%
5) 5,600=6,000−400

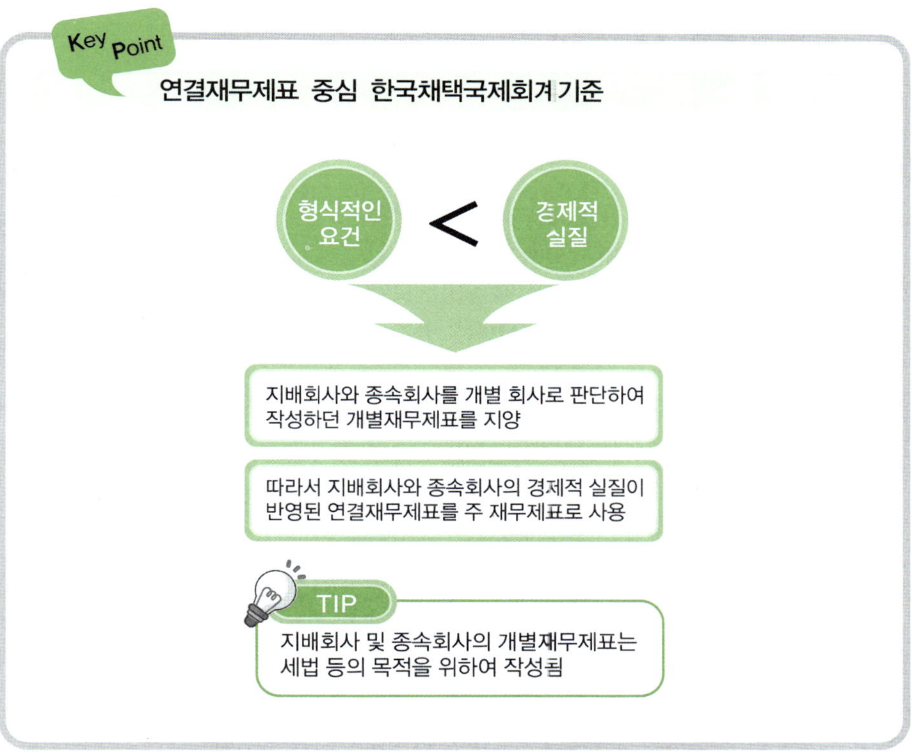

(4) 한국채택국제회계기준(K－IFRS)과 기존 회계기준의 주요 특성 비교

구 분	한국채택국제회계기준 (K－IFRS)	기존 회계기준	관련 항목
공시체계	연결재무제표를 기본으로 함	개별재무제표를 기본으로 함	연결재무제표 작성범위, 지분법, 분반기 연결 F/S
자산·부채 평가방법	원칙적으로 공정가치평가	객관적 평가가 어려운 항목들은 취득원가평가	퇴직급여채무, 금융부채, 유형자산 등
법률·정책적 목적	거래의 실질에 맞는 회계처리 규정	법률·정책적 목적에 따라 일부 항목에 대해 특정 회계처리 요구	손실충당금 설정, 개별재무제표 우선공시, 자산유동화 매각판단

01 **다음 중 한국채택국제회계기준에 대한 설명으로 옳지 않은 것은 무엇인가?**

① 공정가치평가 가능
② 다수의 국가들이 채택한 재무회계 기준
③ KOSPI 상장기업은 2011년부터 한국채택국제회계기준 의무적용
④ 한국채택국제회계기준을 적용하는 모든 기업은 연결재무제표 즉시 의무적용

02 **다음 중 한국채택국제회계기준의 도입 효과로 옳지 않은 것은 무엇인가?**

① 국내 회계에 대한 신뢰성 향상
② 글로벌 기업의 재무제표 작성 비용 경감
③ 글로벌 투자 활성화
④ 회계정보의 기업 간 비교가능성 증대

03 **다음 중 한국채택국제회계기준에 대한 설명으로 옳지 않은 것은 무엇인가?**

① 한국채택국제회계기준은 연결재무제표를 주 재무제표로 한다.
② 국내회계기준은 원칙적으로 역사적 원가주의를 적용한다.
③ 한국채택국제회계기준은 실질보다 형식을 중시한다.
④ 국내회계기준은 법률에 따라 특정 회계처리를 요구한다.

해설

01 연결재무제표는 자산 규모에 따라(2조 원) 2011년과 2013년에 의무 적용된다. | 정답 ❹ |

02 기업별 각기 다른 원칙에 따라 회계정보를 생성하기 때문에 회계정보의 비교가능성은 감소된다. | 정답 ❹ |

03 한국채택국제회계기준은 실질을 중시한다. | 정답 ❸ |

학습정리

*

1. 국제회계기준 정의

국제회계기준(IFRS)은 전 세계 국가로부터 재정지원과 회계적 의견을 수렴하여 제정·발표하여 다수의 국가들이 사용하는 재무회계 기준이다.

2. 한국채택국제회계기준 특징

원칙중심회계, 공정가치평가, 연결재무제표, 실질 중시

3. 한국채택국제회계기준 적용 기업 및 적용 시기

우리나라의 상장기업은 2011년부터 한국채택국제회계기준을 적용해야 한다(KONEX 제외).

제1편 연습문제

객관식 문제

중하

01 다음 중 회계의 의의를 가장 함축적으로 표현한 것은 무엇인가?

① 거래의 측정 및 기록 과정 ② 기업가치 정보의 전달 과정
③ 경영자의 성과평가 과정 ④ 기업의 결산처리 과정

::해설 회계는 다양한 이해관계자들의 의사결정에 유용한 정보를 제공함으로써 궁극적으로 기업가치에 관한 정보 제공을 그 기본 목적으로 하고 있다.

중하

02 다음 중 한국채택국제회계기준의 특징과 관련한 설명으로 옳지 않은 것은 무엇인가?

① 연결재무제표 중심의 회계기준이다.
② 규칙주의에 입각하여 상대적으로 계량적인 지침을 제공하거나 산업별 회계기준을 제정하는 것은 물론 많은 해석서를 발표한다.
③ 공정가치회계를 확대 적용하고 있다.
④ 공시가 강화되며, 회계전문가의 전문성이 절실히 요구된다.

::해설 한국채택국제회계기준의 도입으로 인한 가장 큰 변화는 연결재무제표 중심, 공정가치의 광범위한 허용, 원칙주의에 입각한 회계기준 제정, 공시의 강화 등이 있다.

중하

03 다음 중 회계의 기능과 관련한 설명으로 옳지 않은 것은 무엇인가?

① 회계는 다양한 이해관계자들 간의 형평 문제를 결정하는 데 도움을 주지만, 주주들을 위하여 기업가치를 최대화하는 것이 최우선 목적이다.
② 회계정보는 한정된 경제적 자원이 자본시장을 통하여 효율적으로 배분되도록 지원하는 기능이 있다.

③ 경영자는 자신이 위임받은 사항에 대하여 재무정보를 작성하고 이를 외부 이해관계자에게 보고한다.

④ 회계정보를 이용하면 투자자의 투자의사결정과 채권자의 신용의사결정에 도움이 된다.

해설 회계의 기본기능은 회계정보이용자가 합리적인 의사결정을 하는 데 유용한 정보를 제공하는 것이다. 또한 회계정보는 모든 이해관계자들의 이해관계에 대하여 편의(bias) 없는 중립성을 지니고 있어야 한다.

중하

04 다음 중 재무보고의 주된 목적과 관련한 설명으로 옳지 않은 것은 무엇인가?

① 투자 및 신용의사결정

② 미래현금흐름 예측

③ 비재무적 정보의 계량화 및 법규 준수 여부

④ 경영자의 수탁책임 평가

해설 재무회계는 기업의 재무상태를 분석하여 기업의 재무구조에 대한 정보를 획득할 수 있으며, 재무구조에 대한 정보는 기업의 미래 자금차입 수요에 대한 예측 및 미래이익과 현금흐름이 기업의 다양한 이해관계자들에게 어떻게 분배될 것인가를 예측하는 데 유용한 정보를 제공할 수 있다. 그러나 재무회계는 주로 과거 사건의 재무적 영향을 표시하는 것을 목적으로 하며, 비재무적인 정보까지는 제공하지 못하는 한계점이 있다.

중하

05 우리나라의 주식회사는 직전 연도 자산총액이 일정 금액 이상인 경우에 의무적으로 감사인으로부터 외부회계감사를 받아야 한다. 다음 중 기업이 감사인으로부터 매년 회계감사를 받는 이유로 옳은 것은 무엇인가? • 2010 관세직 9급 수정

① 외부전문가의 도움에 의한 재무제표 작성

② 회사 종업원들의 내부공모에 의한 부정과 횡령의 적발

③ 경영자의 재무제표 작성 및 표시에 대한 책임을 외부전문가에게 전가

④ 독립된 외부전문가의 검증을 통한 회계정보의 신뢰성 제고

해설 감사인의 외부감사는 기업실체가 작성하는 재무제표의 기업회계기준 적용 적정성을 평가하는 데 그 목적이 있다.

Answer 01. ② 02. ② 03. ① 04. ③ 05. ④

중하

06 다음 중 재무회계와 관련된 설명으로 옳지 않은 것은 무엇인가?

• 2009 행정안전부(세무직)

① 재무회계는 한정된 자원을 효율적으로 배분할 수 있도록 유용한 정보를 제공하며, 주주들로부터 수탁받은 자원의 경영책임을 보고하는 기능이 있다.
② 재무회계는 정확한 미래현금흐름 예측에 유용한 정보를 제공하지 못한다.
③ 현금흐름표를 제외한 재무제표는 발생기준에 따라 작성된다.
④ 회계정보의 질적 특성이란 회계정보가 유용하기 위해 갖추어야 할 주요 속성을 말하며, 회계정보의 유용성의 판단기준이 된다.

::해설 재무회계는 기업가치를 측정함에 있어 필수적인 미래현금흐름 예측에 대한 유용한 정보를 제공한다.

중하

07 다음 중 한국채택국제회계기준상 재무제표로 옳지 않은 것은 무엇인가?

① 재무상태표　　② 시산표
③ 자본변동표　　④ 현금흐름표

::해설 시산표는 대차평균의 원리에 따라 분개와 전기의 정확성 여부를 검증하기 위하여 결산 전 예비작성 과정에서 작성하는 것으로서 재무제표가 아니다.

중하

08 다음 중 재무제표에 대한 설명으로 옳지 않은 것은 무엇인가?

① 재무상태표는 일정 시점에 회계실체의 재무상태를 나타내는 재무제표이다.
② 포괄손익계산서는 경영자의 경영능력이나 경영업적을 평가하기 위한 기본정보를 제공한다.
③ 현금흐름표는 영업활동, 투자활동, 재무활동에 관한 정보를 제공한다.
④ 자본변동표는 일정 시점의 자본의 세부 구성 항목에 대한 정보를 제공한다.

::해설 자본변동표는 일정 기간 동안의 자본의 세부 구성 항목에 대한 정보를 제공한다.

중하

09 **다음 중 재무제표의 주된 정보이용자로 옳지 않은 것은 무엇인가?**

① 정부
② 노동조합
③ 채권자
④ 채무자

해설 정부 중 세무서는 공정한 세금관리를 위해서, 노동조합은 노사협상의 자료로, 채권자는 추가투자나 채권의 회수 등의 목적으로 재무제표를 통한 회계정보를 이용하나 채무자는 특별한 이해관계자가 아니다.

중상

10 **다음 중 재무제표와 관련된 설명으로 옳지 않은 것은 무엇인가?**

• 2007 국세청 9급

① 재무상태표는 일정 시점 현재 기업실체가 보유하고 있는 경제적 자원인 자산과 경제적 의무인 부채, 그리고 자본에 대한 정보를 제공하는 재무보고서이다.
② 포괄손익계산서는 일정 기간 동안 기업실체의 경영성과에 대한 정보를 제공하는 재무보고서이다.
③ 현금흐름표는 일정 시점의 기업실체에 대한 현금유입과 현금유출에 대한 내용을 제공하므로 기업실체의 미래현금흐름을 전망하는 데 충분한 정보를 제공하지 못한다.
④ 자본변동표는 기업실체에 대한 자본의 크기와 그 변동에 관한 정보를 제공하는 보고서로서 소유주에 투자와 소유주에 대한 분배, 그리고 포괄이익에 대한 정보를 포함한다.

해설 현금흐름은 회계기간 중에 발생한 현금의 유입과 유출에 대한 정보를 제공하므로 미래의 현금흐름을 전망하는 데 유용하다.

Answer

06. ② 07. ② 08. ④ 09. ④ 10. ③

하

11 한국채택국제회계기준에 대한 설명으로 옳지 않은 것은 무엇인가?

• 43회 기업회계2급

① 한국채택국제회계기준은 상장법인만이 적용가능한 회계기준이다.
② 비상장법인은 일반회계기준을 적용하며, 상장법인 등이 적용하고 있는 한국채택국제회계기준을 적용하여 회계처리할 수도 있다.
③ 중소기업회계기준은 주식회사의 외부감사에 관한 법률상 외부 회계감사 대상법인이 아닌 기업의 회계처리에 적용된다.
④ 중소기업회계기준 적용대상인 기업이라도 일반기업회계기준을 적용할 수 있다.

Answer
11. ①

주관식 평가문항

하

01 기업의 특정 기간 동안의 경영활동을 간결하게 요약하여 나타내는 일반 목적의 재무보고서는 무엇인가?

중상

02 기업의 이해관계자 중 채권자가 회계정보를 이용하는 이유는 무엇인가?

중하

03 재무회계는 다양한 외부 이해관계자를 위해 생성되기 때문에 사전에 정해진 기준 또는 법령의 규정에 의하여 준수가 요구되는 강제적인 회계제도의 성격을 강하게 갖는다. 이러한 기준은 무엇인가?

중하

04 재무상태표, 포괄손익계산서, 자본변동표, 현금흐름표에 표시하는 정보에 추가하여 제공되는 정보로서, 재무제표의 명료성을 해치지 않게 하기 위하여 별도로 필요한 설명을 하는 방법은 무엇인가?

중

05 한국채택국제회계기준은 형식적인 요건보다는 경제적 실질을 중시하기 때문에 지배회사와 종속회사를 개별 회사로 판단하여 작성하던 개별재무제표 대신에 지배회사와 종속회사를 하나의 경제적 실체(회계실체)로 간주하고 작성되는 재무제표는 무엇인가?

Answer

01. 재무제표 02. 원금 및 이자회수의 확실성 03. 일반적으로 인정된 회계원칙 04. 주석
05. 연결재무제표

MEMO

제 2 편

재무제표 및 재무보고 개념체계

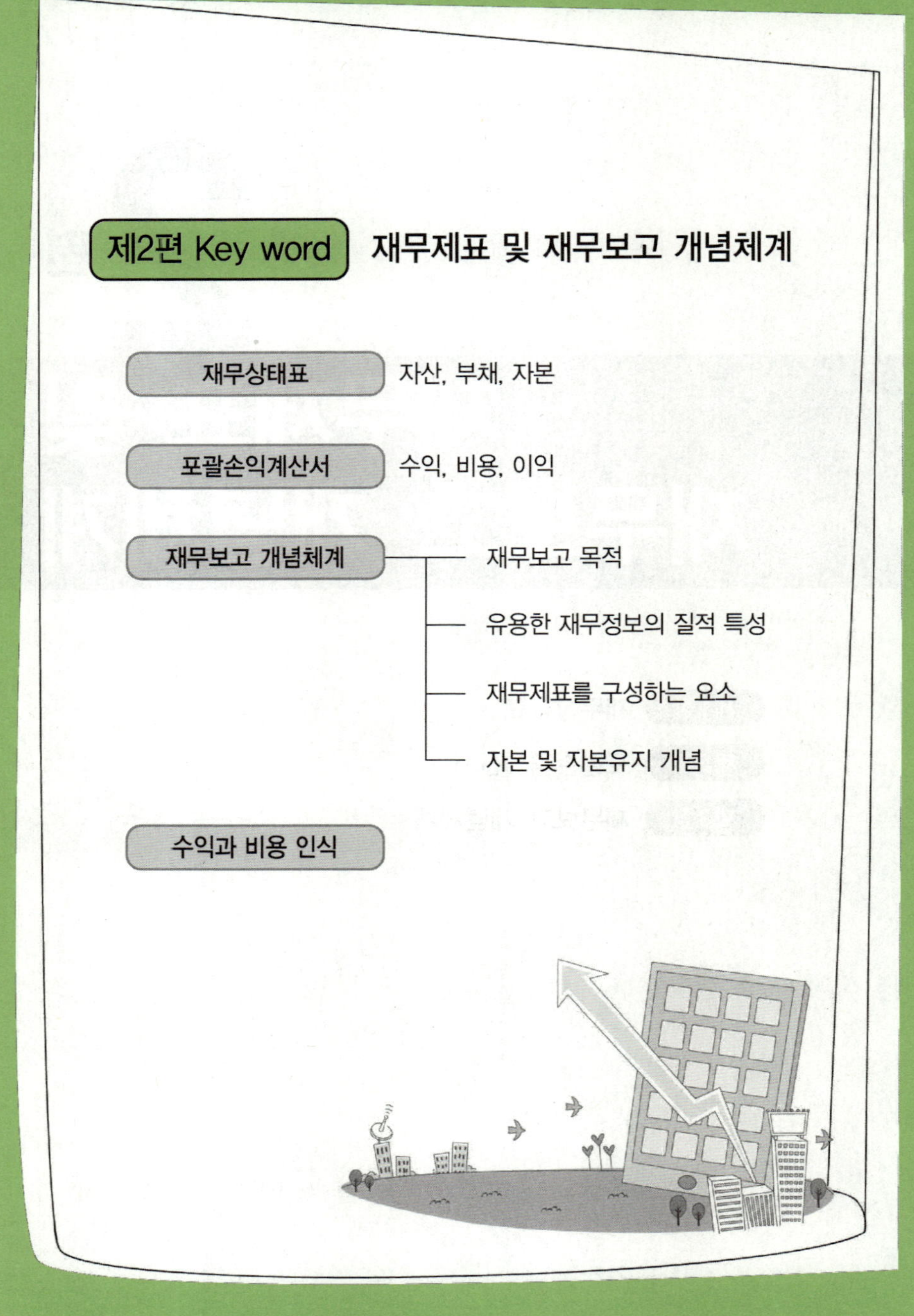
제2편 Key word
재무제표 및 재무보고 개념체계
재무상태표
자산, 부채, 자본
포괄손익계산서
수익, 비용, 이익
재무보고 개념체계
재무보고 목적
유용한 재무정보의 질적 특성
재무제표를 구성하는 요소
자본 및 자본유지 개념
수익과 비용 인식

제1장 재무상태표

:: 학습목표

✔ 재무상태표 개념을 학습한다.
✔ 재무상태표 구성 요소를 학습한다.

1 재무상태표(Statement of financial position) 정의

① 재무상태표는 일정 시점(결산일)에서 회계실체(기업)의 재무상태인 자산(Asset), 부채(Debt), 자본(Equity)을 나타내는 정태적 보고서이다.

② 다음과 같은 기본등식으로 표현된다. 즉, 자산은 부채와 자본의 합과 일치한다.

$$\frac{\text{자산}}{\text{木}} = \frac{\text{부채+자본}}{\text{水}}$$

③ 자산은 조달한 자금의 사용목록에 대한 정보를 제공한다.

④ 부채와 자본은 기업이 필요한 자금을 어떻게 조달하였는가에 대한 정보를 제공한다.

예를 들어, 집 한 채를 구입하려고 계획하고 있다면 우선 확인해야 할 것은 집 한 채의 가격과 자금동원 능력이다. 집 한 채의 가격이 3억 원이라고 가정하고, 현재 동원 가능한 자금이 5천만 원이라면 집을 구매하기 위하여 추가적으로 2억 5천만 원이 필요하다.

추가로 필요한 자금을 은행으로부터 빌려온다고 가정한다면 결국 자산, 부채, 자본은 다음과 같이 구성된다.

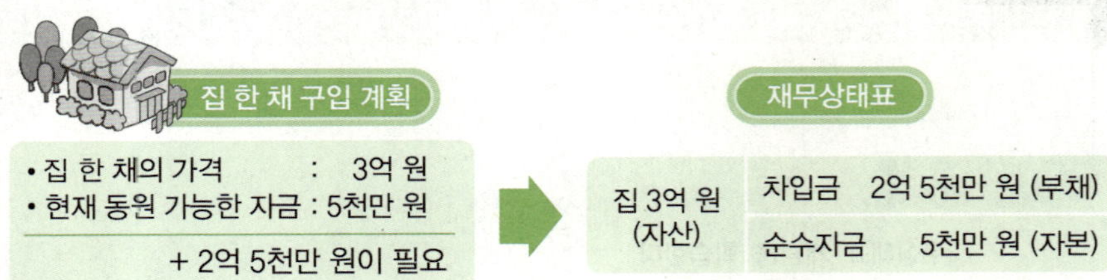

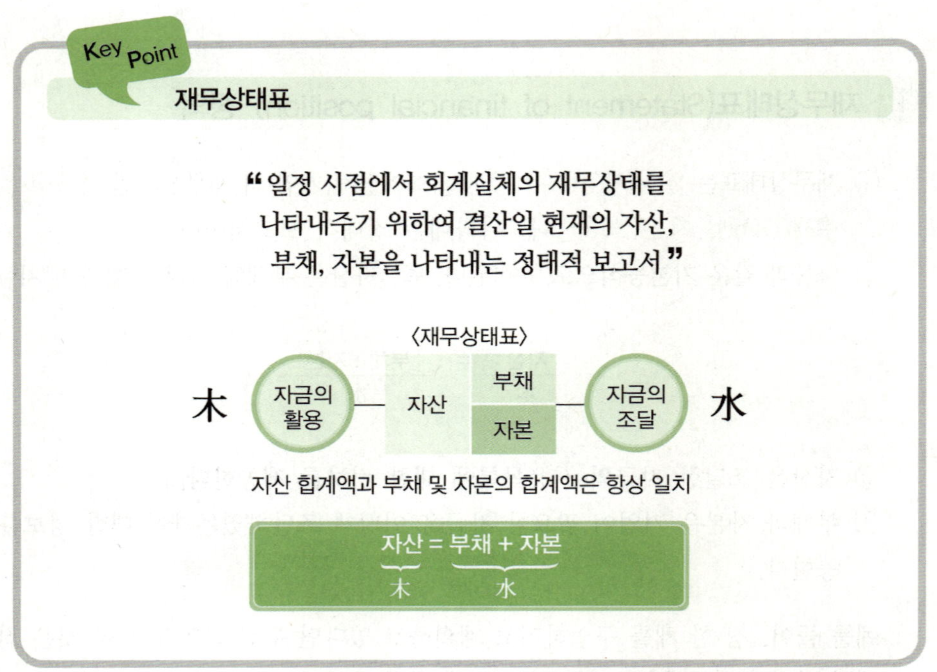

2 재무상태표 구성 요소

재무상태표의 구성 요소인 자산, 부채, 자본에 대해 상세히 살펴보면 다음과 같다.

(1) 자산(Assets)

1) 자산 정의

자산은 과거 사건의 결과로 기업이 통제하고 있고, 미래 경제적 효익이 기업에 유입될 것으로 기대되는 자원이다.

2) 자산 분류

자산은 다음과 같이 분류된다. 다만 한국채택국제회계기준에서는 일반기업회계기준상 분류와 다른 분류 기준이 적용된다.

유동·비유동	일반기업회계기준	계정과목	한국채택국제회계기준(K-IFRS)
유동자산	당좌자산	현금및현금성자산, 단기금융상품, 매출채권 등	금융자산
	재고자산	상품, 제품, 원재료 등	재고자산
비유동자산	투자자산	장기금융상품, 장기대여금 등	투자부동산 금융자산
	유형자산	토지, 건물, 비품, 차량운반구 등	유형자산
	무형자산	영업권, 산업재산권, 개발비 등	무형자산
	기타비유동자산	임차보증금, 장기매출채권, 장기미수금 등	기타비유동자산

① 유동자산(Current assets)·비유동자산(Non-current assets)

- 유동자산은 한 형태로부터 다른 형태로 전환되는 속도가 빠르거나 유동성이 높은 자산이다.
- 비유동자산은 상대적으로 자산의 전환속도가 느리고 유동성이 낮은 자산이다.

- 일반적으로 결산일로부터 정상영업주기(보통 1년) 이내에 현금화할 수 있는 법자산을 유동자산, 그렇지 않은 자산을 비유동자산으로 분류한다.
- 당좌자산과 재고자산은 유동자산으로 분류하고, 투자자산, 유형·무형자산은 비유동자산으로 분류한다.

② 당좌자산(Quick assets) → 금융자산(K-IFRS)

- 유동자산 중에서 유동성이 매우 높은 자산으로서 사용에 제한이 없고, 단기간 내에(보통 1년) 특별한 거래비용 없이 현금화가 가능하며, 현금화할 것으로 예상되는 자산이다.
- 현금및현금성자산, 단기투자자산, 매출채권, 선급비용, 당좌자산, 기타당좌자산(미수수익, 미수금, 선급금 등) 등이 있다.
- 한국채택국제회계기준에서는 당좌자산으로 분류하지 않고 금융자산으로 분류한다.

③ 재고자산(Inventories)

- 판매를 목적으로 보유하고 있는 자산이다.
- 상품, 제품, 반제품, 재공품, 원재료 등이 있다.

④ 투자자산(Long-term investments) → 투자부동산·금융자산(K-IFRS)

- 장기적(보통 1년 이상) 투자수익을 얻기 위하여 보유하는 자산이다.
- 한국채택국제회계기준에서는 투자부동산과 금융자산으로 분류한다.

⑤ 유형자산(Tangible assets)·무형자산(Intangible assets)

- 기업이 사용하기 위하여 보유하고 있는 자산 중에서 물리적인 형태 유무에 따라 유형자산과 무형자산으로 분류한다.
- 유형자산은 물리적 형태가 있는 자산으로서 토지·건물·기계장치 등이 있다.
- 무형자산은 물리적 형태가 없는 자산으로서 영업권·산업재산권·개발비 등이 있다.

Key Point

자산 종류

1 유동자산(Current assets)·비유동자산(Non-current assets)

유동자산		비유동자산
한 형태로부터 다른 형태로 전환되는 속도가 빠르거나 유동성이 높은 자산 • 당좌자산 • 재고자산	VS	상대적으로 자산의 전환속도가 느리고 유동성이 낮은 자산 • 투자자산 • 유형·무형자산

일반적으로 결산일로부터 1년 이내(정상영업주기)에 현금화할 수 있는 자산과 그렇지 않은 자산으로 구분

2 당좌자산(Quick assets) → 금융자산(K-IFRS)

- 유동성이 매우 높은 자산
- 사용에 제한이 없음
- 단기간 내에(보통 1년) 특별한 거래비용 없이 현금화 가능하며, 현금화할 것이 예상됨

- 현금및현금성자산
- 단기투자자산
- 매출채권
- 선급비용
- 기타당좌자산 (미수수익, 미수금, 선급금 등)

3 재고자산(Inventories)

판매를 목적으로 보유하고 있는 자산

상품, 제품, 반제품, 재공품, 원재료 등

4 투자자산(Long-term investments) → 투자부동산·금융자산(K-IFRS)

장기적(보통1년 이상) 투자수익을 얻기 위하여 보유하는 자산

- 투자부동산
- 장기투자증권
- 장기대여금 등

5 유형자산(Tangible assets)·무형자산(Intangible assets)

유형자산 – 물리적 형태가 있는 자산	• 토지 • 건물 • 기계장치 등
무형자산 – 물리적 형태가 없는 자산	• 영업권 • 산업재산권 • 개발비 등

(2) 부채(Liabilities)

1) 부채 정의

부채는 과거 사건에 의하여 발생하였으며, 경제적 효익을 갖는 자원이 기업으로부터 유출됨으로써 이행될 것으로 기대되는 현재의무이다.

2) 부채 분류

부채는 다음과 같이 분류된다.

유동·비유동	계정과목
유동부채	매입채무, 단기차입금, 미지급금, 선수금, 예수금, 미지급비용, 미지급법인세, 미지급배당금, 유동성장기부채, 선수수익 등
비유동부채	사채, 장기차입금, 장기매입채무 등

① 유동부채(Current liabilities)·비유동부채(Non−current liabilities)

- 유동부채와 비유동부채는 일반적으로 정상영업주기(보통 1년)를 기준으로 구분된다.
- 유동부채란 결산일로부터 정상영업주기(보통 1년) 이내에 지급기한이 도래하는 부채로서, 매입채무·단기차입금·미지급비용 등이 있다.
- 비유동부채란 결산일로부터 정상영업주기(보통 1년) 이후에 지급기한이 도래하는 부채로서, 사채·장기차입금·장기성매입채무 등이 있다.

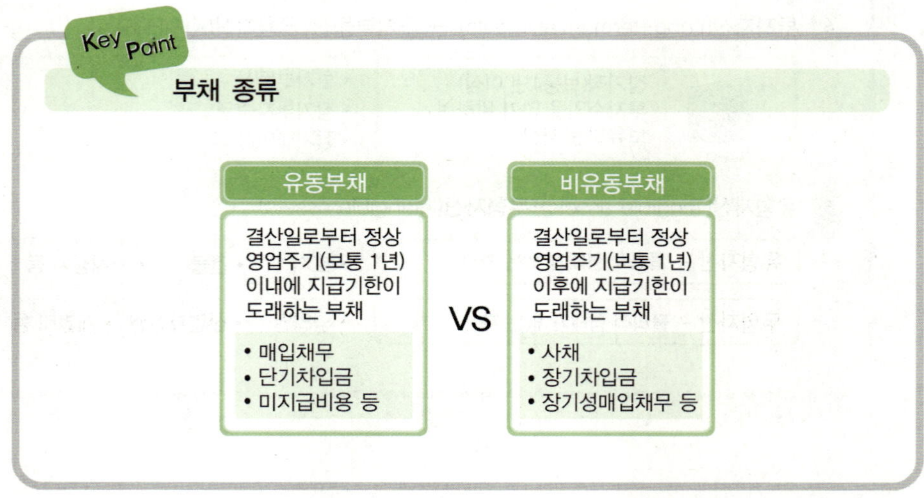

(3) 자본(Equities)

1) 자본 정의

자본은 기업의 자산에서 모든 부채를 차감한 후의 잔여지분이다.

① 자본은 흔히 소유주지분이라고 불리는 것으로 자산총액에서 부채총액을 차감한 잔액이다.

② 자본은 일정 시점에서 회계실체의 소유주에게 귀속될 소유주의 지분 혹은 청구권을 나타낸다.

③ 소유주의 청구권은 채권자의 청구권이 우선적으로 행사된 후 잔액이 있어야만 성립될 수 있는 것으로, 잔여지분으로도 정의한다.

※ 소유주 : 자본으로 분류되는 금융상품의 보유자

2) 자본 분류

한국채택국제회계기준상 자본은 납입자본, 적립금, 비지배지분(연결재무상태표일 경우에만 표시됨)으로 분류하도록 하고 있는데, 납입자본과 적립금은 자본금, 주식발행초과금, 적립금 등과 같이 다양한 분류로 세분화할 수 있다.
실제로 대부분의 기업들은 자본을 다음과 같이 세분하여 표시하고 있다.

분 류	계정과목
자본금	보통주자본금, 우선주자본금
자본잉여금	주식발행초과금, 감자차익, 자기주식처분이익 등
자본조정	주식할인발행차금, 감자차손, 자기주식, 자기주식처분손실 등
기타포괄손익누계액	기타포괄손익－공정가치측정 평가손익, 해외사업환산손익 등
이익잉여금	법정적립금, 임의적립금, 미처분이익잉여금 등

① 자본금(Capital stock)

- 주주의 불입자본 중에서 상법의 규정에 따라 정관에 자본금으로 확정되어 있는 금액으로서, 법정자본액(액면금액×발행주식총수)이다.
- 자본금은 주식의 종류별(보통주, 우선주)로 구분하여 기재한다.

② 자본잉여금(Capital surplus)

- 자본거래를 통하여 발생된 잉여금으로, 주주의 납입자본에서 자본금을 제외한 부분이다.
- 주식발행초과금, 감자차익, 기타자본잉여금 등이 있다.

③ 자본조정(Capital adjustment)

- 성격상 자본거래이나 최종 성격을 결정할 수 없거나, 자본의 차감 항목으로 자본금 또는 자본잉여금으로 분류할 수 없는 항목이다.
- 주식할인발행차금, 자기주식, 주식매수선택권, 감자차손 등이 있다.

④ 기타포괄손익누계액(Accumulated other comprehensive income)

- 일정 기간 동안 주주와의 자본거래를 제외한 모든 거래에서 인식된 자본의 변동액이다.
- 자본의 변동을 발생시키는 손익 중 당기손익에는 반영되지 않는 손익이다.
- 기타포괄손익－공정가치측정 평가손익, 해외사업환산손익 등이 있다.

⑤ 이익잉여금(Retained earnings)

- 영업활동을 통하여 기업 내부에 유보된 잉여금이다.
- 순이익은 이익잉여금을 증가시키고, 순손실과 배당금은 이익잉여금을 감소시킨다.
- 이익준비금, 기타법정적립금, 임의적립금, 차기이월이익잉여금 등이 있다.

3. 재무상태표 작성 원칙

재무상태표는 다음의 원칙에 따라 작성해야 한다.

(1) 재무상태표 표시

① 재무상태표는 자산, 부채, 자본으로 구분하여 표시한다.

② 자산과 부채는 유동성 순서에 따른 표시방법(유동성 배열법)이 신뢰성 있고 더욱 목적적합한 정보를 제공하는 경우를 제외하고는, 유동성/비유동성 구분법에 따라 구분 표시한다. 또한 신뢰성 있고 더욱 목적적합한 정보를 제공한다면 자산과 부채의 일부는 유동성/비유동성 구분법으로, 나머지는 유동성 순서에 따른 표시방법으로 표시하는 것이 허용된다(혼합법).

(2) 총액기준

자산, 부채, 자본은 총액으로 기재함을 원칙으로 하고, 자산과 부채, 자본 간의 항목을 상계함으로써 그 해당 항목을 재무상태표에서 제외하지 않는다.

(3) 정상영업주기(보통 1년)

자산과 부채는 정상영업주기(보통 1년)를 기준으로 하여 유동자산 또는 비유동자산, 유동부채 또는 비유동부채로 구분한다.

(4) 미결산 항목의 표시기준

가지급금 및 가수금 등의 미결산 항목은 그 성질을 나타내는 적절한 과목으로 표시하고, 대조계정 등의 비망계정은 재무상태표상의 자산 및 부채 항목으로 표시하지 않는다.

4 재무상태표 한계점

① 재무상태표상 자산과 부채는 역사적 원가(Historical cost)에 의하여 측정·보고되기 때문에 기업의 현행가치(Current value)를 반영하지 못한다. 그러나 한국채택국제회계기준하에서는 자산과 부채의 공정가치평가를 허용하고 있다.

② 재무상태표상 자산과 부채를 결정하기 위해서는 많은 가정과 추정이 필요하다. 예를 들어, 채권의 회수가능성, 재고자산의 판매가능성, 유형 및 무형 자산의 내용연수 등을 정확하게 결정하기란 매우 어렵거나 거의 불가능한 일이며, 여기에는 많은 가정과 추정이 필요하다.

③ 재무상태표에는 기업의 자산 중 재무적 가치가 있는 많은 항목이 제외되어 있다. 예를 들어, 인적 자원(Human resources)은 매우 중요한 가치를 갖고 있지만, 그 가치를 객관적으로 측정하기가 매우 어렵거나 불가능하기 때문에 이를 재무상태표에서 제외시키는 것이 일반적이다.

5 재무상태표 양식(유동성/비유동성 구분법)

재무상태표

20x1년 12월 31일

㈜대한		(단위 : 천 원)
자　　산		
Ⅰ. 유동자산		×××
(1) 당좌자산		×××
현금및현금성자산	×××	
당기손익-공정가치측정 금융자산	×××	
매출채권	×××	
(2) 재고자산		×××
상품	×××	
제품	×××	
Ⅱ. 비유동자산		×××
(1) 투자자산		×××
기타포괄손익-공정가치측정 금융자산	×××	
상각후원가측정 금융자산	×××	
장기대여금	×××	
(2) 유형자산		×××
토지	×××	
건물	×××	
기계	×××	
(3) 무형자산		×××
영업권	×××	
산업재산권	×××	
(4) 기타비유동자산		×××
자 산 총 계		×××
부　　채		×××
Ⅰ. 유동부채		×××
매입채무	×××	
단기차입금	×××	
Ⅱ. 비유동부채		×××
사채	×××	
장기차입금	×××	
제품보증충당부채	×××	
자　　본		×××
Ⅰ. 자본금		×××
Ⅱ. 자본잉여금		×××
Ⅲ. 자본조정		×××
Ⅳ. 기타포괄손익누계액		×××
Ⅴ. 이익잉여금		×××
부채와 자본총계		×××

01 다음 중 재무상태표상 자산에 대한 설명으로 옳지 않은 것은 무엇인가?

① 자산은 부채와 자본의 합과 일치한다.
② 자산은 일반적으로 회계주체가 목적달성을 의하여 현재 및 미래에 보유하거나 지배할 수 있는 경제적 자원이다.
③ 유동자산은 한 형태로부터 다른 형태로 전환되는 속도가 빠르거나 유동성이 높은 자산이다.
④ 인적 자원 등의 자산도 포함한다.

02 다음 중 재무상태표에 대한 설명으로 옳은 것은 무엇인가?

① 자산과 부채는 역사적 원가에 의하여 측정·보고되기 때문에 기업의 현행가치를 반영할 수 있다.
② 유동성/비유동성 구분법에 의하면 자산은 유동자산 및 비유동자산으로, 부채는 유동부채 및 비유동부채로 구분 표시한다.
③ 재무상태표는 유동성 순서에 따른 표시방법에 의해서만 작성한다.
④ 유동부채란 결산일로부터 정상영업주기(보통 1년)를 경과하여 지급기한이 도래한 부채이다.

03 다음 빈칸의 금액에 대한 연결로 옳은 것은?

기 초			기 말		
자 산	부 채	자 본	자 산	부 채	자 본
60,000	(①)	20,000	70,000	40,000	(②)
50,000	30,000	(③)	(④)	50,000	15,000

① ₩40,000 ② ₩20,000
③ ₩30,000 ④ ₩35,000

해설

01 인적 자원 등의 자산은 재무상태표에 측정상의 문제로 인하여 포함하지 않는다. | 정답 ❹ |

02 재무상태표는 자산, 부채, 자본으로 구분 표시하고, 유동성/비유동성 구분법에 의해 표시할 경우 자산은 유동자산 및 비유동자산으로, 부채는 유동부채 및 비유동부채로 구분 표시한다. | 정답 ❷ |

03 ① 자산(60,000) − 자본(20,000) = 부채(₩40,000)
② 자산(70,000) − 부채(40,000) = 자본(₩30,000)
③ 자산(50,000) − 부채(30,000) = 자본(₩20,000)
④ 부채(50,000) + 자본(15,000) = 자산(₩65,000) | 정답 ❶ |

학습정리

*

1. 재무상태표 개념

재무상태표는 회계실체의 재무상태를 나타내주기 위하여 일정 시점(결산일 현재)의 자산, 부채, 자본을 나타내는 정태적 보고서로서 자산은 부채와 자본의 합과 일치한다.

자산	=	부채+자본
木		水

2. 재무상태표 구성요소

① 자산은 과거 사건의 결과로 기업이 통제하고 있고, 미래 경제적 효익이 기업에 유입될 것으로 기대되는 자원이다.

② 부채는 과거 사건에 의하여 발생하였으며, 경제적 효익을 갖는 자원이 기업으로부터 유출됨으로써 이행될 것으로 기대되는 현재의무이다.

③ 자본은 기업의 자산에서 모든 부채를 차감한 후의 잔여지분이다.

제2장 포괄손익계산서

:: 학습목표

- ✔ 포괄손익계산서의 개념을 학습한다.
- ✔ 포괄손익계산서의 구성 요소를 학습한다.
- ✔ 재무상태표와 포괄손익계산서의 상호관계를 학습한다.

1 포괄손익계산서(Statement of comprehensive income) 정의

① 포괄손익계산서는 일정 기간(회계기간) 동안 회계실체의 경영성과를 나타내는 동태적 보고서이다.

② 기업의 경영성과란 수익과 비용, 그리고 수익(Revenue)과 비용(Expense)의 차액인 이익·손실(Income·Loss)로 측정된다.

2 포괄손익계산서 구성 요소

포괄손익계산서의 구조는 수익에서 비용을 차감하여 이익 혹은 손실을 표현한다.

수익 − 비용 = 이익(손실)
金　　火

(1) 수익(Revenue)

① 수익은 자산의 유입이나 증가 또는 부채의 감소에 따라 자본의 증가를 초래하는 특정 회계기간 동안에 발생한 경제적 효익의 증가로서, 지분참여자에 의한 출자와 관련된 것은 제외한다.
② 예를 들어, 제품의 판매, 용역의 제공으로 인한 현금 혹은 매출채권 등의 자산의 유입 등이 있다.

(2) 비용(Expense)

① 비용은 자산의 유출이나 소멸 또는 부채의 증가에 따라 자본의 감소를 초래하는 특정 회계기간 동안에 발생한 경제적 효익의 감소로서, 지분참여자에 대한 분배와 관련된 것은 제외한다.
② 예를 들어, 제품의 판매로 인한 제품의 유출, 관련 비용 발생 등이 있다.

(3) 이익(Income)

① 이익은 본질적으로는 회계실체인 기업의 소득이다.
② 기업이 벌어들인 수익에서 발생한 비용을 차감하여 수익이 비용보다 크면 이익이고, 비용이 수익보다 크면 손실이다.

Key Point

포괄손익계산서

"회계실체의 경영성과를 나타내는 보고서"

수익 − 비용 = 이익(손실)
金　火

수익 (Revenue)

- 일정 기간 동안의 이익의 증가요인으로 기업의 주된 활동을 통하여 발생하는 자산의 유입 또는 부채의 감소
- 제품의 판매, 용역의 제공으로 인하여 현금 혹은 매출채권 등의 자산의 유입 등

비용 (Expense)

- 일정 기간 동안의 이익의 감소요인으로 기업의 주된 활동을 통하여 발생하는 자산의 유출 또는 부채의 증가
- 제품의 판매로 인한 제품의 유출, 관련비용 발생 등

이익 (Income)

- 본질적으로는 회계실체인 기업의 소득을 의미
- 기업이 벌어들인 수익에서 발생한 비용을 차감하여 측정

(4) 이익 분류

포괄손익계산서는 경영성과에 대한 정보를 성격별로 구체적으로 제공하기 위하여 단계별로 구분하여 다음과 같은 정보를 제공한다.

매 출 액	
− 매 출 원 가	
매 출 총 이 익	
− 판 매 비 와 관 리 비	
영 업 손 익	
+ 영 업 외 수 익	(금융수익·기타수익)
− 영 업 외 비 용	(금융비용·기타비용)
법인세비용차감전순손익	
− 법 인 세 비 용	
당 기 순 손 익	
± 기 타 포 괄 손 익	
총 포 괄 손 익	

1) 매출총이익(Gross profit)

기업의 주된 영업활동을 통하여 발생한 매출액에서 그에 대응하는 원가인 매출원가를 차감하여 산출된 이익이다.

2) 영업손익(Operating profit or loss)

기업의 영업활동을 위해 지출한 판매비와관리비를 매출총이익에서 차감하여 산출한 이익으로, 기업의 영업활동과 관련하여 인식되는 매우 중요한 손익이다.

3) 법인세비용차감전순손익(Pre−tax net income or loss)

영업이익에 영업외수익과 영업외비용을 가감하여 산출된 손익이다.

4) 당기순손익(Net income or loss)

기업이 일정 기간 동안 얻은 순수한 이익으로 법인세비용차감전순이익에서 법인세비용(Tax expense)을 차감하여 측정된 손익이다.

5) 기타포괄손익(Other comprehensive income or loss)

한국채택국제회계기준에 따라 당기손익으로 인식하지 않은 수익과 비용 항목(재분류조정 포함)을 포함한다.

※ 재분류조정(Reclassification adjustments) : 당기나 과거 기간에 기타포괄손익으로 인식되었으나 당기손익으로 재분류된 금액

6) 총포괄손익(Total comprehensive income or loss)

거래나 그 밖의 사건으로 인한 기간 중 자본의 변동(소유주로서의 자격을 행사하는 소유주와의 거래로 인한 자본의 변동 제외)으로 당기순손익에 기타포괄손익을 합한 금액이다.

Key Point

이익 구성

매출총이익 = 매출액 − 매출원가

영업손익 = 매출총이익 − 판매비와관리비
➡ 기업의 영업활동과 관련하여 인식되는 매우 중요한 이익

법인세비용차감전순손익 = 영업이익 + 영업외이익(금융수익·기타수익) − 영업외비용(금융비용·기타비용)

당기순손익 = 법인세차감전순이익 − 법인세비용
➡ 기업이 일정 기간 동안 얻은 순수한 이익

총포괄손익 = 당기순손익 ± 기타포괄손익
➡ 거래나 그 밖의 사건으로 인한 기간 중 자본의 변동(소유주로서의 자격을 행사하는 소유자와의 거래로 인한 자본의 변동 제외)으로 당기순손익에 기타포괄손익을 가감한 금액

3 포괄손익계산서 작성 원칙

포괄손익계산서는 다음의 원칙에 따라 작성해야 한다.

(1) 발생주의기준(Accrual basis)

① 모든 수익과 비용은 그것이 발생한 기간에 적정하게 배분되도록 처리한다.

② 단, 수익은 실현시기를 기준으로 계상하고 미실현수익은 당기의 포괄손익계산서에 산입하지 아니함을 원칙으로 한다.

(2) 대응표시기준(Matching principle)

수익과 비용은 그 발생원천에 따라 명확하게 분류하고, 각 수익 항목과 이에 관련되는 비용 항목을 대응시켜 표시하여야 한다.

(3) 총액기준(Principle of the total amount)

수익과 비용은 총액으로 기재한다.

(4) 구분표시기준(Disaggregated presentation)

포괄손익계산서는 매출총이익, 영업손익, 법인세비용차감전순손익, 당기순손익, 기타포괄손익, 총포괄손익으로 구분 표시하여야 한다. 다만, 제조업 판매업 및 건설업 이외의 기업에 있어서는 매출총이익의 구분 표시를 생략할 수 있다.

(5) 중단사업(Discontinuing operation)

회계연도 중에 사업의 일부를 중단한 경우에는 그 중단된 사업에서 발생한 모든 손익의 순액을 중단사업손익으로 구분 표시한다.

	법인세비용차감전계속사업손익
−	계속사업손익법인세비용
	계속사업손익
±	중단사업손익
	당기순손익

4 포괄손익계산서 양식

포괄손익계산서는 다단계로 이익을 구분하여 아래와 같은 양식으로 보고한다.

포괄손익계산서

20x1년 1월 1일 ~ 20x1년 12월 31일

㈜민국		(단위 : 천 원)
Ⅰ. 매출액		×××
Ⅱ. 매출원가		(×××)
1. 기초상품재고액	×××	
2. 당기매입액	×××	
3. 기말상품재고액	×××	
Ⅲ. 매출총이익		×××
Ⅳ. 판매비와관리비		(×××)
1. 급여	×××	
2. 감가상각비	×××	
3. 손상차손	×××	
4. 광고선전비	×××	
5. 소모품비 등	×××	
Ⅴ. 영업손익		×××
Ⅵ. 영업외수익(금융수익·기타수익)		×××
1. 잡이익	×××	
2. 투자자산처분이익	×××	
3. 배당금수익	×××	
4. 이자수익	×××	
5. 보험차익	×××	
6. 당기손익-공정가치측정 금융자산 평가이익 등	×××	
Ⅶ. 영업외비용(금융비용·기타비용)		(×××)
1. 이자비용	×××	
2. 유형자산처분손실	×××	
3. 당기손익-공정가치측정 금융자산 평가손실	×××	
4. 재해손실 등	×××	
Ⅷ. 법인세비용차감전순손익		×××
Ⅸ. 법인세비용		(×××)
Ⅹ. 당기순손익		×××
Ⅺ. 기타포괄손익		×××
Ⅻ. 총포괄손익		×××

5 재무상태표와 포괄손익계산서의 상호관계

재무상태표는 일정 시점(결산일)에서 재무상태를 보고하고, 포괄손익계산서는 일정 기간(회계기간) 동안의 경영성과를 보고하는 재무제표이다. 일정 시점이란 회계실체(기업)의 결산일(보고기간 종료일)을 의미하는 것이고, 일정 기간이란 보고기간 시작일로부터 보고기간 종료일까지의 기간을 의미한다.

[재무상태표와 포괄손익계산서의 상호관계]

20x1년 기초시점 재무상태표		20x1년 1/1 ~ 12/31 포괄손익계산서	20x1년 기말시점 재무상태표	
기초자산	기초부채	수익 − 비용 당기순손익 ± 기타포괄손익 총포괄손익	기말자산	기말부채
	기초자본			기말자본

포괄손익계산서상의 당기순손익은 재무상태표상의 자본 중 이익잉여금을 구성하는 요소이므로 포괄손익계산서상의 총포괄손익, 즉 당기순손익과 기타포괄손익이 확정된 후 재무상태표의 자본이 확정됨으로써 재무상태표는 완성된다.

기초자본 + 유상증자 − 배당금지급 ± 당기순손익(수익 − 비용) ± 기타포괄손익 = 기말자본

제9편에서 학습할 유상증가 및 배당금지급이 없다고 가정하면 기초자본에 당기순손익(수익 − 비용)과 기타포괄손익을 가감하면 기말자본이 된다.

01 다음 중 포괄손익계산서에 대한 설명으로 옳지 않은 것은 무엇인가?

① 포괄손익계산서는 수익과 비용에 대한 정보를 제공한다.
② 이익 = 수익 − 비용
③ 매출총이익 = 매출액 − 매출원가
④ 총포괄손익 = 법인세차감전순이익 ± 당기순손익

02 다음 중 괄호 안의 값으로 옳지 않은 것은 무엇인가?

자 본		수 익	비 용	당기순손익
기 초	기 말			
150,000	(1)	210,000	(2)	50,000
(3)	360,000	(4)	430,000	−40,000

① ₩200,000　② ₩160,000
③ ₩320,000　④ ₩390,000

03 다음 정보를 이용하여 당기순손익을 계산하면 얼마인가?

급 여	₩406,000	소모품비	₩1,500	이 자 수 익	₩8,600
광 고 료	24,000	통 신 비	1,740	수수료수익	14,000
임 차 료	10,000	잡 비	4,700	상품매출이익	429,000

① ₩4,000　② ₩3,660
③ ₩5,160　④ ₩9,860

해설

01 총포괄손익 = 당기순손익 ± 기타포괄손익 | 정답 ④ |

02 ① 기초자본(150,000) + 당기순손익(50,000) = 기말자본(₩200,000)
② 수익(210,000) − 비용(X) = 당기순손익(₩50,000)
비용(X) = ₩160,000
③ 기초자본(X) + 당기순손익(−40,000) = 기말자본(₩360,000)
기초자본(X) = ₩400,000
④ 수익(X) − 비용(430,000) = 당기순손익(−₩40,000)
수익(X) = ₩390,000 | 정답 ③ |

03 수익(8,600 + 14,000 + 429,000) − 비용(406,000 + 1,500 + 24,000 + 1,740 + 10,000 + 4,700) = ₩3,660 | 정답 ② |

학습정리

1. 포괄손익계산서 개념

포괄손익계산서는 회계실체의 경영성과를 나타내는 회계보고서이다. 기업의 경영성과는 수익과 비용, 그리고 수익과 비용의 차액인 이익(손실)으로 측정한다.

2. 포괄손익계산서 구성요소

포괄손익계산서의 기본 구조는 다음과 같다. 즉, 수익에서 비용을 차감하여 이익 혹은 손실로 표현한다.

$$\underset{金}{\underline{\text{수익}}} - \underset{火}{\underline{\text{비용}}} = \text{이익(손실)}$$

3. 포괄손익계산서 이익의 구성

포괄손익계산서는 매출총이익, 영업이익, 법인세비용차감전순이익, 당기순손익, 기타포괄손익, 총포괄손익으로 구성된다.

매 출 총 이 익 = 매출액 − 매출원가
영 업 손 익 = 매출총이익 − 판매비와관리비
법인세비용차감전순손익 = 영업이익 + 영업외수익(금융수익 · 기타수익) − 영업외비용(금융비용 · 기타비용)
당 기 순 손 익 = 법인세차감전순이익 − 법인세비용
기 타 포 괄 손 익
총 포 괄 손 익 = 당기순손익 ± 기타포괄손익

4. 재무상태표와 포괄손익계산서의 상호관계

기초자본 + 유상증자 − 배당금지급 ± 당기순손익(수익 − 비용) ± 기타포괄손익 = 기말자본

제3장 재무보고 개념체계

학습목표

- ✔ 재무보고 개념체계 기본 개념을 학습한다.
- ✔ 유용한 재무보고의 질적 특성을 학습한다.
- ✔ 재무회계의 기본가정을 학습한다.
- ✔ 발생주의와 현금주의의 개념을 학습한다.
- ✔ 수익의 개념 및 인식방법을 학습한다.
- ✔ 비용의 개념 및 인식방법을 학습한다.

1 재무보고 개념체계 기본 구조

- 재무보고 개념체계는 외부 이용자를 위한 재무제표의 작성과 표시에 있어 기초가 되는 개념이다.

- 재무보고 개념체계는 한국채택국제회계기준이 아니므로 특정한 측정과 공시 문제에 관한 기준을 정하지는 않는다. 따라서 재무보고 개념체계는 어떤 경우에도 한국채택국제회계기준에 우선하지 않는다.

- 재무보고 개념체계의 적용범위는 다음과 같다.

① 재무보고의 목적
② 유용한 재무정보의 질적 특성
③ 재무제표를 구성하는 요소의 정의, 인식 및 측정
④ 자본 및 자본유지의 개념

[재무보고 개념체계]

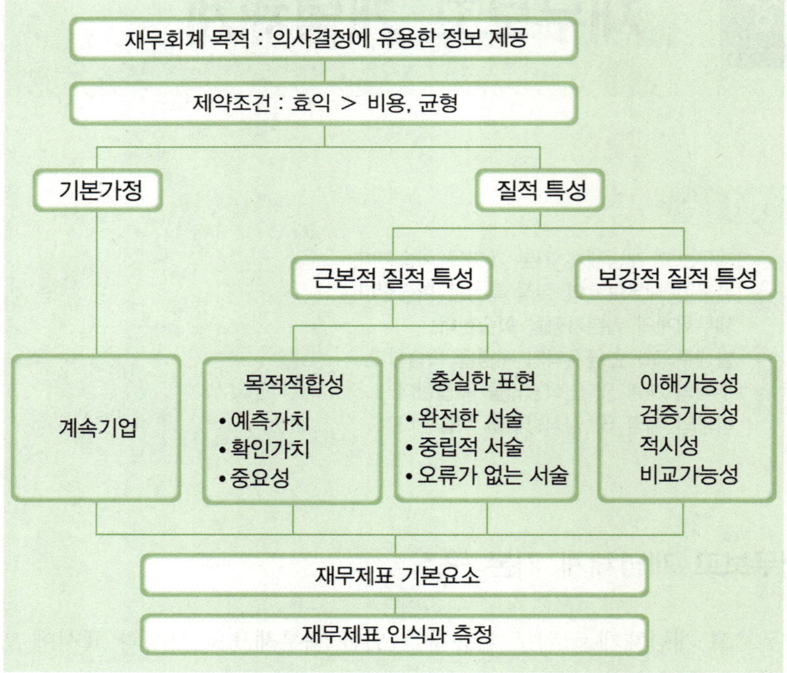

2 재무보고(Financial reporting) 목적

재무보고의 목적은 현재 및 잠재적 투자자, 대여자 및 기타 채권자에게 투자 및 신용제공과 관련한 의사결정에 유용한 정보를 제공하는 것이며, 유용한 정보가 되기 위해서는 투자나 신용제공에 따른 미래의 현금흐름에 관한 정보를 제공해야 한다.

3 제약요건

(1) 효익(Benefit)과 비용(Expense)의 균형

회계정보가 유용하기 위해서는 특정 회계정보를 생성하는 데 소요되는 비용보다 해당 회계정보를 이용하여 얻는 효익이 커야 한다.

(2) 질적 특성(Qualitative characteristics) 간 균형

앞에서 언급한 여러 가지 질적 특성은 상호 간에 상충관계가 형성되기도 한다. 따라서 회계정보를 활용함에 있어서는 복합적으로 검토하여, 균형을 이루고 유용한 회계정보를 선택해야 한다.

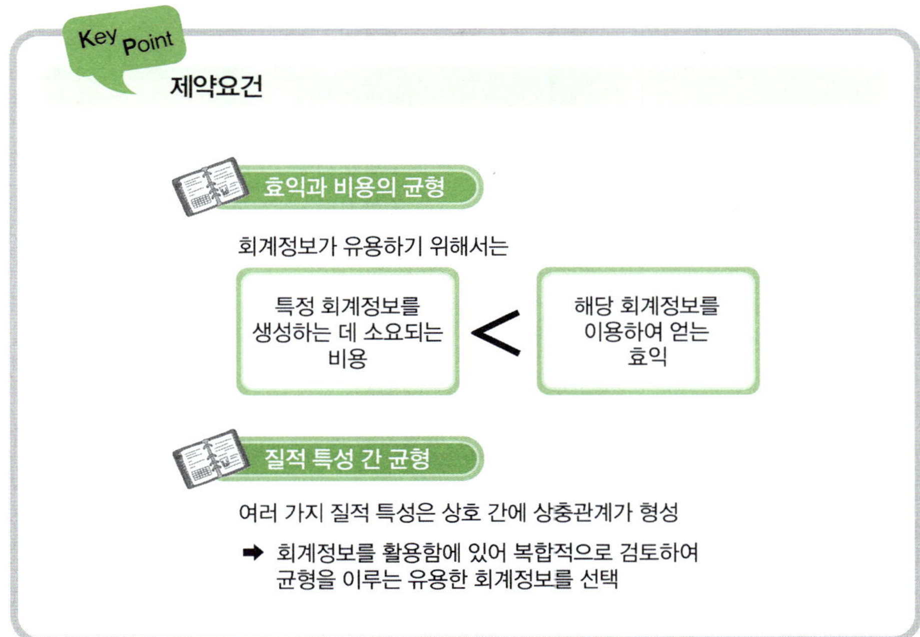

4 유용한 재무정보의 질적 특성

유용한 재무정보의 질적 특성은 다음과 같은 성격을 가지고 있다.

① 특정정보가 의사결정목적에 유용한지를 평가하는 기준을 제공한다.
② 여러 가지 대체적 방법이 있을 경우 특정 회계처리방법을 선택하는 기준을 제공한다.
③ 재무제표에 특정정보를 포함할 것인가를 결정하는 기준을 제공한다.

회계정보의 질적 특성에는 근본적 질적 특성과 보강적 질적 특성이 있다. 근본적 질적 특성으로 목적적합성과 충실한 표현을 갖추어야 하고, 보강적 질적 특성으로 비교가능성, 검증가능성, 적시성, 이해가능성을 갖추어야 한다.

[회계정보 질적 특성의 체계]

구 분	내 용	
근본적 질적 특성	목적적합성	• 예측가치 • 확인가치 • 중요성
	충실한 표현	• 완전한 서술 • 중립적 서술 • 오류가 없는 서술
보강적 질적 특성	• 이해가능성 • 검증가능성	• 적시성 • 비교가능성
제약조건	• 효익과 비용 간의 균형 • 질적 특성 간의 균형	

4.1 근본적 질적 특성

(1) 목적적합성(Relevance)

① 목적적합성은 "회계정보는 정보이용자가 의도하고 있는 의사결정목적과 관련이 있어야 하며, 회계정보를 이용하여 의사결정을 하는 경우와 이용하지 않고 의사결정을 하는 경우를 비교해서 의사결정에 차이를 발생하게 하는 정보의 능력"이다.

② 목적적합성은 몇 가지 대체적인 정보가 있는 경우 어떤 것을 선택하는 것이 가장 적절한 정보인지를 판단하는 기준이다.

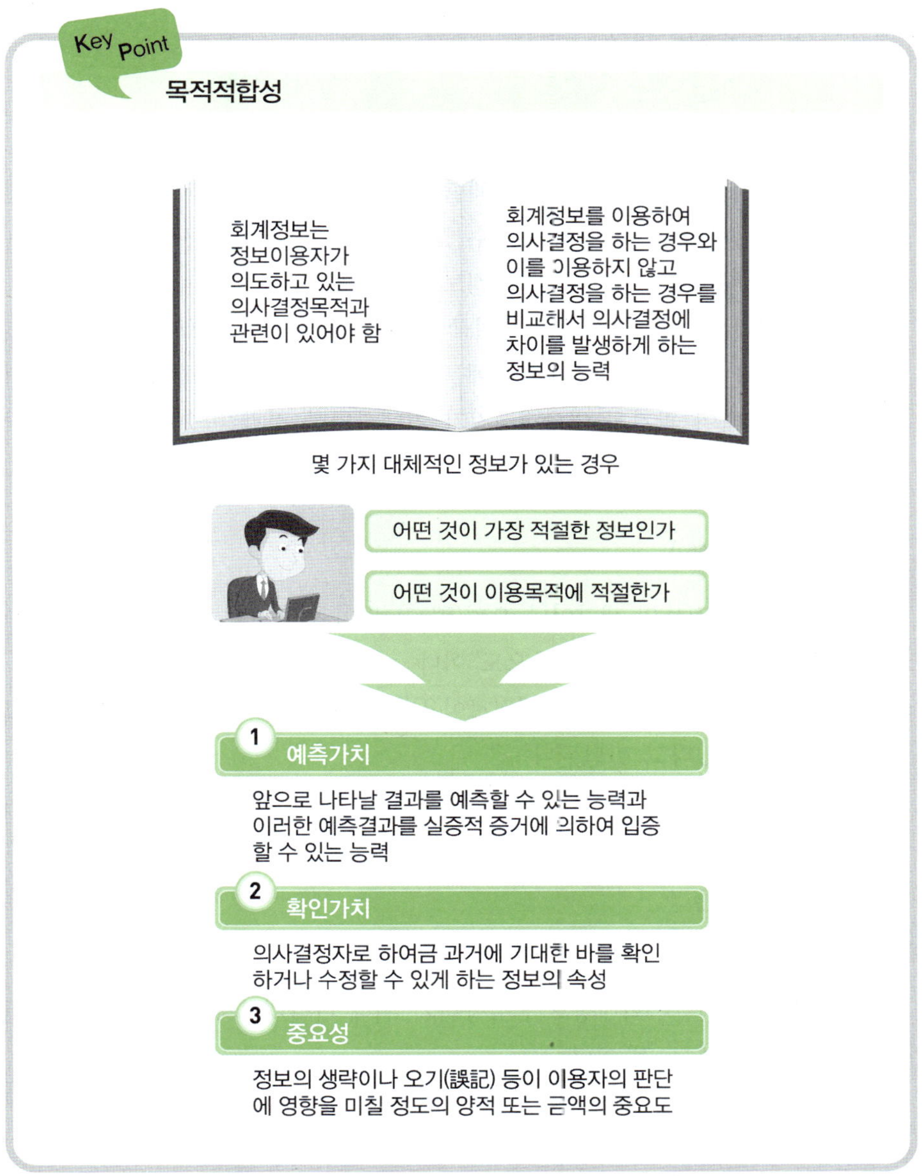

③ 예를 들어 주식을 처분하는 것보다 계속 보유하는 것이 더 유리하다는 것을 확신하게 하는 회계정보가 있다면 그 정보는 투자자에게 목적적합한 정보이다.

④ 회계정보가 목적적합성 있는 정보가 되기 위해서는 예측가치, 확인가치, 중요성을 보유해야 한다.

1) 예측가치(Predictive value)와 확인가치(Feedback value)

① 예측가치는 "앞으로 나타날 결과를 예측할 수 있는 능력과 이러한 예측결과를 실증적 증거에 의하여 입증할 수 있는 능력"이다. 즉, 의사결정자의 미래 예측 능력을 향상시켜 줄 수 있는 정보의 속성을 뜻한다.

② 확인가치는 "의사결정자로 하여금 과거에 기대한 바를 확인하거나 수정할 수 있게 하는 정보의 속성"이다. 예를 들어, 회계정보를 통하여 기업의 경영성과를 파악하여 과거의 의사결정자가 기대하였던 것과 비슷한지 여부를 확인해 볼 수 있는 속성을 뜻한다.

2) 중요성(Materiality)

① 중요성은 "정보의 생략이나 오기(誤記) 등이 이용자의 판단에 영향을 미칠 정도의 양적 또는 금액의 중요도"이다.

② 즉, 회계정보가 특정한 회계정보이용자의 의사결정에 영향을 미친다면 그것은 중요성이 있다고 판단된다.

③ 중요성은 엄격히 말해 '상대적 중요성'이다. 따라서 상대적 성격의 중요성은 특정 항목의 상대적 크기나 상대적 금액에 비추어서 판단하여야 한다.

(2) 충실한 표현(Faithful representation)

① 충실한 표현은 "회계정보가 유용하기 위해 나타내고자 하는 현상을 충실하게 표현해야 하는 것"이다.

② 즉, 완벽하게 충실한 표현을 하기 위해서는 서술이 완전하고, 중립적이며, 오류가 없어야 한다.

③ 회계정보가 충실하게 표현되기 위해서는 회계상의 측정치나 설명이 완전한 서술, 중립적 서술, 오류가 없는 서술이어야 한다.

1) 완전한 서술(Representational faithfulness)

① 완전한 서술은 "필요한 기술과 설명을 포함하여 정보이용자가 서술되는 현상을 이해하는 데 필요한 모든 정보를 포함하는 것"이다.

② 예를 들어, 유형자산에 포함되는 개별 항목(예 토지, 건물, 기계장치 등)과 각 금액, 원가모형과 재평가모형 중 어떤 항목을 적용했는지, 재평가모형을 적용했다면 공정가치가 얼마인지, 감가상각은 어떻게 하는지, 손상차손을 인식했다면 그 금액이 얼마인지 등에 대한 내용을 빠짐없이 기술해야 한다.

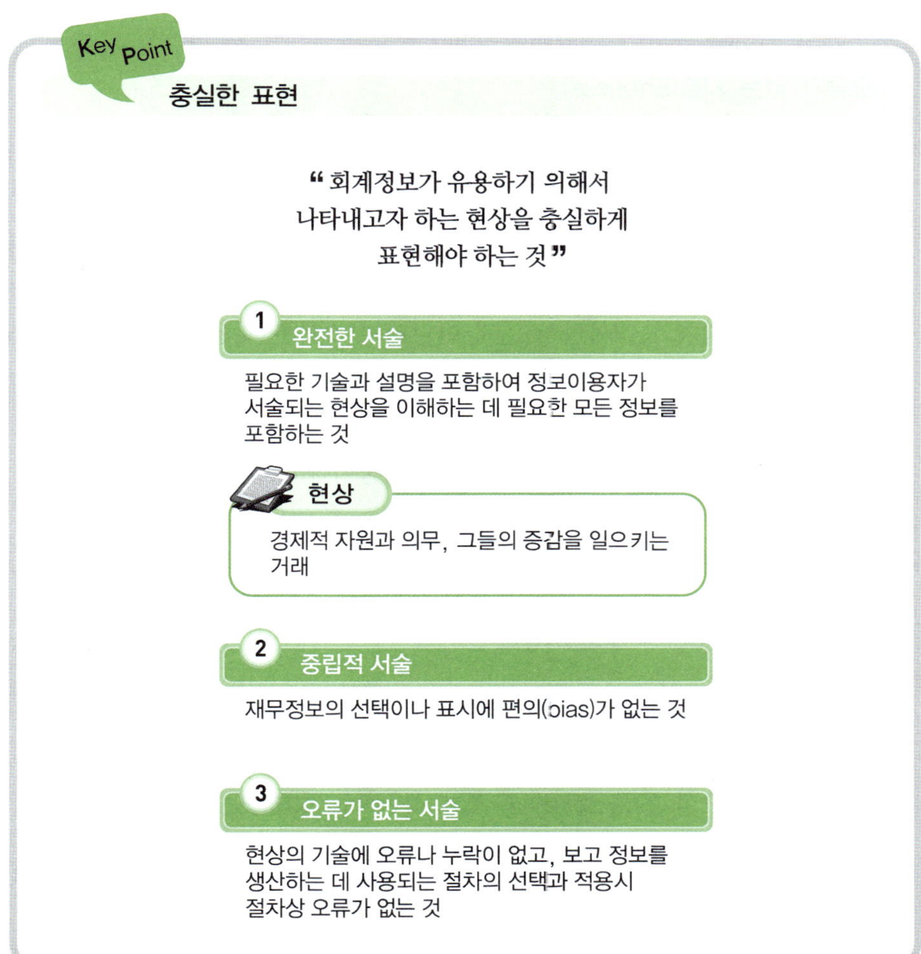

2) 중립적 서술(Neutrality)

① 중립적 서술은 "재무정보의 선택이나 표시에 편의(bias)가 없는 것"을 의미한다.

② 정보이용자가 재무정보를 유리하게 또는 불리하게 받아들일 가능성을 높이기 위해 편파적이 되거나, 강조되거나, 경시되거나 그 밖의 방식으로 조작되지 않음을 의미한다.

③ 또한 중립적 정보가 목적이 없거나 행동에 대한 영향력이 없는 정보를 의미하지는 않는다. 오히려 목적적합한 재무정보는 정의상 정보이용자의 의사결정에 차이가 나도록 할 수 있는 정보이다.

3) 오류가 없는 서술(Errorless)

① 오류가 없는 서술은 "현상의 기술에 오류나 누락이 없고, 보고 정보를 생산하는 데 사용되는 절차의 선택과 적용시 절차상 오류가 없음을 의미하는 것"이다.

② 오류가 없는 서술이라고 해서 모든 것이 완벽하게 정확하다는 것을 의미하는 것은 아니다. 예를 들어 회계처리를 할 때 여러 가지 추정치가 필요할 수 있는데, 그 추정치가 정확한 것인지 아니면 부정확한 것인지는 결정할 수 없다.

③ 추정치로서 금액을 정확하게 기술하고, 추정절차의 성격과 한계를 설명하며, 그 추정치를 도출하기 위한 적절한 절차를 선택하고 적용하는 데 오류가 없다면 그 추정치의 표현은 오류가 없는 서술이라고 할 수 있다.

4.2 보강적 질적 특성

(1) 이해가능성(Understandability)

① 이해가능성은 회계정보가 유용한 것이 되기 위한 필요조건으로서 "기업이 제공하는 회계정보는 정보이용자가 이해할 수 있어야 한다."는 속성이다.

② 회계는 단순히 어떤 용어나 수치를 제공하는 것이 아니고 회계현상이나 경제활동을 이해시켜 유용하게 사용하는 데 그 목적이 있으므로 회계정보는 이용자에게 정확하게 이해될 수 있는 형태로 전달되어야 한다.

③ 이해가능성 있는 회계정보를 제공하기 위해서는 a) 회계정보는 간결성을 가져야 하며, b) 회계보고서의 양식과 내용이 표준화되어야 하며, c) 회계정보가 이해될 수 있는 용어로 작성되어야 한다.

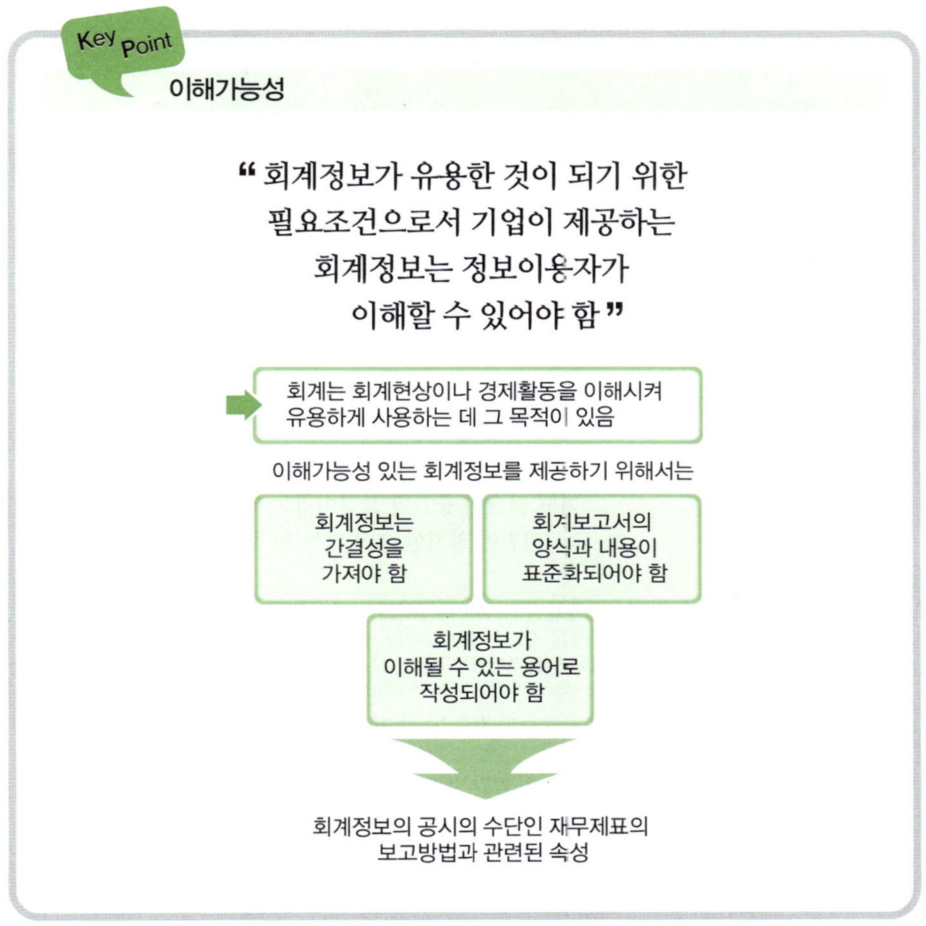

(2) 검증가능성(Verifiability)

① 검증가능성은 "합리적인 판단력이 있고, 독립적인 서로 다른 관찰자가 어떤 서술이 충실한 표현이라는 데, 의견이 일치할 수 있다는 것"이다.

② 예를 들어 자산의 공정가치 측정치에 대해서 두 관찰자가 검증한 결과, 거의 일치하는 의견을 제시했을 경우 당해 자산의 공정가치 정보는 검증가능하다.

③ 계량화된 정보가 검증가능하기 위해서 단일 추정치이어야 할 필요는 없다. 가능한 금액의 범위 및 관련된 확률도 검증될 수 있다. 또한 검증은 직접적으로 또는 간접적으로 이루어질 수 있다.

Key Point

검증가능성

" 합리적 판단력이 있고 독립적인 서로 다른 관찰자가 어떤 서술이 충실한 표현이라는 데, 의견이 일치할 수 있다는 것 "

➡ 자산의 공정가치 측정치에 대해서 두 관찰자가 검증한 결과, 거의 일치하는 의견을 제시했을 경우 당해 자산의 공정가치 정보는 검증가능함

- 계량화된 정보가 검증가능하기 위해서 단일 추정치일 필요는 없음
- 가능한 금액의 범위 및 관련된 확률로 검증될 수 있음
- 검증은 직접적, 간접적으로 이루어질 수 있음

(3) 적시성(Timeliness)

① 적시성은 "의사결정에 영향을 미칠 수 있도록 의사결정자가 정보를 제때에 이용가능하게 하는 것"이다.

② 당장 의사결정을 내려야 하는데, 필요로 하는 정보가 6개월 후에 제공된다면 그러한 정보는 적시성이 낮은 정보이다.

③ 일반적으로 정보는 오래될수록 유용성이 낮아진다. 그러나 일부 정보는 보고기간 말 후에도 오랫동안 적시성이 있을 수 있다. 예를 들어, 일부 정보이용자는 추세를 식별하고 평가할 필요가 있을 수 있기 때문이다.

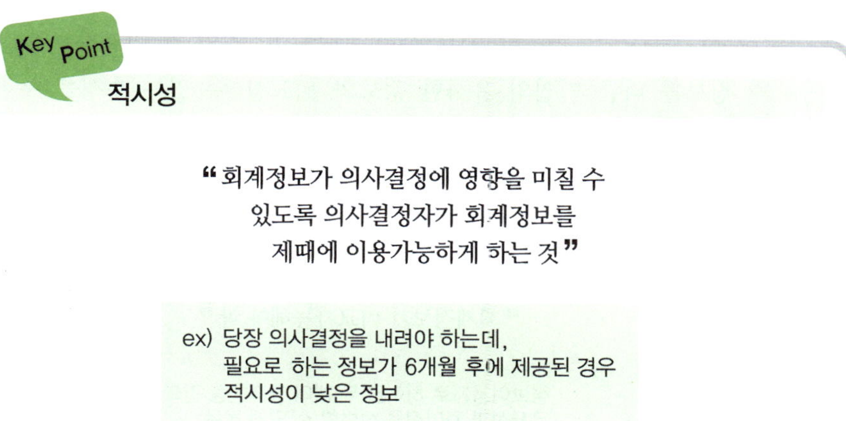

(4) 비교가능성(Comparability)

① 비교가능성은 "회계정보가 비교가능해야 한다는 속성"이다.

② 정보이용자로 하여금 두 개의 경제현상 간의 유사성과 차이점을 식별할 수 있게 하는 정보의 속성을 가리킨다.

③ 회계정보가 비교가능하다는 것은 어떤 점이 유사하며, 비교대상 간의 우수성과 장단점을 비교 판단할 수 있도록 회계정보가 측정되고 보고되어야 한다는 것이다.

④ 비교가능성에는 기간별 비교가능성과 기업 간 비교가능성이 있다.

⑤ 기간별 비교가능성은 특정기업 내에 있어서 일정 기간의 정보를 다른 기간의 유사한 정보와 비교할 수 있는 속성을 말하며, 기업 간 비교가능성은 특정기업의 정보를 다른 기업의 유사한 정보와 비교할 수 있는 속성을 뜻한다.

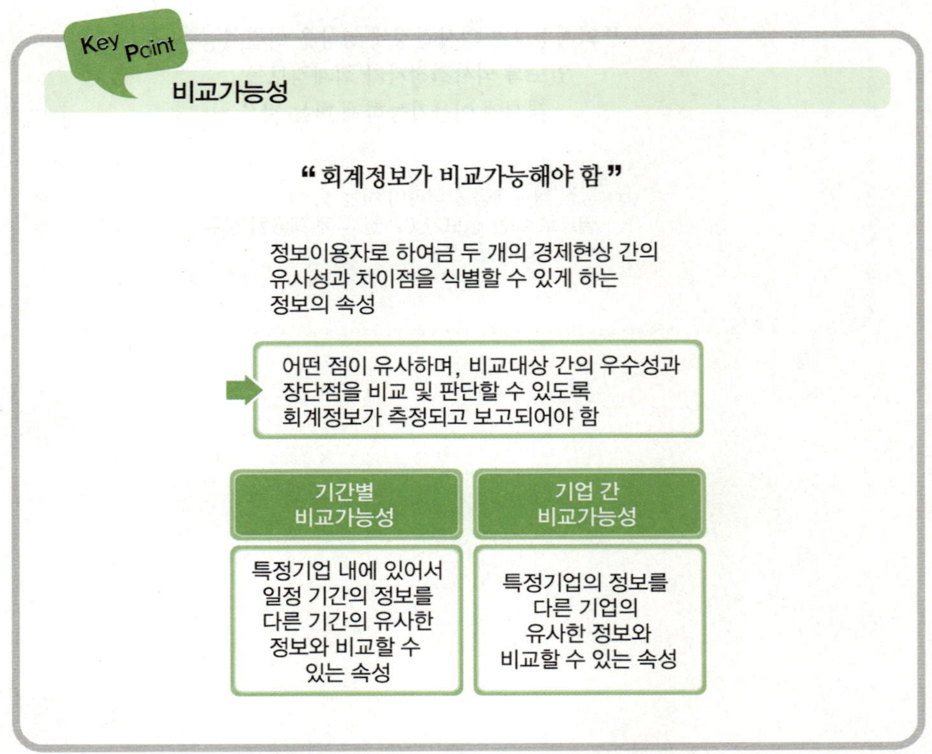

5 목적적합성과 충실한 표현의 상충관계

① 회계정보가 의사결정에 유용한 정보가 되기 위해서는 최소한 목적적합성과 충실한 표현을 갖추어야 한다. 그러나 상황에 따라서는 목적적합성과 충실한 표현이 상충되는 경우가 발생한다.

② 예를 들어, 자산을 시가로 평가한 경우가 역사적 원가로 평가한 경우보다 더 목적적합한 정보가 되지만, 역사적 원가로 평가된 정보는 시가로 평가된 정보보다 더 충실한 표현이 있는 정보가 될 수 있다.

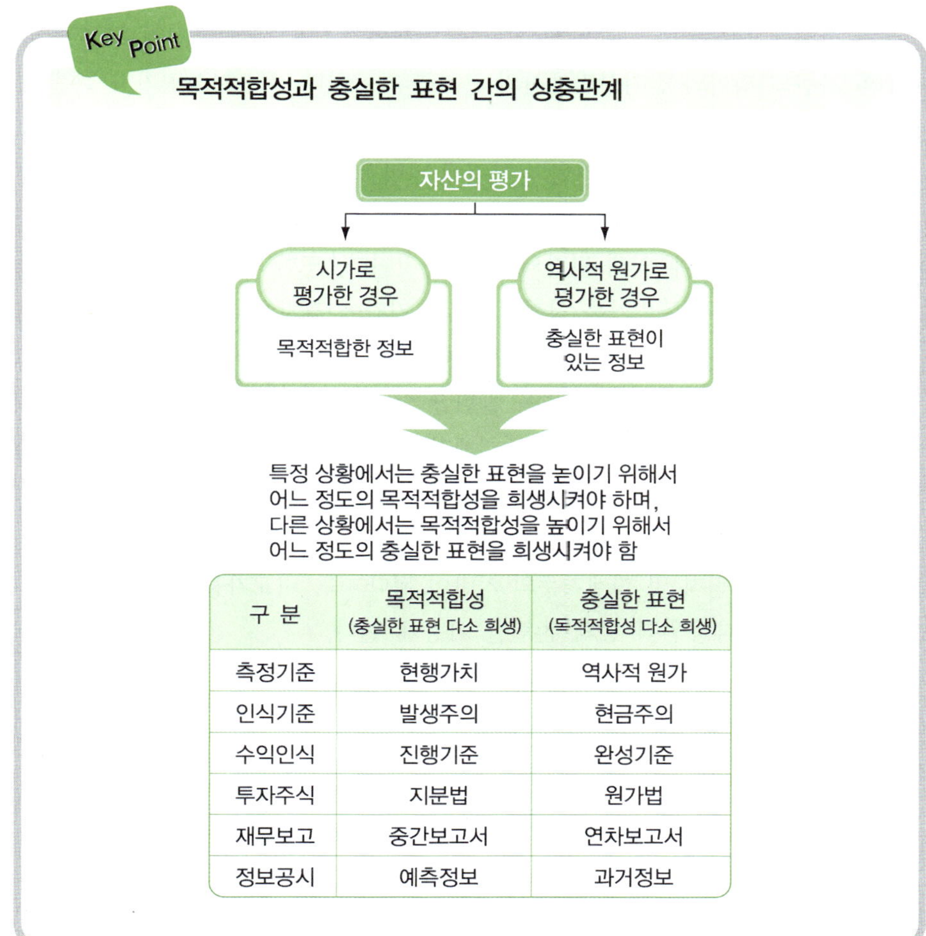

구 분	목적적합성 (충실한 표현 다소 희생)	충실한 표현 (도적적합성 다소 희생)
측정기준	현행가치	역사적 원가
인식기준	발생주의	현금주의
수익인식	진행기준	완성기준
투자주식	지분법	원가법
재무보고	중간보고서	연차보고서
정보공시	예측정보	과거정보

6 재무회계 기본가정

재무회계가 기업과 관련된 회계정보를 생성 및 전달하기 위해서는 "계속기업의 가정(Going Concern)"이라는 기본가정이 필요하다.

계속기업의 가정은 "기업이 도산이나 해산 또는 청산을 전제로 영위되는 것이 아니라 무한한 생명력을 가지고 영속적으로 존재하며, 그 기업의 경영활동도 영구히 계속 된다"는 가정이다. 계속기업 가정의 유용성은 구체적으로 다음과 같다.

① 투자에 대한 의사결정을 위해서는 그 기업의 자산가치와 수익가치를 분석·계산하게 되는데, 그러한 계산은 모두 계속기업의 가정을 전제로 이루어진다.

② 자산의 평가와 감가상각계산의 근거를 제공한다. 즉, 자산평가가 현행원가 기준이나 청산가치 기준에 의해 평가하는 것이 아니라 역사적 원가 기준에 의해 행해지는 논리는 계속기업의 가정에 바탕을 두고 있는 것이다. 만일 기업이 계속적으로 존속하지 않을 것이라고 예상될 때는 자산을 취득원가보다는 청산가치 또는 시가에 의해 평가되어야 할 것이다. 또한 기말의 감가상각의 계산도 당해자산의 취득원가를 청산일까지의 기간에 걸쳐서 상각하는 것이 아니라 해당자산의 내용연수에 걸쳐서 상각하여야 한다는 논리를 성립시키기도 한다.

③ 기업의 미래에 대한 예측력을 발휘할 수 있는 근거가 된다. 기업이 영속적으로 존재하리라는 가정은 기업의 회계자료가 지니고 있는 미래에 대한 예측력에 의하여 받아들여질 수 있다. 따라서 회계보고는 재무제표이용자가 기업의 미래를 예측할 수 있도록 작성되어야 한다.

④ 여러 회계원칙 및 회계기준의 기반이 된다. 즉, 비교가능성, 취득원가주의, 수익·비용 대응원칙 등의 존립을 가능케 한다.

Key Point

계속기업의 가정

" 기업이 도산이나 해산 또는 청산을 전제로 영위되는 것이 아니라 무한한 생명력을 가지고 영속적으로 존재하며, 그 기업의 경영활동도 영구히 계속 된다는 가정 "

1. 투자에 대한 의사결정을 위해서는 기업의 계속성을 전제로 그 기업의 자산가치와 수익가치를 분석 · 계산
2. • 기업계속성에 바탕을 두고 자산평가를 원가기준에 의해 실시
   • 해당 자산의 내용연수에 걸쳐서 감가상각
3. 기업의 미래에 대한 예측력을 발휘할 수 있는 근거
4. 여러 회계원칙 및 회계기준의 기반
   ➡ 비교가능성, 취득원가주의, 수익·비용 대응원칙 등의 기반

7 발생주의와 현금주의

(1) 발생주의(Accrual basis)

① 발생주의는 실제적인 현금유입 혹은 현금유출과는 무관하게, 경제적 거래를 중심으로 수익과 비용을 인식하는 방법이다.

② 발생주의는 경제적 사건이 발생한 시점에서 일정한 요건을 충족하였을 때 경제적 사건을 인식한다.

③ 발생주의는 수익창출을 위한 결정적인 사건이 발생하였을 때 수익을 인식하고, 관련된 수익을 인식할 때 비용을 인식하여 수익과 비용이 대응되도록 한다.

(2) 현금주의(Cash basis)

① 현금주의는 거래상대방으로부터 현금을 수취한 시점에서 해당 수취한 현금을 수익으로 인식하고, 현금을 지출한 시점에서 해당 지출한 현금을 비용으로 인식한다.

② 현금주의는 경제적 거래의 발생과는 무관하게 실질적으로 현금이 유입되고, 현금이 유출되는 시점에서 수익과 비용을 측정하고 인식하여 기록하는 방법이다.

(3) 한국채택국제회계기준(K-IFRS)

① 한국채택국제회계기준에서는 현금흐름 정보를 제외하고는 발생기준 회계(Accrual basis of accounting)를 사용하여 재무제표를 작성한다.

② 한국채택국제회계기준에서는 현금의 증감 및 증감사유를 파악하기 위하여 현금흐름 정보를 현금흐름표를 통하여 제공하고 있다.

(4) 발생주의와 현금주의 장단점

구 분	장 점	단 점
발생주의	① 발생주의는 수익이 보다 정확하게 측정되고, 비용은 보고된 수익과 보다 밀접하게 관련된다. ② 발생주의는 현금주의보다 경영성과를 더 적절하게 측정할 수 있다. ③ 발생주의는 차기 이후의 현금흐름 예측 및 경영성과를 측정하는 데 있어서도 현금주의보다 우월하다.	① 발생주의는 수익창출활동이 이루어지고 있는 회계기간 중 어느 시점에 수익과 비용을 인식할지가 불명확하다. ② 발생주의는 인식해야 할 수익금액과 비용금액을 명확히 측정하기 어렵다.
현금주의	① 현금주의는 실제로 유입된 현금과 유출된 현금으로 수익과 비용을 측정하므로, 해당 금액이 확정적이다. ② 현금주의는 발생주의보다 분명하게 수익과 비용을 인식할 수 있다.	① 현금주의는 수익과 관련 비용의 대응이 적절하지 않다. 즉, 특정 기간의 경영성과가 다른 기간의 경영성과와 혼합되어 적절한 기간손익을 측정하기 어렵다. ② 현금주의는 수익과 비용을 현금의 유입과 유출이 일어나는 시점에 인식하기 때문에 수익을 인식하는 시점이 불필요하게 지연되고, 그에 따라 관련 비용을 인식하는 것 역시 지연된다.

(5) 발생주의와 현금주의 사례

예제

㈜대한은 20x1년 4월 2일에 10억 원의 제품(원가 7억 원)을 외상매출하고 해당 제품의 판매 대금을 20x2년 1월 10일에 현금으로 수령하였다. 이러한 경우 발생주의와 현금주의에 따라 수익과 비용을 인식하시오.

구 분		발생주의		현금주의	
		20x1년	20x2년	20x1년	20x2년
수익	매출액	10억	–	–	10억
비용	매출원가	7억	–	7억	–
이익	매출총이익	3억	–	(7억)	10억

풀이> 발생주의에 의하면 20x1년도에 수익 10억과 비용 7억을 인식하여 이익을 3억으로 기록하므로 수익과 관련 비용의 대응이 적합하고, 기간손익 측정이 적절하나, 현금주의에 의하면 비용은 20x1년도에 인식하고, 수익은 20x2년도에 인식하여 20x1년도에는 –7억 원의 손실을, 20x2년도에는 10억 원의 이익을 기록함으로써 기간손익이 왜곡된다. 또한 이러한 현상으로 인해 해당연도의 경영성과의 측정 또한 적절하지 못하다.

8 수익(Revenues)

(1) 수익 개념

수익은 자산의 유입이나 증가 또는 부채의 감소에 따라 자본의 증가를 초래하는 특정 회계기간 동안에 발생한 경제적 효익의 증가로서, 지분참여자에 의한 출연과 관련된 것은 제외한다.

(2) 수익 분류

1) 영업수익(Operating revenue) · 금융수익(Financial revenue) · 기타수익(Other revenue)

① 수익이 주된 영업활동 과정에서 발생하면 영업수익으로 분류되고, 주된 영업활동 이외의 활동으로부터 발생된 수익 중 금융관련 수익은 금융수익, 비금융관련 수익은 기타수익으로 분류한다.

② 일부 기업에서는 금융수익 및 기타수익을 합쳐서 영업외수익으로 표현하기도 한다.

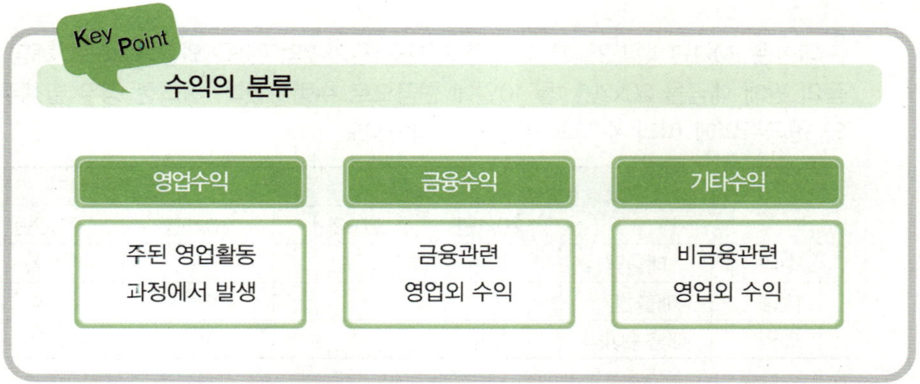

2) 계속사업손익(Continuing operating income or loss)과 중단사업손익(Discontinuing operating income or loss)

① 기업은 끊임없이 변하는 경제 환경에서 특정 사업부문의 수익성을 상실할 수 있다. 이때 수익성을 상실한 사업을 중단하게 되면 영업손익을 계속사업손익과 중단사업손익으로 구분하여야 한다.

② 중단사업은 미래에 반복되지 않으므로 이로 인한 영업손익의 지속성이 매우 낮은 사업이다. 따라서 투자자들에게 구분하여 보고함으로써 미래 이익예측에 사용할 수 있는 정보를 제공한다.

3) 기타포괄손익(Other comprehensive income or loss)

① 기타포괄손익은 당기손익으로 인식하지 않은 수익과 비용 항목(재분류조정 포함)이다.

② 한국채택국제회계기준에서는 당기순손익과 기타포괄손익도 구분하여 표시하고, 당기순손익에 기타포괄손익을 가감하여 총포괄손익을 표시하도록 하고 있다.

(3) 수익 회계처리

1) 영업수익(Operation revenue)

① 영업수익은 그 기업의 주된 영업활동에서 생기는 수익이다.

② 영업활동이란 업종에 따라 다양하다. 상품매매업에서는 상품매매, 서비스업에서는 용역의 제공, 그리고 제조업에서는 제품의 제조 및 판매 등이 각각의 영업활동이 된다.

[업종별 영업수익의 대표 항목]

업 종	대표 항목
제조업	제품판매액
서비스	용역수익
부동산임대업	임대료수익
은행	이자수익

③ 영업수익을 인식하는 시점은 업종 및 판매형태에 따라 달라질 수 있다. 이를 판단하는 기준으로는 판매(인도)기준, 진행기준, 완성기준, 회수기준 등이 있다.

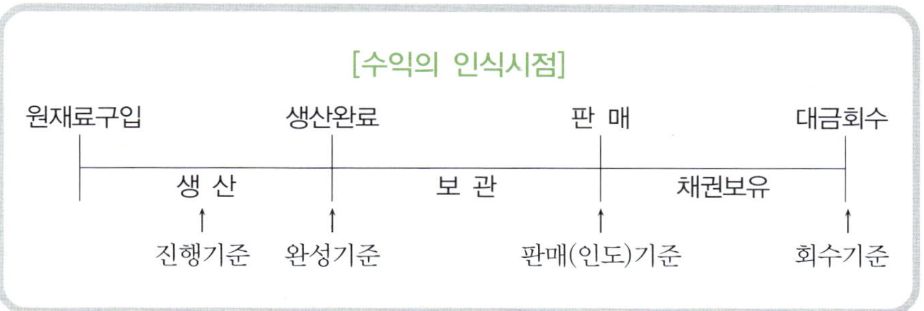

- **판매(인도)기준** : 판매(인도)기준은 상품 또는 제품이 판매되어 고객에게 전달(인도)될 때 수익으로 계상하는 기준이다.
- **진행기준** : 수익을 용역제공기간 중에 인식하는 방식으로는 건설공사수익이 대표적이다. 진행기준에 의해 수익을 인식하는 경우에는 진행률에 따라 기간별로 수익을 나누어 인식한다.
- **완성기준** : 완성기준은 생산이 된 경우에 수익을 계상하는 기준으로서 생산물의 가격이 안정되었다든가 또는 권위 있는 기관과의 계약에 따라 생산이 이루어진 경우에 적용된다.

- **회수기준** : 회수기준은 거래처로부터 현금이 회수되기 전에는 수익의 인식을 보류하고 있다가 현금이 회수될 때에 수익으로 계상하는 수익인식의 기준이다.
- **일반적인 수익인식기준** : 일반적으로 수익은 실현주의에 따라 재화 또는 용역이 고객에게 판매 또는 인도된 시점에 기록한다.

2) 금융수익(Financial revenue) 및 기타수익(Other revenue)

① 금융수익 및 기타수익은 본래의 영업활동 이외의 과정에서 발생하는 수익이다.
② 금융수익에는 이자수익, 외환차이, 금융자산평가이익 등이 있고, 기타수익에는 배당금수익, 임대료수익, 투자자산처분이익, 유형자산처분이익 등이 있다.

[금융수익 및 기타수익 분류]

항 목		개 념
금융수익	이자수익	예금이나 대여금에서 발생하는 이자
	외환차이	외화자산·외화부채의 환산, 회수, 상환시에 발생하는 차익
	금융자산평가이익	당기손익-공정가치측정 금융자산평가이익
기타수익	배당금수익	주식이나 출자금 등의 투자에서 분배받는 이익
	임대료수익	부동산 또는 동산을 타인에게 임대하고 받는 이익
	투자자산처분이익	투자자산을 처분함에 따라 발생하는 이익
	유형자산처분이익	유형자산을 처분함에 따라 발생하는 이익

(4) 수익 인식

수익은 자산의 증가나 부채의 감소와 관련하여 미래 경제적 효익이 증가하고 이를 신뢰성 있게 측정할 수 있을 때 포괄손익계산서에 인식한다. 이는 실제로 수익의 인식이 자산의 증가나 부채의 감소에 대한 인식과 동시에 이루어짐을 의미한다. 예를 들어, 재화나 용역의 매출에 따라 자산의 증가가 인식되며, 미지급채무의 면제에 따라 부채의 감소가 인식된다.

1) 수익 측정

① 수익의 측정은 포괄손익계산서에 계상할 수익의 금액을 화폐액으로 표시하는 것을 의미한다.
② 수익의 측정은 얼마로 기록할지를 결정하는 일이다.
③ 일반적으로 현금으로 받은 대가나 취득한 자산의 공정가치로 측정한다.

2) 실현주의(Realization principle)

① 실현주의는 수익의 인식과 측정에 관한 원칙이다.
② 수익을 언제, 얼마로 기록할지에 대한 기록 원칙을 의미한다.
③ 실현주의의 충족요건에는 가득요건과 실현요건이 있다.
④ 가득요건은 경제적 효익을 창출하기에 충분한 경제적 의무를 이행하였는지를 확인하는 요건이다.
⑤ 실현요건은 창출되는 경제적 효익의 금액을 파악할 수 있는지를 확인하는 요건이다.

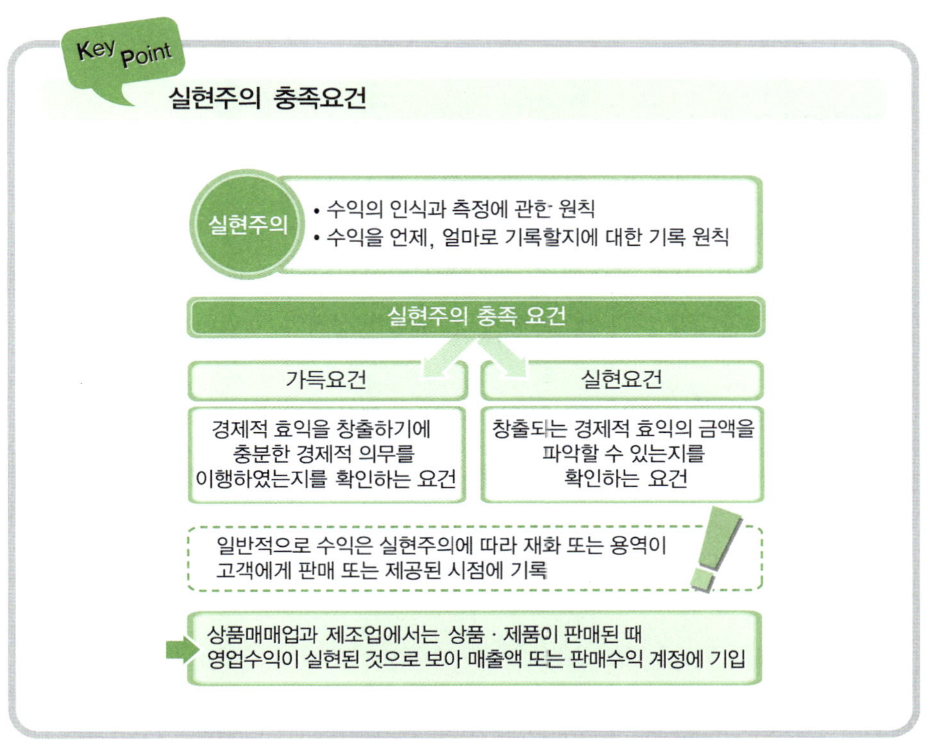

9 비용(Expenses)

(1) 비용 개념

비용은 자산의 유출이나 소멸 또는 부채의 증가에 따라 자본의 감소를 초래하는 특정 회계기간 동안에 발생한 경제적 효익의 감소로서, 지분참여자에 대한 분배와 관련된 것은 제외한다.

(2) 비용 분류

① 비용이 주된 영업활동 과정에서 발생하면 영업비용으로 분류하고, 주된 영업활동 이외의 과정에서 발생하면 영업외비용으로 구분한다.

② 영업비용의 대표적인 항목은 상품·제품의 매출원가와 판매비와관리비가 있다. 영업외비용에는 이자비용, 금융자산평가손실 등 금융비용과 그 외의 기타비용이 있다.

(3) 비용 회계처리

1) 매출원가(Cost of good solds)

① 매출원가란 매출액과 직접 대응되는 원가로서 일정 기간 동안 판매된 상품이나 제품에 대하여 배분된 취득원가 혹은 매입원가이다.

② 매출원가는 당기 매출액에 대응하여 파악되어야 하므로 수익·비용 대응원칙은 매출원가의 인식 및 측정에 있어서 핵심적인 개념이다.

2) 판매비와관리비(Selling and administrative expenses)

① 판매비와관리비는 상품·제품과 용역의 판매활동 또는 기업의 관리와 유지에서 발생하는 비용으로 매출원가에 속하지 않는 모든 영업비용을 포함한다.

② 판매비와관리비에는 다음과 같은 것들이 있다.

[판매비와관리비]

항 목	개 념
급여	임원급여, 급료, 임금, 상여금 등
퇴직급여	근속기간이 경과함에 따라 증가하는 퇴직금을 인식하는 비용
임차료	부동산이나 동산을 임차하고 소유자에게 지급하는 금액
감가상각비	유형자산의 경제적 효익이 소비되거나 소멸되는 회계기간에 걸쳐 체계적이고 합리적으로 배분한 금액
무형자산상각비	무형자산의 경제적 효익이 소비되거나 소멸되는 회계기간에 걸쳐 체계적이고 합리적으로 배분한 금액
광고선전비	상품·제품의 판매촉진을 위하여 선전효과를 얻고자 지출하는 비용
연구비	연구활동을 수행하는 과정에서 발생한 비용
경상개발비	개발활동과 관련하여 경상적으로 발생한 비용
손상차손	회수가 불가능한 채권에 대하여 추정하여 인식하는 비용

3) 금융비용(Financial expense) 및 기타비용(Other expense)

① 비용이 주된 영업활동 과정에서 발생하면 매출원가, 판매비와 관리비 같은 영업비용으로 분류되고, 주된 영업활동 이외의 활동으로부터 발생된 비용 중 금융관련 비용은 금융비용, 비금융관련 비용은 기타비용으로 분류한다.

② 일부 기업에서는 금융비용 및 기타비용을 합쳐서 영업외비용으로 표현하기도 한다.

[금융비용 및 기타비용 분류]

항 목		개 념
금융비용	이자비용	외부에서 조달한 타인자본에 대하여 지급하는 이자와 할인료
	외환차이	외화자산·외화부채의 환산, 회수, 상환시에 발생하는 손실
	금융자산평가손실	당기손익－공정가치측정 금융자산평가손실
기타비용	유형자산처분손실	유형자산을 처분함에 따라 발생하는 손실
	유형자산손상차손	유형자산의 회수가능액이 장부가액에 미달하는 경우의 손실

4) 법인세비용(Tax expenses)

기업이 이익을 얻으면 국가에 세금을 납부하게 되는데 이를 법인세라고 한다. 법인세는 과세대상이 되는 소득을 기초로 하여 계산된다. 재무회계 관점에서 인식하는 법인세를 법인세비용이라고 하는데 법인세비용은 영업활동의 결과인 일정 기간에 벌어들인 소득에 대하여 부과되는 세금이므로 영업활동이 보고되는 기간에 비용으로 인식된다. 일반적으로 이익이 많으면 법인세비용이 증가하고 이익이 적으면 법인세비용도 감소한다.

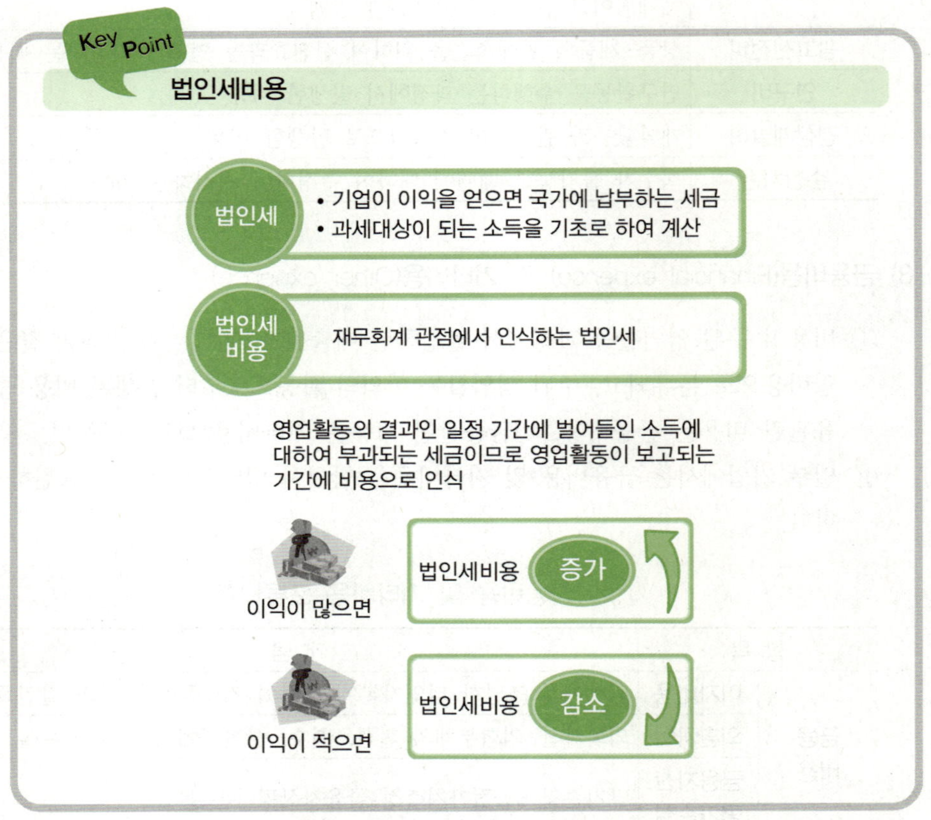

(4) 비용 인식

비용은 자산의 감소나 부채의 증가와 관련하여 미래 경제적 효익이 감소하고 이를 신뢰성 있게 측정할 수 있을 때 포괄손익계산서에 인식한다. 이는 실제로 비용의 인식이 부채의 증가나 자산의 감소에 대한 인식과 동시에 이루어짐을 의미한다. 예를 들어, 종업원급여의 미지급으로 인해 부채가 증가하고, 기계의 감가상각으로 인해 자산이 감소한다.

① 비용은 수익·비용 대응원칙(Matching principle)에 따라 인식한다.

② 수익·비용 대응원칙이란 수익이 인식된 시점에서 수익을 창출하는 데 기여한 비용을 측정하여 인식하는 것이다.

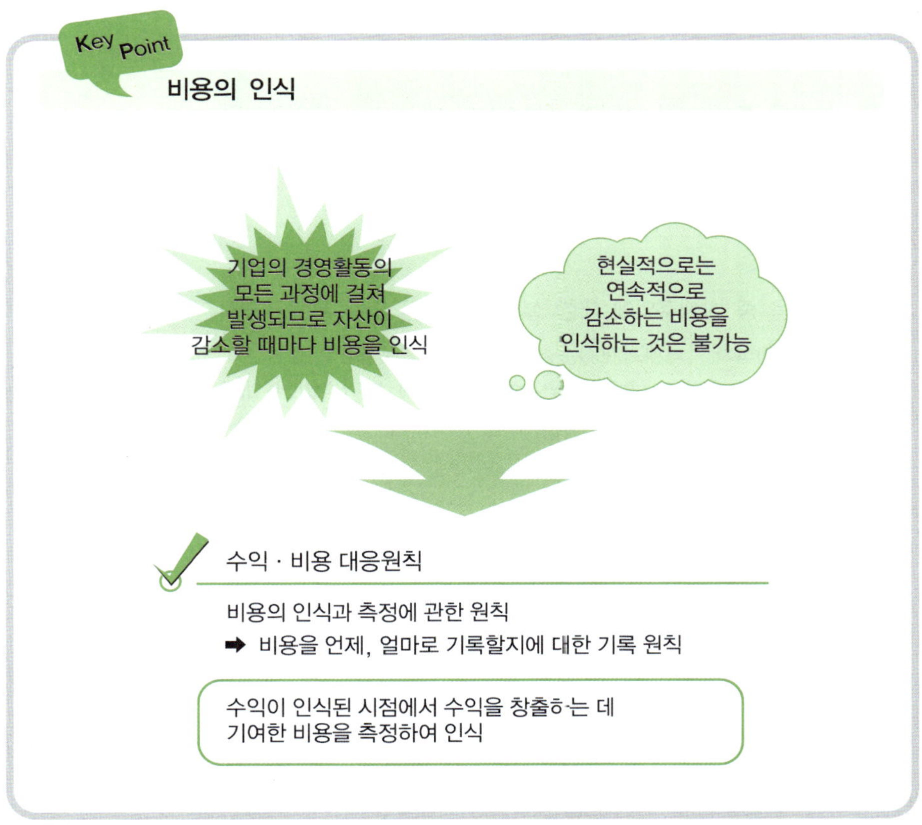

학습 Quiz

01 다음 중 유용한 재무정보의 질적 특성으로 옳지 않은 것은 무엇인가?

① 충실한 표현 ② 이해가능성
③ 목적적합성 ④ 생산가능성

02 다음 중 재무보고를 위한 개념체계에 대한 설명으로 옳지 않은 것은 무엇인가?

① 회계정보의 효익은 언제나 비용보다 커야 한다.
② 유용한 재무정보의 질적 특성은 언제나 조화를 이룬다.
③ 재무회계의 기본가정은 계속기업의 가정이다.
④ 비교가능성에는 기간별 비교가능성과 기업 간 비교가능성이 있다.

03 다음 중 충실한 표현의 하부속성이 아닌 것은 무엇인가?

① 완전한 서술 ② 중립적 서술
③ 오류가 없는 서술 ④ 확실성

04 다음 중 발생주의에 대한 설명으로 옳은 것은 무엇인가?

① 한국채택국제회계기준상 수익인식기준이다.
② 실제 현금의 흐름과 무관하기 때문에 기간손익이 왜곡된다.
③ 적절한 경영평가가 이루어지기 어렵다.
④ 현금지출 시점에 비용을 인식한다.

해설

01 유용한 재무정보의 질적 특성에는 목적적합성, 충실한 표현, 이해가능성, 검증가능성, 적시성, 비교가능성이 있다. | 정답 ❹ |

02 유용한 재무정보의 질적 특성은 상호 간에 상충관계를 형성하기도 한다. | 정답 ❷ |

03 충실한 표현의 하부속성으로는 완전한 서술, 중립적 서술, 오류가 없는 서술이 있다. | 정답 ❹ |

04 한국채택국제회계기준상 발생주의에 따라 수익을 인식한다. | 정답 ❶ |

05 ㈜대한은 20x1년도 1월 1일에 은행에서 연 5%의 이자율로 1억 원을 차입(만기 20x1.12.31)하였고, 이자지급 약정일은 매년 말 12월 31일이다. 20x1년도에 ㈜대한의 경영상황이 악화되어 이자비용을 지급하지 못하고, 해당 이자비용을 20x2년도 1월 10일에 지급하였다. 다음 중 발생주의에 따라 20x1년도와 20x2년도에 인식해야 할 비용은 각각 얼마인가?

	20x1년도	20x2년도		20x1년도	20x2년도
①	0	₩5,000,000	②	₩5,000,000	0
③	₩2,500,000	₩2,500,000	④	답 없음	

06 다음 중 발생주의와 현금주의에 대한 설명으로 옳지 않은 것은 무엇인가?

① 발생주의는 기간손익을 적절하게 측정할 수 있다.
② 현금주의는 확정적인 수익을 측정할 수 있다.
③ 발생주의 정보를 보충하기 위해 현금주의 정보도 필요하다.
④ 현금주의에 따르면 보다 신속하게 수익을 인식할 수 있다.

07 다음 중 한국채택국제회계기준상 수익인식 원칙으로 옳은 것은 무엇인가?

① 확정주의　　② 현금주의
③ 진행주의　　④ 발성주의

해설

05 20x1년도에 이자비용 ₩5,000,000을 인식하고, 20x2년도에는 이자비용을 인식하지 않는다. | 정답 ❷ |

06 현금주의에 따르면 불필요하게 현금이 실제로 유입될 때까지 수익인식이 지연된다. | 정답 ❹ |

07 수익은 발생주의에 의해 인식한다. | 정답 ❹ |

학습 Quiz

08 다음 중 수익 및 비용에 대한 설명으로 옳지 않은 것은 무엇인가?

① 수익과 비용은 주된 영업과의 관련성 여부에 따라 분류한다.
② 비용은 수익·비용 대응원칙에 따라 인식한다.
③ 제조업을 영위하는 회사의 이자비용은 영업비용이다.
④ 금융업을 영위하는 회사의 이자수익은 영업수익이다.

09 다음 중 기타포괄손익에 대한 설명으로 옳은 것은 무엇인가?

① 당기순손익에 영향을 준다.
② 당기 자본에 영향을 준다.
③ 기타코괄손익은 한국채택국제회계기준상 손익으로 보지 않는다.
④ 기타코괄손익은 미래 확실한 손익이다.

해설

08 제조업을 영위하는 회사의 주된 영업은 제조, 판매 행위이다. 이자비용은 주된 영업이 아니므로 영업외비용이다. | 정답 ❸ |

09 기타포괄손익은 기타포괄손익누계액에 포함되어 자본으로 분류된다. | 정답 ❷ |

학습정리

1. 재무보고 개념체계 기본 개념

재무보고 개념체계는 외부이용자를 위한 재무제표의 작성과 표시에 있어 기초가 되는 개념을 정립한다.

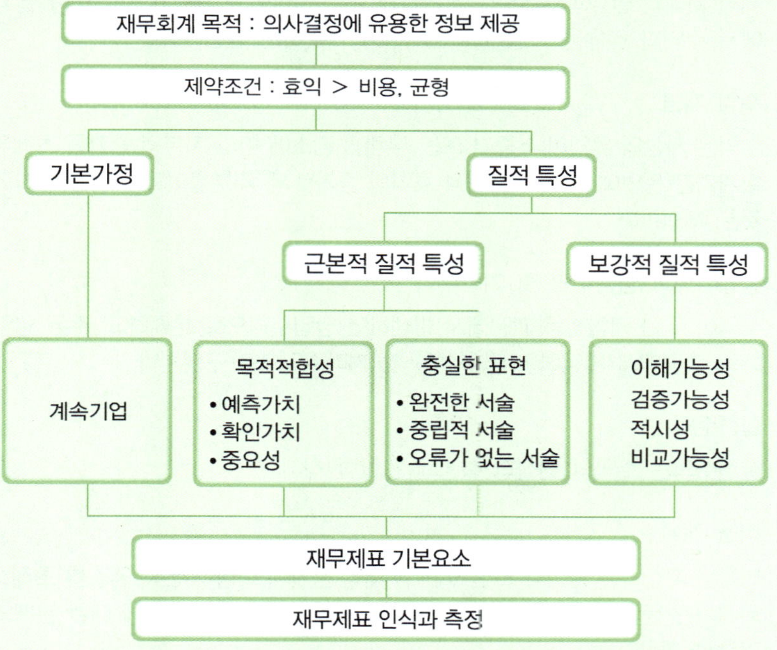

2. 재무회계 기본가정

재무회계의 기본가정은 계속기업의 가정이다.

3. 발생주의

발생주의는 실제적인 현금유입 혹은 현금유출과는 무관하게 경제적 거래를 중심으로 수익과 비용을 인식하는 방법이다. 따라서 발생주의하에서는 경제적 사건이 발생한 시점에서 일정한 요건을 충족하였을 때 경제적 사건을 인식한다. 즉, 발생주의는 수익창출을 위한 결정적인 사건이 발생하였을 때 수익을 인식하고, 관련된 수익을 인식할 때 비용을 인식하여 수익과 비용이 대응되도록 한다.

학습정리

*

4. 현금주의

현금주의는 거래상대방으로부터 현금을 수취한 시점에서 해당 수취한 현금을 수익으로 인식하고, 현금을 지출한 시점에서 해당 지출한 현금을 비용으로 인식한다. 즉, 경제적 거래의 발생과는 무관하게 실질적으로 현금이 유입되고, 현금이 유출되는 시점에서 수익과 비용을 측정하고 인식하여 기록하는 방법이다.

5. 수익 개념

수익은 자산의 유입이나 증가 또는 부채의 감소에 따라 자본의 증가를 초래하는 특정 회계기간 동안에 발생한 경제적 효익의 증가로서, 지분참여자에 의한 출자와 관련된 것은 제외한다.

6. 영업수익과 금융수익 및 기타수익

수익이 주된 영업활동 과정에서 발생하면 영업수익으로 분류하고, 주된 영업활동 이외의 과정에서 발생하면 금융수익 및 기타수익으로 구분한다.

7. 실현주의

실현주의는 수익의 인식과 측정에 관한 원칙이다.

8. 비용 개념

비용은 자산의 유출이나 소멸 또는 부채의 증가에 따라 자본의 감소를 초래하는 특정 회계기간 동안에 발생한 경제적 효익의 감소로서, 지분참여자에 대한 분배와 관련된 것은 제외한다.

9. 영업비용과 금융비용 및 기타비용

비용이 주된 영업활동 과정에서 발생하면 영업비용으로 분류하고, 주된 영업활동 이외의 과정에서 발생하면 금융비용 및 기타비용으로 구분한다.

10. 수익·비용 대응원칙

수익·비용 대응원칙은 비용의 인식과 측정에 관한 원칙이다.

제2편 연습문제

객관식 문제

하

01 다음 중 재무상태표의 구성요소로 옳지 않은 것은 무엇인가?

① 자산 ② 부채
③ 자본 ④ 비용

해설 재무상태표는 자산, 부채, 자본으로 구성되며, 비용은 포괄손익계산서 항목이다.

중하

02 다음 중 재무제표 요소들에 관련한 설명으로 옳지 않은 것은 무엇인가?

① 자산은 과거 사건의 결과로 기업이 통제하고 있고 미래 경제적 효익이 기업에 유입될 것으로 기대되는 자원이다.
② 부채는 과거 사건에 의하여 발생하였으며 경제적 효익을 갖는 자원이 기업으로부터 유출됨으로써 이행될 것으로 기대되는 현재 의무이다.
③ 수익은 경영활동으로서 재화의 생산·판매, 용역의 제공 등에 따른 경제적 효익의 유출 또는 소비이다.
④ 비용은 자산의 유출이나 소멸 또는 부채의 증가에 따라 자본의 감소를 초래하는 특정 회계기간 동안에 발생한 경제적 효익의 감소로서, 지분참여자에 대한 분배와 관련된 것은 제외한다.

해설 수익은 자산의 유입이나 증가 또는 부채의 감소에 따라 자본의 증가를 초래하는 특정 회계기간 동안에 발생한 경제적 효익의 증가로서, 지분참여자에 의한 출연과 관련된 것은 제외한다.

Answer 01. ④ 02. ③

하

03 다음 중 재무제표 표시와 관련한 설명 중 옳지 않은 것은 무엇인가?

• 40회 기업회계2급

① 자산과 부채는 유동성이 큰 항목부터 배열하는 것을 원칙으로 한다.
② 자산은 유동자산과 비유동자산으로 구분하며, 비유동자산은 투자자산, 유형자산, 무형자산, 기타비유동자산으로 구분한다.
③ 부채는 유동부채와 비유동부채로 구분한다.
④ 매출채권에 대한 손실충당금은 해당 자산에서 직접 가감하여 표시할 수 없다.

중하

04 다음 중 자산의 본질에 관련한 설명으로 옳지 않은 것은 무엇인가?

① 자산은 미래의 경제적 효익이 있어야 하는 것은 아니다.
② 특정 실체가 배타적으로 통제할 수 있어야 한다.
③ 경제적 효익은 과거의 거래나 사건의 결과로서 발생된 것이어야 한다.
④ 자산의 효익은 회계단위로 계량화 또는 측정될 수 있어야 한다.

해설 자산은 과거사건의 결과로 기업이 통제하고 있고 미래 경제적 효익이 기업에 유입될 것으로 기대되는 자원이다.

중

05 다음 중 자산·부채·자본 각 총액에 변동이 없는 거래는 무엇인가?

① 현금이외의 자산으로 부채를 상환하다.
② 토지를 취득시점의 원가로 처분하였으며 대금은 3개월 후에 받기로 하다.
③ 주주들에 의한 자본금의 납입이 이루어지다(출자행위).
④ 상품을 외상구입하다.

해설 토지의 처분시 그 대가를 미수하였다면, (차) 미수금 ××× (대) 토지 ××× 로 회계처리된다. 따라서 토지라는 자산이 감소하고 동일한 금액만큼 미수금이라는 자산이 증가하므로 자산·부채·자본의 총액에는 변동이 없다.

하

06 다음 중 각 항목에 대한 계정과목의 분류가 옳은 것은 무엇인가?

• 40회 기업회계3급

① 자산 : 현금, 상품, 건물, 지급어음
② 부채 : 미지급금, 외상매입금, 단기대여금
③ 수익 : 상품매출이익, 수수료수익, 임차료
④ 비용 : 세금과공과, 여비교통비, 광고선전비

해설 지급어음은 부채, 단기대여금은 자산, 임차료는 비용에 속하는 계정과목이다.

중하

07 다음 중 빈칸에 들어갈 용어를 순서대로 기입한 것은 무엇인가?

주된 영업상 거래 대상인 상품을 외상으로 구입하였을 경우 (　　　　)이라는 계정을 사용하고, 상품 이외의 물품(예를 들어 기계장치, 건물, 소모품 등)을 외상으로 구입하였을 경우 (　　　　)이라는 계정을 사용한다. 결산일 현재 발생비용을 지급하지 않은 경우에는 (　　　　)이라는 계정이 사용된다.

① 외상매입금, 미수금, 발생비용　② 매입채무, 외상매입금, 미지급비용
③ 미지급금, 외상매입금, 미지급비용　④ 매입채무, 미지급금, 미지급비용

해설 주된 영업 관련 상품을 외상으로 구입할 경우 매입채무 계정을 사용하고, 주된 영업 이외의 자산을 외상으로 구입하였을 경우에는 미지급금 계정을 사용한다. 반면, 결산일 현재 발생비용을 지급하지 않았다면 미지급비용 계정을 사용한다.

중상

08 다음 중 발생주의 회계처리로 옳지 않은 것은 무엇인가?

• 2010 행정안전부 9급

① 상품을 판매하기로 하고 수취한 계약금을 매출수익으로 계상하다.
② 기말에 미지급된 급여를 당해 연도 비용으로 계상하다.
③ 매출채권에 대한 손실충당금을 설정하다.
④ 기말에 보험료 미경과액을 계상하다.

해설 상품을 판매하고 상품을 인도하면 대금수취 여부에 관계없이 매출수익으로 계상하는 것은 발생주의 회계처리이다. 하지만 상품을 판매하기로 하고 수취한 계약금은 선수금으로 매출수익으로 계상하지 않는다.

Answer
03. ④　04. ①　05. ②　06. ④　07. ④　08. ①

중상

09 다음 중 재무제표에 관한 설명으로 옳지 않은 것은 무엇인가?

• 2010 행정안전부 7급 수정

① 기업을 소유주와는 독립적으로 존재하는 회계단위로 간주하고 이 회계단위의 관점에서 그 경제활동에 대한 재무정보를 측정하여 보고한다.

② 기업실체는 그 목적과 의무를 이행하기에 충분할 정도로 장기간 존속한다.

③ 기업실체의 존속기간을 일정한 기간 단위로 분할하여 각 기간별로 재무제표를 작성한다.

④ 기업실체의 경제적 거래나 사건에 대해 관련된 수익과 비용을 현금의 수취나 지출이 있는 기간에 인식한다.

::해설 기업실체의 경제적 거래나 사건에 대해 관련된 수익과 비용은 현금의 수취나 지출이 있는 기간이 아닌 당해 거래나 사건이 발생한 기간에 인식한다.

중

10 다음 중 20x6년의 기말부채로 옳은 것은 무엇인가? (단, 회계기간은 1월 1일부터 12월 31일까지이다)

• 40회 기업회계3급

- 20×6년 1월 1일 현금 ₩500,000 출자하여 영업을 개시하다.
- 당기 중 추가 출자액은 ₩50,000이며, 기중 인출액은 ₩30,000이다.
- 당기 중 발생한 수익총액은 ₩240,000이며, 비용총액은 ₩160,000이다.
- 기말자산은 기초자산보다 ₩300,000 증가하였다.

① ₩140,000　　② ₩200,000

③ ₩260,000　　④ ₩300,000

::해설 20×6년 1월 1일 현금 출자액 ₩500,000이 기초자본금이므로 이 금액에 당기순이익 ₩80,000(수익총액 240,000－비용총액 160,000)과 추가출자액 ₩50,000을 가산하고, 인출액 ₩30,000을 차감하여 기말자본금 ₩600,000을 계산한다. 기말자산은 기초자산 ₩500,000보다 ₩300,000이 증가하였으므로 ₩800,000이다. 이 금액에서 기말자본금 ₩600,000을 차감하면 기말부채는 ₩200,000이다.

중상

11 **다음 중 의사결정에 유용한 정보가 되기 위해 재무제표 정보가 갖추어야 할 질적 특성인 목적적합성과 관련된 특성으로 옳지 않은 것은 무엇인가?**

• 2011 지방직공무원 수정

① 예측가치
② 확인가치
③ 중요성
④ 완전한 서술

해설 완전한 서술은 질적 특성 중 충실한 표현의 하부속성이다.

중

12 **다음 중 재무보고를 위한 개념체계의 충실한 표현을 설명한 것으로 옳지 않은 것은 무엇인가?**

① 정보가 충실한 표현을 가지기 위해서는 완전한 서술, 중립적 서술, 오류가 없는 서술을 가져야 한다.
② 회계정보는 목적적합성을 항상 확보해야 충실한 표현이 향상된다.
③ 미리 의도된 결과나 성과를 유도할 목적으로 재무제표상에 특정 정보를 표시함으로써 회계정보이용자의 의사결정이나 판단에 영향을 미쳐서는 안 된다.
④ 재무제표상의 정보가 충실한 표현을 유지하기 위해서는 효익과 원가 간의 균형, 질적 특성 간의 균형을 고려해야 한다.

해설 회계정보의 목적적합성과 충실한 표현은 서로 상충될 수 있는 속성이다.

Answer
09. ④ 10. ② 11. ④ 12. ②

중

13 **다음 중 포괄손익계산서에 관한 설명으로 옳지 않은 것은 무엇인가?**

① 포괄손익계산서에는 기업의 경영성과를 나타내기 위하여 한 회계기간에 속하는 모든 수익과 이에 대응하는 모든 비용을 적정하게 표시하여야 한다.

② 포괄손익계산서 정보는 기업에 유입될 미래현금흐름의 양, 시기, 불확실성을 평가하는 데 도움을 준다.

③ 포괄손익계산서는 기업이 과거에 수행한 경영성과를 나타낸 것이므로, 이를 기초로 미래를 예측하는 데에는 여러 가지 어려움이 따른다.

④ 일반적으로 인정된 회계원칙에 의해서 작성된 포괄손익계산서의 당기순손익은 한 회계기간 동안 기업의 경제적 이익을 나타낸다.

해설 포괄손익계산서의 당기순손익은 한 회계기간 동안 기업의 회계적 이익을 나타낸다.

하

14 **다음 중 포괄손익계산서를 통하여 쉽게 파악할 수 있는 재무정보의 유형으로 옳은 것은 무엇인가?**

① 경제적 자원, 채무 및 소유주지분에 관한 정보

② 기업의 성과 및 이익 창출능력에 관한 정보

③ 현금흐름의 변동상황과 발생원인

④ 이상의 모두가 포괄손익계산서를 통해 파악될 수 있다.

해설 포괄손익계산서는 일정 기간 동안의 기업의 경영성과를 나타내는 재무제표이다.

중상

15 **㈜대한은 4월 1일에 3월분 광고료 ₩70,000을 지급하였으며, 광고료를 제외하고 4월 중에 발생한 경비 ₩610,000은 4월 중에 지급하였다. 4월분 인건비 ₩460,000은 5월 2일에 지급되었다. 발생기준회계를 적용하여 4월의 총비용을 계산하면 얼마인가?**

① ₩610,000 ② ₩680,000 ③ ₩1,070,000 ④ ₩1,140,000

해설 발생기준에서는 현금의 유출과 유입에 상관없이 수익은 실현되었을 때 인식하고, 비용은 수익에 대응하여 인식한다. 따라서 4월 중의 발생경비 ₩610,000과 4월분 인건비 ₩460,000의 합인 ₩1,070,000이다.

중상

16 **㈜민국의 20x1년 12월 31일 재무상태표 계정과목은 다음과 같다. 20x1년 12월 31일 이익잉여금은 얼마인가?**

매 출 채 권	₩150,000	토 지	₩300,000
현금및현금성자산	850,000	단 기 차 입 금	500,000
건 물	350,000	장 기 대 여 금	200,000
매 입 채 무	250,000	단 기 대 여 금	250,000
사 채	500,000	상 품	800,000
자 본 금	200,000	이 익 잉 여 금	(?)

① ₩800,000 ② ₩1,450,000
③ ₩1,650,000 ④ ₩2,900,000

해설 자산총계 = 매출채권 + 현금및현금성자산 + 건물 + 토지 + 장기대여금 + 단기대여금 + 상품
= 150,000 + 850,000 + 350,000 + 300,000 + 200,000 + 250,000 + 800,000
= ₩2,900,000
부채총계 = 매입채무 + 사채 + 단기차입금
= 250,000 + 500,000 + 500,000 = ₩1,250,000
자본총계 = 자본금(200,000) + 이익잉여금(?)
자산 = 부채 + 자본금 + 이익잉여금
= 1,250,000 + 200,000 + (?) = ₩2,900,000
이익잉여금(?) = ₩1,450,000

중하

17 **㈜대한은 기계장치를 ₩7,000,000에 구입하고, 구매대금 중 ₩2,000,000은 현금으로 지급하였으며, 잔액은 외상으로 60일 이후 지급하기로 했다. 이와 같은 거래의 영향 중 옳은 것은 무엇인가?**

① 자산은 ₩7,000,000 증가하고, 부채는 ₩5,000,000 증가한다.
② 자산은 ₩5,000,000 증가하고, 자본은 그 금액만큼 감소한다.
③ 총자산에는 변동이 없으나 부채가 ₩5,000,000 증가하고 그 금액만큼 자본이 감소한다.
④ 자본에는 변동이 없으나, 자산과 부채가 각각 ₩5,000,000씩 증가한다.

Answer 13. ④ 14. ② 15. ③ 16. ② 17. ④

해설 위 거래에 대한 회계처리는 다음과 같다.

(차) 기 계 장 치	7,000,000	(대) 현 금	2,000,000
		미 지 급 금	5,000,000

따라서 자산(기계장치 7,000,000 – 현금 2,000,000)과 부채(미지급금 5,000,000)가 각각 5,000,000씩 증가하나, 수익과 비용에 미치는 영향이 없으므로 자본에는 아무런 영향이 없다.

하

18 다음 중 포괄손익계산서의 구성요소로 옳지 않은 것은 무엇인가?

① 수익
② 비용
③ 이익
④ 부채

해설 손익계산서는 수익 – 비용 = 이익의 등식으로 작성되며, 부채는 재무상태표 항목이다.

중

19 기초자산이 ₩50,000,000, 당기 중에 자산이 ₩10,000,000 증가하였고, 기말부채 ₩40,000,000, 당기순손익 ₩8,000,000이라면 기초자본은 얼마인가?

① ₩8,000,000
② ₩10,000,000
③ ₩12,000,000
④ ₩18,000,000

해설 기말자산 – 기말부채 = 기말자본
(50,000,000 + 10,000,000) – 40,000,000 = ₩20,000,000
기말자본 = 기초자본 + 당기순손익
= 기초자본 + 8,000,000 = ₩20,000,000
기초자본 = 20,000,000 – 8,000,000 = ₩12,000,000

중상

20 **다음 중 유용한 재무정보의 질적 특성과 개념체계에 관한 설명으로 옳지 않은 것은 무엇인가?** • 2011 세무사 1차 시험 수정

① 충실한 표현이 있는 정보란 그 정보에 중요한 오류나 편의가 없고, 그 정보가 나타내고자 하거나 나타낼 것이 합리적으로 기대되는 대상을 충실하게 표현하고 있다고 이용자가 믿을 수 있는 정보를 의미한다.

② 재무제표는 주로 과거 사건의 재무적 영향을 표시하는 것을 목적으로 하며 비재무적인 정보까지는 제공하지 못하므로, 정보이용자의 경제적 의사결정을 위해 필요할 수 있는 모든 정보를 제공하지는 못한다.

③ 중요성은 정보의 누락이나 왜곡표시가 있는 특정상황에서 판단대상 항목이나 오류의 크기에 따라 결정된다.

④ 이해가능성은 재무제표 이용자가 경영 및 경제활동과 회계에 대한 합리적인 지식을 갖고 있지 않아도 재무제표를 이해할 수 있도록 작성하여야 한다는 것이다.

해설 이용자는 경영 및 경제활동과 회계에 대한 합리적인 지식을 가지고 있으며 관련 정보를 분석하기 위하여 합리적인 노력을 기울일 의지가 있는 것으로 가정한다.

중상

21 **다음 중 한국채택국제회계기준의 재무보고를 위한 개념체계에서 재무제표 작성과 관련된 기본가정으로 옳은 것은 무엇인가?** • 2011 관세직 9급 수정

① 재무제표는 일반적으로 기업이 계속기업이며, 예상 가능한 기간 동안 영업을 계속할 것이라는 가정하에 작성된다.

② 전체 재무제표는 적어도 1년마다 작성한다. 다만, 보고기간이 1년을 초과하거나 미달하는 경우에는 그 기간과 사유, 재무제표에 표시된 금액이 완전하게 비교가능하지 않다는 사실을 추가로 공시하여야 한다.

③ 기업을 소유주와는 독립적으로 존재하는 회계단위로 간주하고, 이 회계단위의 관점에서 그 경제활동에 대한 재무정보를 측정·보고한다.

④ 한국채택국제회계기준이 달리 허용하거나 요구하는 경우를 제외하고는 당기 재무제표에 보고되는 모든 금액에 대해 전기 비교정보를 공시한다.

해설 한국채택국제회계기준에서 규정한 회계의 기본가정에는 계속기업이 있다.

Answer

18. ④ 19. ③ 20. ④ 21. ①

제2편 ● 재무제표 및 재무보고 개념체계

상

22 **다음 중 재무보고를 위한 개념체계에서 정보이용자의 의사결정에 유용한 정보를 제공하기 위해 회계정보가 갖추어야 할 질적 특성에 관한 설명으로 옳지 않은 것은 무엇인가?**

• 2010 행정안전부 7급 수정

① 특정 거래에 관한 대체적인 회계처리방법이 허용되는 경우, 목적적합성과 충실한 표현이 더 높은 회계처리방법을 선택하면 회계정보의 유용성이 증대된다.

② 목적적합성과 충실한 표현 중 어느 하나가 완전히 상실된 경우 그 정보는 유용한 정보가 될 수 없다.

③ 유용한 재무정보의 질적 특성은 비용과 효익, 그리고 질적 특성 간의 균형의 제약요인하에서 고려되어야 한다.

④ 특정의 회계정책이 회계정보의 목적적합성과 충실한 표현을 명백히 높일 수 있음에도 불구하고 비교가능성을 저하시킨다면 그러한 회계정책은 선택되어서는 안 된다.

::해설 회계정책은 비교가능성(계속성) 제고를 위하여 정당한 사유 없는 회계정책 변경을 허용하지 않는다. 그러나 특정 회계정책이 회계정보의 목적적합성과 충실한 표현을 명백히 높일 수 있다면 기존의 회계정책을 변경할 수 있다(동종 업계의 관행 수용 등).

하

23 **다음 중 한국채택국제회계기준에 의한 재무보고를 위한 개념체계에 따를 경우 회계정보의 질적특성 중 비교가능성에 대한 설명 중 옳지 않은 것은 무엇인가?**

• 42회 기업회계2급

① 비교가능성은 통일성을 추구하기 위해 오직 한 가지 회계처리만 허용한다.

② 단 하나의 경제적 현상을 충실하게 표현하는 데 여러 방법이 있을 수 있으나 동일한 경제적 현상에 대해 대체적인 회계처리방법을 허용하면 비교가능성이 감소한다.

③ 비교가능성은 정보이용자가 항목 간의 유사점과 차이점을 식별하고 이해할 수 있게 하는 질적 특성이다.

④ 비교가능성은 목표이고 일관성은 그 목표를 달성하는 데 도움을 준다.

하

24 **다음 중 한국채택국제회계기준에서 재무정보의 질적특성이 서로 상충하는 예로 적절한 설명으로 옳지 않은 것은 무엇인가?** • 40회 기업회계2급

① 시장성 없는 유가증권을 역사적 원가로 평가하면 표현의 충실성은 높으나, 예측가치가 저하되어 목적적합성을 상실할 수 있다.

② 미래 연도 수익의 예측 근거로 사용할 수 있는 당해 연도 수익 정보를 과거 연도에 행한 당해 연도 수익 예측치와 비교할 수 없다.

③ 중간재무제표는 적시성 있는 정보를 제공하므로 목적적합성이 높으나 비용의 자의적인 배분이 수반되므로 연차재무제표에 비하여 표현의 충실성이 저하될 수 있다.

④ 기업실체의 재무상태에 중요한 영향을 미칠 것으로 예상되는 진행 중인 손해배상소송에 대한 정보는 목적적합성 있는 정보일 수 있다.

22. ④ 23. ① 24. ② **Answer**

주관식 평가문항

(하)

01 수익을 얻기 위하여 소비된 재화 및 용역의 원가는 무엇인가?

(중하)

02 한 회사가 동일한 종류의 거래나 사건에 대하여 계속 동일한 회계처리방법을 이용할 때 회계기준의 적용에 일관성이 확보되며, 서로 다른 회사들의 회계처리방법과 보고서가 유사할 때 회계정보의 유용성이 확보된다. 이와 관련된 회계정보의 질적 특성은 무엇인가?

(중하)

03 기업실체는 목적과 의무를 이행하기에 충분할 정도로 장기간 존속한다는 회계기본가정은 무엇인가?

(중)

04 다음의 정보를 이용하여 (A)의 금액을 계산하시오.

기 초	자산	₩5,000	부채	₩2,200
기 중	수익	(A)	비용	3,200
	유상증자	600	배당금 지급	400
기 말	자산	6,000	부채	2,000

해설 기초자본 = 기초자산 − 기초부채
= 5,000 − 2,200 = ₩2,800
기말자산 = 기말부채 + 기말자본(기초자본 + 유상증자 + 수익 − 배당금 − 비용)
= 2,000 + 기말자본(2,800 + 600 + A − 400 − 3,200) = ₩ 6,000
수익(A) = ₩4,200

05 다음은 ㈜아트의 20x6년 자료이다. 손익계산서에 계상될 영업이익은 얼마인가?

• 40회 기업회계1급

• 매출액	₩30,000,000	• 기초상품재고	₩2,000,000
• 이자비용	1,000,000	• 당기상품매입액	10,000,000
• 직원급여	3,000,000	• 기말상품재고	3,000,000
• 접대비	2,500,000	• 차량유지비	2,000,000
• 기타의 손상차손	250,000	• 잡이익	300,000

해설 30,000,000 − (2,000,000 + 10,000,000 − 3,000,000) − (3,000,000 + 2,500,000 + 2,000,000) = ₩13,500,000

06 ㈜대한의 20x1년 회계연도 기초자산총계는 ₩4,000,000이며, 기초와 기말시점의 부채총계는 각 ₩2,000,000과 ₩1,500,000이다. 또한, 당기 포괄손익계산서상 수익총액이 ₩7,000,000, 비용총액이 ₩6,500,000이고, 당기 중 유상증자 금액이 ₩1,000,000일 때 기말자산총계는 얼마인가? (단, 기타포괄손익은 없는 것으로 가정한다)

• 2011 행정안전부

기초자본 + 당기순손익 + 유상증자 = 기말자본

2,000,000 + 500,000 + 1,000,000 = ₩3,500,000

기 초		기 중		기 말	
기초자산	4,000,000	수익	7,000,000	기말자산	?
− 기초부채	2,000,000	비용	6,500,000	− 기말부채	1,500,000
기초자본	2,000,000	당기순손익	500,000	기말자본	3,500,000

기말자본 = 기말자산 − 기말부채

= 기말자산 − 1,500,000 = ₩3,500,000

기말자산 = ₩5,000,000

Answer

01. 비용 02. 비교가능성 03. 계속기업의 가정 04. ₩4,200 05. ₩13,500,000 06. ₩5,000,000

* 현금주의와 발생주의 실습 사례

다음 글을 읽고 홍길동 씨가 개업한 ㈜홍반점의 9월 1일부터 9월 30일까지의 1) 현금주의 손익계선서, 2) 발생주의 손익계산서, 3) 9월 30일 현재 재무상태표(발생주의)를 작성해 보시오.

홍길동 씨는 30년간의 공무원 생활을 마치고 2015년 5월 31일자로 정년퇴직하였다. 그리고 퇴직 후에 평소 하고 싶었던 식당 창업을 위해 2015년 6월 1일부터 8월 31일까지 요리학원에서 중식 요리법을 배웠다. 저녁에는 인터넷을 통해 식당 상가를 물색하는 한편, 지역 신문에 종업원 모집 공고를 내어 홀 서빙과 배달을 할 인원도 모집하였다. 마침내 자신의 아파트 근처에 있는 상가가 비어있다는 연락을 받고 방문하여 살펴보니 여러 가지 조건이 좋아 보증금 없이 월 100만원에 계약을 하였다(계약기간 2015. 9. 1～2017. 8. 31. 임차료는 매월 5일에 지급). 홀 서빙을 할 종업원과 배달담당 종업원도 면접을 거쳐 1명씩을 채용했으며 자금 사정상 당분간 조리는 자신이 하고, 배우자가 카운터를 볼 예정이다. 채용된 종업원 2명도 9월 1일부터 출근하기로 했고, 홀 서빙 종업원에게는 월 150만원, 배달원에게는 월 80만원을 지급하기로 했으며 급여 지급일은 매월 말일이다.

다음은 2015년 9월에 발생된 여러 가지 상황들이다.

9월 1일 : 퇴직금으로 받은 1억원을 자본금으로 하여 ㈜홍반점을 등기하고 영업을 시작하다.

9월 2일 : 근처 농수산물 시장에서 채소와 야채를 200만원 현금으로 구입하였다. 친구가 운영하는 정육점에서 소고기와 돼지고기 100만원 외상 구입하고 결제는 한 달 뒤에 하기로 하다.

9월 4일 : 식탁, 의자 등 100만원 구입하고 현금 지급하다.

9월 5일 : 임차료 100만원을 은행 계좌이체 지급하다.

9월 10일 : 광고를 위해 전단지를 10만원 현금 구입하다.

9월 25일 : 자장면 1,000그릇을 현금 매출하다(그릇당 판매가 5,000원, 원가 1,000원).

9월 26일 : 짬뽕 1,000그릇을 외상 매출하고(그릇당 판매가 6,000원, 원가 1,500원) 대금은 일주일 뒤에 받기로 하다.

9월 30일 : 종업원에게 급여 230만원을 지급하다.
9월 수도광열비에 10만원에 대한 고지서를 받은바 이는 10월 초에 지급할 계획이다.
재고조사결과 채소와 야채 30만원, 육류 20만원이 남아있음을 확인하였다.

원재료 이외에는 원가를 구성하는 항목이 없는 것으로 하고 세금효과는 무시하며 집기 및 비품에 대한 감가상각은 매년 말에 정액법으로 하기로 한다.

*

1. 현금주의 손익계산서

구 분	일 자	금 액
가. 현금수입		
소 계		
나. 현금지출		
소 계		
다. 현금주의 순손익(가－나)		

2. 발생주의 손익계산서

과 목	금 액
매출액	
매출원가	
매출총이익	
판매관리비계	
급여	
광고비	
수도광열비	
임차료	
영업이익(당월순이익)	

3. 재무상태표(발생주의)

자 산		부채 및 자본	
계정과목	금 액	계정과목	금 액
		부채	
		부채총액	
		자본	
		자본총액	
자산 합계		부채 및 자본 합계	

*

현금주의와 발생주의 실습 사례 해설

1. 현금주의 손익계산서

구 분	일 자	금 액
가. 현금수입	9.25	5,000,000
소 계		5,000,000
나. 현금지출	9.2	2,000,000
	9.4	1,000,000
	9.5	1,000,000
	9.10	100,000
	9.30	2,300,000
소 계		6,400,000
다. 현금주의 순손익(가－나)		(1,400,000)

2. 발생주의 손익계산서

과 목	금 액	
매출액		11,000,000①
매출원가		(2,500,000)②
매출총이익		8,500,000
판매관리비계		(3,500,000)
급여	2,300,000	
광고비	100,000	
수도광열비	100,000	
임차료	1,000,000	
영업이익(당월순이익)		5,000,000

① (1,000×@5,000)+(1,000×@6,000)=₩11,000,000

② (1,000×@1,000)+(1,000×@1,500)=₩2,500,000

3. 재무상태표(발생주의)

자 산		부채 및 자본	
계정과목	금 액	계정과목	금 액
현금	98,600,000	부채	
매출채권	6,000,000	매입채무	1,000,000
재고자산	500,000	미지급비용	100,000
집기비품	1,000,000	부채총액	1,100,000
		자본	
		자본금	100,000,000
		이익잉여금	5,000,000
		자본총액	105,000,000
자산 합계	106,100,000	부채 및 자본 합계	106,100,000

제 3 편

회계순환과정 Ⅰ

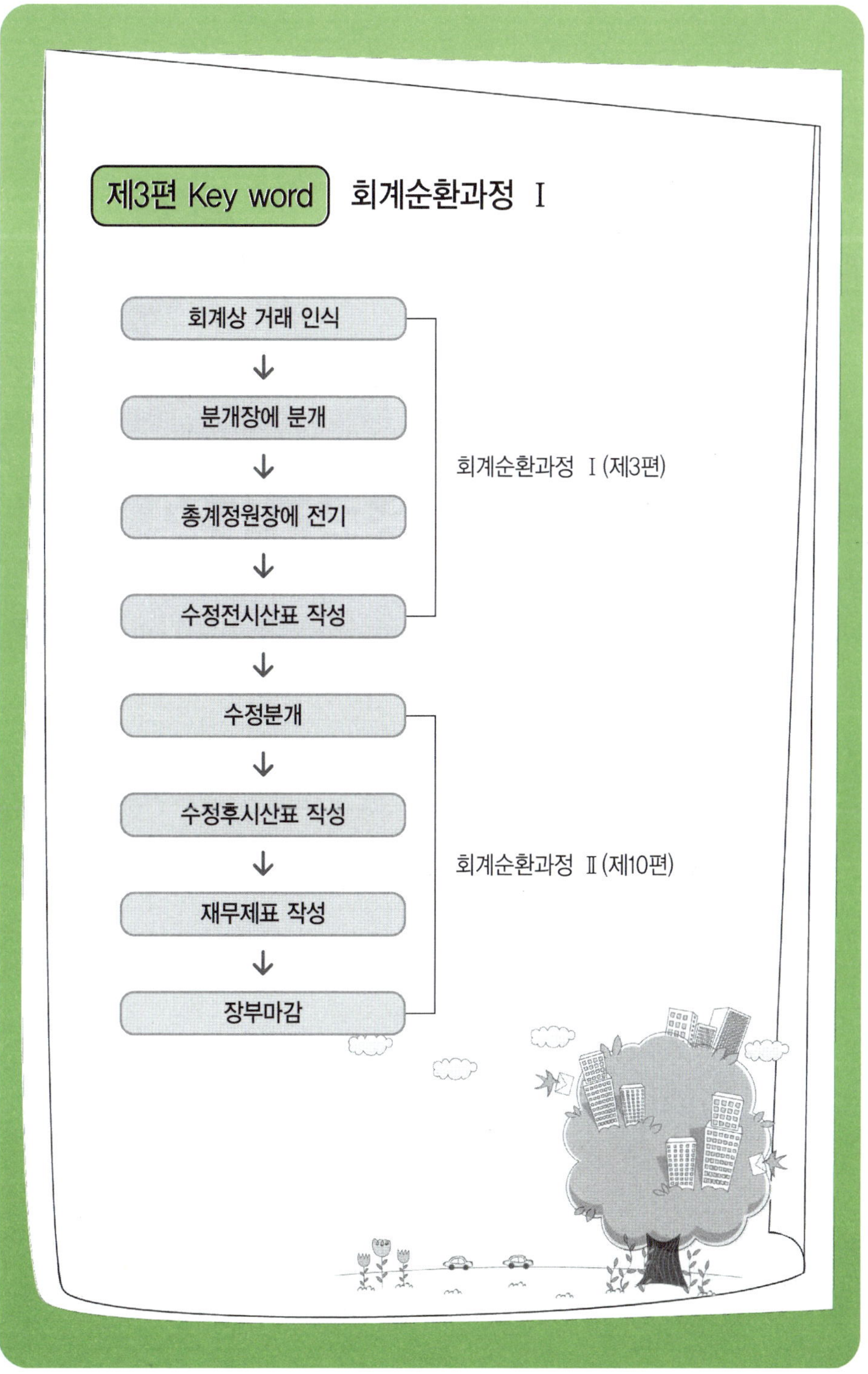
제3편 Key word
회계순환과정 Ⅰ
회계상 거래 인식
분개장에 분개
총계정원장에 전기
수정전시산표 작성
수정분개
수정후시산표 작성
재무제표 작성
장부마감
회계순환과정 Ⅰ(제3편)
회계순환과정 Ⅱ(제10편)

제1장 회계순환과정과 거래의 인식

:: 학습목표

✔ 회계순환과정의 개념을 학습한다.
✔ 회계상 거래의 인식에 대하여 학습한다.

1 회계순환과정(Accounting cycle)

(1) 회계순환과정 개념

거래에 대한 분개에서부터 시작하여 재무제표를 작성하기까지의 과정은 한 회계기간을 단위로 하여 순환, 반복적으로 이루어진다. 이를 회계순환과정이라고 한다.

(2) 회계순환과정 절차

회계순환과정은 다음과 같은 순서로 진행이 된다.

① **회계상 거래의 인식** : 회계적 거래가 발생하면 이를 인식하고 측정한다.

② **분개장에 분개** : 회계적 거래 여부가 판단되면 재무제표 구성요소의 변동을 인식하여 측정된 거래를 분개장에 분개한다.

③ **총계정원장에 전기** : 해당 계정과목별로 계정잔액을 파악하기 위하여 분개한 내역을 총계정원장에 전기한다.

④ **수정전시산표 작성** : 총계정원장에 전기한 자산, 부채, 자본, 수익, 비용의 계정잔액을 차변과 대변으로 모아 수정전시산표의 차변과 대변의 합계가 일치하는지를 통해 확인하고 오류를 검증한다.

⑤ 수정분개

- 기말 결산 시점에 현금주의에 따라 작성된 금액을 발생주의에 따른 금액으로 전환, 수정하는 분개이다.
- 수정분개사항도 총계정원장의 각 계정에 전기하여야 한다.
- 수정분개의 중요한 항목은 선급비용, 선수수익, 미지급비용, 미수수익, 추정항목 등이 있다.

⑥ **수정후시산표 작성** : 결산수정분개를 반영한 총계정원장상 자산, 부채, 자본, 수익, 비용의 계정잔액을 차변과 대변으로 모아 수정후시산표의 차변과 대변의 합계가 일치하는지를 통해 확인하고 오류를 검증한다.

⑦ **재무제표 작성** : 수정후시산표를 이용하여 재무상태표, 포괄손익계산서, 현금흐름표, 자본변동표를 작성한다.

⑧ **장부 마감** : 한 회계기간의 모든 회계처리가 끝난 뒤 포괄손익계산서상 수익과 비용 계정의 총액을 0으로 만들어주고, 집합손익 계정으로 대체시켜 산정된 순손익을 재무상태표상 이익잉여금 계정에 대체한다.

- 위에서 언급한 회계순환과정 중 ① 거래의 인식, ② 분개, ③ 전기는 회계기간 중 회계처리를 하는 과정이고,
- ④ 수정전시산표, ⑤ 수정분개, ⑥ 수정후시산표, ⑦ 재무제표, ⑧ 장부마감은 회계기간 말 결산절차이다.
- 본 교재에서는 우선 제3편에서 회계기간 중 회계처리 사항에 대해서 먼저 설명하고, 제10편에서 회계기간 말 결산회계처리 및 종합정리를 설명하고자 한다.

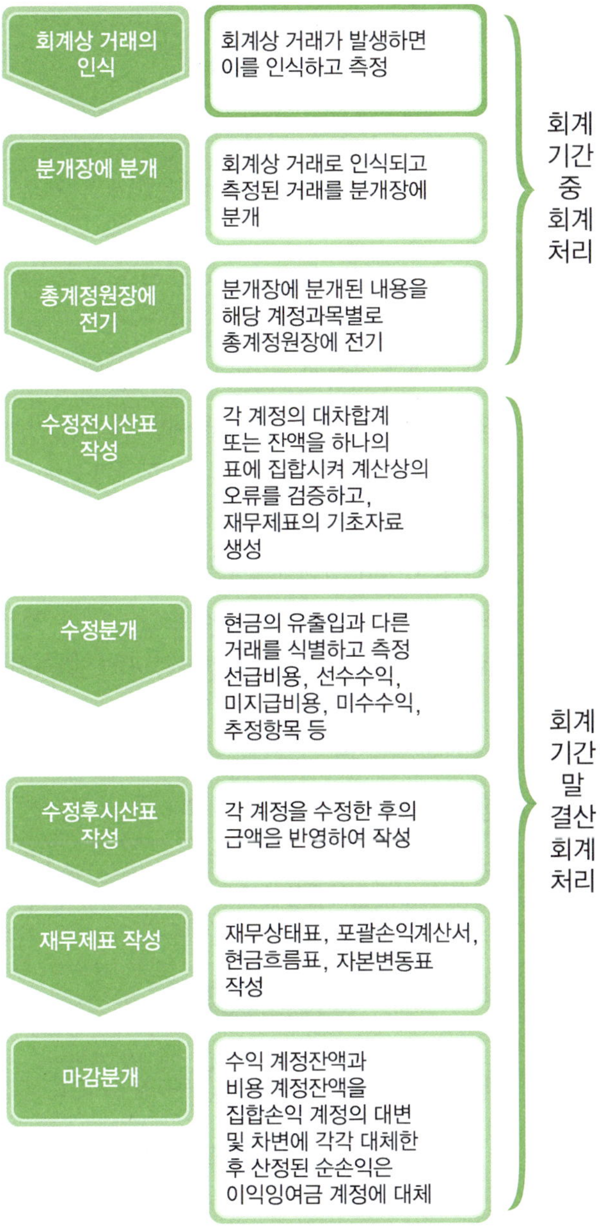

단계	내용	구분
회계상 거래의 인식	회계상 거래가 발생하면 이를 인식하고 측정	회계기간 중 회계처리
분개장에 분개	회계상 거래로 인식되고 측정된 거래를 분개장에 분개	
총계정원장에 전기	분개장에 분개된 내용을 해당 계정과목별로 총계정원장에 전기	
수정전시산표 작성	각 계정의 대차합계 또는 잔액을 하나의 표에 집합시켜 계산상의 오류를 검증하고, 재무제표의 기초자료 생성	회계기간 말 결산 회계처리
수정분개	현금의 유출입과 다른 거래를 식별하고 측정 선급비용, 선수수익, 미지급비용, 미수수익, 추정항목 등	
수정후시산표 작성	각 계정을 수정한 후의 금액을 반영하여 작성	
재무제표 작성	재무상태표, 포괄손익계산서, 현금흐름표, 자본변동표 작성	
마감분개	수익 계정잔액과 비용 계정잔액을 집합손익 계정의 대변 및 차변에 각각 대체한 후 산정된 순손익은 이익잉여금 계정에 대체	

2 회계상 거래(Transaction)의 인식

(1) 회계상 거래 개념

① 거래가 발생하면 이를 장부상 기록하여야 할 회계적 거래인지 아닌지 여부를 판단하여야 한다.

② 회계상 거래는 재무상태표 및 포괄손익계산서 요소인 **회계의 5요소(자산, 부채, 자본, 수익, 비용)에 변동을 일으키는 거래**이다.

③ 예를 들어, 상품의 매매에 의하여 자산, 부채, 자본의 증감이 일어나고, 임차료 지급으로 수익 혹은 비용이 발생한 경우 등에만 회계상 거래로 기록해야 한다.

④ 반면, 일상적 의미에서는 거래라고 할지라도 회계의 5요소에 변화를 일으키지 않는 것은 회계상 거래가 아니다.

⑤ 예를 들어, 건물이나 토지의 임대차계약을 체결한다든가 또는 상품·제품의 매매계약을 체결한다 하더라도 일상용어로서는 거래라고 하지만 이들은 회계의 5요소에 직접적인 변동을 일으킨 것이 아니기 때문에 회계상 거래가 아니다.

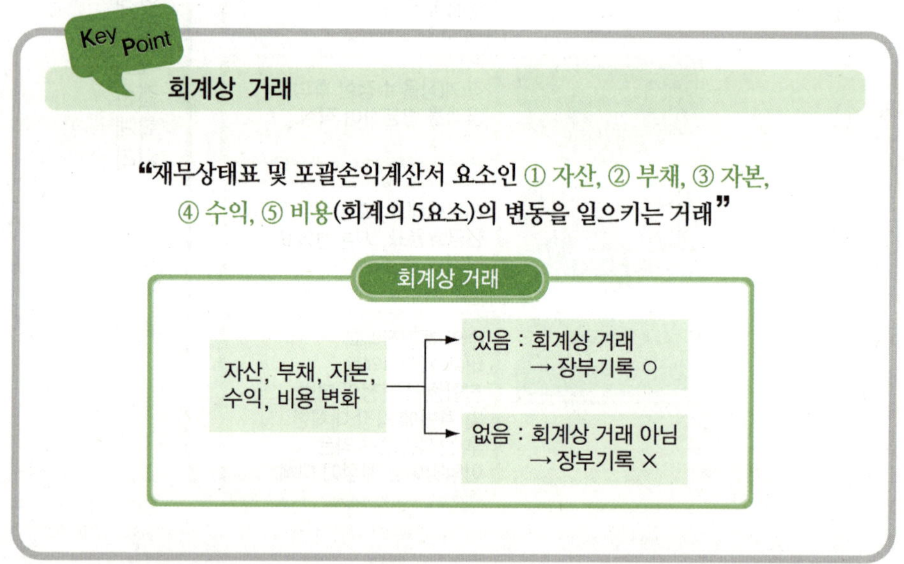

(2) 회계상 거래 예시

일상적 의미에서는 거래이지만 회계상 거래가 되지 못하는 예시	일상적 의미에서는 거래가 아니지만 회계상 거래가 되는 예시
① 주문 : 주문 자체만으로는 자산의 증가나 부채의 증가 등을 인식할 수 없음 ② 매입계약 체결 : 잔금 지급 등을 통한 소유권 이전이 이루어지기 전에는 자산이나 부채의 증가를 파악할 수 없음	① 현금분실 또는 건물화재손실 : 분실 또는 화재만으로도 자산의 변화(감소)를 파악할 수 있음 ② 차입금에 대한 이자발생 : 시간의 경과와 더불어 계약조건에 따라 이자가 발생하여 부채가 발생함

(3) 회계상 거래의 이중성(Duality of transaction)

① 회계적 거래는 자산, 부채, 자본, 수익, 비용 중 한 개 이상의 항목에 영향을 미치는데 이를 거래의 이중성이라고 한다.

② 모든 거래는 자산, 부채, 자본의 변화를 초래하는 원인과 그로 인한 결과라는 두 가지 속성을 함께 가지고 있다.

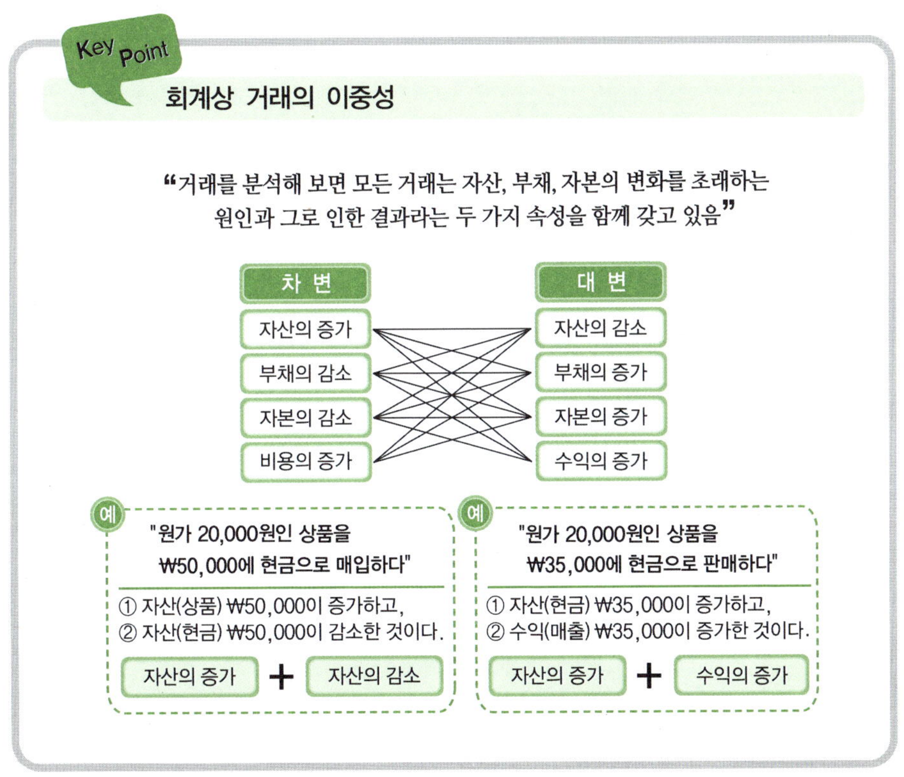

(4) 복식회계(Double entry)

① 복식회계는 이와 같이 회계상 거래의 이중성에 따라 원인과 결과를 차변과 대변으로 나누어 기록하는 것이다.

② 이러한 복식회계의 원리에 따라 차변과 대변의 합계가 항상 일치하는데 이로 인하여 회계거래의 자기검증 기능이 존재하게 된다.

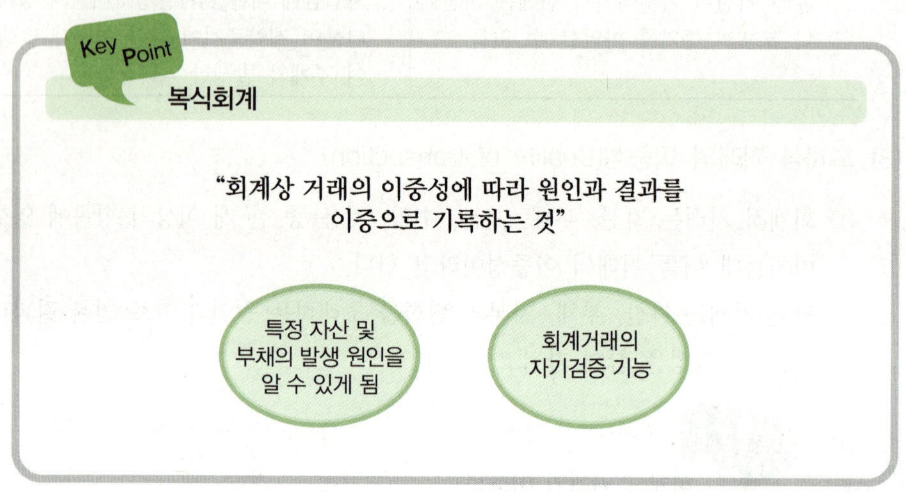

01 다음 중 회계순환과정의 연결이 옳지 않은 것은 무엇인가?

① 회계상 거래의 인식 – 분개 – 전기
② 수정분개 – 수정후시산표 – 재무제표 작성
③ 수정전시산표 – 수정분개 – 수정후시산표
④ 수정후시산표 – 장부마감 – 재무제표 작성

02 다음 중 회계상 거래로 인식되지 않는 것은 무엇인가?

① 본사 건물을 구입하였다.
② 거래 상대방과 매매계약을 체결하였다.
③ 은행에서 차입금을 대출하였다.
④ 기계장치를 구입하였다.

03 다음 회계상 거래에 대해 원인과 결과로 옳은 것은 무엇인가?

> 외상으로 제품(₩1,000,000)을 판매하였다.

	원 인		결 과	
①	수익(매출) 증가	₩1,000,000	자산(현금) 증가	₩1,000,000
②	비용(매출) 증가	₩1,000,000	부채(매출채권) 증가	₩1,000,000
③	수익(매출) 증가	₩1,000,000	자산(매출채권) 증가	₩1,000,000
④	수익(매출) 증가	₩1,000,000	부채(매출채권) 증가	₩1,000,000

해설

01 회계순환과정은 수정후시산표 – 재무제표 작성 – 장부마감순으로 이루어진다. | 정답 ❹ |

02 거래 상대방과의 매매계약 체결은 자산, 부채, 자본, 수익, 비용에 영향을 주지 않으므로 회계상 거래가 아니다. | 정답 ❷ |

03 제품의 외상판매로 인해 수익이 증가하였고(원인), 그 결과 자산(매출채권)이 증가하였다. | 정답 ❸ |

학습정리

*

1. 회계순환과정

① 회계상 거래의 인식 ② 분개장에 분개 ③ 총계정원장에 전기	회계기간 중 회계처리
④ 수정전시산표 작성 ⑤ 수정분개 ⑥ 수정후시산표 작성 ⑦ 재무제표 작성 ⑧ 장부 마감	회계기간 말 결산회계처리

2. 회계상 거래 인식

회계상 거래는 재무상태표 및 포괄손익계산서 요소인 ① 자산, ② 부채, ③ 자본, ④ 수익, ⑤ 비용에 변동을 일으키는 거래를 뜻한다. 즉, ① 자산, ② 부채, ③ 자본에 증감을 일으키고, ④ 수익과 ⑤ 비용을 발생시키는 모든 사건을 거래라고 한다.

3. 복식회계

복식회계는 이와 같이 거래의 이중성에 따라 원인과 결과를 차변과 대변으로 나누어 기록하는 것이다. 이러한 복식회계의 원리에 따라 차변과 대변의 합계가 항상 일치하는데 이로 인하여 회계거래의 자기검증 기능이 존재하게 된다.

제2장 분 개

:: 학습목표

- ✔ 차변과 대변의 개념을 학습한다.
- ✔ 계정의 개념을 학습한다.
- ✔ 대차평균의 원리를 학습한다.

1 분개(Journal entry)

(1) 분개 개념

① 분개란 장부에 기록해야 할 회계적 거래가 발생하면 그 거래로 인하여 회계의 5요소(자산, 부채, 자본, 수익, 비용) 중 어떤 항목에 변화를 가져오는지를 계정과목별 증감 및 발생으로 구분하여 장부에 기록하는 것이다.

② 회계에서는 계정 좌측을 차변(Debit)이라고 하고, 계정 우측을 대변(Credit)이라고 한다.

③ 즉, 분개란 계정과목별로 차변과 대변을 구분하여 기입할 계정과 금액을 결정하는 것이다.

④ 분개를 기록하는 장부를 분개장이라고 한다.

(차변) 계 정 과 목	×××	(대변) 계 정 과 목	×××

(2) 분개 순서

분개를 하기 위해서는 회계상 거래를 분석하여 다음의 순서를 적용하여 분개를 하여야 한다.

1. 회계상 거래는 자산, 부채, 자본, 수익, 비용 중 어느 요소에 영향을 주는가?
↓
2. 차변과 대변 중 어디에 기록할 것인가?
↓
3. 회계상 인식된 거래는 어떤 계정에 해당하는가?
↓
4. 얼마의 금액으로 기록되는가?

2 계정(Account)

(1) 계정 개념

① 계정이란 거래의 성격을 명확하게 기록하기 위하여 유사한 성질을 가진 것을 항목별로 구분하여 정해 놓은 고유명칭이다.

② 계정의 구체적인 항목들을 계정과목이라고 한다.

계 정	계정과목
자산	현금, 매출채권, 재고자산(상품, 제품 등), 유형자산(건물, 토지 등)
부채	매입채무, 차입금, 사채 등
자본	납입자본, 적립금 등
수익	매출액, 임대료수익, 이자수익 등
비용	매출원가, 임차료, 이자비용 등

Key Point

분개와 계정 개념

분 개
- 발생한 거래를 계정에 기입하기 전 준비단계
- 계정의 좌측(차변)기입요소와 우측(대변)기입요소로 구분하여 기입할 계정과 금액을 결정하는 것

- 자산, 부채, 자본, 수익, 비용에 대하여 구체적인 항목을 설정하여 각 항목별로 그 증감과 변화를 기록하는 단위
- 각 계정의 구체적인 항목 : 계정과목

(2) 분개 방법

① 분개는 발생한 거래를 계정과목별로 분류하여 각 계정과목의 차변 및 대변에 해당 금액을 기록하는 것이다.

② 분개는 거래의 발생 일자순으로 기록한다.

③ 구체적인 분개 방법은 다음과 같다.

- 자산이 증가하면 차변에, 자산이 감소하면 대변에 기록한다.
- 부채가 증가하면 대변에, 부채가 감소하면 차변에 기록한다.
- 자본이 증가하면 대변에, 자본이 감소하면 차변에 기록한다.
- 수익이 증가하면 대변에, 수익이 감소하면 차변에 기록한다.
- 비용이 증가하면 차변에, 비용이 감소하면 대변에 기록한다.

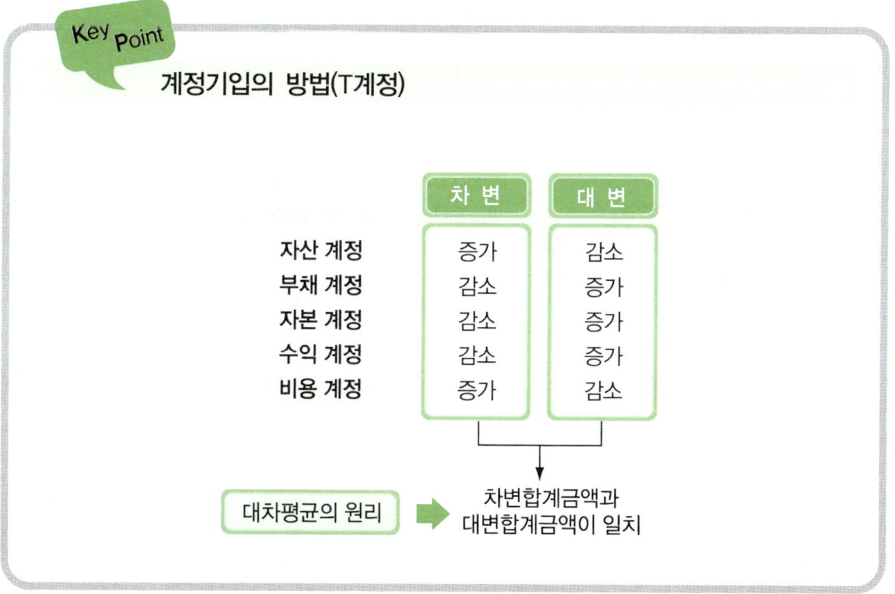

3 대차평균의 원리(Principle of equilibrium)

① 거래의 이중성에 의하면 거래는 반드시 차변과 대변에 동시에 영향을 미치고, **모든 계정의 차변의 합계액과 대변의 합계액이 항상 일치**하게 된다. 이것을 **대차평균의 원리**라 한다.

② 대차가 일치되면 각 거래는 올바르게 기록되었음을 뜻하고, 그렇지 않으면 오류가 있음을 의미한다.

③ 이러한 대차평균의 원리에 의하여 복식회계는 자기통제 또는 자기검증의 기능을 갖는다.

차변 금액의 합계 = 대변 금액의 합계

4 분개 예제

① 비품 ₩30,000을 매입하고 대금은 현금으로 지급하다.

(차)	비품(자산 증가)	30,000	(대)	현금(자산 감소)	30,000

② 상품 ₩40,000을 외상으로 매입하다.

(차)	상품(자산 증가)	40,000	(대)	매입채무(부채 증가)	40,000

③ 현금 ₩600,000을 자본금에 투자하여 개업하다.

(차)	현금(자산 증가)	600,000	(대)	자본금(자본 증가)	600,000

④ 은행예금 이자 ₩5,000을 현금으로 받다.

(차)	현금(자산 증가)	5,000	(대)	이자수익(수익 증가)	5,000

⑤ 토지를 ₩1,000,000에 매입하고 대금은 현금으로 지급하다.

(차)	토지(자산 증가)	1,000,000	(대)	현금(자산 감소)	1,000,000

⑥ 차입금 중 ₩50,000을 현금으로 상환하다.

(차)	차입금(부채감소)	50,000	(대)	현금(자산 감소)	50,000

⑦ 종업원에 대한 급여 ₩15,000을 현금으로 지급하다.

(차)	급여(비용 증가)	15,000	(대)	현금(자산 감소)	15,000

학습 Quiz

01 다음 중 분개에 대한 설명으로 옳지 않은 것은 무엇인가?

① 자본이 증가하면 대변에, 자본이 감소하면 차변에 기록한다.
② 차변의 금액과 대변의 금액은 항상 일치해야 한다.
③ 비용이 증가하면 차변에 기록한다.
④ 자산은 항상 차변에 기록한다.

02 다음의 각 거래를 분개하시오.

① ㈜대한은 차입금 ₩10,000,000과 자본금 ₩20,000,000으로 영업을 개시하다.
② 건물 1동을 임차하고 임차료 6개월분 ₩1,200,000을 현금으로 지급하다.
③ ㈜민국에게 상품을 판매하고 ₩2,700,000을 현금으로 수취하다.
④ ㈜한국에게 상품을 ₩3,440,000 외상판매하다.
⑤ 종업원에 대한 급료 ₩1,640,000을 현금으로 지급하다.
⑥ 광고선전비 ₩400,000을 현금으로 지급하다.
⑦ 차입금에 대한 이자 ₩300,000을 현금으로 지급하다.

해설

01 자산이 증가하면 차변에, 자산이 감소하면 대변에 기록한다. | 정답 ④ |

02

	차변		대변	
①	현금	30,000,000(자산 증가)	차입금	10,000,000(부채 증가)
			자본금	20,000,000(자본 증가)
②	임차료	1,200,000(비용 증가)	현금	1,200,000(자산 감소)
③	현금	2,700,000(자산 증가)	매출	2,700,000(수익 증가)
④	매출채권	3,440,000(자산 증가)	매출	3,440,000(수익 증가)
⑤	급여	1,640,000(비용 증가)	현금	1,640,000(자산 감소)
⑥	광고선전비	400,000(비용 증가)	현금	400,000(자산 감소)
⑦	이자비용	300,000(비용 증가)	현금	300,000(자산 감소)

학습정리

*

1. 분개 개념

분개는 거래를 각 계정의 증감으로 분류하여 그 금액을 좌우로 구분하여 표시하는 것이다. 분개시 좌측을 차변이라 하고, 우측을 대변이라 한다.

2. 계정기입방법

분개는 거래의 발생순으로 분류된 각 계정을 발생 계정별로 동일 계정에 증감을 기입하여야 한다.

① 자산이 증가하면 차변에, 자산이 감소하면 대변에 기록한다.
② 부채가 증가하면 대변에, 부채가 감소하면 차변에 기록한다.
③ 자본이 증가하면 대변에, 자본이 감소하면 차변에 기록한다.
④ 수익이 증가하면 대변에, 수익이 감소하면 차변에 기록한다.
⑤ 비용이 증가하면 차변에, 비용이 감소하면 대변에 기록한다.

3. 대차평균의 원리

모든 거래는 거래의 이중성에 의하여 차변에 기입된 금액과 동일한 금액이 상대계정의 대변에 기입되어야 한다. 그러므로 거래 전체를 보면 모든 계정의 차변 합계금액과 대변 합계금액이 일치하게 된다. 이것을 대차평균의 원리라 한다.

제3장 전기 및 시산표

:: 학습목표

- ✔ 전기 개념 및 총계정원장 작성법을 학습한다.
- ✔ 수정전시산표 개념 및 작성법을 학습한다.

1 전기(Post) : 총계정원장(General ledger) 기록

(1) 전기 개념

① 전기란 분개한 거래를 거래일자, 계정과목, 금액 등을 명시하여 총계정원장에 각 계정과목별로 기록하는 것이다.

② 총계정원장은 이러한 모든 거래 분개를 계정별로 기록해 놓은 장부로서, 차변에 분개된 사항은 차변에 전기하고 대변에 분개된 사항은 대변에 전기한다.

③ 그러나 분개연습을 한다든가 또는 회계의 원리를 이해하는 경우에는 실제 장부형식의 총계정원장을 사용하지 않고 다음과 같은 표준식 T계정(T account)을 이용하여 전기하는 것이 편리하다.

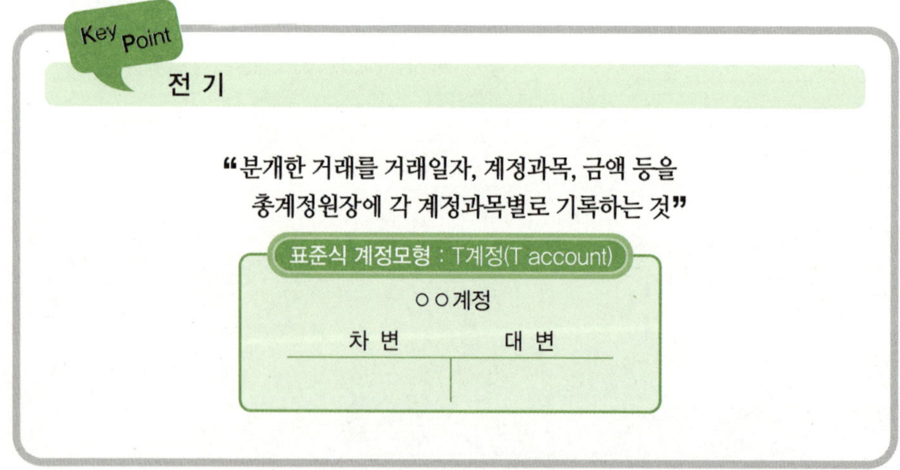

(2) 전기

㈜대한의 20x1년 4월 동안 거래가 다음과 같을 때, 분개를 실시한 후 전기를 하면 다음과 같다(단, 상품 판매에 대한 회계처리는 매출로 기록함을 가정).

1) 4월 1일 현금 ₩400,000을 자본으로 하여 상품매매업을 개업하다.

(차) 현 금	400,000	(대) 자 본 금	400,000

현 금

4/1 자 본 금 400,000	

자본금

	4/1 현 금 400,000

2) 3일 영업용 비품을 구입하고 대금 ₩12,000을 현금으로 지급하다.

(차) 비 품	12,000	(대) 현 금	12,000

현 금

4/1 자 본 금 400,000	4/3 비 품 12,000

비 품

4/3 현 금 12,000	

3) 5일 상품 ₩300,000을 외상으로 매입하다.

(차) 상 품	300,000	(대) 매 입 채 무	300,000

상 품

4/5 매입채무 300,000	

매입채무

	4/5 상 품 300,000

4) 8일 은행에서 ₩200,000을 차입하다.

(차) 현 금	200,000	(대) 차 입 금	200,000

현 금

4/1 자본금 400,000	4/3 비 품 12,000
4/8 차입금 200,000	

차입금

차변			대변		
			4/8	현금	200,000

5) 10일 상품을 ₩230,000에 판매하고 대금을 현금으로 받다.

(차) 현 금 230,000 (대) 매 출 230,000

현금

차변			대변		
4/1	자본금	400,000	4/3	비품	12,000
4/8	차입금	200,000			
4/10	매출	230,000			

매출

차변			대변		
			4/10	현금	230,000

6) 12일 상품을 ₩50,000에 외상매출하다.

(차) 매 출 채 권 50,000 (대) 매 출 50,000

매출채권

차변			대변		
4/12	매출	50,000			

매출

차변			대변		
			4/10	현금	230,000
			4/12	매출채권	50,000

7) 15일 매입채무 ₩80,000을 현금으로 지급하다.

(차) 매 입 채 무 80,000 (대) 현 금 80,000

현금

차변			대변		
4/1	자본금	400,000	4/3	비품	12,000
4/8	차입금	200,000	4/15	매입채무	80,000
4/10	매출	230,000			

매입채무

차변			대변		
4/15	현금	80,000	4/5	상품	300,000

8) 18일 매출채권 ₩20,000을 현금으로 회수하다.

(차) 현 금 20,000 (대) 매 출 채 권 20,000

현 금

4/1 자 본 금 400,000	4/3 비 품 12,000
4/8 차 입 금 200,000	4/15 매입채무 80,000
4/10 매 출 230,000	
4/18 매출채권 20,000	

매출채권

4/12 매 출 50,000	4/18 현 금 20,000

9) 22일 차입금 ₩100,000과 이자 ₩2,000을 현금으로 지급하다.

(차)	차 입 금	100,000	(대) 현 금	102,000
	이 자 비 용	2,000		

현 금

4/1 자 본 금 400,000	4/3 비 품 12,000
4/8 차 입 금 200,000	4/15 매입채무 80,000
4/10 매 출 230,000	4/22 차 입 금 100,000
4/18 매출채권 20,000	이자비용 2,000

차입금

4/22 현 금 100,000	4/8 현 금 200,000

이자비용

4/22 현 금 2,000	

10) 25일 4월분 종업원 급여 ₩40,000을 현금으로 지급하다.

(차)	급 여	40,000	(대) 현 금	40,000

현 금

4/1 자 본 금 400,000	4/3 비 품 12,000
4/8 차 입 금 200,000	4/15 매입채무 80,000
4/10 매 출 230,000	4/22 차 입 금 100,000
4/18 매출채권 20,000	이자비용 2,000
	4/25 급 여 40,000

급 여

4/25 현 금 40,000	

2 시산표(Trial balance)

(1) 시산표 개념

① 시산표는 총계정원장상 모든 계정과목의 차변잔액과 대변잔액을 한곳에 모아 작성한 표이다.

② 모든 거래가 올바르게 분개되고, 전기가 정확하게 이루어지면 대차평균의 원리에 따라 시산표상 차변의 합계액은 대변의 합계액과 일치하게 된다.

③ 시산표상 차변의 합계액과 대변의 합계액이 불일치하는 경우에는 오류의 원인을 검토 및 수정하여 차변의 합계액과 대변의 합계액이 일치하도록 하여야 한다.

(2) 수정전시산표(Unadjusted trial balance)

① 결산시점에 수정분개사항을 반영하기 이전의 시산표를 수정전시산표라고 하고, 수정분개 사항을 반영한 이후의 시산표를 수정후시산표라고 한다.

② 제3편에서는 우선 수정전시산표만을 학습하고, 제10편에서 수정분개를 실시한 이후의 결산기간에 작성하는 수정후시산표를 학습할 예정이다.

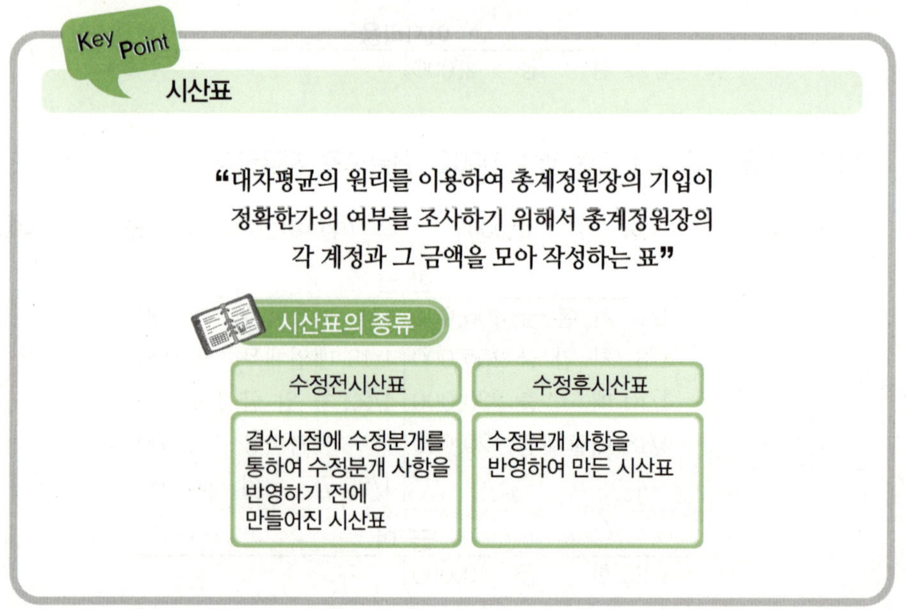

(3) 시산표 형식

① 시산표의 형식은 잔액시산표, 합계시산표, 합계잔액시산표의 3가지 종류가 있다.
② 그중 가장 많은 정보를 담고 있는 합계잔액시산표는 각 계정과목의 차변과 대변의 합계액 및 잔액을 기록하여 작성한다.
③ 계정과목은 자산, 부채, 자본, 수익, 비용순으로 기록하고, 자산과 부채는 유동성이 높은 순으로 기록한다.
④ 분개 및 전기가 올바르게 수행된 경우 합계잔액시산표상의 차변과 대변의 잔액총액은 일치하고, 차변과 대변의 합계액총액도 일치하게 된다.

합계잔액시산표

20x1년 12월 31일

㈜대한

차변잔액	차변합계액	계정과목	대변합계액	대변잔액
		현 금		
		당좌예금		
		대 여 금		
		매입채무		
		차 입 금		
		자 본 금		
		매 출		
		임 차 료		
		급 여		
		잡 비		
		이자비용		

일치

일치

(4) 시산표 작성 예제

앞에서 한 분개 및 전기의 예제를 이용하여 수정전시산표를 작성하면 다음과 같다.

① 차변 합계액의 합(₩1,434,000)과 대변 합계액의 합(₩1,434,000)이 일치함을 확인할 수 있다.

② 차변 잔액의 합(₩1,000,000)과 대변 잔액의 합(₩1,000,000)이 일치함을 확인할 수 있다.

③ 즉, 모든 분개 및 전기가 올바르게 이루어져 오류가 없음이 확인된다.

<u>합계잔액시산표</u>

20x1년 4월 30일

㈜대한 (단위 : 원)

차변		계정과목	대변	
잔액	합계액		합계액	잔액
616,000	850,000	현금	234,000	
30,000	50,000	매출채권	20,000	
300,000	300,000	상품		
12,000	12,000	비품		
	80,000	매입채무	300,000	220,000
	100,000	차입금	200,000	100,000
		자본금	400,000	400,000
		매출	280,000	280,000
40,000	40,000	급여		
2,000	2,000	이자비용		
₩1,000,000	₩1,434,000	합계	₩1,434,000	₩1,000,000

01 다음의 거래를 분개 및 전기를 하시오.

5월 1일 : 현금 ₩200,000을 자본금으로 영업을 개시하다.
4일 : 상품 ₩58,000을 외상으로 매입하다.
9일 : 영업용 비품을 구입하고 대금 ₩10,000을 현금으로 지급하다.
12일 : 상품 ₩60,000을 매입하고 대금 중 ₩40,000은 현금으로 지급하고 잔액은 외상으로 하다.
17일 : 상품 ₩40,000을 외상으로 매출하다.
25일 : 매입채무 ₩50,000을 현금으로 지급하다.

현 금 | 자본금 | 비 품 | 매출채권 | 상 품 | 매입채무 | 매 출

해설

01

날짜	차변	금액	대변	금액
5/ 1	(차) 현금	200,000	(대) 자본금	200,000
5/ 4	(차) 상품	58,000	(대) 매입채무	58,000
5/ 9	(차) 비품	10,000	(대) 현금	10,000
5/12	(차) 상품	60,000	(대) 현금	40,000
			매입채무	20,000
5/17	(차) 매출채권	40,000	(대) 매출	40,000
5/25	(차) 매입채무	50,000	(대) 현금	50,000

현 금

차변		대변	
5/1 자본금	200,000	5/9 비품	10,000
		5/12 상품	40,000
		5/25 매입채무	50,000

자본금

차변		대변	
		5/1 현금	200,000

비 품

차변		대변	
5/9 현금	10,000		

매출채권

차변		대변	
5/17 매출	40,000		

상 품

차변		대변	
5/4 매입채무	58,000		
5/12 현금	40,000		
매입채무	20,000		

매입채무

차변		대변	
5/25 현금	50,000	5/4 상품	58,000
		5/12 상품	20,000

매 출

차변		대변	
		5/17 매출채권	40,000

02 위 1번의 거래를 이용하여 합계잔액시산표를 작성하시오.

해설

02

합계잔액시산표

20x1년 5월 30일

㈜대한 (단위 : 원)

차변		계정과목	대변	
잔 액	합계액		합계액	잔 액
100,000	200,000	현 금	100,000	
40,000	40,000	매 출 채 권		
118,000	118,000	상 품		
10,000	10,000	비 품		
	50,000	매 입 채 무	78,000	28,000
		자 본 금	200,000	200,000
		매 출	40,000	40,000
₩268,000	₩418,000	합 계	₩418,000	₩268,000

학습정리 *

1. 전 기

① 전기는 분개를 한 거래의 거래일자, 계정과목, 금액을 원장의 각 계정과목별로 기록하는 것이다.

② 분개장에서 원장에 전기하는 것은 각 계정과목별로 증감내역을 명확하게 하고, 오류를 방지하기 위해서이다.

2. 시산표

① 시산표는 대차평균의 원리를 이용하여 원장의 기입이 정확한가의 여부를 조사하기 위해서 원장의 각 계정과 그 금액을 모아 작성하는 표이다.

② 모든 거래가 올바르게 분개되고, 전기가 정확하게 이루어지면 대차평균의 원리에 따라 차변의 합계액과 대변의 합계액은 일치하게 된다.

③ 일치되지 않는 경우에는 잘못된 부분을 수정하여 차변의 합계액과 대변의 합계액이 일치하도록 하여야 한다.

제3편 연습문제

객관식 문제

중

01 다음 중 회계거래로 인식되기 위한 조건으로 옳지 않은 것은 무엇인가?

① 기업의 재무상태에 변동을 가져오는 경제적인 사건이어야 한다.
② 거래로 인한 화폐의 변동액을 객관적으로 측정 가능해야 한다.
③ 반드시 자산의 증가 또는 감소가 수반되어야 한다.
④ 회계실체와 직접적으로 관련되고, 실제로 발생한 거래이어야 한다.

해설 기업실체와 관련하여 발생한 경제적 거래로서 기업의 자산, 부채, 자본, 수익, 비용에 변동을 가져오며, 동시에 그 변동의 크기를 화폐액으로 측정할 수 있는 사건만이 회계상 거래이다.

중

02 다음 중 회계상의 거래로 옳은 것은 무엇인가?

① 은행차입금 ₩500,000,000을 상환하지 못할 경우 회사 건물의 소유권을 넘겨주기로 하고 담보설정계약을 체결하였다.
② 신규 종업원을 매월 ₩2,000,000을 지급하기로 하고 채용하였다.
③ 상품 ₩1,000,000을 매출하기로 하고 현금 ₩2,000,000을 미리 받았다.
④ 사용 중이던 기계장치가 낡아서 새로운 기계장치를 주문하였다.

해설 회계거래는 기업의 현재 재무상태 및 경영성과에 변동을 가져오는 경제적 사건이다. 따라서 계약의 체결이나 물품의 주문행위 그 자체는 현재시점에서 볼 때 기업의 재무상태 및 경영성과에 변동을 가져오지 않으므로 회계거래로 취급하지 않는다.

중하

03 다음 중 회계상 거래로 옳지 않은 것은 무엇인가?

• 2010 행정안전부 9급

① 장부금액 ₩2,500,000인 건물이 화재로 인해 전소되었다.
② 상품을 판매하고 아직 대금을 받지 않았다.
③ 원료 공급회사와 100톤의 원재료를 ₩1,000,000에 구입하기로 계약을 체결하였다.
④ 기계장치를 구입하여 인도받았으나 아직 대금을 지급하지 않았다.

해설 계약, 주문, 약속, 임직원의 채용 등은 회계상의 거래에 포함되지 않는다.

하

04 다음 중 회계상 거래로 옳지 않은 것은 무엇인가?

① 보관 중인 상품 ₩1,500,000이 화재로 소실되다.
② 월 ₩100,000의 임차료로 건물을 임차하기로 계약하다.
③ 당월분 급여 ₩200,000을 지급하지 못하다.
④ 차입금에 대한 이자 ₩100,000을 수표로 지급하다.

해설 회계거래는 기업의 현재 재무상태 및 경영성과에 변동을 가져오는 경제적 사건이다. 따라서 계약의 체결이나 물품의 주문행위 그 자체는 현재시점에서 볼 때 기업의 재무상태 및 경영성과에 변동을 가져오지 않으므로 회계거래로 취급하지 않는다.

하

05 다음 중 회계상의 거래로 옳은 것은 무엇인가?

• 40회 기업회계3급

ㄱ. 사무실을 월세 ₩300,000에 사용하기로 약속을 하다.
ㄴ. 자금 조달을 위해 투자자와 ₩5,000,000의 투자계약을 체결하다.
ㄷ. 홍수로 인해 창고 속에 보관하고 있던 ₩100,000의 상품이 유실되다.
ㄹ. 거래처에 갑상품 ₩300,000을 주문하고, 계약금으로 현금 ₩30,000을 지급하다.

① ㄱ, ㄴ　② ㄱ, ㄷ　③ ㄴ, ㄹ　④ ㄷ, ㄹ

Answer 01. ③　02. ③　03. ③　04. ②　05. ④

하

06 다음 중 거래의 결합관계로 옳지 않은 것은 무엇인가?

① (차) 비용의 증가 (대) 자산의 감소
부채의 감소 자본의 증가
② (차) 자산의 증가 (대) 수익의 증가
자본의 감소 부채의 증가
③ (차) 자산의 증가 (대) 자산의 감소
부채의 감소 자본의 증가
④ (차) 자산의 증가 (대) 자산의 감소
자본의 증가 자본의 감소

::해설 자본의 증가는 결과적으로 현금(자산)의 증가를 가져오는 것으로 생각할 수 있으므로 현금(자산)의 증가(차변)의 상대계정인 대변에 기록되어야 하고, 자본의 감소는 반대의 상황으로 차변에 기록한다.

하

07 다음 중 각 계정의 분류로 옳지 않은 것은 무엇인가?

① 자산 계정 – 현금, 상품, 건물
② 부채 계정 – 매입채무, 미지급금, 차입금
③ 수익 계정 – 매출액, 임대료, 이익잉여금
④ 비용 계정 – 매출원가, 임차료, 이자비용

::해설 이익잉여금은 자본 계정에 해당한다.

하

08 다음 중 전기상 T계정의 잔액이 옳지 않은 것은 무엇인가?

① 미지급금

차변	대변
₩30,000	

② 소모품

차변	대변
₩45,000	

③ 자본금

	₩50,000

④ 임대료

	₩20,000

해설 미지급금은 부채이므로 잔액이 대변에 남는다.

하

09 다음 중 계정잔액이 대변에 남는 항목으로 옳지 않은 것은 무엇인가?

① 자본금 ② 매출원가
③ 차입금 ④ 임대료

해설 자산 계정과 비용 계정은 차변에 잔액이 남고, 부채 계정과 자본 계정 및 수익 계정은 대변에 잔액이 남는다.

중하

10 다음 거래를 총계정원장의 해당계정에 전기한 것 중 옳은 것은 무엇인가?

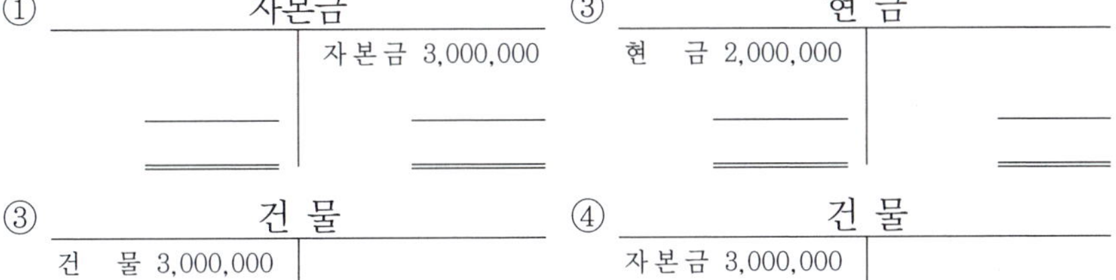

(차) 현 금	2,000,000	(대) 자 본 금	5,000,000
건 물	3,000,000		

① 자본금

	자본금 3,000,000

② 현 금

현 금 2,000,000	

③ 건 물

건 물 3,000,000	

④ 건 물

자본금 3,000,000	

해설 전기시 해당 계정과목의 금액과 상대 계정과목을 사용한다.

Answer 06. ④ 07. ③ 08. ① 09. ② 10. ④

중

11 다음 중 옳지 않은 것은 무엇인가?

① 포괄손익계산서등식 : 총비용 + 순이익 = 총수익
② 재무상태표등식 : 자산 = 부채 + 자본
③ 자본등식 : 자산총액 − 부채총액 = 자본총액
④ 시산표등식 : 자산총액 + 총수익 = 부채총액 + 자본총액 + 총비용

해설 시산표등식 : 자산총액 + 총비용 = 부채총액 + 자본총액 + 총수익

중

12 다음 중 시산표의 차변총액과 대변총액이 일치하지 않을 때 그 원인으로 옳은 것은 무엇인가?

① 자산 계정에 차변기입, 부채 계정에 대변기입할 거래를 회계담당자가 착오로 부채 계정에 차변기입, 자산 계정에 대변기입한 경우
② 회계기록에서 완전히 누락된 경우
③ 현금 계정의 잔액을 틀리게 계산한 경우
④ 시산표 작성시 현금 계정의 잔액과 매출채권의 잔액이 뒤바뀐 경우

해설 ①, ②, ④의 경우 모두 대차의 균형이 이루어지게 된다.

중

13 시산표 작성결과 차변잔액이 대변잔액보다 ₩6,300,000이 많았다. 다음 중 그 원인으로 옳은 것은 무엇인가?

① 매출채권 ₩47,000,000이 시산표에 ₩40,700,000으로 오기되었다.
② 매출액 합산 시 ₩6,300,000이 초과계상되었다.
③ 비품 계정에 ₩700,000이 ₩7,000,000으로 오기되었다.
④ 당기순이익 ₩6,300,000이 발생한 것이다.

해설 ①, ②, ④의 경우는 차변합계가 대변합계보다 ₩6,300,000이 적은 경우이다.

중

14 다음 중 시산표에 의해 발견될 수 없는 오류로 옳은 것은 무엇인가?

① ₩50,000의 매출채권을 회수하고, 현금 ₩50,000으로 차변기입하고, 매출채권 ₩50,800으로 대변 기입하는 분개를 하다.
② ₩20,000의 매출채권을 회수하고, 현금 ₩20,000으로 차변기입하고, 매출채권 ₩20,000으로 차변 기입하는 분개를 하다.
③ ₩100,000의 매출채권을 회수하고, 분개는 적정하게 하였으나, 전기할 때 차변으로 현금 계정 대신 토지 계정에 전기하다.
④ 이상의 모든 오류가 시산표를 작성하면 발견될 수 있다.

해설 시산표에서 발견할 수 있는 오류는 대변금액과 차변금액에 차이가 발생한 경우이다. 따라서 ③과 같이 계정 분류의 오류는 발견할 수 없다.

중

15 다음 중 회계순환과정에서 행해지는 회계처리에 대한 설명으로 옳지 않은 것은 무엇인가?

① 회계거래가 발생하면 발생일자별로 분개장에 기입하는 회계절차가 이루어지는데, 이는 거래에 내재된 원인과 결과를 서로 구분하여 차변과 대변에 각각 기록하는 행위이다.
② 분개장의 거래기록을 원장에 있는 각 해당 계정에 옮겨 적는 것을 전기라 하는데, 이는 특정 시점의 계정잔액을 파악하고 재무제표를 작성할 수 있는 기반을 마련하기 위해 작성한다.
③ 원장 모든 계정의 잔액이나 합계를 자산, 부채, 자본, 수익, 비용순으로 모아놓은 표가 정산표이며, 차변과 대변 총계가 일치하는지를 검증하고 결산(재무제표 작성)을 준비한다.
④ 회계기말에 회계순환과정의 마지막 절차를 수행하여 재무제표를 산출하고 다음 회계기간을 준비하는 것을 결산이라 한다.

해설 시산표는 원장 모든 계정의 잔액이나 합계액을 자산, 부채, 자본, 수익, 비용순으로 정리할 뿐만 아니라, 차변과 대변 총계가 일치하는지를 검증하고 결산(재무제표 작성) 준비를 포함하여야 한다.

Answer 11. ④ 12. ③ 13. ③ 14. ③ 15. ③

중

16 **다음 중 복식부기의 특징만을 모은 것으로 옳은 것은 무엇인가?**

㉠ 회계상 거래의 이중성
㉡ 자기검증 기능
㉢ 대차평균의 원리
㉣ 차변과 대변

① ㉠, ㉡, ㉢, ㉣
② ㉡, ㉢, ㉣
③ ㉡, ㉢
④ ㉡, ㉣

해설 제시된 4가지 모두 복식부기의 특징이다.

중하

17 **다음 중 시산표에 대한 설명으로 옳지 않은 것은 무엇인가?**

• 2006 중앙인사위원회 9급

① 계정과목의 정확성을 검증하기 위해 작성한다.
② 시산표상 자본금은 기초자본금이다.
③ 대차평균의 원리에 의하여 자기검증 기능이 있다.
④ 차변 합계액과 대변 합계액이 일치하는 경우에도 오류의 발생가능성이 있다.

해설 시산표는 총계정원장에 기입된 금액의 정확 여부를 확인하는 것이지, 계정과목의 정확성을 검증하는 것은 아니다.

Answer 16. ① 17. ①

주관식 평가문항

중상

01 다음의 각 회계상 거래를 아래의 예와 같이 분석하고 회계처리를 하시오.

〈예〉
현금 ₩200,000을 투자하여 회사를 설립하다.
분석 : 자산(현금) 증가 → 차변 자본(자본금) 증가 → 대변
(차) 현 금 200,000 (대) 자 본 금 200,000

(1) 용역 ₩300,000을 제공하였으나 이 중 ₩100,000은 현금을 수령하고 잔액 ₩200,000은 외상으로 하다.
(2) 용역 제공시 수령하지 못한 ₩200,000을 현금으로 수령하다.
(3) 은행으로부터 ₩500,000을 차입하다.
(4) 차입금 이자 ₩20,000을 현금으로 지급하다.
(5) 비품을 ₩200,000에 취득하면서 ₩120,000은 현금으로 지급하고, 잔액 ₩80,000은 외상으로 하다.
(6) 비품 취득시 지급하지 않은 외상대금 ₩80,000을 지급하다.

※ [문제 2~4] ㈜대한은 매월 말에 시산표를 작성하고 있으며, 다음은 20x6년 6월 30일 현재 ㈜대한의 잔액시산표와 7월 중 발생한 거래의 내역이다. ㈜대한의 결산일은 12월 31일이다.

〈잔액시산표〉

(차변) (대변)

잔 액	계정 과목	잔 액
230,000	현금	
170,000	매출채권	
320,000	비품	
	미지급금	40,000
	차입금	200,000
	자본금	450,000
	매출	300,000
150,000	급여	
70,000	광고선전비	
50,000	임차료	
990,000	합계	990,000

7월 1일 6월 30일에 ₩120,000에 취득했던 비품을 ₩130,000에 현금을 수령하고 처분하다.

7월 5일 매출채권 중 ₩150,000을 현금으로 회수하다.

7월 10일 차입금 중 W100,000을 상환하면서 발생이자 W10,000도 지급하다.

7월 15일 ₩250,000의 외상매출이 발생하다.

7월 18일 미지급금 ₩30,000을 현금으로 지급하다.

7월 25일 급여 ₩90,000을 현금으로 지급하다.

7월 31일 임차료 ₩40,000과 광고선전비 ₩50,000을 현금으로 지급하다.

㈜대한에서 7월 중에 발생한 거래를 분개하고 총계정원장에 전기한 후 7월 31일자로 잔액시산표를 작성하시오.

중하

02 위 자료를 이용하여 분개하시오.

중하

03 위 자료를 이용하여 총계정원장에 전기하시오.

중하

04 위 자료를 이용하여 잔액시산표를 작성하시오.

중하

05 다음 글의 (　　)에 들어갈 내용으로 옳은 것은 무엇인가?

> 복식부기제도하에서 모든 회계거래는 반드시 어떤 계정의 차변과 다른 계정의 대변에 같은 금액을 기입한다. 따라서 아무리 많은 거래를 기입하더라도 계정 전체의 차변 합계금액과 대변 합계금액은 반드시 일치해야 하는데 이것을 (　　　　　　)(이)라고 한다.

Answer

01. (1) 분석 : 자산(현금, 매출채권) 증가 → 차변 수익(매출) 증가 → 대변

(차) 현 금	100,000	(대) 매 출	300,000
매 출 채 권	200,000		

(2) 분석 : 자산(현금) 증가 → 차변 자산(매출채권) 감소 → 대변

(차) 현 금	200,000	(대) 매 출 채 권	200,000

(3) 분석 : 자산(현금) 증가 → 차변 부채(차입금) 증가 → 대변

(차) 현 금	500,000	(대) 차 입 금	500,000

(4) 분석 : 비용(이자비용) 증가 → 차변 자산(현금) 감소 → 대변

(차) 이 자 비 용	20,000	(대) 현 금	20,000

(5) 분석 : 자산(비품) 증가 → 차변 자산(현금) 감소, 부채(미지급금) 증가 → 대변

(차) 비 품	200,000	(대) 현 금	120,000
		미 지 급 금	80,000

(6) 분석 : 부채(미지급금) 감소 → 차변 자산(현금) 감소 → 대변

(차) 미 지 급 금	80,000	(대) 현 금	80,000

02.

날짜	차변	금액	대변	금액
7. 1.	(차) 현 금	130,000	(대) 비 품	120,000
			유형자산처분이익	10,000
7. 5.	(차) 현 금	150,000	(대) 매 출 채 권	150,000
7.10.	(차) 차 입 금	100,000	(대) 현 금	110,000
	이 자 비 용	10,000		
7.15.	(차) 매 출 채 권	250,000	(대) 매 출	250,000
7.18.	(차) 미 지 급 금	30,000	(대) 현 금	30,000
7.25.	(차) 급 여	90,000	(대) 현 금	90,000
7.31.	(차) 임 차 료	40,000	(대) 현 금	90,000
	광 고 선 전 비	50,000		

03.

현 금

전월이월	230,000	7/10	110,000
7/1	130,000	7/18	30,000
7/5	150,000	7/25	90,000
		7/31	90,000
	₩190,000		

매출채권

전월이월	170,000	7/5	150,000
7/15	250,000		
	₩270,000		

비 품

전월이월	320,000	7/1	120,000
	₩200,000		

미지급금

7/18	30,000	전월이월	40,000
			₩10,000

차입금

7/10	100,000	전월이월	200,000
			₩100,000

자본금

		전월이월	450,000
			₩450,000

매 출

		전월누계	300,000
		7/15	250,000
			₩550,000

급 여

전월누계	150,000		
7/25	90,000		
	₩240,000		

광고선전비

전월누계	70,000		
7/31	50,000		
	₩120,000		

임차료

전월누계	50,000		
7/31	40,000		
	₩90,000		

유형자산처분이익

		7/1	10,000
			₩10,000

이자비용

7/10	10,000		
	₩10,000		

04. 〈잔액시산표〉

(차변) (대변)

잔 액	계정과목	잔 액
190,000	현금	
270,000	매출채권	
200,000	비품	
	미지급금	10,000
	차입금	100,000
	자본금	450,000
	매출	550,000
	유형자산처분이익	10,000
240,000	급여	
120,000	광고선전비	
90,000	임차료	
10,000	이자비용	
₩1,120,000	합계	₩1,120,000

05. 대차평균의 원리

MEMO

제 4 편

금융자산 Ⅰ

제4편 Key word 금융자산 Ⅰ

금융자산
- 현금및현금성자산(제4편)
- 대여금과 수취채권(제4편)
- 당기손익－공정가치측정 금융자산(제7편)
- 기타포괄손익－공정가치측정 금융자산(제7편)
- 상각후원가측정 금융자산(제8편)

손상

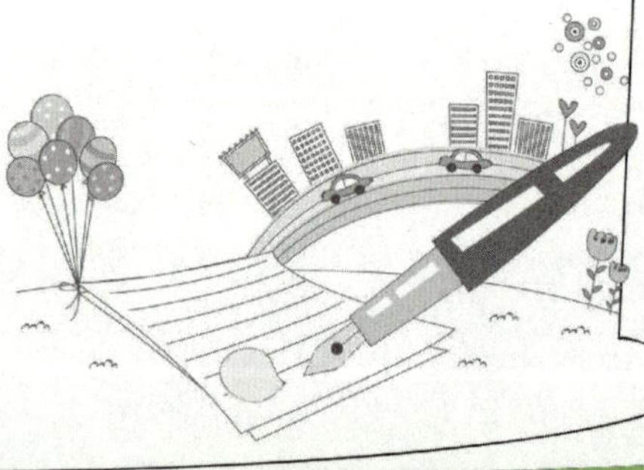

KT&G
(제33기)

水
木
火
金
자원
도구
에너지
이익
부채 1조 3,326억
자본 7조 7,800억
현금및현금성자산 6,567억
기타유동금융자산 3,773억
당기손익-공정가치측정
금융자산 1조 2,392억
매출채권 및 기타유동채권
7,801억
매출원가 1조 1,321억
판매비와관리비 6,759억
기타손실 1,051억
금융원가 83억
법인세비용 3,341억
수익(매출액) 2조 9,426억
매출총이익 1조 8,104억
영업이익 1조 1,345억
기타이익 1,078억
금융수익 966억
법인세비용차감전순이익
1조 2,255억
당기순이익 8,913억
기타포괄손익 55억
총포괄손익 8,969억
부채 및 자본 9조 1,127억
자산 9조 1,127억
비용
수익·이익
재무상태표
포괄손익계산서

기업분석

1. 현금및현금성자산

당사는 취득일로부터 만기일이 3개월 이내인 투자자산을 현금및현금성자산으로 분류하고 있습니다. 지분상품은 현금성자산에서 제외되나, 상환일이 정해져 있고 취득일로부터 상환일까지의 기간이 단기인 우선주와 같이 실질적인 현금성자산인 경우에는 현금성자산에 포함됩니다.

(단위 : 백만원)

구 분	제33(당)기	제32(전)기
보유현금	188	251
요구불예금	202,192	246,310
특정금전신탁	454,395	501,562
합 계	656,775	748,123

2. 기타금융자산

(단위 : 백만원)

구 분	제33(당)기		제32(전)기	
	유 동	비유동	유 동	비유동
정기예금	377,340	2,797	570,000	6,937

3. 매출채권 및 기타채권

(단위 : 백만원)

구 분	제33(당)기		제32(진)기	
	유 동	비유동	유 동	비유동
매출채권	710,365	25,345	661,851	44,194
대여금	10,116	51,536	19,293	45,116
미수금	28,862	8,617	17,039	9,829
보증금	24,599	21,395	25,891	20,149
미수수익	6,218	4,190	6,821	–
합 계	780,160	111,083	730,895	119,288

4. 손실충당금

매출채권 및 기타채권에 대해 당사는 채권의 최초 인식시점부터 전체기간 기대신용손실을 인식하는 간편법을 적용합니다.

(단위 : 백만원)

구 분	제33(당)기		제32(전)기	
	유 동	비유동	유 동	비유동
총장부금액	877,023	180,731	799,232	194,487
손실충당금 :				
매출채권	−96,165	−33,163	−67,776	−40,705
기타채권	−698	−36,485	−561	−34,494
손실충당금 합계	−96,863	−69,648	−68,337	−75,199
순장부금액	780,160	111,083	730,895	119,288

제1장 현금및현금성자산

:: 학습목표

- ✔ 금융상품 정의 및 범주를 학습한다.
- ✔ 현금및현금성자산 정의 및 종류를 학습한다.
- ✔ 현금과부족, 당좌예금, 당좌차월을 학습한다.
- ✔ 은행계정조정표 유용성 및 작성방법을 학습한다.

1 금융상품(Financial instruments)

(1) 정 의

금융상품은 거래당사자 일방에게 금융자산을 발생시키고 동시에 다른 거래상대방에게 금융부채나 지분상품을 발생시키는 모든 계약이다.

(2) 금융상품 범주

한국채택국제회계기준상 금융상품의 범주는 다음과 같다.

[금융상품 범주]

금융자산	금융부채
현금및현금성자산 대여금 및 수취채권	
당기손익－공정가치측정 금융자산 • 최초인식시점에 당기손익－공정가치측정 금융자산으로 지정된 자산	당기손익－공정가치측정 금융부채 • 최초인식시점에 당기손익－공정가치측정 금융부채로 지정된 부채
기타포괄손익－공정가치측정 금융자산	상각후원가측정 금융부채 (사채)
상각후원가측정 금융자산	

이 교재에서는 위의 금융상품의 범주에 속하는 모든 금융상품을 다루지 않고, 회계원리 수준에서 반드시 학습해야 할 금융상품을 중심으로 설명한다.
따라서 제4편에서는 현금및현금성자산과 수취채권을, 제7편에서는 당기손익-공정가치측정 금융자산과 기타포괄손익-공정가치측정 금융자산을, 제8편에서는 사채와 상각후원가측정 금융자산을 설명한다.

2 현금및현금성자산

(1) 현금및현금성자산(Cash and cash equivalents) 정의

① **현금** : 보유 현금과 요구불예금

② **현금성자산** : 유동성이 매우 높은 단기 투자자산으로서 확정된 금액의 현금으로의 전환이 용이하고 가치 변동의 위험이 경미한 자산

(2) 현금 특성

① 현금은 회사의 자산 중에서 유동성(현금화가능성)이 가장 높은 자산이다.

② 현금은 도난 및 사고의 가능성이 높기 때문에 은행을 통한 거래 및 내부통제가 필요하다.

③ 현금은 한국은행에서 발행하는 통화와 통화대용증권을 포함한다.

④ 한국채택국제회계기준에서는 현금을 금융자산으로 정의하고 있다.

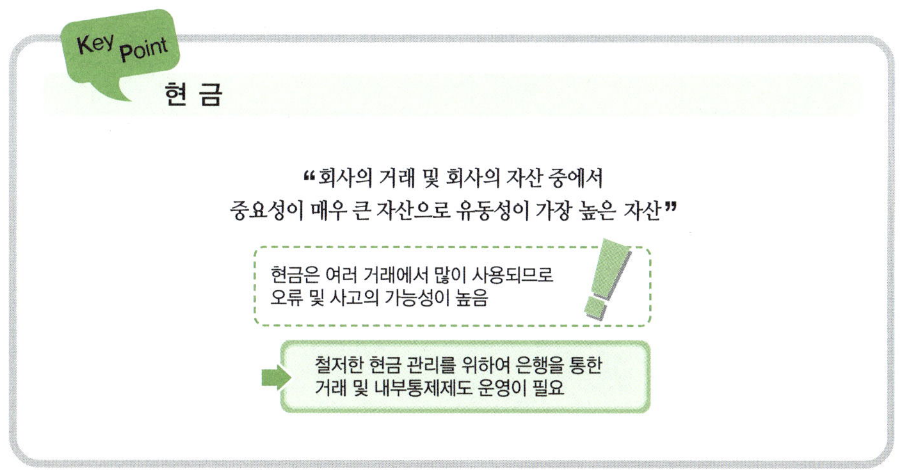

(3) 현금 종류

1) 통화(Currency)

- 한국은행에서 발행하는 통화(현금)이다.
- 천 원권, 오천 원권, 만 원권, 오만 원권 등

2) 통화대용증권(Currency equivalent)

- 한국은행에서 발행하는 통화는 아니지만, 통화와 유사한 방식으로 사용할 수 있다.
- 타인발행당좌수표, 타인발행가계수표, 자기앞수표, 송금수표, 일람출급어음, 우편환증서, 배당금지급통지표, 만기도래공사채이자표 등

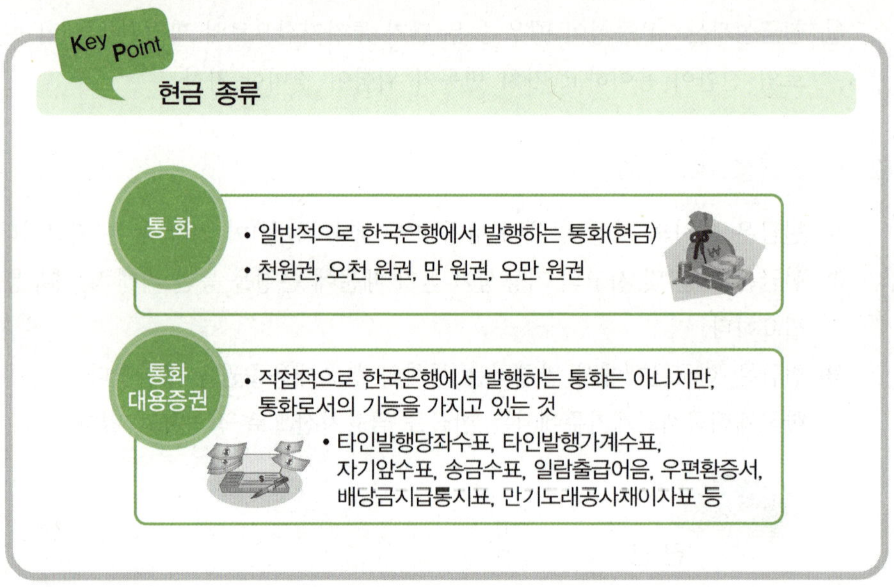

(4) 현금성자산(Cash equivalents) 특성

① 현금성자산은 투자나 다른 목적이 아닌 단기의 현금수요를 충족하기 위한 목적으로 보유한다.

② 투자자산이 현금성자산으로 분류되기 위해서는 확정된 금액의 현금으로 전환이 용이하고, 가치 변동의 위험이 경미해야 한다.

③ 따라서 투자자산은 일반적으로 만기일이 단기에 도래하는 경우(예를 들어, 취득일로부터 만기일이 3개월 이내인 경우)에만 현금성자산으로 분류된다.

④ 한국채택국제회계기준에서는 현금성자산을 금융자산으로 정의하고 있다.

(5) 현금성자산 종류

① 취득일로부터 만기가 3개월 이내인 투자자산

② 취득일로부터 만기가 3개월 이내 도래하는 채권, 정기예금, 양도성예금증서(CD), 기업어음(CP), 환매조건부채권(RP) 등

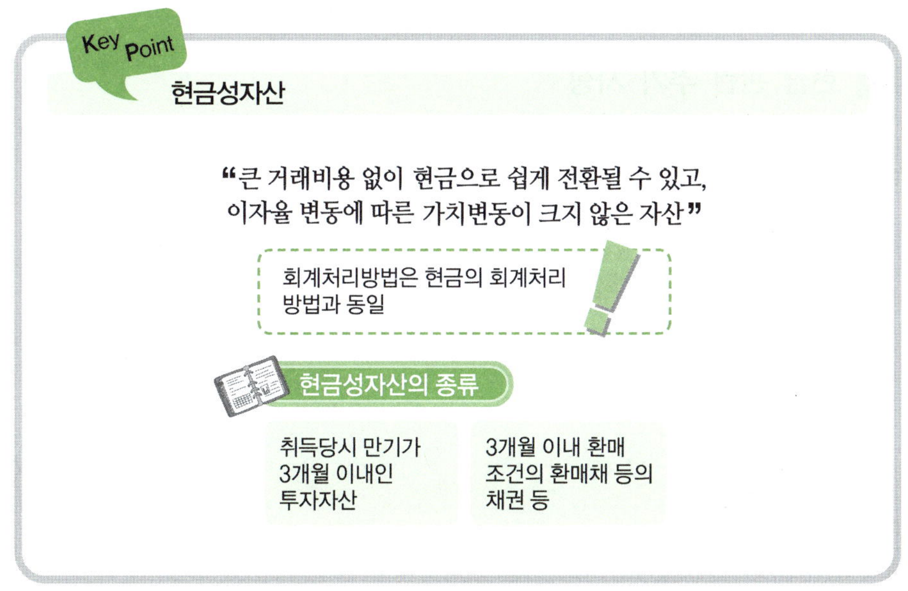

(6) 회계처리

① 회계에서는 현금과 현금성자산을 동일하게 취급한다.

② 따라서 현금과 현금성자산을 포함하여 "현금및현금성자산"이라는 단일 계정으로 회계처리한다.

예제

㈜대한이 다음과 같은 자산을 보유하고 있을 때 재무상태표에 기록되는 현금및현금성자산의 금액은 얼마인가?

통 화	₩120,000	자 기 앞 수 표	₩50,000
양도성예금증서 (취득일로부터 만기100일)	105,000	㈜민국 발행수표	250,000

풀이 120,000 + 50,000 + 250,000 = ₩420,000

3 현금 관련 추가 사항

(1) 현금과부족(Cash short and over)

① 현금과부족이란 회사가 보유하고 있는 현금의 실제잔액과 장부상잔액이 일치하지 않는 경우 설정하는 임시계정이다.

② 현금의 실제잔액이 장부상잔액보다 작을 때(부족액)는 현금과부족 계정을 차변에 기록한다.

(차) 현 금 과 부 족	×××	(대) 현 금	×××

③ 현금의 실제잔액이 장부상잔액보다 클 때(과잉액)는 현금과부족 계정을 대변에 기록한다.

(차) 현 금	×××	(대) 현금과부족	×××

④ 현금의 실제잔액과 장부상잔액의 불일치 원인을 판명하여 적합한 해당 계정으로 회계처리를 한다.

[원인이 규명된 부족액]

(차) 해당계정	×××	(대) 현금과부족	×××

[원인이 규명된 과잉액]

(차) 현금과부족	×××	(대) 해당계정	×××

⑤ 결산일까지 현금의 실제잔액과 장부상잔액의 불일치 원인을 밝히지 못한 경우 부족액은 잡손실(영업외손실), 과잉액은 잡이익(영업외이익)으로 처리한다.

[원인이 규명되지 않은 부족액]

(차) 잡손실	×××	(대) 현금과부족	×××

[원인이 규명되지 않은 과잉액]

(차) 현금과부족	×××	(대) 잡이익	×××

Key Point

현금과부족

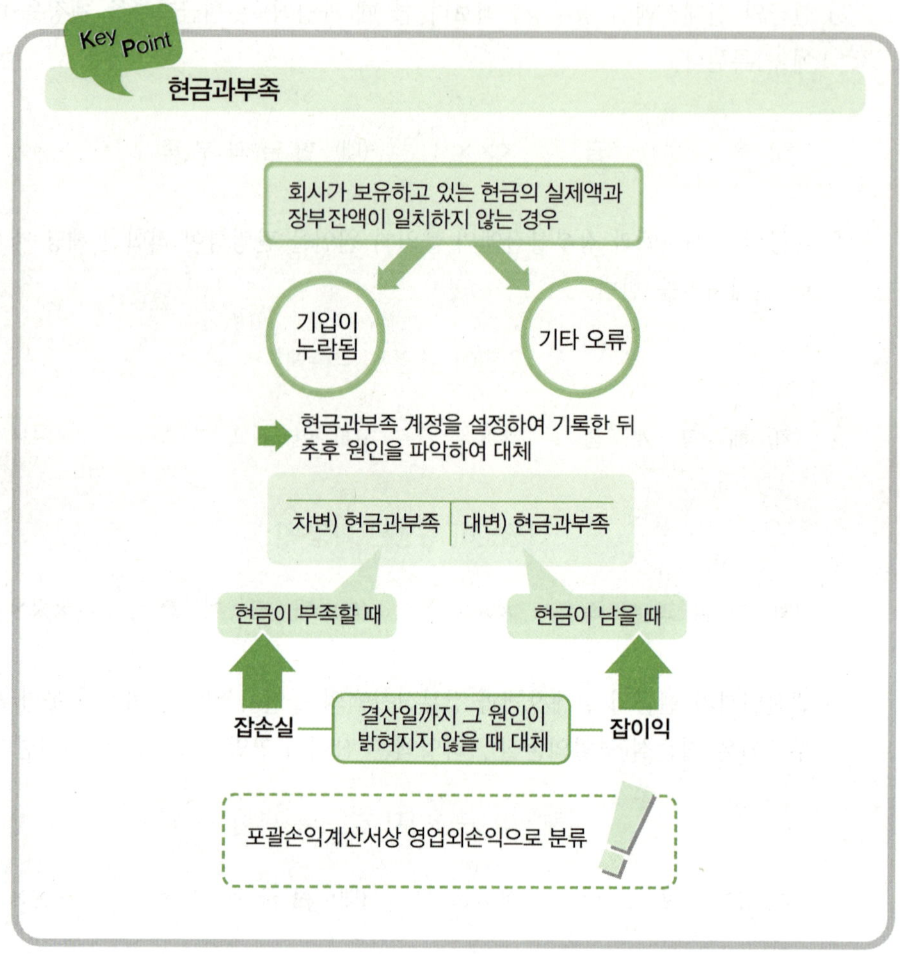

예제

㈜대한의 연속된 다음의 거래를 회계처리하시오.

① 1월 10일 : 실제현금잔액이 장부상현금잔액보다 ₩1,000,000이 부족함을 발견하였다.
② 1월 25일 : ₩1,000,000의 부족액 중 ₩350,000은 교통비로 지급되었으나, 회계처리가 누락된 것으로 원인이 규명되었다.
③ 결산일까지 나머지 부족액의 원인을 밝혀내지 못했다.

풀이

(차)	현 금 과 부 족	1,000,000	(대)	현 금	1,000,000
(차)	교 통 비	350,000	(대)	현 금 과 부 족	350,000
(차)	잡 손 실	650,000	(대)	현 금 과 부 족	650,000

(2) 당좌예금(Current deposit)

① 기업이 보유하는 현금은 사고의 위험가능성이 높기 때문에 기업은 직접 현금 거래를 하기보다는 은행을 통한 거래를 함으로써 현금 수급의 착오나 사고를 방지할 수 있다.

② 당좌예금은 회사의 운영자금을 은행의 당좌예금계좌에 입금한 후 수표를 발행하여 거래할 때 발생하는 계정과목이다.

(차)	당 좌 예 금	×××	(대)	현 금	×××

③ 거래 대금을 지급하기 위해 수표를 발행했을 때에는 감소한 은행 예금액만큼 당좌예금 계정을 감소시킨다.

(차)	자 산 취 득 등	×××	(대)	당 좌 예 금	×××

④ 거래처로부터 거래 대금을 수령하였을 때에는 증가한 은행 예금액만큼 당좌예금 계정을 증가시킨다.

(차)	당 좌 예 금	×××	(대)	매 출 채 권 등	×××

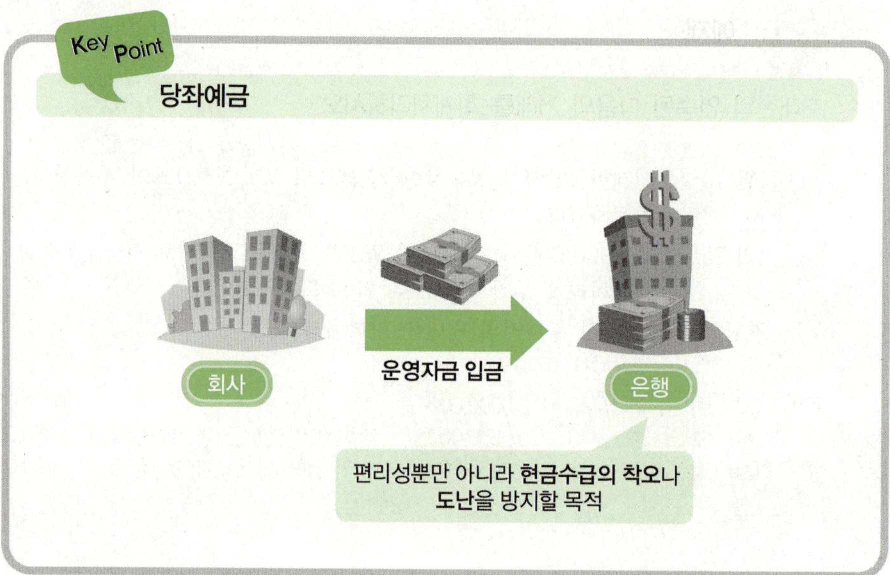

예제

다음의 거래를 회계처리하시오.

① 3월 10일 : 상품 ₩125,000을 매입하고, 대금은 수표를 발행하여 지급하다.
② 4월 15일 : 거래처로부터 거래대금으로 타인발행자기앞수표 ₩30,000을 수령하여 은행에 예금하다.

풀이

(차)	상 품	125,000	(대)	당 좌 예 금	125,000
(차)	당 좌 예 금	30,000	(대)	현 금	30,000

(3) 당좌차월(Bank overdraft)

① 당좌차월은 회사가 신용을 담보로 은행이 보유한 회사의 예금잔액을 일정 한도만큼 초과하여 당좌수표를 발행할 수 있도록 하는 약정이다.

② 당좌차월은 은행에 대한 일종의 단기차입금으로 유동부채로 기록된다.

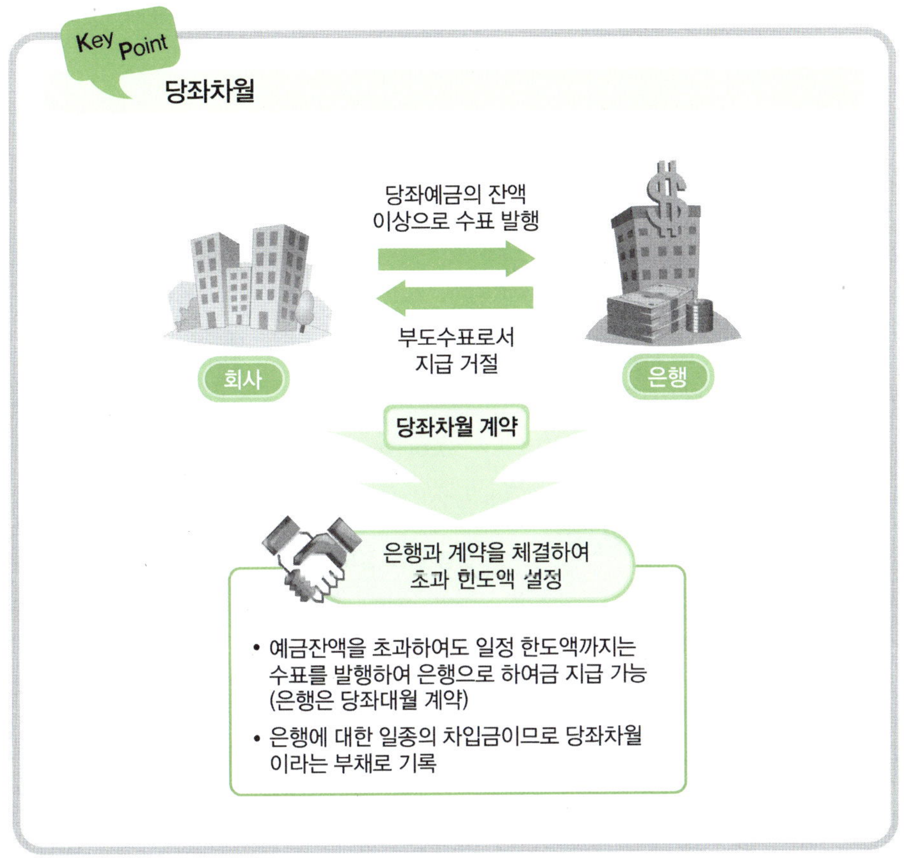

4 은행계정조정표(Bank reconciliation)

① 은행계정조정표는 일정 시점에서 회사의 당좌예금잔액과 은행의 장부상예금잔액이 일치하지 않을 경우 그 차이의 원인을 규명하고, 차이를 조정하기 위한 방법이다.

② 은행계정조정표는 다음의 단계에 따라 회사의 당좌예금잔액과 은행의 장부상예금잔액의 차이를 조정한다.

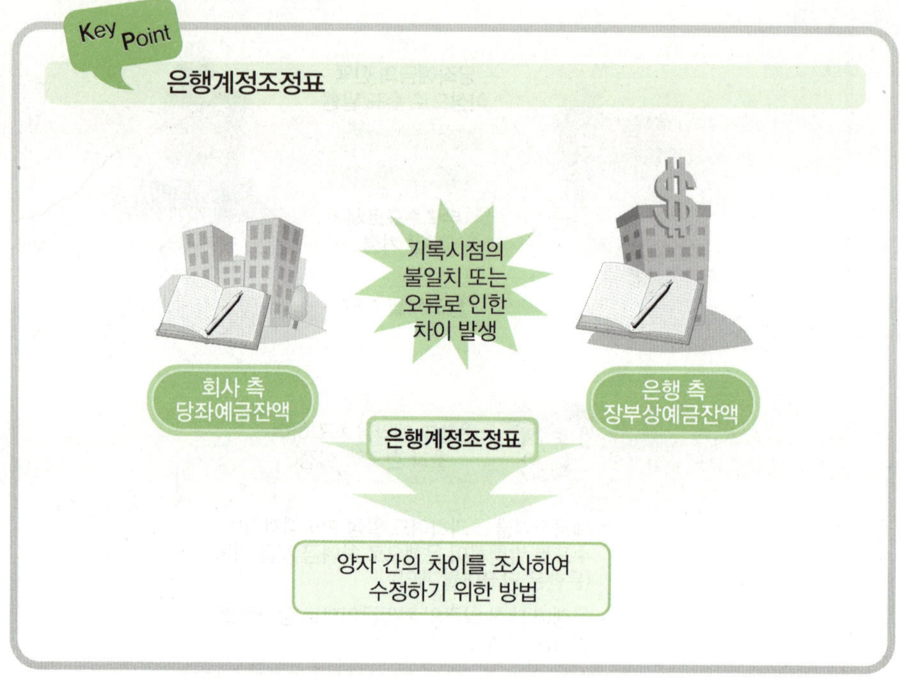

(1) 1단계

다음의 원인별로 회사의 당좌예금잔액과 은행의 장부상예금잔액이 불일치하는 원인을 찾아 회사와 은행의 가산조정 항목과 차감조정 항목을 구분한다.

- 가산조정 항목 :
  회사(은행)가 당좌예금잔액(장부상예금잔액)을 증가시켜야 하는 항목
- 차감조정 항목 :
  회사(은행)가 당좌예금잔액(장부상예금잔액)을 감소시켜야 하는 항목

구 분	회 사	은 행
가산조정 항목	• 미통지예금 : 거래처가 회사에 통지하지 않고 은행에 입금한 예금 • 이자수익 • 오류수정	• 미기입예금 : 회사는 입금처리하였으나, 은행이 아직 기록하지 않은 예금 • 오류수정
차감조정 항목	• 은행수수료 : 은행이 회사에 미통지한 상태에서 은행거래 관련 수수료를 당좌예금 계정에서 차감한 거래 • 부도수표 : 거래처로부터 받은 수표가 거래처의 잔액부족으로 인해 지급 거절된 경우 회사에 미통지 상태에서 은행이 당좌예금 계정을 차감한 거래 • 이자비용 • 오류수정	• 기발행미인출수표 : 회사에서 대금지급을 위하여 수표를 발행 후 감소 처리를 하였으나 은행에는 아직 지급청구가 되지 않은 수표 • 오류수정

(2) 2단계

다음의 방식에 따라 일치하지 않는 회사의 조정전잔액과 은행의 조정전잔액을 조정하여 양측의 조정후잔액을 일치시킨다.

회 사				은 행		
회사 조정전잔액		×××	≠	은행 조정전잔액		×××
가산조정 항목	+ 미통지예금 + 이자수익 + 오류수정	×××		가산조정 항목	+ 미기입예금 + 오류수정	×××
차감조정 항목	− 부도수표 − 은행수수료 − 오류수정	×××		차감조정 항목	− 기발행미인출수표 − 오류수정	×××
회사 조정후잔액		×××	=	은행 조정후잔액		×××

(3) 3단계

① 은행계정조정표를 작성한 후 회사의 조정사항은 회사장부에 반영하기 위한 수정분개를 해야 한다.

② 가산조정 항목은 당좌예금을 증액하고, 차감조정 항목은 당좌예금을 감액하여 회계처리한다.

[가산조정 항목]

(차) 당 좌 예 금	×××	(대) 가 산 항 목	×××

[차감조정 항목]

(차) 차 감 항 목	×××	(대) 당 좌 예 금	×××

예제

20x1년 12월 31일에 ㈜대한이 거래은행에 당좌예금잔액을 조회한 결과 ₩500,000이었고, 회사의 장부잔액은 ₩350,000이었다. 이러한 잔액 차이의 원인은 다음과 같음이 밝혀졌다. 은행계정조정표를 작성하고, 회사의 수정분개를 하시오.

① 12월 31일에 입금한 ₩70,000이 은행에서 미입금처리되었다.
② 은행의 착오로 ㈜민국의 계좌에서 인출되어야 하는 ₩15,000을 ㈜대한의 계좌에서 인출하였다.
③ 거래처가 송금한 매출채권 ₩120,000이 당좌예금계좌에 입금되었으나 아직 회사는 이 사실을 모르고 있었다.
④ 회사에서 발행한 수표 ₩25,000이 아직 은행에서 지급되지 않고 있다.
⑤ 송금수수료 ₩2,000이 회사잔고에서 차감되었으나 회사에서는 아직 모르고 있다.
⑥ 은행이 추심한 받을어음 ₩60,000이 수수료 ₩5,000이 차감된 금액으로 입금되었으나 회사에는 아직까지 통보되지 않았다.
⑦ 제품을 판매하고 거래처로부터 입금된 수표 ₩2,600이 회사장부에 ₩6,200으로 잘못 회계처리되었다.
⑧ 거래은행으로부터 예금 이자수익이 ₩40,600입금되었으나, ㈜대한은 이자수익에 대해 모르고 있다.

풀이

은행계정조정표

20x1년 12월 31일

㈜대한

회사				은행		
조정전잔액		350,000	≠	조정전잔액		500,000
+ 가산 항목	③ 미통지예금	120,000		+ 가산 항목	① 미기입예금	70,000
	⑥ 추심어음	55,000			② 오류수정	15,000
	⑧ 이자수익	40,600				
− 차감 항목	⑤ 은행수수료	2,000		− 차감 항목	④ 기발행미인출수표	25,000
	⑦ 오류수정	3,600				
조정후잔액		₩560,000	=	조정후잔액		₩560,000

수정분개

회사의 수정분개는 다음과 같다.

	차변	금액	대변	금액
③	당좌예금	120,000	매출채권	120,000
⑥	당좌예금	55,000	매출채권	55,000
⑧	당좌예금	40,600	이자수익	40,600
⑤	은행수수료	2,000	당좌예금	2,000
⑦	매출	3,600	당좌예금	3,600

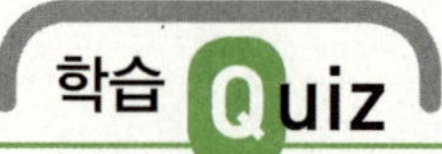

학습 Quiz

01 다음 자료를 이용하여 재무상태표에 표시될 현금및현금성자산의 금액은 얼마인가?

(1) 통 화	₩625,000	(2) 우 표	₩8,200
(3) 타 인 발 행 수 표	1,320,000	(4) 타 인 발 행 약 속 어 음	1,270,000
(5) 배 당 지 급 통 지 표	325,000	(6) 만기가 도래한 국채이자표	350,000

① ₩625,000
② ₩1,945,000
③ ₩2,620,000
④ ₩3,890,000

※ [문제 2~3] ㈜대한의 20x1년 12월 31일 당좌예금 장부잔액은 ₩405,000이고, 거래은행의 장부잔액은 ₩400,000이다. 차이의 발생원인은 다음과 같다.

(1) 발행수표 중 12월 31일까지 은행에서 인출되지 않은 수표가 ₩52,000 있다.
(2) 20x1년 12월 31일 늦게 예입된 수표 ₩37,000이 은행에서는 20x2년 1월 5일에 입금처리되었다.
(3) 거래처로부터 받아 예입한 수표 ₩2,700이 회사장부에는 ₩7,200으로 잘못 기장되었다.
(4) 은행은 당좌거래수수료 ₩5,000을 부과하고 이를 당좌예금계좌에서 차감하였는데, 회사는 아직 미정리상태이다.
(5) 거래처로부터 받아 예입한 수표 ₩42,000이 부도가 발생한 것으로 밝혀졌다.
(6) 거래처가 송금해 온 매출채권 ₩31,500이 당좌이체되었으나 아직 회사에 통보하지 않았다.

해설

01 625,000 + 1,320,000 + 325,000 + 350,000 = ₩2,620,000 | 정답 ❸ |

02 다음 중 회사의 조정후잔액은 얼마인가?

① ₩322,000 ② ₩385,000
③ ₩400,000 ④ ₩469,000

03 다음 중 은행의 조정사항으로 옳은 것은 무엇인가?

① 차감조정 ₩31,500 ② 차감조정 ₩37,000
③ 가산조정 ₩52,000 ④ 가산조정 ₩37,000

해설

02

<u>은행계정조정표</u>

20x1년 12월 31일

㈜대한

회사 조정전잔액	405,000	은행 조정전잔액	400,000
3) 회사 측 오류	(4,500)	1) 기발행미인출수표	(52,000)
4) 당좌거래 수수료	(5,000)	2) 미기입예금	37,000
5) 부도수표	(42,000)		
6) 미통지예금	31,500		
회사 조정후잔액	₩385,000	은행 조정후잔액	₩385,000

| 정답 ❷ |

03 은행미기입예금은 은행의 조정사항이다. | 정답 ❹ |

제4편 ● 금융자산 I

학습정리 *

1. 현금및현금성자산

회계에서는 현금과 현금성자산을 동일하게 취급함에 따라 "현금및현금성자산"이라는 단일 계정과목을 사용한다.

2. 현금과부족

회사가 보유하고 있는 현금의 실제액과 장부잔액이 일치하지 않는 경우가 있는데, 이는 기입이 누락되었거나 기타 오류가 있기 때문이다. 이러한 경우에는 현금과부족 계정을 설정하여 기록한 뒤 추후 원인을 파악하여 대체하게 된다.

3. 당좌예금

회사는 운영자금을 은행에 예입하고 은행으로 하여금 영업상의 현금의 수취와 지급을 맡게 하여 현금수급의 착오나 도난을 방지할 목적으로 당좌예금을 이용한다.

4. 당좌차월

은행과 계약을 통하여 예금잔액 범위를 초과하여 수표를 발행할 수 있도록 하는 계약을 당좌차월이라 한다.

5. 은행계정조정표

일정 시점에서 회사의 당좌예금잔액과 은행의 장부상예금잔액 차이를 조정하기 위해 활용하는 것이 은행계정조정표이다.

제2장 수취채권

:: 학습목표

✔ 수취채권 개념 및 매출채권의 회계처리를 학습한다.
✔ 기타수취채권의 회계처리를 학습한다.

1 수취채권(Receivables)

(1) 수취채권(Receivables) 개념

① 수취채권은 기업이 재화 및 용역을 외상으로 공급하고 후에 그 대금을 받을 권리이다.

② 한국채택국제회계기준에서는 거래상대방에게 현금 등을 수취할 계약상의 권리인 수취채권을 금융자산으로 분류한다.

(2) 매출채권(Accounts receivable)

① 매출채권은 기업이 주된 영업활동과 관련하여 외상으로 재화 및 용역을 공급하고 일정 기간 이후에 그 대금을 받을 권리이다.

② 따라서 매출채권은 수취채권의 한 종류로서 한국채택국제회계기준상 금융자산이다.

③ 주된 영업활동과 관련하여 재화 및 용역을 외상으로 공급한 경우 수익을 인식하는 시점(주로 인도·판매시점)에 매출채권을 자산의 증가로 차변에 기록한다.

(차) 매 출 채 권	×××	(대) 매 출	×××

④ 외상으로 공급한 재화 및 용역의 대금을 현금으로 회수하는 시점에서 매출채권을 자산의 감소로 대변에 기록한다.

(차) 현　　금	×××	(대) 매 출 채 권	×××

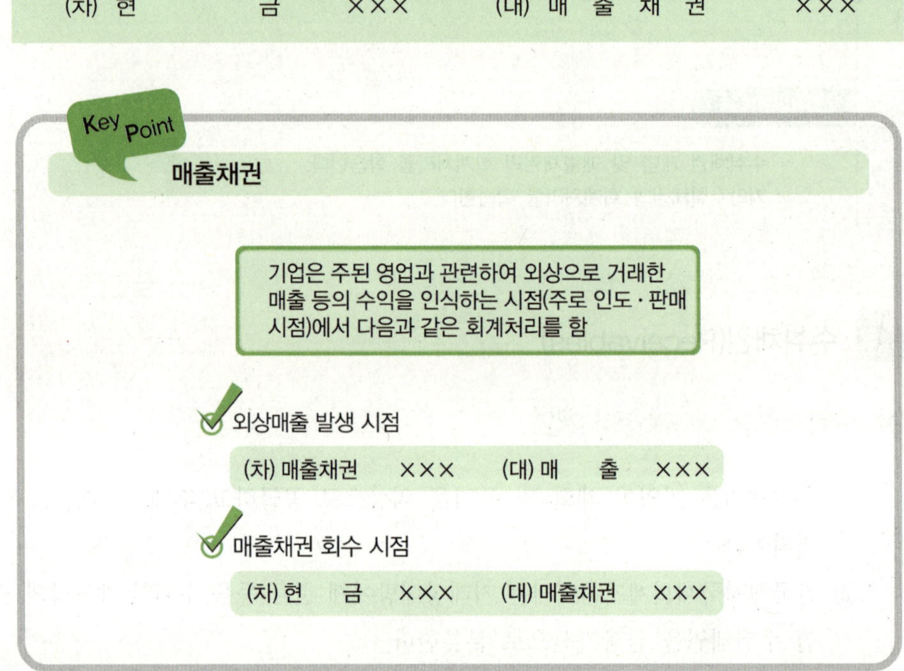

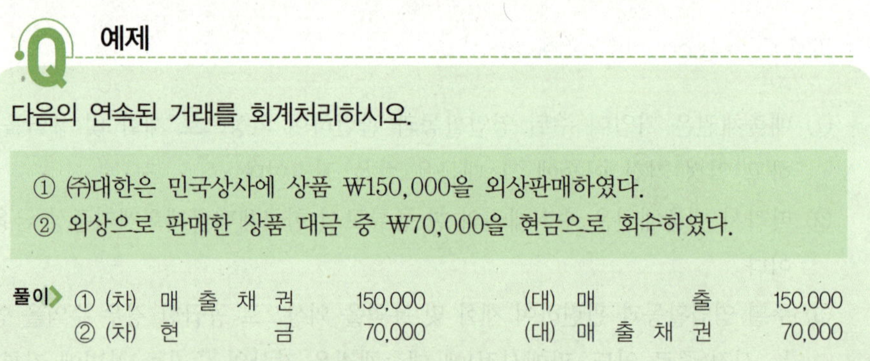

다음의 연속된 거래를 회계처리하시오.

① ㈜대한은 민국상사에 상품 ₩150,000을 외상판매하였다.
② 외상으로 판매한 상품 대금 중 ₩70,000을 현금으로 회수하였다.

풀이

①	(차) 매 출 채 권	150,000	(대) 매　　출	150,000
②	(차) 현　　금	70,000	(대) 매 출 채 권	70,000

(3) 매출에누리와환입 및 매출할인

1) 매출에누리와환입(Sales allowances and return)

① 매출에누리는 매출한 제품에 파손 및 하자가 있어서 판매대금의 일부를 할인하는 것이다.

② 매출환입은 매출한 제품의 하자로 인하여 반품되는 경우 판매대금의 일부를 감소시키는 것이다.

③ 매출에누리와 매출환입을 합하여 "매출에누리와환입"이라는 단일 계정을 사용하여 회계처리한다.

④ 매출에누리와환입은 매출의 차감 항목으로 다음과 같이 회계처리한다.

(차) 매출에누리와환입	×××	(대) 매 출 채 권	×××

2) 매출할인(Sales discount)

① 매출할인은 제품을 외상으로 매출할 때 신속한 대금 회수를 목적으로 일정 기한 내에 거래상대방이 매입대금을 결제하는 경우 매출액 일부를 할인하여 주는 것이다.

② 일반적으로 할인조건은 "할인율/할인기간, n/신용판매기간"으로 제시한다.

③ 예를 들어 "2/10, n/30"이란 조건으로 외상매출을 하면, 외상매입대금은 30일 내에만 상환하면 되지만, 외상매출 후 10일 내에 외상매입대금을 상환하면 매입대금의 2%를 할인해 준다는 뜻이다.

④ 매출할인의 회계처리는 다음과 같다.

(차) 매 출 할 인	×××	(대) 매 출 채 권	×××

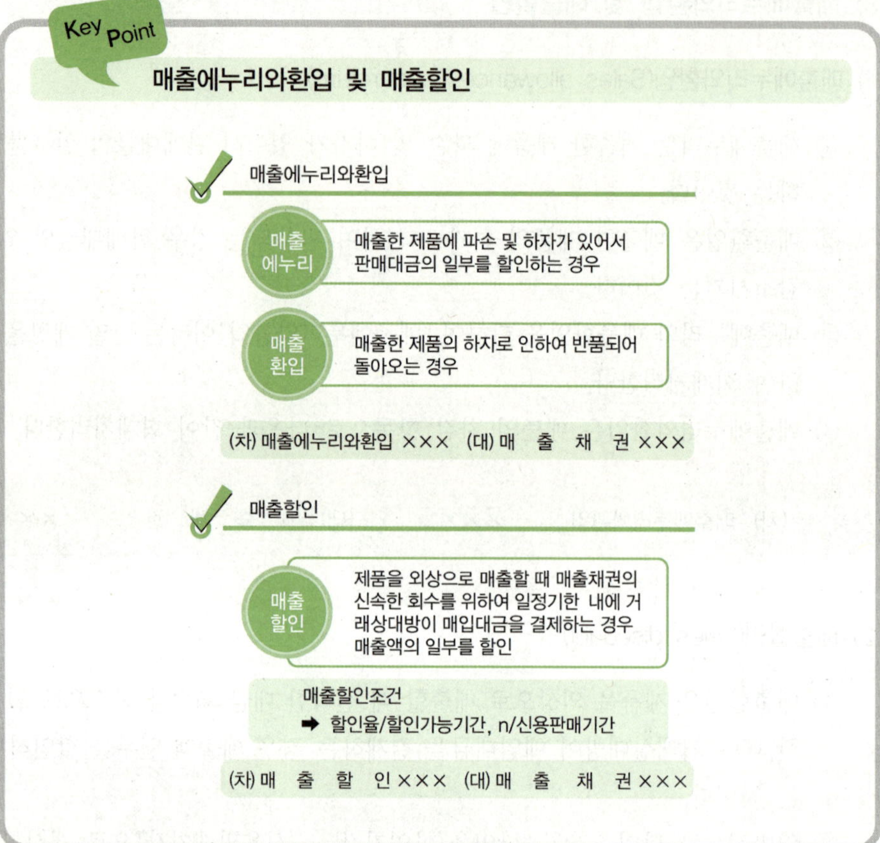

예제

다음의 독립적인 거래를 회계처리하시오.

① ㈜대한이 외상으로 매출한 제품 ₩1,000,000 중 제품에 하자가 있어서 제품 ₩300,000이 반품되었다.
② 외상판매대금의 조기회수를 위하여 "5/30, n/90"의 조건으로 20x1년 1월 10일 제품 ₩1,000,000 외상매출하였고, 거래상대방은 20x1년 2월 5일에 대금 전액을 상환하였다.

풀이

①	(차) 매 출 채 권	1,000,000	(대) 매 출	1,000,000
	(차) 매출에누리와환입	300,000	(대) 매 출 채 권	300,000
②	(차) 현 금	950,000	(대) 매 출 채 권	1,000,000
	(차) 매 출 할 인	50,000		

(4) 순매출액(Net sales)

순매출액은 총매출액에서 매출에누리, 매출환입, 매출할인 등을 차감한 금액으로 포괄손익계산서상 매출액이다.

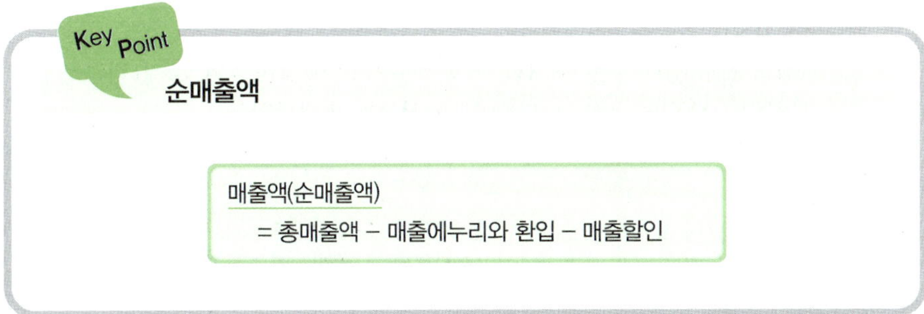

2 기타수취채권

① 일반적 상거래를 통하여 발생한 채권이 아닌 기타의 채권은 그와 관련된 거래의 성격에 따라 해당 계정을 설정하여 회계처리한다.

② 기타채권의 종류는 다음과 같다.

미수금	외상으로 공급한 재화와 용역 중 주된 영업활동 이외의 거래를 통해 발생한 것
미수수익	수익활동은 발생하였으나 그 대금이 회수되지 않은 것
선급금	거래대금의 일부 혹은 전부를 미리 지급한 것
선급비용	비용 중 일부 혹은 전부를 미리 지급한 것
대여금	비영업활동으로 자금을 빌려준 것
가지급금	현금의 지출은 이루어졌으나 사용처가 불분명한 것

(1) 미수금(Unpaid amount)

① 미수금은 기업의 주된 영업활동 이외의 활동을 통하여 재화 혹은 용역을 외상으로 공급할 경우 발생하는 수취채권이다.

② 건물, 금융자산 등 주된 영업활동의 대상이 아닌 재화 혹은 용역의 공급시 발

생한 채권은 미수금 계정으로 처리한다.

③ 미수금은 유동자산으로 분류한다.

예제

다음의 연속된 거래를 회계처리하시오.

① 제조업을 영위하는 ㈜대한은 공장부지로 매입하였던 토지(최초구입가 ₩1,000,000)를 ₩1,000,000에 외상으로 매각하였다.
② 외상으로 매각한 토지 처분 대금 중 40%를 현금으로 수령하다.

풀이>

① (차)	미 수 금	1,000,000	(대) 토 지	1,000,000
② (차)	현 금	400,000	(대) 미 수 금	400,000

(2) 미수수익(Accrued revenue)

① 미수수익은 실현된 수익 중 현금 회수가 이루어지지 않은 경우의 수취채권이다.

② 미수수익은 수익을 인식하는 과정에서 나타나는 항목이라는 점에서 일반적 신용거래를 통하여 발생하는 미수금과 구별된다.

③ 미수수익은 유동자산으로 분류한다.

예제

다음의 연속된 거래를 회계처리하시오.

① ㈜대한이 20x1년도 결산일(12월 31일) 현재 12월 사무실 임대료 ₩500,000을 받지 못했다.
② 20x2년 1월 5일에 20x1년 12월의 사무실 임대료 ₩500,000을 현금으로 받았다.

풀이>

① (차)	미 수 수 익	500,000	(대) 임 대 료 수 익	500,000
② (차)	현 금	500,000	(대) 미 수 수 익	500,000

(3) 선급금(Prepayment)

① 선급금은 재화나 용역의 매입 등에 관한 계약시 거래의 이행을 확실히 하기

위하여 거래대금의 일부 또는 전부를 미리 지급할 경우 발생하는 수취채권이다.

② 선급금은 유동자산으로 분류한다.

예제

다음의 연속된 거래를 회계처리하시오.

> ① ㈜대한은 ㈜민국으로부터 상품을 외상으로 매입하기로 계약하고, 총구입 대금 ₩1,000,000 중 10%를 계약금으로 지급하였다.
> ② ㈜대한은 상품을 모두 매입하고, 계약금을 제외한 잔여 구입대금을 현금으로 지급하였다.

풀이

① (차)	선 급 금	100,000	(대)	현 금	100,000
② (차)	상 품	1,000,000	(대)	선 급 금	100,000
				현 금	900,000

(4) 선급비용(Prepaid expense)

① 선급비용은 미래의 용역의 공급을 받기 위해 사전적으로 지급된 현금지출로 인해 발생한 수취채권이다.

② 예컨대 그 효과가 차기에 속하는 보험료, 지급이자 등을 미리 지급한 경우 경과기간에 대해서는 해당 비용으로 회계처리하고 미경과기간에 해당하는 보험료, 지급이자 등을 선급비용이라는 자산 계정으로 처리한다.

③ 선급비용은 유동자산으로 분류한다.

예제

다음의 연속된 거래를 회계처리하시오.

> ① ㈜대한은 20x1년 7월 1일부터 20x2년 6월 30일까지의 자동차 보험료 ₩240,000을 20x1년 7월 1일에 전액 납입하고 선급보험료로 처리하였다.
> ② ㈜대한은 20x1년 12월 31일(결산일)에 자동차 보험료에 대한 수정분개를 하였다.

풀이

① (차)	선 급 보 험 료	240,000	(대)	현 금	240,000
② (차)	보 험 료	120,000	(대)	선 급 보 험 료	120,000

(5) 대여금(Loan)

① 대여금은 기업이 비영업활동으로 자금을 대여한 경우 발생하는 수취채권이다.
② 결산일로부터 정상영업주기(보통 1년)를 기준으로 하여 정상영업주기(1년) 이내에 회수되는 경우 단기대여금(유동자산)으로 구분하고, 그렇지 않은 경우 장기대여금(비유동자산)으로 분류한다.

예제

다음의 연속된 거래를 회계처리하시오.

① 제조업을 영위하는 ㈜대한은 ㈜민국에게 현금 ₩1,000,000을 대여하였다.
② ㈜대한은 대여한 자금 중 ₩300,000을 현금으로 회수하였다.

풀이

①	(차) 대 여 금	1,000,000	(대) 현 금	1,000,000
②	(차) 현 금	300,000	(대) 대 여 금	300,000

(6) 가지급금(Suspense payment)

① 가지급금은 현금의 지출이 이루어졌으나 어느 계정과목으로 처리할지 확실하지 않을 경우 계정과목이 확정될 때까지 임시로 사용하는 계정과목이다.
② 가지급금의 계정과목이 결정되면 해당 계정과목으로 재분류하는 회계처리를 한다.

예제

다음의 연속된 거래를 회계처리하시오.

① ㈜대한의 총무팀에 1년치 업무추진비로 ₩1,000,000을 현금으로 지급하였다.
② 결산일 현재 업무추진비의 사용처를 정산한 결과 통신비 ₩500,000, 교통비 ₩300,000, 회의비 ₩200,000이 지출되었다.

풀이

①	(차) 가 지 급 금	1,000,000	(대) 현 금	1,000,000
②	(차) 통 신 비	500,000	(대) 가 지 급 금	1,000,000
	교 통 비	300,000		
	회 의 비	200,000		

Key Point

기타수취채권

1 미수금 "기업의 주요영업활동 이외의 활동을 통하여 발생한 채권"

유동자산으로 분류

2 미수수익 "이미 실현이 되어 당기의 수익으로 계상하여야 할 금액 중 아직 현금 회수가 이루어지지 않은 경우 해당 수익의 계상과 더불어 나타나는 채권 계정"

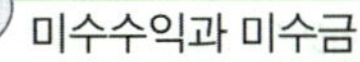

미수수익은 관련 수익을 인식하는 과정에서 나타나는 항목이라는 점에서 일반적 신용거래를 통하여 발생하는 채권인 미수금과 구별됨

3 선급금 "상품이나 제품 등의 매매거래에 관한 계약의 체결시 계약에 따른 거래의 이행을 확실히 하기 위하여 거래대금의 일부 또는 전부를 미리 지급한 것"

유동자산으로 분류

4 선급비용 "현금지출은 이루어졌으나 그 중 당기의 비용과 관련한 지출로 볼 수 없고, 지출의 효과가 차기와 관련되는 부분"

- 그 효과가 차기에 속하는 보험료 · 지급이자 등을 미리 지급한 경우
  ➡ 해당 비용 공제, 선급비용이라는 자산으로 처리
- 유동자산으로 분류

5 대여금 "비영업활동에 의하여 자금을 대여한 경우 발생하는 채권"

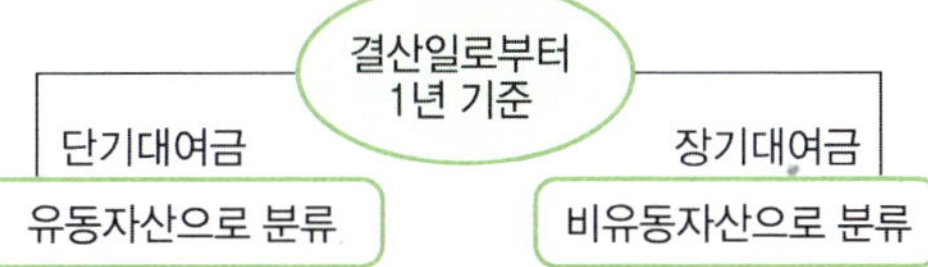

6 가지급금 "거래가 발생하여 현금의 지출이 이루어졌으나 이를 어떤 계정과목에서 처리할지 확실하게 알 수 없는 경우와 거래금액이 아직 확정되지 않은 경우"

금액이 확정될 때까지 임시적으로 가지급금으로 처리

학습 Quiz

01 다음 중 수취채권에 대한 설명으로 옳지 않은 것은 무엇인가?

① 외상매출금과 받을어음을 합하여 매출채권 계정에서 회계처리한다.
② 순매출액은 총매출액에서 매출에누리와환입, 매출할인을 차감한 금액을 의미한다.
③ 매출한 제품의 하자로 인하여 반품되어 돌아오는 경우 이를 매출환입이라고 한다.
④ 매출대금을 조기 회수하기 위해 매출대금의 일부를 할인하는 것을 매출에누리라고 한다.

02 다음 중 회계처리가 옳지 않은 것은 무엇인가?

① 제품 ₩100,000을 외상매출하였다.

(차) 매출채권	100,000	(대) 매출	100,000

② 외상매출 대금 중 ₩50,000을 회수하였다.

(차) 현금	50,000	(대) 매출채권	50,000

③ 외상매출한 제품 중 ₩40,000이 하자로 인하여 반품되었다.

(차) 매출에누리와환입	40,000	(대) 매출채권	40,000

④ 제품 생산용 기계장치 ₩500,000을 외상으로 처분하였다.

(차) 매출채권	500,000	(대) 매출	500,000

해설

01 매출대금을 조기 회수하기 위해 매출대금의 일부를 할인하는 것을 매출할인이라고 한다.

| 정답 ④ |

02 제품 생산용 기계장치 ₩500,000의 판매는 주된 영업으로 인한 것이 아니므로 매출채권이 아닌 미수금으로 회계처리한다.

(차) 미수금	500,000	(대) 기계장치	500,000

| 정답 ④ |

03 다음 각 거래를 회계처리하시오.

① 상품 ₩200,000을 판매하고 이 중 ₩100,000은 현금으로 받고, 나머지는 외상으로 하다.

② 토지 ₩500,000을 매각 처분하고 대금은 1개월 후에 받기로 하다.

③ 매출채권 ₩100,000을 현금으로 받다.

④ 상품을 주문하고 계약금으로 ₩50,000을 지급하다.

해설

03

		차변	금액		대변	금액
①	(차)	현 금	100,000	(대)	매 출	200,000
		매 출 채 권	100,000			
②	(차)	미 수 금	500,000	(대)	토 지	500,000
③	(차)	현 금	100,000	(대)	매 출 채 권	100,000
④	(차)	선 급 금	50,000	(대)	현 금	50,000

학습정리 *

1. 매출채권

매출채권은 기업이 주된 영업활동과 관련하여 외상으로 재화 및 용역을 공급하고 일정 기간 후에 그 대금을 받을 권리이다.

2. 매출에누리와환입

① 매출에누리는 매출한 제품에 파손 및 하자가 있어서 판매대금의 일부를 할인하는 것이고, 매출환입은 매출한 제품의 하자로 인하여 반품되는 경우 판매대금의 일부를 감소시키는 것이다.

② 회계상으로 매출에누리와 매출환입을 합하여 "매출에누리와환입"이라는 단일계정과목을 사용하여 회계처리한다.

3. 매출할인

매출할인은 제품을 외상으로 매출하면서 신속한 대금의 회수를 위하여 일정 기한 내에 거래 상대방이 매입대금을 결제하는 경우 매출액의 일부를 할인하여 주는 것이다.

4. 기타수취채권

미수금	외상으로 공급한 재화와 용역 중 주된 영업활동 이외의 거래를 통해 발생한 것
미수수익	수익활동은 발생하였으나 그 대금이 회수되지 않은 것
선급금	거래대금의 일부 혹은 전부를 미리 지급한 것
선급비용	비용 중 일부 혹은 전부를 미리 지급한 것
대여금	비영업활동으로 자금을 빌려준 것
가지급금	현금의 지출은 이루어졌으나 사용처가 불분명한 것

제3장 손 상

:: 학습목표

✔ 손상 개념을 학습한다.
✔ 손상 회계처리방법을 학습한다.

1 손상(Impairment)

(1) 손상 개념

① 손상은 기업의 수취채권(주로 매출채권)이 거래처의 경영악화 등으로 회수되지 못할 경우 예상되는 기대신용손실이다.

② 손상은 손상차손이라는 비용으로 포괄손익계산서에 표시한다.

③ 손상에 대한 회계처리방법에는 직접차감법과 충당금설정법이 있다.

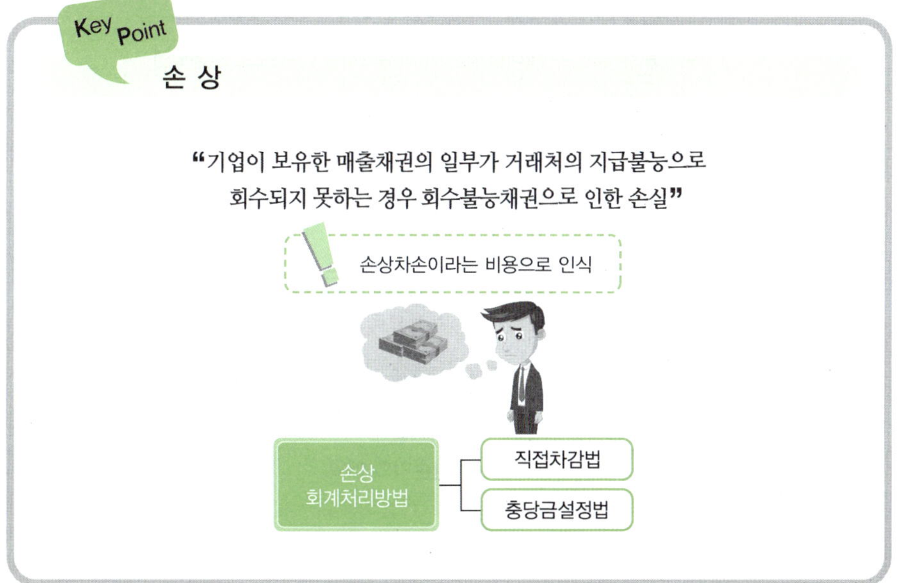

(2) 직접차감법(Direct approach)

① 직접차감법은 수취(매출)채권이 회수되지 못할 것으로 판명되는 시점에 손상차손을 계상함과 동시에 해당 수취(매출)채권을 직접 차감하는 방법이다.

(차) 손 상 차 손	×××	(대) 수취(매출)채권	×××

② 직접차감법은 외상거래가 이루어진 회계연도와 손상이 실제로 확정된 시점의 회계연도가 서로 다를 경우 기간손익의 계산을 왜곡시키기 때문에 수익·비용 대응원칙에 위배되는 회계처리방법이다.

③ 한국채택국제회계기준에서는 직접상각법을 사용하지 못하고, 충당금설정법을 사용하도록 규정하고 있다.

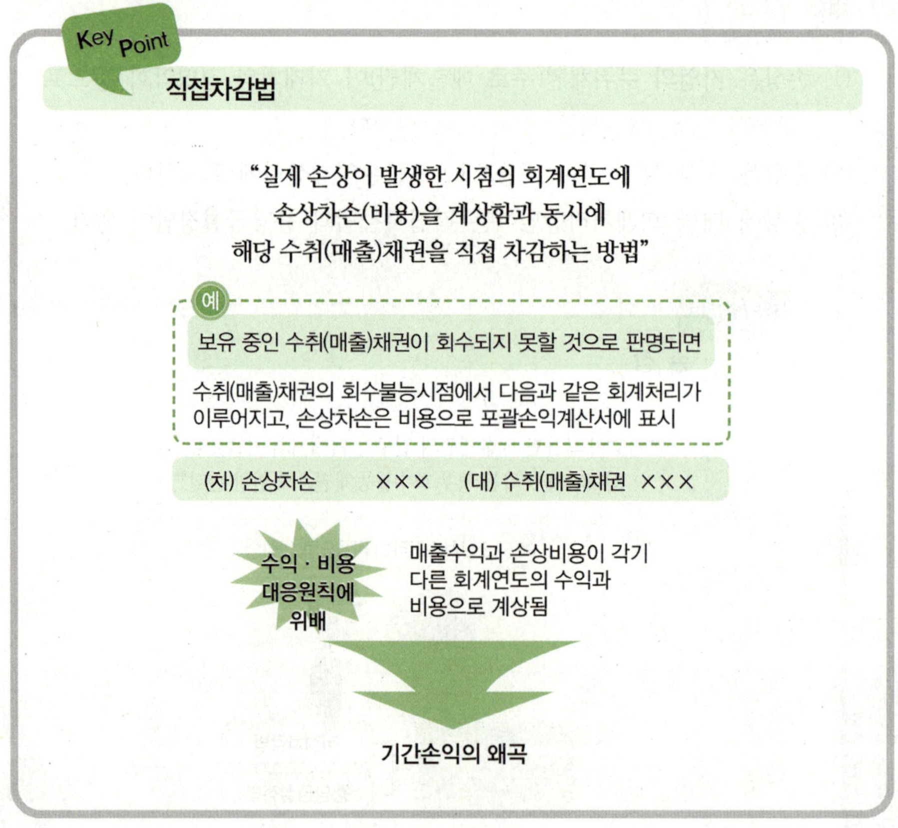

2 충당금설정법(Allowance method)

(1) 개 념

① 충당금설정법은 기말 현재 수취채권 잔액으로부터 기대신용손실에 따라 회수불능채권을 추정하여 손실충당금을 설정하고 동시에 이를 동 기간의 손상차손이란 비용으로 회계처리하는 방법이다.

② 실제 손상이 발생하기 이전에 회수되지 못할 것으로 예상되는 수취채권액을 추정하여 비용으로 인식한다(손실충당금 추정).

③ 차후 실제 수취채권 중 일부가 회수불능이 확정된 시점에서 미리 설정한 손실충당금과 해당 수취채권을 상계한다(손상처리).

④ 수익·비용 대응원칙에 부합하는 방법이며, 기말 수취채권을 순실현가능가치로 평가할 수 있다.

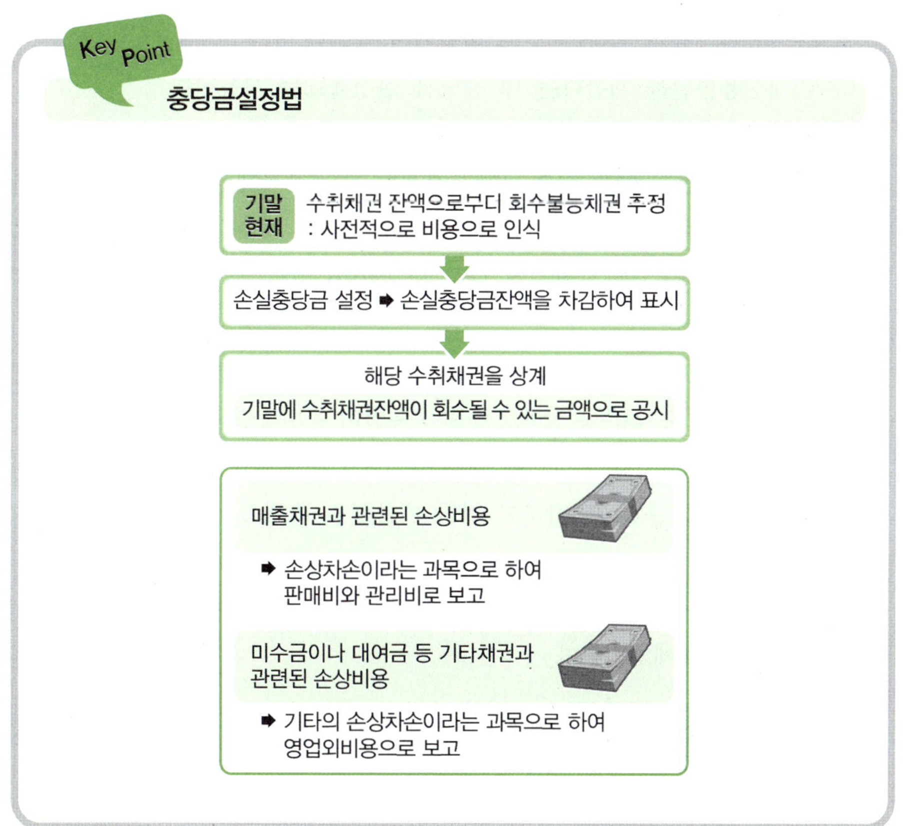

(2) 회계처리방법(매출채권을 중심으로)

손상과 관련된 손실충당금설정법은 다음의 회계처리를 순차적으로 적용한다.

1) 전기말 손실충당금 설정(손실충당금 기초잔액)

① 매출채권에 대한 손실충당금은 기대신용손실법(expected credit loss model)으로 추정한다.

② 기대신용손실법은 결산일에 보유 중인 매출채권 잔액에 대해서 미래 기간 동안 채무불이행으로 인해 예상되는 손실금액을 계산하여 이 금액을 현재가치로 평가한 금액을 손실충당금으로 설정하는 방법이다.

③ 회사는 거래처별로 채권을 회수하지 못하여 발생할 손실금액, 채무불이행이 발생할 위험을 고려한 확률, 그리고 손상 이후에 회수가 예상되는 금액 등을 종합적으로 이용하여 기대신용손실을 계산한다.

④ 회사가 과거에 발생했던 손상만큼 미래에도 손상이 발생할 것으로 예상하고 손실충당금을 인식하는 것은 허용되지 않는다.

⑤ 기대신용손실을 계산하는 데 충당금 설정률표를 사용한다.

⑥ 충당금 설정률표는 과거 신용손실경험에 미래전망정보를 반영하여 연체일수에 따라 조정한다. 예를 들어, 미래 경제적 상황(총국내생산)이 향후에 악화되어 생산 분야의 채무불이행 규모가 증가할 것으로 기대된다면, 과거 채무불이행률은 조정된다. 매 결산일에 과거 채무불이행률을 조정하고 미래전망치의 변동을 분석한다.

⑦ 즉, 기말의 매출채권 잔액을 경과일수별로 분류하여 경과일수가 긴 채권 잔액에 상대적으로 높은 손상예상률을 적용하여 손실충당금을 추정하는 방법이다.

⑧ 경과일수별 매출채권 잔액에 개별 손상예상률을 곱하여 경과일수별 손실충당금 설정액을 구한 후 합하여 기말 매출채권 총액의 손실충당금을 추정한다.

⑨ 회계처리

- 추정된 손상예상액만큼 차변에 손상차손(비용)과 대변에 손실충당금(자산 차감)으로 회계처리한다.

(차) 손 상 차 손	×××	(대) 손 실 충 당 금	×××

예제

㈜대한의 20x1년 말 기말 매출채권 잔액은 ₩8,000,000이다.
㈜대한의 매출채권별 경과일수는 다음과 같다(기초 손실충당금 잔액을 0으로 가정).
기대신용손실에 의한 충당금 설정률표에 의한 손실충당금 추정 및 회계처리를 하시오.

경과일수	매출채권	손상예상률
120일	500,000	20%
90일	1,500,000	15%
30일	2,000,000	10%
10일	4,000,000	5%
	₩8,000,000	

풀이

경과일수	매출채권	손상예상률	손실충당금 설정액
120일	500,000	20%	100,000
90일	1,500,000	15%	225,000
30일	2,000,000	10%	200,000
10일	4,000,000	5%	200,000
	₩8,000,000		₩725,000

(차) 손 상 차 손 725,000 (대) 손 실 충 당 금 725,000

2) 손상 확정

① 매출채권의 회수가 불가능한 것으로 확정되는 경우를 손상의 확정 또는 발생이라고 한다.

② 손상이 발생된 경우 회수불능 매출채권 금액을 매출채권 계정에서 제거하고, 손실충당금 잔액 범위 내에서 상계한다.

③ 손실충당금 잔액이 발생한 회수불능 매출채권보다 부족한 경우에는 잔여 손실충당금 초과액을 손상차손으로 처리한다.

[손실충당금 > 손상발생액]

(차) 손실충당금	×××	(대) 매출채권	×××

[손실충당금 < 손상발생액]

(차) 손실충당금	×××	(대) 매출채권	×××
손상차손	××× (손실충당금 잔액 초과분)		

3) 손상처리된 채권 회수

① 손상처리된 채권의 회수란 손상이 확정되어 장부에서 제거하였던 매출채권이 후에 다시 회수되는 경우이다.

② 손상처리된 채권이 회수되는 경우 손상발생시 회계처리하였던 계정과목을 회복시키는 회계처리를 한다.

③ 손상처리했던 채권을 회수한 경우에는 step 1) 손상처리하였던 회계처리를 취소하고, step 2) 매출채권 회수에 관한 회계처리를 한다.

[회 수]

(차) 매출채권	×××	(대) 손실충당금	×××
(차) 현금	×××	(대) 매출채권	×××

4) 당기말 손실충당금 설정(손실충당금 기말잔액)

① 손실충당금은 매년 기말에 반복적으로 설정한다.

② 손실충당금 설정시에는 손실충당금 잔액을 확인하여 손실충당금 잔액이 예상 손상추정액보다 작을 때에는 부족분만을 손실충당금으로 추가 설정한다.

[손실충당금 잔액 < 손상추정액]

(차) 손 상 차 손	×××	(대) 손 실 충 당 금	××× (부족분)

③ 손실충당금 잔액이 예상 손상추정액보다 클 때에는 초과분만큼을 손실충당금 환입(영업외수익)으로 처리한다.

[손실충당금 잔액 > 손상추정액]

(차) 손 실 충 당 금	××× (초과분)	(대) 손실충당금환입	×××

예제

다음은 20x1년에 새롭게 사업을 시작한 ㈜대한의 손상 관련 사항이다. 아래의 각 사항에 대해 회계처리를 하고, 20x1, 20x2, 20x3년의 포괄손익계산서에 인식할 손상차손 금액을 구하시오.

① 20x1년도 말	: 매출채권 잔액은 ₩820,000인데 그중 ₩20,000은 거래처인 ㈜갑의 영업 실적이 극히 부진하여 회수하지 못할 것이 확실하며, 나머지 잔액에 대하여 손상율을 3%로 추정하다.
② 20x2년 3월 5일	: 거래처인 ㈜을의 파산으로 인하여 전년도 매출채권 중 ₩21,000의 손상이 확정되다.
③ 20x2년도 말	: 매출채권 잔액 ₩700,000에 대하여 손상율을 4%로 추정하다.
④ 20x3년 4월 30일	: ㈜병과의 외상거래로 발생한 매출채권 ₩30,000이 7월 1일 손상으로 확정되다.
⑤ 20x3년도 말	: 매출채권 잔액 ₩500,000에 대하여 손상율을 3%로 추정하다.

풀이

① (차)	손상차손	20,000	(대)	매출채권	20,000
	손상차손	24,000		손실충당금	24,000[1]

1) 800,000×3%=₩24,000

② (차)	손실충당금	21,000	(대)	매출채권	21,000
③ (차)	손상차손	25,000	(대)	손실충당금	25,000[2]

2) 700,000×4%=₩28,000
28,000−3,000=₩25,000
(손실충당금 잔액을 차감한 금액만큼 새로 충당금 설정)

④ (차)	손실충당금	28,000	(대)	매출채권	30,000
	손상차손	2,000			
⑤ (차)	손상차손	15,000	(대)	손실충당금	15,000[3]

3) 500,000×3%=₩15,000

손실충당금 계정을 이용해서 포괄손익계산서에 인식할 손상차손(*)을 구하면 다음과 같다.

20x1

차변		대변	
손상	20,000	1/1	0
			(20x1 사업개시)
12/31	24,000		*44,000

20x2

차변		대변	
손상	21,000	1/1	24,000
			(20x1 12/31)
12/31	28,000		*25,000

20x3

차변		대변	
손상	30,000	1/1	28,000
			(20x2 12/31)
12/31	15,000		*17,000

기말 매출채권 잔액×손상률

각 회계연도의 포괄손익계산서에 인식할 손상차손(*)을 회계처리 결과를 이용해 검증하면 다음과 같다.

20x1년 : 20,000+24,000=₩44,000
20x2년 : 25,000=₩25,000
20x3년 : 2,000+15,000=₩17,000

Key Point

회계처리방법

1단계 기말 손실충당금 설정

손상금액을 추정하는 방법

기대신용손실에 의한 충당금 설정률표

기말의 매출채권 잔액을 기대신용손실에 의한 충당금 설정률표에 따라 손실충당금 추정

매출채권	경과일수	손상률	손실충당금 설정액
₩10,000	90일	10%	₩1,000
10,000	30일	5%	500
10,000	10일	1%	100
합계			₩1,600

(차) 손상차손 ×××　(대) 손실충당금 ×××

2단계 손상 확정

손상 발생 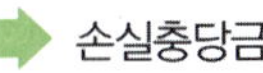 손실충당금 잔액과 채권 잔액 상계

손실충당금 잔액을 초과해서 손상이 발생되는 경우 초과액은 손상차손(당기비용)으로 처리

손실충당금 > 손상발생액

(차) 손실충당금 ×××　(대) 매 출 채 권 ×××

손실충당금 < 손상발생액

(차)		(대)	
손실충당금	×××	매 출 채 권	×××
손 상 차 손	×××		
	(손실충당금초과분)		

제4편 ● 금융자산 I

3단계 손상채권 회수

손상처리된 채권이 회수되는 경우

➡ 기존 손상처리한 회계처리를 취소하고 정상적인 회수 회계처리를 수행

회수한 경우

Step 1) 손상처리하였던 회계처리를 취소함

⬇

Step 2) 매출채권 회수에 관한 회계처리

매출채권	×××	손실충당금	×××
현 금	×××	매출채권	×××

4단계 기말 손실충당금 설정

➡ 기말에 손실충당금 설정

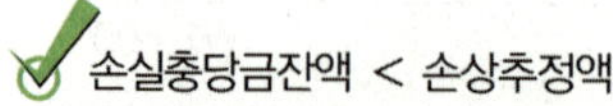

손실충당금잔액 < 손상추정액

(차) 손상차손	×××	(대) 손실충당금	××× (부족분)

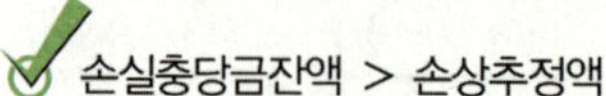

손실충당금잔액 > 손상추정액

(차) 손실충당금	××× (초과분)	(대) 손실충당금 환입	×××

위의 1～4단계를 손실충당금 계정으로 나타내면 다음과 같다.

〈손실충당금(20x2)〉

	차변	대변	
2, 3단계 →	• 손상된 채권 • 환입된 손실충당금	1/1	← 1단계 20x1년 전기 말 매출채권×손상률
		• 손상처리된 채권의 회수	
4단계 → 20x2년 당기 말 매출채권×손상률	12/31	20x2 포괄손익계산서상 손상차손 인식액	← 대차평균의 원리에 따른 잔액

※ 손상에 관한 문제는 회계처리를 요구하지 않는 이상, 위의 그림을 이용하면 비교적 쉽게 해결할 수 있다.

(3) 재무제표 표시

① 재무상태표에 기말 현재 총채권잔액 중 회수가 불가능할 것으로 예상되는 금액(손실충당금 잔액)을 차감하여 표시함으로써 회계기말의 회수 가능한 수취채권 잔액을 표시한다.

〈재무상태표〉

⋮		
매 출 채 권	×××	
(손실충당금)	(×××)	×××
⋮		

② 매출채권과 관련된 손상비용은 손상차손이라는 과목으로 하여 판매비와 관리비로 보고하고, 미수금이나 대여금 등 기타채권과 관련된 손상비용은 기타의 손상차손이라는 과목으로 하여 영업외비용으로 포괄손익계산서에 표시한다.

〈포괄손익계산서〉

⋮		
판매비와관리비		×××
손 상 차 손	×××	
⋮		
영 업 외 비 용		×××
기타의 손상차손	×××	
⋮		

학습 Quiz

01 다음의 연속적인 각 거래에 대해 회계처리한 것 중 옳지 않은 것은 무엇인가?

① 20x1년 12월 31일 매출채권 잔액이 ₩300,000이고, 기대신용손실에 의해 ₩15,000 손실충당금을 설정한다.

(차) 손상차손	15,000	(대) 손실충당금	15,000

② 20x2년 5월 1일 매출채권 중 ₩12,000의 손상이 확정되었다.

(차) 손실충당금	12,000	(대) 매출채권	12,000

③ 20x2년 9월 7일 매출채권 중 ₩4,000의 손상이 확정되었다.

(차) 손실충당금	4,000	(대) 매출채권	4,000

④ 20x2년 12월 31일 매출채권 ₩500,000에 대한 손상추정액은 ₩8,000이다.

(차) 손상차손	8,000	(대) 손실충당금	8,000

해설

01 손실충당금 잔액이 ₩3,000이므로, 초과분은 손상차손으로 처리한다.

(차) 손실충당금	3,000	(대) 매출채권	4,000
손상차손	1,000		

| 정답 ❸ |

02 다음 중 기대신용손실에 의하여 기말에 추가로 설정해야 할 손실충당금은 얼마인가? (단, 손실충당금 기초잔액 ₩25,000이 있음)

경과일수	매출채권	손상예상률
30일 이하	₩800,000	2%
31일 ~ 60일	1,000,000	3%
61일 ~ 90일	500,000	5%
91일 이상	100,000	10%

① ₩25,000　② ₩56,000
③ ₩81,000　④ ₩100,000

해설

02

경과일수	금 액	추정손상율	손상예상액
30일 이하	800,000	2%	16,000
31 ~ 60일	1,000,000	3%	30,000
61 ~ 90일	500,000	5%	25,000
91일 이상	100,000	10%	10,000
			₩81,000

∴ 81,000(예상액) − 25,000(기초잔액) = ₩56,000(당기설정액)

[추가설명]

〈손실충당금〉

손 상	0	기 초	25,000
		회 수	0
기 말	81,000	설 정	X

← 포괄손익계산서상 손상차손인식액

X = ₩56,000

| 정답 ❷ |

학습정리

*

1. 손상의 개념

기업이 보유한 매출채권의 일부가 거래처의 지급불능으로 회수되지 못하는 경우가 종종 발생하는데 이와 같은 회수불능채권으로 인한 손실을 손상이라 하고, 이를 손상차손이란 비용으로 인식하고 상대 계정과목으로 손실충당금을 설정한다.

2. 충당금설정법

충당금설정법은 기대신용손실에 따라 기말 현재 수취채권 잔액으로부터 회수불능채권을 추정하여 손실충당금을 설정하고 동시에 이를 동 기간의 비용으로 회계처리하는 방법이다.

3. 손상 회계처리

충당금설정법에 의한 손상 회계처리는 다음과 같은 과정을 통해 이루어진다.
① 기말 손실충당금 설정 → ② 손상발생 → ③ 회수 → ④ 기말 손실충당금 설정

제4편 연습문제

객관식 문제

중

01 다음 중 금융자산에 대한 설명으로 옳지 않은 것은 무엇인가?

① 현금및현금성자산은 통화 및 타인발행수표 등 통화대용증권과 당좌예금, 보통예금 및 현금성자산으로 한다.
② 현금성자산은 큰 거래비용 없이 현금으로 전환이 용이하고 이자율변동에 따른 가치 변동의 위험이 중요하지 않은 단기금융자산이다.
③ 현금성자산은 보고기간 말로부터 만기가 3개월 이내에 도래하는 금융상품이다.
④ 단기금융상품은 금융기관이 취급하는 정기예금, 정기적금, 사용이 제한되어 있는 예금 및 기타 정형화된 상품 등으로 단기 자금운용을 목적으로 소유하거나 기한이 1년 내에 도래하는 것으로 한다.

::해설 보고기간 말이 아니라 취득일로부터이다.

하

02 다음 중 현금및현금성자산으로 옳지 않은 것은 무엇인가?

① 통화
② 통화대용증권, 당좌예금
③ 요구불 예금
④ 취득 당시 만기가 8개월 뒤 도래하는 예금

::해설 현금성자산이란 현금의 단기적인 운용을 목적으로 취득한 유동성이 가장 높은 단기금융자산을 의미하며, 취득 당시 만기가 3개월 이내에 도래하는 채권이나 3개월 이내에 상환조건인 환매채, 신탁계약기간이 3개월 이내인 단기수익증권 등이 이에 해당한다.

Answer 01. ③ 02. ④

중

03 다음 중 현금및현금성자산 총액의 변동이 없는 거래는 무엇인가?

① 이자비용 ₩500,000을 현금으로 지급하였다.
② 매출채권 ₩500,000을 타인발행수표로 받았다.
③ 매입채무 ₩500,000을 당좌수표를 발행하여 지급하였다.
④ 금고에 보관하던 타인발행수표 ₩500,000을 보통예금에 예입하였다.

::해설 타인발행수표나 보통예금은 현금및현금성자산으로 분류되므로 당해 계정과목 간의 교환은 현금및현금성자산의 총액의 변동을 초래하지 않는다.

중상

04 다음 중 재무상태표에 표시될 현금및현금성자산의 금액은 얼마인가?

통 화	₩1,500,000	수 입 인 지	₩80,000
배당금지급통지표	2,000,000	우 편 환 증 서	50,000
거래처발행가계수표	600,000	소 액 현 금	150,000
타 인 발 행 어 음	1,500,000	차 용 증 서	120,000
선 일 자 수 표	1,800,000	직 원 가 불 증 서	100,000

① ₩2,380,000
② ₩4,300,000
③ ₩4,380,000
④ ₩6,100,000

::해설 현금및현금성자산 = 통화 + 배당금지급 통지표 + 우편환증서 + 거래처발행 가계수표 + 소액현금
= 1,500,000 + 2,000,000 + 50,000 + 600,000 + 150,000
= ₩4,300,000

상

05

㈜대한의 20x1년 1월 초의 현금및현금성자산은 ₩1,300,000이었다. 20x1년 1월 중 매입채무 ₩500,000을 현금으로 상환하였고, 매출채권 ₩400,000을 현금으로 회수하였다. 또한 1월 중 주당 액면 ₩5,000인 보통주를 주당 ₩5,500에 1,000주 발행하였다. ㈜대한의 20x1년 1월 31일 현재의 현금및현금성자산의 잔액은 얼마인가?

① ₩6,700,000
② ₩7,700,000
③ ₩6,800,000
④ ₩6,900,000

해설 1/1 현금및현금성자산 − 매입채무상환 + 매출채권회수 + 주식발행 = 1/31 현금및현금성자산
1,300,000 − 500,000 + 400,000 + 1,000주 × 5,500 = ₩6,700,000

하

06

다음 계정에 기입된 내용을 보고 4월 13일의 거래를 추정한 것으로 가장 옳은 것은 무엇인가?

• 40회 기업회계3급

현금과부족

4/13 이자수익 ₩30,000	4/10 현 금 ₩30,000

① 현금의 실제잔액이 장부잔액보다 ₩30,000 많음을 발견하다.
② 현금의 실제잔액이 장부잔액보다 ₩30,000 부족함을 발견하다.
③ 현금 부족분 ₩30,000의 원인이 교통비 지급의 기장 누락으로 밝혀지다.
④ 현금 과잉액 ₩30,000의 원인이 대여금 이자 수입액의 기장 누락으로 밝혀지다.

해설 4월 10일 현금의 실제잔액이 장부잔액 보다 많음을 발견한 경우 4월 13일 현금 과잉액 ₩30,000의 원인이 대여금 이자 수입액의 기장 누락으로 밝혀지므로 (차변)현금과부족 30,000 (대변)이자수익 30,000으로 분개된다.

Answer 03. ④ 04. ② 05. ① 06. ④

제4편 • 금융자산 I

중하

07 **㈜민국은 20x1년 12월 31일 현재 재무상태표상 현금및현금성자산을 아래 자료의 합계 금액인 ₩1,825,000으로 보고하였다. ㈜민국의 20x1년 12월 31일 현재 재무상태표의 올바른 현금및현금성자산은 얼마인가?**

㉠ 현금	₩475,000
㉡ 당좌예금	500,000
㉢ 토지취득을 목적으로 사용이 제한된 예금(20x2년 사용예정)	600,000
㉣ 양도성예금증서(20x2년 11월 만기)	250,000

① ₩475,000　　② ₩975,000
③ ₩1,225,000　　④ ₩1,575,000

::해설 475,000 + 500,000 = ₩975,000
사용이 제한된 예금과 취득일로부터 만기가 3개월을 초과하는 단기금융자산은 현금및현금성자산으로 보지 않는다.

중

08 **다음 자료는 은행계정조정표를 작성하는 데 필요한 자료들이다. 은행계정조정표상 조정후잔액은 얼마인가?**

회사 조정전잔액	₩12,500,000
은행 조정전잔액	14,300,000
기발행미인출수표	3,000,000
회사 : 어음추심을 위한 수수료 미기입	700,000
회사 : 이자비용의 발생에 대한 미기입	500,000

① ₩9,700,000　　② ₩11,300,000
③ ₩14,300,000　　④ ₩16,700,000

::해설 회사 조정후잔액
12,500,000(회사 조정전잔액) − 700,000(미기입 수수료) − 500,000(미기입 이자비용) = ₩11,300,000
은행 조정후잔액
14,300,000(은행 조정전잔액) − 3,000,000(기발행미인출수표) = ₩11,300,000

중

09

다음은 ㈜대한의 20x1년 12월 31일 현재 은행계정조정표를 작성하기 위한 자료이다. 은행에서 보내온 20x1년 12월 31일 현재 조정전 예금잔액증명서상 잔액이 ₩30,000일 경우, ㈜대한의 20x1년 12월 31일 현재 조정전 당좌예금 계정잔액은 얼마인가?

• 2010 지방직 9급

- 20x1년 12월 중 ㈜대한에서 기발행되었으나, 기말 현재 은행에서 미인출된 수표는 ₩8,000이다.
- 20x1년 12월 31일 현재 은행의 예금잔액증명서에 반영된 부도수표 ₩9,000이 ㈜대한의 당좌예금 계정에는 반영되지 않았다.
- ㈜대한이 20x1년 12월 31일 입금했으나, 은행에서 20x2년 1월 3일 입금처리된 금액은 ₩6,000이다.
- 20x1년 12월 말까지 ㈜대한에 통보되지 않은 매출채권 추심액은 ₩12,000이다.

① ₩13,000 ② ₩25,000
③ ₩28,000 ④ ₩41,000

::해설

〈은행계정조정표〉

회사 조정전잔액	25,000	은행 조정전잔액	30,000
부 도 수 표	−9,000	기발행미인출수표	8,000
추 심 어 음	12,000	미 기 입 예 금	6,000
조 정 후 잔 액	₩28,000	조 정 후 잔 액	₩28,000

중

10

다음 중 당기에 손상처리했던 매출채권이 당기에 다시 회수되었을 경우 기말 재무제표에 미치는 영향으로 옳은 것은 무엇인가?

① 손실충당금 감소 ② 매출채권 증가
③ 손실충당금 불변 ④ 당기순손익 감소

손상발생시 : (차) 손 실 충 당 금 ××× (대) 매 출 채 권 ×××
현금회수시 : (차) 현 금 ××× (대) 손 실 충 당 금 ×××

[추가설명]
손상발생과 현금회수가 모두 당기에 발생한 사건이므로 재무제표에는 손실충당금이 불변으로 나타난다.

07. ② 08. ② 09. ② 10. ③ **Answer**

중

11 **다음은 ㈜대한의 20x1년 12월 31일 시점의 부분재무상태표이다. 20x2년 3월 1일 전기매출채권 중 ₩550,000이 손상되었다. 20x2년 3월 1일 회계처리로 옳은 것은 무엇인가?**

〈부분재무상태표(20x1.12.31)〉

매출채권	₩5,000,000
손실충당금	(300,000)

① (차) 손실충당금 ₩300,000 (대) 매출채권 ₩300,000
② (차) 손실충당금 ₩550,000 (대) 매출채권 ₩550,000
③ (차) 손상차손 ₩550,000 (대) 매출채권 ₩550,000
④ (차) 손실충당금 ₩300,000 (대) 매출채권 ₩550,000
손상차손 ₩250,000

해설 손상이 확정되면, 손실충당금과 상계하고, 부족분은 손상차손이라는 계정으로 당기손익에 반영한다.

중상

12 **㈜민국의 20x1년도 회계연도의 영업활동에 관한 정보는 다음과 같으며, 상품매매는 모두 현금 또는 외상거래로만 이루어진다. ㈜민국의 20x1년 12월 31일 매출채권 잔액은 얼마인가?**

1월 1일 매출채권 잔액	₩8,000,000	당기매출채권회수액	₩26,000,000
현금매출액	5,000,000	1월 1일 상품잔액	12,000,000
12월 31일 상품잔액	11,000,000	당기상품매입액	20,000,000
매출총이익	9,000,000		

① ₩7,000,000 ② ₩12,000,000
③ ₩17,000,000 ④ ₩13,000,000

해설 매출원가 = 기초상품재고 + 당기상품매입 − 기말상품재고
= 12,000,000 + 20,000,000 − 11,000,000 = ₩21,000,000
매출총이익 = 매출 − 매출원가
= X − 21,000,000 = ₩9,000,000
매출(X) = 현금매출 + 외상매출
= 5,000,000 + Y = ₩30,000,000
외상매출(Y) = ₩25,000,000
기말 매출채권 = 기초매출채권 + 외상매출 − 매출채권회수액
= 8,000,000 + 25,000,000 − 26,000,000 = ₩7,000,000

[추가설명]
매출 = 현금매출 + 외상매출
매출총이익 = 매출 − 매출원가
기초재고 + 당기매입 = 매출원가 + 기말재고
기초매출채권 + 외상매출 = 매출채권회수액 + 기말 매출채권

주어진 자료를 아래 세 개의 계정에 정리하고, 순서 ①～④에 따라 문제를 해결한다.

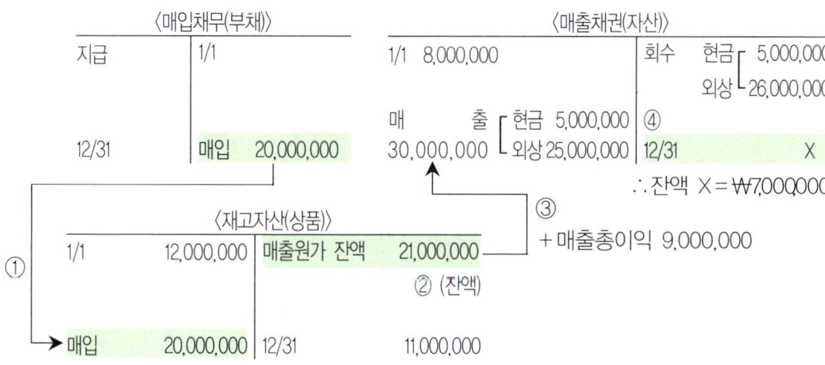

11. ④ 12. ① Answer

상

13 ㈜대한의 20x0년 12월 31일 재무상태표상 손실충당금 계정의 잔액은 ₩500,000이다. 다음 중 20x1년 포괄손익계산서에 계상될 손상차손은 얼마인가?

- 20x1년 6월 10일 : 매출채권 ₩540,000이 회수불능으로 판명됨
- 20x1년 9월 15일 : 20x1년에 회수불능으로 처리된 매출채권 ₩360,000을 현금으로 회수함
- 20x1년 12월 20일 : 현금으로 회수하고 남은 매출채권 잔액 ₩10,000,000 중 ₩250,000이 회수불능으로 판명됨
- 20x1년 12월 31일 : 매출채권 잔액의 5%를 손상으로 추정함

① ₩180,000 ② ₩377,500
③ ₩417,500 ④ ₩500,000

해설

6/10	(차) 손실충당금	500,000	(대) 매출채권	540,000
	손상차손	40,000		
9/15	(차) 현금	360,000	손실충당금	360,000
12/20	(차) 손실충당금	250,000	매출채권	250,000
12/31	(차) 손상차손	377,500	손실충당금	377,500[1]

1) 손상예상액(9,750,000×5%) − 손실충당금 잔액(110,000) = ₩377,500

〈손실충당금(20x1)〉

6/10	손상	500,000	1/1		500,000
12/10	손상	250,000	9/15	회수	360,000
12/31		487,500 {(10,000,000 − 250,000)×5%}	포괄손익계산서상 손상차손인식액		377,500 (잔액)

상

14 ㈜민국은 20x1년 초에 영업을 개시하였으며, 충당금설정법으로 손상차손을 계상하고 있다. 다음 각 상황에서의 충당금설정법에 의한 손상의 회계처리로 옳지 않은 것은 무엇인가?

① 20x1년 결산일의 매출채권 잔액 분석결과, ₩1,300,000의 회수가능성이 아주 낮은 경우 :

(차) 손상차손 1,300,000 (대) 손실충당금 1,300,000

② 손실충당금잔액이 ₩1,300,000인 상태에서 결산일의 손상추정액이 ₩1,500,000으로 예상되는 경우 :

(차) 손 상 차 손　200,000　(대) 손 실 충 당 금　200,000

③ 손실충당금잔액이 ₩1,300,000인 상태에서 결산일의 손상추정액이 ₩1,000,000으로 예상되는 경우 :

(차) 손 실 충 당 금　300,000　(대) 손실충당금환입　300,000

④ 손실충당금잔액이 ₩1,300,000인 상태에서 고객이 파산하여 ₩1,000,000만큼 회수가 불가능해진 경우 :

(차) 손 상 차 손　1,000,000　(대) 매 출 채 권　1,000,000

해설 손실충당금잔액이 ₩1,300,000인 상태에서 고객이 파산하여 ₩1,000,000만큼 회수가 불가능해진 경우 올바른 분개는 (차) 손실충당금 1,000,000 (대) 매출채권 1,000,000이다.

중상

15 **㈜대한은 제조업을 영위하고 있으며 모든 제품을 외상으로 판매하고 있다. 회사의 20x1년 기초 매출채권 잔액은 ₩500,000, 기말 매출채권 잔액은 ₩800,000이었고 기대신용손실에 따라 손실충당금은 ₩80,000으로 설정하였다. 20x1년 중 실제 손상발생액이 ₩200,000이었다면, 20x1년 중 포괄손익계산서에 계상될 손상차손은 얼마인가?**

① ₩200,000　② ₩210,000

③ ₩230,000　④ ₩280,000

해설 손상차손발생액 = 200,000 − 50,000(= 500,000 × 10%) = ₩150,000

따라서 포괄손익계산서상 손상차손은 ₩230,000(= 150,000 + 80,000)이다.

〈손실충당금(20x1)〉

손 상	50,000	1/1	50,000 (500,000 × 10%)
12/31	80,000		80,000 (잔액)

Answer 13. ③　14. ④　15. ③

중

16 **다음은 ㈜한국의 20x1년 매출 관련 자료이다.**

기초매출채권 잔액	₩600,000	기초상품재고액	₩500,000
당기상품매입액	1,700,000	기말상품재고액	200,000
기초손실충당금 잔액	140,000	매출채권 현금회수액	800,000

㈜한국은 모든 상품의 원가에 40%의 이익을 가산하여 외상으로 판매한 다음 매출채권을 현금으로 회수한다. 다음 중 ㈜한국이 ₩50,000의 손상이 발생한 것으로 조사된 경우의 손상과 관련한 회계처리로 옳은 것은 무엇인가? (단, 20x1년 중 ₩100,000의 손상이 발생하였다고 한다)

① (차) 손 상 차 손 52,000 (대) 손 실 충 당 금 52,000

② (차) 손 실 충 당 금 40,000 (대) 매 출 채 권 50,000
손 상 차 손 10,000

③ (차) 손 상 차 손 32,000 (대) 손 실 충 당 금 32,000

④ (차) 손 상 차 손 12,000 (대) 손 실 충 당 금 12,000

해설 손실충당금잔액 : 140,000 − 100,000 = ₩40,000

중상

17 **㈜민국의 기말 현재 매출채권 잔액은 ₩285,000이고, 순실현가능가치는 ₩250,000으로 추정된다. 기초 손실충당금 잔액이 ₩21,000이며 당기 중 손상처리된 금액은 ₩10,000이다. 다음 중 기말시점의 손상상각과 관련한 회계처리로 옳은 것은 무엇인가?**

① (차) 손 상 차 손 24,000 (대) 손 실 충 당 금 24,000

② (차) 손 상 차 손 24,000 (대) 매 출 채 권 24,000

③ (차) 손 상 차 손 24,000 (대) 손실충당금환입 24,000

④ (차) 매 출 채 권 24,000 (대) 손 상 차 손 24,000

해설 매출채권 잔액이 ₩285,000이며 손상추정액이 ₩250,000이므로 그 차이인 ₩35,000이 손상이 될 것으로 예상된다. 즉, 기말 손실충당금 잔액은 ₩35,000으로 표기되어야 한다. 기말 수정분개를 통해서 추가적으로 설정되어야 하는 금액은 기말 손실충당금 설정액은 35,000 − [기초 손실충당금 잔액(21,000) − 당기 중 손상확정액(10,000)] = ₩24,000이다. 따라서 회계처리는 (차) 손상차손 24,000 (대) 손실충당금 24,000이다.

〈손실충당금〉

차변		대변	
손 상	10,000	1/1	21,000
12/31	35,000 (285,000 − 250,000)	포괄손익계산서상 손상차손인식액	24,000 (잔액)

↑

(차) 손상차손 24,000 (대) 손실충당금 24,000

중상

18 **다음 중 불확실성 때문에 발생하는 아래의 회계기록 중 당기순손익에 영향을 미치지 않는 것은 무엇인가?**

① 금융자산의 기말평가
② 손실충당금의 설정
③ 충당금설정액 이내인 회수불능채권을 손실충당금과 상계
④ 판매보증충당금의 설정

해설 손상확정시의 회계처리는(단, 기존에 설정된 손실충당금 이내의 범위에서 손상확정시) (차) 손실충당금 ××× (대) 매출채권 ×××이므로 당기순손익에 영향이 없다.

중상

19 **㈜대한은 거래처의 부도로 인하여 회수가 불가능한 것으로 판명된 매출채권 ₩1,000,000을 손상처리하였다. 이때 손실충당금 잔액은 ₩700,000이었다. 다음 중 매출채권의 손상확정에 관한 회계처리가 ㈜대한의 유동자산과 당기순손익에 미치는 영향으로 옳은 것은 무엇인가?** • 2009 관세직 9급

	유동자산	당기순손익		유동자산	당기순손익
①	감소	감소	②	감소	불변
③	불변	감소	④	불변	불변

해설 손상발생시 (차) 손실충당금 700,000 (대) 매출채권 1,000,000
손상차손 300,000
따라서 매출채권 감소로 인해 유동자산이 ₩300,000 감소하고, 손상차손으로 인해 당기순손익이 ₩300,000 감소한다.

Answer 16. ② 17. ① 18. ③ 19. ①

상

20

㈜대한은 상품을 신용에 의해서만 판매하는데, 경리담당자가 판매대금의 회수 과정에서 공금을 횡령하였다. 매출채권의 실제기말잔액은 ₩50,000이고, 기중에 손상처리된 금액은 없다. ㈜대한이 매출원가에 20%를 가산하여 판매가를 결정한다고 할 때, 다음 자료를 이용하여 경리담당자의 횡령액을 계산하면 얼마인가?

• 2011 지방직 9급

• 기초상품재고액	₩20,000	• 당기상품매입액	₩100,000
• 기말상품재고액	10,000	• 매출채권 기초잔액	30,000
• 매출채권 회수보고액	40,000		

① ₩60,000 ② ₩72,000
③ ₩110,000 ④ ₩122,000

해설 매출원가 : 20,000 + 100,000 − 10,000 = ₩110,000
매출액 : 110,000 × (1 + 20%) = ₩132,000
장부상 기말 매출채권 : 30,000 + 132,000 − 40,000 = ₩122,000
횡령액 : 122,000 − 50,000 = ₩72,000

〈재고자산〉

차변		대변	
기초	20,000	매출원가	110,000 (잔액)
매입	100,000	기말	10,000

〈매출채권〉

차변		대변	
기초	30,000	회수	40,000
매출	132,000	기말	122,000
		실제	50,000

(기말과 실제의) 차이(횡령액)

∴ 횡령액 = 122000 − 50000 = ₩72000

중하

21

다음 중 계정과목에 대한 설명으로 옳지 않은 것은 무엇인가?

① 미수금 − 일반적 상거래 이외의 거래에서 발생한 채권
② 선급금 − 상품이나 원재료 등의 매입을 위하여 미리 지급한 금액
③ 선수금 − 미리 받은 수익 중 차기 이후에 속하는 금액
④ 예수금 − 일반적 상거래 이외의 거래에서 미리 받은 금액

해설 선수금은 일반적 상거래에서 그 대금을 미리 받은 것이며, 미리 받은 수익 중 차기 이후에 속하는 것은 선수수익에 해당한다.

Answer 20. ② 21. ③

주관식 평가문항

중상

01 ㈜민국의 손실충당금 기초잔액은 ₩15,000이었고 기말의 매출채권 잔액은 ₩600,000이었다. 이 회사의 손상추정액은 ₩18,000이다. 기말에 행한 손상과 관련된 수정분개는 다음과 같다.

(차) 손상차손	9,000	(대) 손실충당금	9,000

기중에 회수불능으로 판명된 매출채권은 얼마인가?

해설

손상추산액 :		₩18,000
기말수정분개금액 :		− 9,000
수정전 손실충당금잔액 :		= 9,000
∴ 기중 회수불능 매출채권 :	15,000 − 9,000 =	₩6,000

〈손실충당금〉

손 상	6,000	기 초	15,000
	(잔액)		
기 말	18,000	포괄손익계산서상 손상차손인식액	9,000

상

02 ㈜대한은 월말에 거래은행으로부터 은행예금잔액이 ₩56,000,000이라는 통지를 받았다. 은행계정조정표상에서 조정해야 할 항목은 미결제수표 ₩11,600,000, 은행수수료 ₩1,200,000, 미기입예금 ₩8,800,000, 거래처로부터 은행에 직접 입금된 미통지예금 ₩4,800,000이다. ㈜대한의 조정전 회사장부에 기록된 예금잔액은 얼마인가?

해설

조정후잔액 = 은행 조정전잔액 + 미기입예금 − 기발행미인출수표
= 56,000,000 + 8,800,000 − 11,600,000 = ₩53,200,000

회사 조정전잔액 = 조정후잔액 + 은행수수료 − 미통지예금
= 53,200,000 + 1,200,000 − 4,800,000 = ₩49,600,000

[추가해설]

	은 행		회 사
	56,000,000		X
기발행미인출수표	(11,600,000)	미통지예금	4,800,000
미기입예금	8,800,000	은행수수료	(1,200,000)
	53,200,000		53,200,000

중상

03 다음은 ㈜민국의 미결제수표에 관한 정보이다. 4월 말 은행계정조정표에 따르면 미결제수표는 ₩28,200,000이었다. 회사의 현금출납기록에 따르면 5월 중 수표 발행액이 ₩525,000,000인 데 반하여 은행계정명세서에는 5월 중 수표지급액이 ₩492,000,000으로 기록되어 있다. ㈜민국의 5월 말 미결제수표는 얼마인가?

::해설

(기초) 4월 말 현재 미결제수표	28,200,000
+ (증가) 회사 측 5월 중 수표발행액	525,000,000
− (감소) 은행 측 5월 중 수표지급액	−492,000,000
= (기말) 5월 말 현재 미결제수표	₩61,200,000

중상

04 ㈜대한의 20x1년 10월 한 달 동안 현금 계정의 증감내용은 다음과 같다.

기초잔액	₩164,000,000	현금예입액	₩640,000,000
기말잔액	176,000,000	현금인출액	628,000,000

10월 은행계정명세서상의 잔액은 ₩164,220,000이며, 다음의 기록이 추가로 발견되었다.

(1) 거래처에서 은행에 직접 예금한 금액 ₩18,300,000
(2) 예금에 대한 이자 ₩450,000
(3) 회사가 거래처로부터 외상대금으로 받아 입금한 수표 중 부도처리된 것 ₩5,600,000
(4) 은행수수료 ₩500,000
(5) 20x1년 10월 31일 현재 미기입예금과 미결제수표는 각각 ₩48,260,000과 ₩23,830,000이다.

20x1년 10월 31일 ㈜대한의 올바른 당좌예금잔액은 얼마인가?

::해설

회사 조정전잔액 :	176,000,000
미통지예금	+18,300,000
예금이자	+450,000
부도수표	−5,600,000
은행수수료	−500,000
회사 조정후잔액	₩188,650,000

중상

05 다음은 ㈜민국의 미기입예금에 관한 정보이다. 4월 말 은행계정조정표에 따르면 미기입예금은 ₩22,500,000이었다. 회사의 현금출납기록에 따르면 5월 중 예입액이 ₩507,000,000인 데 반하여 은행계정명세서에는 5월 중 수취액이 ₩468,000,000으로 기록되어 있다. ㈜민국의 5월 말 현재 미기입예금은 얼마인가?

::해설

(기초) 4월 말 현재 미기입예금	22,500,000
+ (증가) 회사 ·5월 중 예입액	507,000,000
− (감소) 은행 5월 중 수취액	−468,000,000
= (기말) 5월 말 현재 미기입예금	₩61,500,000

Answer

01. ₩6,000　02. ₩49,600,000　03. ₩61,200,000　04. ₩188,650,000　05. ₩61,500,000

제 5 편

재고자산

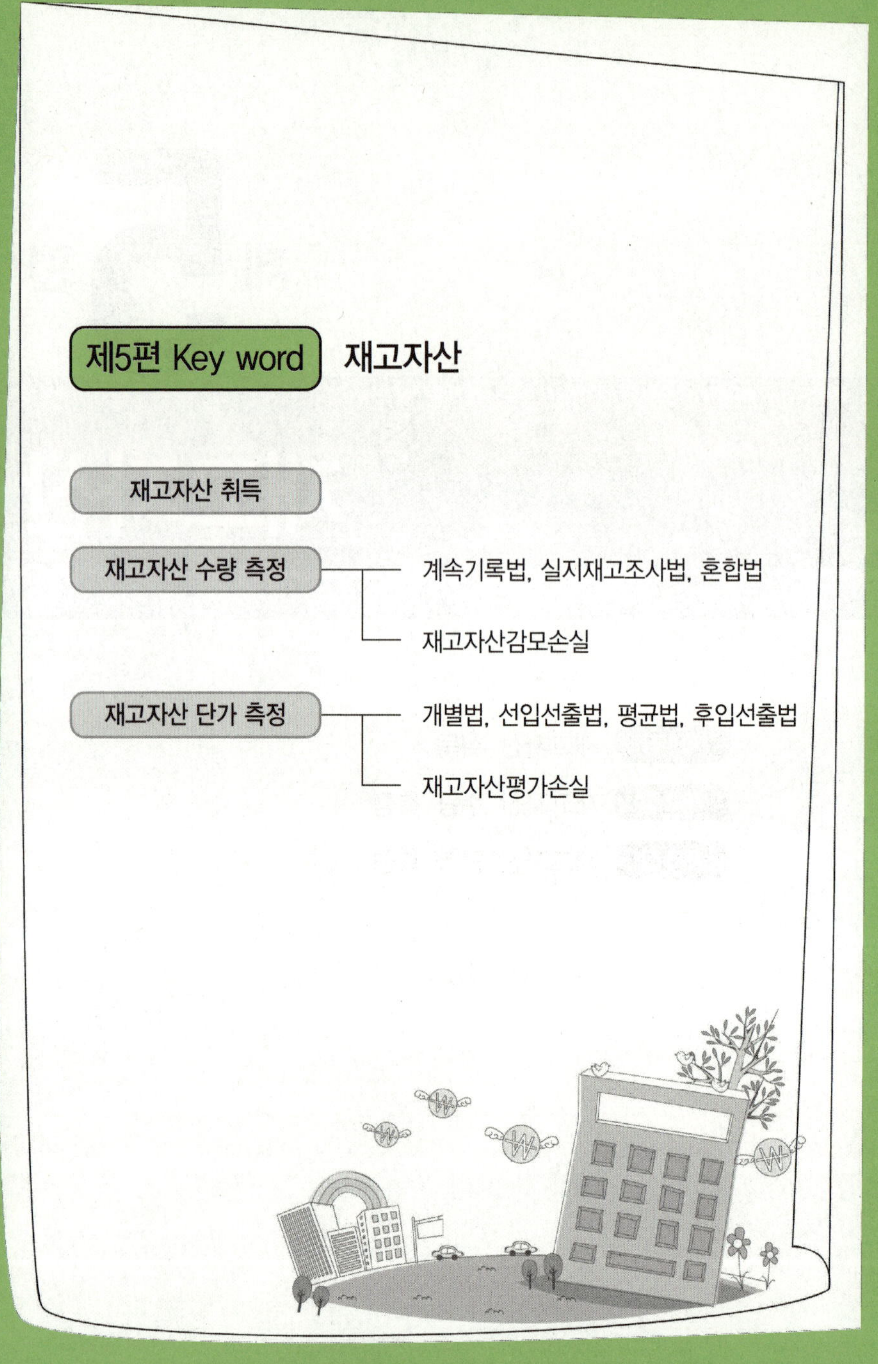

제5편 Key word 재고자산

- 재고자산 취득
- 재고자산 수량 측정
  - 계속기록법, 실지재고조사법, 혼합법
  - 재고자산감모손실
- 재고자산 단가 측정
  - 개별법, 선입선출법, 평균법, 후입선출법
  - 재고자산평가손실

SPC 삼립
(제52기)

水
木
火
金
자원
도구
에너지
이익
부채 6,385억
자본 3,162억
재고자산 627억
매출원가 9,039억
판매비와관리비 2,349억
기타손실 49억
금융원가 64억
법인세비용 55억
수익(매출액) 1조 1,863억
매출총이익 2,828억
영업이익 478억
기타이익 25억
금융수익 10억
법인세비용차감전순이익 380억
당기순이익 325억
기타포괄손익 (33)억
총포괄손익 292억
부채 및 자본 9,547억
자산 9,547억
비용
수익·이익
재무상태표
포괄손익계산서

기업분석

1. 재고자산

(단위 : 천원)

구 분	당기말			전기말		
	취득원가	평가손실 충당금	장부금액	취득원가	평가손실 충당금	장부금액
상품	10,439,913	−164,971	10,274,942	4,772,050	−334,935	4,437,115
제품	13,383,704	−322,197	13,061,507	10,107,757	−332,819	9,774,938
재공품	136,290	−	136,290	193,826	−	193,826
원재료	17,992,839	−	17,992,839	23,471,594	−917	23,470,677
저장품	562,814	−	562,814	434,227	−	434,227
미착품	20,710,279	−	20,710,279	18,876,438	−	18,876,438
합 계	63,225,839	−487,168	62,738,671	57,855,892	−668,671	57,187,221

당기 중 비용으로 인식한 재고자산 원가에는 순실현가능가치의 상승으로 인한 재고자산 평가손실환입액 181,503천원(전기 : 90,216천원)이 차감되었습니다. 한편, 재고자산 중 12개월 이후에 회수될 것으로 예상되는 금액은 없습니다.

제1장

재고자산 취득

:: 학습목표

✔ 재고자산 정의 및 종류를 학습한다.
✔ 재고자산 취득원가와 취득시 회계처리를 학습한다.
✔ 재고자산의 기타 포함 항목을 학습한다.

1 재고자산(Inventories) 정의

① 정상적인 영업 과정에서 판매를 위하여 보유 또는 생산 중인 자산이다.
② 재고자산에는 생산이나 용역제공에 사용될 원재료, 소모품 등을 포함한다.
③ 재고자산의 취득 및 판매 등에 관한 회계처리는 상품매매기업과 제조기업에서 중요성이 매우 크다.
④ 기업은 재고자산의 적정규모에 따라 조달 및 생산 계획 등 기업 전반에 영향을 수는 중요한 경영계획을 수립한다.
⑤ 재고자산의 평가방법에 따라 기말 재고자산 및 당기순손익이 달라질 수 있으므로 재고자산은 기업경영 의사결정에 있어서 매우 중요한 자산이다.

2 재고자산 종류

재고자산의 종류는 다음과 같다.

구분	내용
상 품	판매를 목적으로 구입한 물건
제 품	판매를 목적으로 생산한 물건
반제품	판매를 위하여 자가 생산한 중간제품 및 부분품
재공품	판매를 위하여 생산 과정 중에 있는 미완성 제품
원재료	판매를 위한 제품생산에 사용될 원재료
저장품	소모품, 수선용 부품 등

3 재고자산 취득원가

(1) 취득부대비용(Acquisition incidental expense) 포함

재고자산의 취득원가는 재고자산의 매입가액(제조원가)과 취득부대비용을 포함한다.

① 재고자산의 매입원가(제조원가)는 기업 외부로부터 매입하는 재고자산의 매입원가 또는 내부에서 생산하는 제조원가로 구성된다.

② 취득부대비용은 재고자산을 취득하기 위해 직접적으로 발생한 매입운임, 하역비, 보험료 등의 부대비용으로 재고자산 취득원가에 포함시킨다.

취득원가 = 매입원가(제조원가) + 취득부대비용

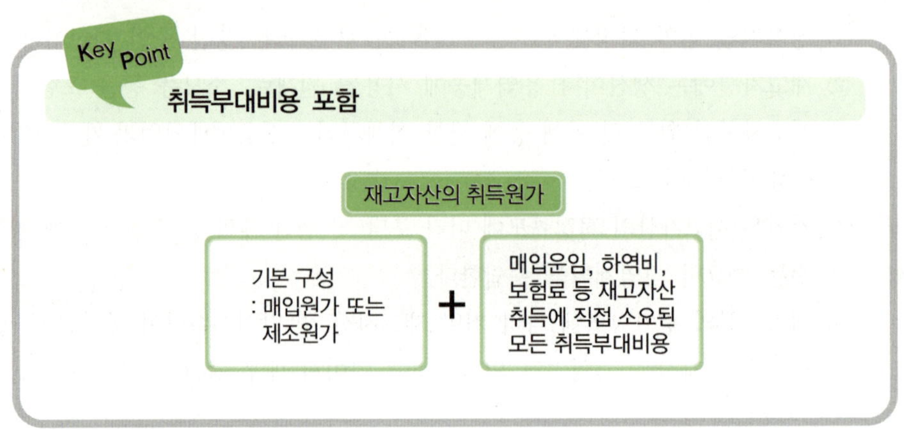

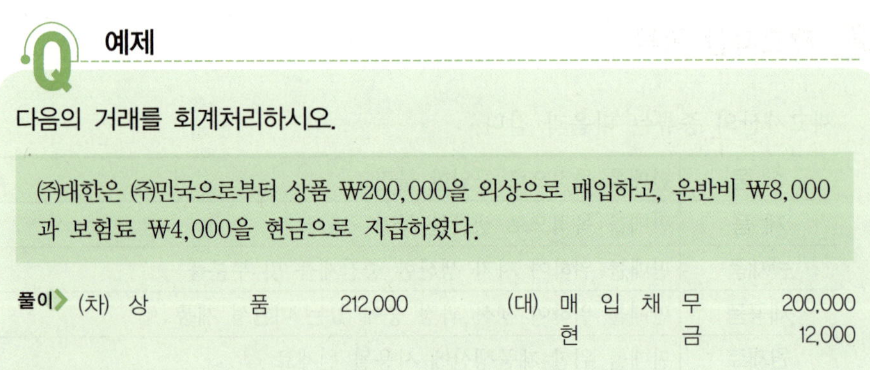

Q 예제

다음의 거래를 회계처리하시오.

㈜대한은 ㈜민국으로부터 상품 ₩200,000을 외상으로 매입하고, 운반비 ₩8,000과 보험료 ₩4,000을 현금으로 지급하였다.

풀이

(차) 상품	212,000	(대) 매입채무	200,000
		현금	12,000

(2) 매입 관련 차감 항목

재고자산의 취득시 매입과 관련하여 매입환출 및 매입에누리, 매입할인 등이 발생할 경우 이를 매입가액에서 차감한다.

1) 매입에누리(Purchases allowance) 및 매입환출(Purchases returns)

① 매입에누리는 매입했던 상품의 불량 혹은 파손 등으로 구입대금의 일부를 할인 받는 것이다.

② 매입환출은 매입했던 상품의 불량 혹은 파손 등으로 인해 다시 반품하는 것이다.

③ 따라서 매입에누리와 환출은 매입액을 감소시켜 주므로 회계처리상 매입계정을 감소시킨다.

(차) 매 입 채 무	×××	(대) 매입에누리와 환출	×××

2) 매입할인(Purchases discount)

① 매입할인은 구매자가 상품의 외상 매입대금을 결제 완료 예정일 이전에 지불하는 경우 매입액의 일정액을 할인해 주는 것이다.

② 따라서 매입할인은 매입액을 감소시켜 주므로 회계처리상 매입계정을 감소시킨다.

(차) 매 입 채 무	×××	(대) 매 입 할 인	×××

3) 순매입액(Net purchased amount)

순매입액은 기업의 매입원가와 취득부대비용을 합한 총매입액에서 매입에누리와 환출 및 매입할인을 차감해서 산출한다.

순매입액 = 총매입액(매입원가 + 취득부대비용) − 매입에누리와 환출 − 매입할인

Key Point 매입 관련 차감사항

매입 에누리
- 불량품이나 수량의 부족, 견본품과의 차이로 인하여 매입원가에서 차감되는 금액
- 매입 계정에 대한 차감 계정

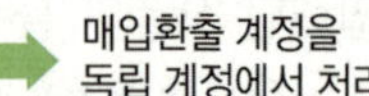

매입 환출
매입했던 상품 중 불량, 파손 등의 원인으로 매입했던 물건을 환출

매입환출이 빈번하게 다액으로 발생할 때 → 매입환출 계정을 독립 계정에서 처리

매입 할인
- 외상매입의 결제가 그 약속기일 전에 행해짐으로써 일부를 면제하는 현금할인액
- 매입 계정에 대한 차감 계정

순매입액
= 매입원가 + 취득부대비용 − 매입에누리와 환출 − 매입할인

예제

다음의 연속적인 거래를 회계처리하시오.

① ㈜대한은 ㈜민국로부터 상품 ₩500,000을 외상으로 매입하고, 운송료 ₩5,000을 현금으로 지급하였다.
② 매입한 상품 중 불량품이 있어 상품 ₩80,000을 반품하였다.
③ 매입한 상품 중 ₩20,000은 불량상품으로 판명되어 불량상품 매입가격의 20%를 감액받았다.
④ 외상으로 매입한 상품의 매입대금을 결제 예정일보다 조기에 지불하여 ₩30,000을 할인받았다.

풀이

	차변	금액	대변	금액
①	(차) 상품	505,000	(대) 매입채무	500,000
			현금	5,000
②	(차) 매입채무	80,000	(대) 매입에누리와 환출	80,000
③	(차) 매입채무	4,000	(대) 매입에누리와 환출	4,000
④	(차) 매입채무	416,000	(대) 현금	386,000
			매입할인	30,000

학습 Quiz

※ [문제 1~2] 다음은 ㈜대한의 상품매매 관련 자료이다.

총 매 출 액	₩3,000,000	총 매 입 액	₩2,600,000
매 입 할 인	20,000	매 입 환 출 액	40,000
매 출 환 입 액	10,000	매 출 에 누 리	10,000
매 출 운 송 비	30,000	매 입 운 송 비 (총매입액에 불포함)	20,000
매 출 할 인	30,000	매 입 에 누 리	10,000

01 다음 중 재고자산의 순매입액은 얼마인가?

① ₩2,520,000
② ₩2,540,000
③ ₩2,550,000
④ ₩2,620,000

02 다음 중 매출총이익은 얼마인가?

① ₩290,000
② ₩300,000
③ ₩340,000
④ ₩400,000

해설

01 2,600,000 + 20,000 − 20,000 − 40,000 − 10,000 = ₩2,550,000 | 정답 ❸ |

02 매출액 : 3,000,000 − 30,000 − 10,000 − 10,000 = ₩2,950,000
매출총이익 : 2,950,000 − 2,550,000 = ₩400,000 | 정답 ❹ |

제5편 ● 재고자산

03 다음의 거래를 회계처리한 것으로 옳지 않은 것은 무엇인가?

일 자	거래 내역
12월 1일	상품을 ₩50,000에 외상으로 매입하다. 매입시 ₩2,000의 운반비를 현금으로 지출하다.
12월 3일	매입한 상품에 하자가 발생하여 ₩3,000의 에누리를 받다.
12월 5일	매입한 상품 중 ₩5,000 상당의 불량품을 반품하다.
12월 20일	₩45,000의 상품을 ₩70,000에 현금판매하고, 운송비 ₩5,000을 추가로 수취하였다.

① 12월 1일 (차) 매입 52,000 (대) 매입채무 50,000
현금 2,000
② 12월 3일 (차) 매입채무 3,000 (대) 매입에누리와 환출 3,000
③ 12월 5일 (차) 매입채무 5,000 (대) 매입에누리와 환출 5,000
④ 12월 20일 (차) 현금 75,000 (대) 매출 75,000

해설

03 (차) 현금 75,000 (대) 매출 70,000
예수금 5,000

| 정답 ④ |

학습정리

*

1. 재고자산 정의

정상적인 영업 과정에서 판매를 위한 보유 또는 생산 중인 자산으로 상품이나 제품뿐만 아니라 생산이나 용역 제공에 사용될 원재료, 소모품 등을 포함한다.

2. 재고자산 취득원가 및 순매입액

- 취득원가 = 매입원가(제조원가) + 취득부대비용
- 순매입액 = 취득원가 - 매입에누리와 환출 - 매입할인

제2장 재고자산 수량 측정

:: 학습목표

- ✔ 재고자산 측정방법을 학습한다.
- ✔ 재고자산 수량 측정방법을 학습한다.
- ✔ 기타재고자산 포함 항목을 학습한다.

1 재고자산 측정방법

(1) 재고자산등식

① 재고자산등식은 재고자산의 흐름을 등식관계로 나타낸 것으로 기초상품재고액과 당기상품매입액의 합은 매출원가와 기말상품재고액의 합과 같다.

기초상품재고액 + 당기상품매입액	=	매출원가	+	기말상품재고액
판매가능상품액		판매된 상품원가		미판매된 상품원가

② 기초상품재고액은 전기에 판매되지 않고 당기로 이월된 상품재고이다.

③ 당기상품매입액은 당기에 새롭게 매입한 상품이다.

④ 기초상품재고액과 당기상품매입액을 합하여 판매가능상품액이라고 한다.

⑤ 매출원가는 판매가능상품액 중에서 당기에 판매된 상품의 원가이다.

⑥ 기말상품재고액은 판매가능상품액 중에서 당기에 판매되지 않고 기말에 남아 있는 상품이다.

(2) 재고자산 산출방식

① 재고자산의 흐름을 통하여 결국 당해 판매된 재고자산의 원가인 매출원가를 파악해야 한다.

② 매출원가를 파악하기 위해서는 결국 기말재고자산을 파악하여야 하기 때문에 재고자산 회계의 핵심은 기말재고자산을 파악하는 것이다.

③ 기말재고자산은 기말재고자산의 수량과 단가의 곱으로 결정되므로, 기말재고자산의 수량과 단가를 파악해야 한다.

④ 기말재고자산의 수량은 계속기록법 혹은 실지재고조사법(기말재고실사법)을 통해 파악한다.

⑤ 기말재고자산의 단가를 결정하는 방법에는 개별법, 선입선출법, 평균법 등이 있다.

[기말재고자산 산출방식]

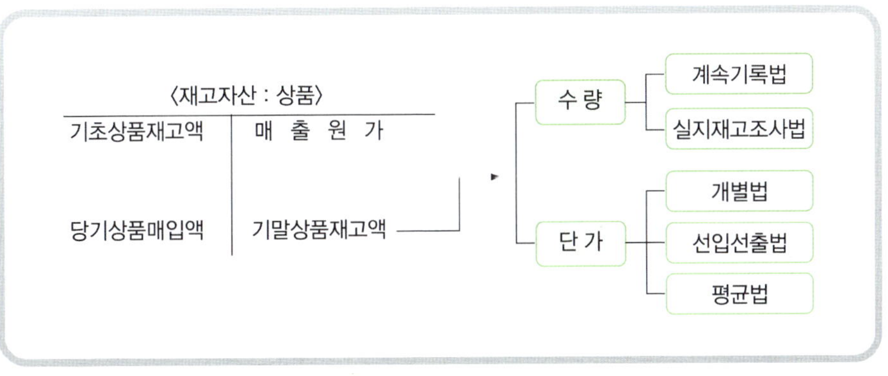

2 재고자산 수량 측정방법

(1) 계속기록법(Perpetual inventory method)

① 계속기록법은 재고자산의 종류별로 매입과 매출이 발생할 때마다 계속적으로 재고자산의 증가 또는 감소를 기록하는 방법이다.

② 계속기록법은 재고자산의 매입시 '상품'이란 계정과목으로 회계처리한다(재고자산 중 상품을 가정).

③ 매출 발생시 해당 '상품'을 제거하고, 매출원가를 인식한다.

④ 결산시점에 매출원가에 대한 별도의 회계처리를 할 필요가 없다.

구 분	계속기록법					
매입 시점	(차)	상　　품	×××	(대)	현　　금	×××
매출 시점	(차)	현　　금 매 출 원 가	××× ×××	(대)	매　　출 상　　품	××× ×××
결산 시점	회계처리 없음					

⑤ 즉, 계속기록법은 기초재고수량과 당기매입수량의 합에서 장부상으로 파악된 당기판매수량을 차감함으로써 기말재고수량을 파악하는 방법이다.

기초재고수량 + 당기매입수량 − **당기판매수량** = 기말재고수량

(2) 실지재고조사법(실사법, Periodic inventory method)

① 실지재고조사법은 결산시점에 실제로 남아 있는 기말재고자산(미판매분)의 수량을 측정하여 파악하는 방법이다.

② 실지재고조사법은 재고자산의 매입시 '매입'이란 계정과목으로 회계처리한다.

③ 매출 발생시 매출원가에 대한 별도의 회계처리를 하지 않는다.

④ 결산시점에 매출원가에 대한 수정분개를 실시한다.

⑤ 매출원가에 대한 수정분개는 기초재고액과 당기매입재고액을 판매된 상품으로 간주하여 매출원가로 대체하고, 미판매된 것으로 파악된 기말재고액만큼 매출원가를 감소시킨다.

구 분	실지재고조사법			
매입 시점	(차) 매　　입	×××	(대) 현　　금	×××
매출 시점	(차) 현　　금	×××	(대) 매　　출	×××
결산 시점	(차) 매 출 원 가	×××	(대) 기 초 재 고	×××
	매 출 원 가	×××	당 기 매 입	×××
	기 말 재 고	×××	매 출 원 가	×××

⑥ 즉, 실지재고조사법은 기초재고수량과 당기매입수량의 합에서 실사를 통해 파악한 기말재고수량을 차감하여 당기판매수량을 파악하는 방법이다.

기초재고수량 + 당기매입수량 − **기말재고수량** = 당기판매수량

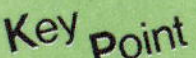

Key Point

계속기록법 vs 실지재고조사법

계속기록법

- 재고자산을 종류별로 입고 · 출고할 때마다 장부에 기록
  ➡ 장부상에서 기중 판매된 수량과 기말재고수량을 산출
- 판매할 때마다 상품의 매출원가를 계속적으로 기록함으로써 결산시점에 매출원가에 대한 별도의 회계처리가 필요 없음

기초재고수량 + 당기매입수량 − 당기판매수량 = 기말재고수량

상품 매입시	상품 매출시
상품계정과목 사용	매출원가 기록

실지재고조사법

- 결산 시점에 기말재고자산(미판매분)의 수량을 파악하는 방법
- 결산 시점까지 판매한 상품의 원가에 대해서는 기록을 하지 않고 결산 시점에 수정분개를 통하여 매출원가를 한 번에 계산

기초재고수량 + 당기매입수량 − 기말재고수량 = 당기판매수량

상품 매입시	상품 매출시
매입계정과목 사용	매출원가 기록하지 않음

(3) 혼합법(Mixed method)

① 계속기록법과 실지재고조사법 각각은 장부상 기말재고수량과 실사를 통한 기말재고수량에 차이가 발생할 경우 이를 정확히 산출하기 어렵다는 단점을 가지고 있다.

② 따라서 계속기록법과 실지재고조사법을 병행하여 재고자산의 장부상 수량과 실제 수량의 차이 및 그 원인(감모손실)을 파악해야 한다.

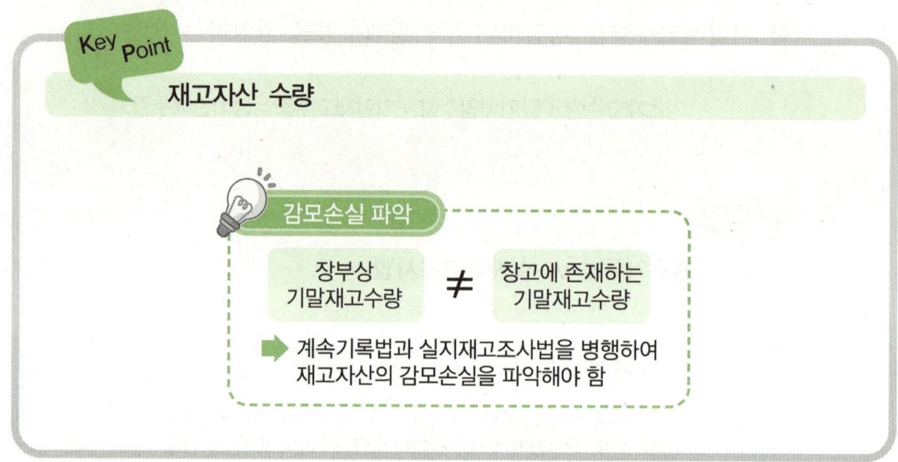

예제

㈜대한의 당기 상품매매거래에 대한 변동내역은 다음과 같다. 아래의 모든 거래는 현금거래이다.

	수 량	단 가	판매가
기초상품재고	100개	₩1,000	
매 입	800개	1,000	
매 출	700개		₩1,500

① 계속기록법을 사용할 경우 당기 매입 및 매출거래의 회계처리를 하시오.

② 실지재고조사법을 사용할 경우 당기 매입 및 매출거래 그리고 결산수정분개에 관한 회계처리를 하시오(실사를 통해 기말재고가 ₩200,000 있음을 확인함).

풀이>

계속기록법

		차변	금액		대변	금액
① 매입시	(차)	상품	800,000	(대)	현금	800,000
매출시	(차)	현금	1,050,000	(대)	매출	1,050,000
		매출원가	700,000		상품	700,000
결산시		회계처리 없음				

실지재고조사법

		차변	금액		대변	금액
② 매입시	(차)	매입	800,000	(대)	현금	800,000
매출시	(차)	현금	1,050,000	(대)	매출	1,050,000
결산시	(차)	매출원가	100,000	(대)	(기초)상품	100,000
		매출원가	800,000		매입	800,000
		(기말)상품	200,000		매출원가	200,000

3 재고자산 추가 고려사항

(1) 위탁품(Consignment goods)

① 위탁품은 타인이 대신 판매하여 줄 것(위탁판매)을 위하여 발송한 상품이다.

② 위탁품은 수탁자가 판매하기 전까지는 비록 위탁자의 창고에 존재하지 않는다고 하더라도 위탁자의 재고자산에 포함된다.

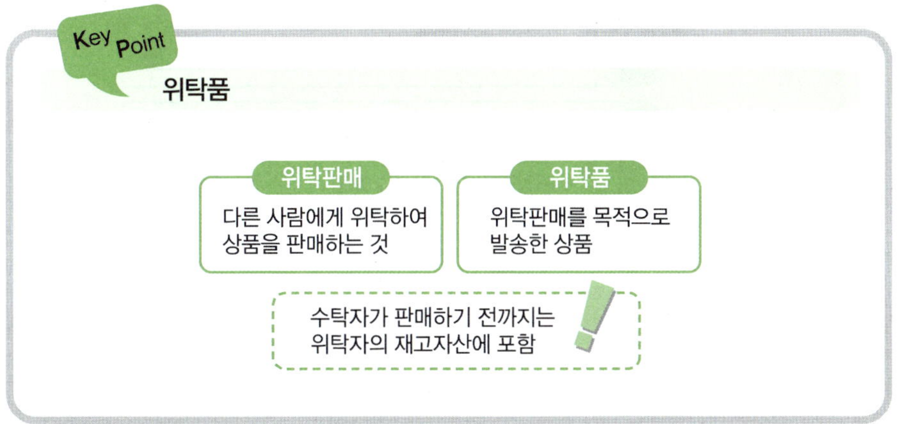

(2) 미착품(Goods to arrive)

① 미착품은 매입한 상품 중 결산일 현재 도착하지 않고 운송 중인 상품이다.

② 미착품은 기말 현재 창고에는 존재하지 않지만 매매조건에 따라 기말 재고자산에 포함될 수 있다.

③ 미착품의 매매조건에는 선적지 인도기준과 도착지 인도기준이 있다.

④ 선적지 인도기준은 재고자산의 선적 시점에 매입자가 매입한 것으로 보아 비록 매입자의 창고에 존재하지 않는다고 하더라도 매입자의 재고자산에 포함된다.

⑤ 도착지 인도기준은 재고자산의 도착시점에 매입자가 매입한 것으로 보아 비록 매도자의 창고에 존재하지 않는다고 하더라도 매도자의 재고자산에 포함된다.

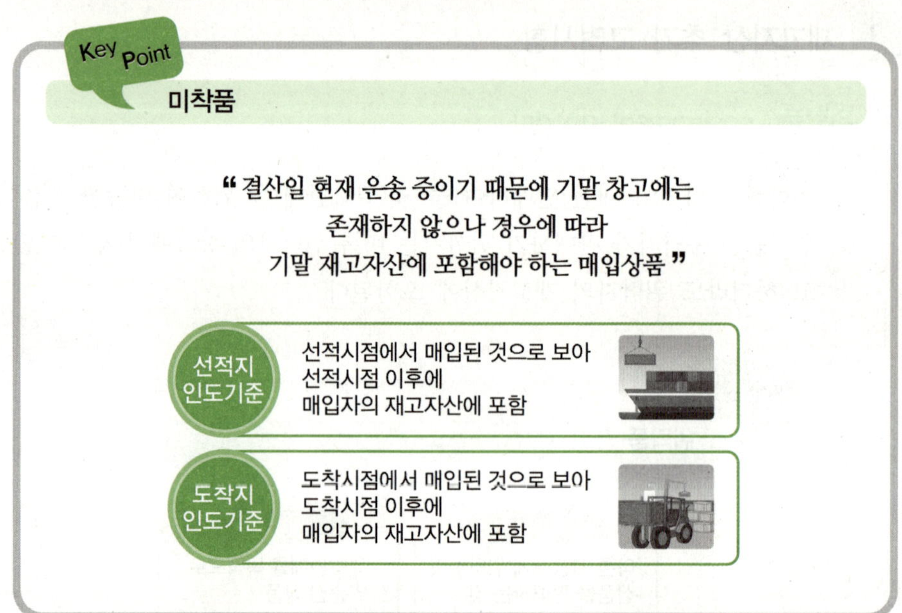

(3) 시용품(Goods for approval sales)

① 시용품은 시용판매를 위하여 거래처에 발송한 상품이다.

② 시용판매란 거래처에 상품을 발송한 뒤에 상대방이 그 상품을 시험적으로 사용해 본 후에 구입하겠다는 의사표시를 했을 때 비로소 매매계약이 성립되는 판매방법이다.

③ 시용품은 소비자가 구입 의사표시를 한 시점에 판매가 이루어진 것으로 보기 때문에 구입 의사표시를 하기 전까지는 비록 판매자의 창고에 존재하지 않더라도 판매자의 재고자산에 포함된다.

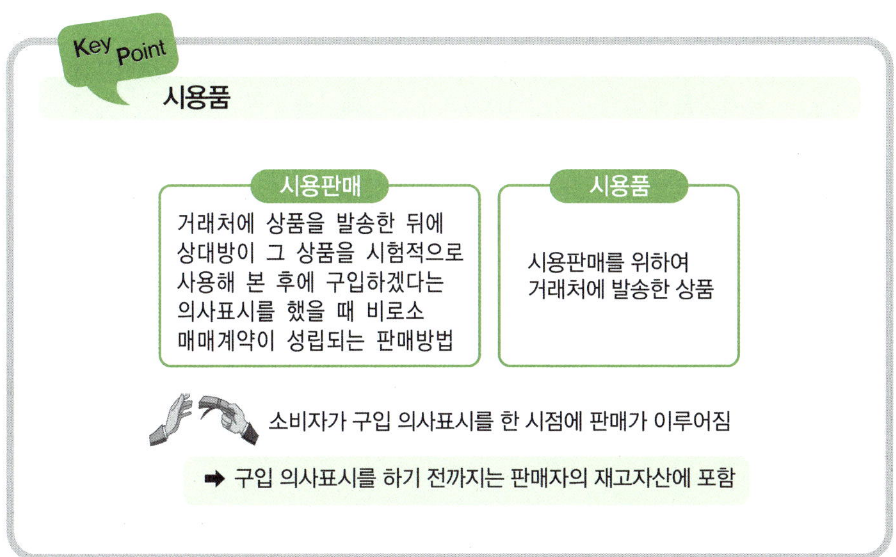

학습 Quiz

01 다음 중 옳지 않은 것은 무엇인가?

① 기초상품재고액 + 당기상품매입액 = 판매가능상품액
② 기초상품재고액 + 당기상품매입액 = 판매된 상품원가 + 미판매된 상품원가
③ 판매가능상품액 = 기초상품재고액 + 당기상품매입액 – 기말상품재고액
④ 매출원가 = 기초상품재고액 + 당기상품매입액 – 기말상품재고액

02 다음의 빈칸에 들어갈 금액으로 옳지 않은 것은 무엇인가?

기초상품재고액	₩300,000	매출액	₩1,400,000
당기상품매입액	1,000,000	매출원가	(②)
기말상품재고액	400,000	매출총이익	(③)
판매가능상품액	(①)		

① ₩1,300,000 ② ₩900,000
③ ₩500,000 ④ 답 없음

해설

01

기초상품재고액 + 당기상품매입액 = 매출원가 + 기말상품재고액

(기초상품재고액 + 당기상품매입액: 판매가능상품액) (매출원가: 판매된 상품원가) (기말상품재고액: 미판매된 상품원가)

| 정답 ❸ |

02 ① 판매가능상품액 = 기초상품재고액 + 당기상품매입액 = 300,000 + 1,000,000 = ₩1,300,000
② 매출원가 = 판매가능상품액 – 기말상품재고액 = 1,300,000 – 400,000 = ₩900,000
③ 매출총이익 = 매출액 – 매출원가 = 1,400,000 – 900,000 = ₩500,000 | 정답 ❹ |

03 다음 중 옳지 않은 것은 무엇인가?

① 계속기록법은 장부상에서 기말재고수량과 기중 판매된 수량을 산출하는 방법이다.
② 실지재고조사법은 결산시점에 기말재고자산(미판매분)의 수량을 파악하는 방법이다.
③ 계속기록법은 상품매입시 상품계정과목을 사용한다.
④ 실지재고조사법은 기말 결산시 매출원가에 대한 수정분개가 필요 없다.

:: 해설

03 계속기록법은 기말 결산시 매출원가에 대한 수정분개가 필요 없다. | 정답 ❹ |

학습정리

1. 재고자산 등식

 기초상품재고액 + 당기상품매입액 = 매출원가 + 기말상품재고액

2. 재고자산 수량 파악

 - 계 속 기 록 법 : 기초재고수량 + 당기매입수량 − 당기판매수량 = 기말재고수량
 - 실지재고조사법 : 기초재고수량 + 당기매입수량 − 기말재고수량 = 당기판매수량

제3장 재고자산 단가 측정

:: 학습목표

- ✔ 재고자산 단가 측정방법을 학습한다.
- ✔ 재고자산 평가방법을 학습한다.

1 재고자산 단가 측정방법

① 기말재고자산액을 파악하기 위해서는 수량뿐만 아니라 기말재고자산의 단가도 파악해야 한다.

② 기말재고자산의 단가를 측정하는 방법에는 개별법, 선입선출법, 평균법, 후입선출법 등이 있다.

(1) 개별법(Specific identification of costs)

① 개별법은 판매된 재고자산의 취득원가를 개별적으로 추적하여 재고자산별 매출원가와 기말재고액을 파악하는 방법이다.

② 개별법은 판매시에 판매상품의 매입원가가 얼마인지 확인할 수 있으므로 매출원가와 기말재고자산금액을 쉽게 파악할 수 있다.

③ 개별법은 실제 재고자산의 물리적 흐름과 원가흐름이 일치하여 실제수익과 실제원가가 대응된다는 장점이 있다.

④ 개별법은 기말재고금액이 실제원가로 보고되므로 수익과 비용의 대응이 적절하게 이루어지고 자산도 적절하게 평가되는 이상적인 방법이다.

⑤ 개별법을 사용하기 위해서는 상품의 개별성이 강하고 고가이며, 상품 간의 가격차이가 큰 경우에만 사용할 수 있다는 단점이 존재한다.

(2) 선입선출법(First－in first－out : FIFO)

① 선입선출법은 **먼저 매입한 상품부터 먼저 매출**된다는 가정에 의한 방법이다.

② 선입선출법은 먼저 매입한 상품이 먼저 매출된다는 원가흐름의 가정이 실제 물량흐름과 대체로 일치하고 실무에서 적용하기 쉽고, 기말재고금액을 최근 매입가격으로 평가하므로 기말재고자산이 비교적 시가(현행원가)를 잘 반영한다는 장점이 있다.

③ 선입선출법은 현행수익과 과거원가가 대응되어 수익과 비용의 대응이 적절하지 않고, 물가가 계속 상승하는 경우에 매출원가가 과거의 낮은 가격으로 인식된다는 단점이 있다.

(3) 평균법(Average cost method)

① 평균법은 기초재고와 당기매입한 재고자산에 대한 평균 단위당 원가를 구하여 기말재고금액과 매출원가를 계산하는 방법이다.

$$평균\ 단가 = \frac{(직전매입액 + 당기매입액)}{(직전매입수량 + 당기매입수량)}$$

② 평균법은 실무적으로 계산이 편리하고 선입선출법과 후입선출법의 중간으로 계산되므로 극단성을 피할 수 있다는 장점이 있다.

③ 평균법은 실제물량흐름과 일치하지 않고 수익과 비용의 대응도 적절히 이루어지지 않는다는 단점이 있다.

④ 평균법 중 계속기록법하에서의 평균법을 이동평균법, 실지재고조사법하에서의 평균법을 총평균법이라고 한다.

이동평균법	총평균법
• 상품을 신규로 구입할 때마다 그 직전의 상품재고가격과의 합계액을 그 합계수량으로 나누어 상품의 단가를 산출하는 방법이다. • 매입할 때마다 평균단가를 산출해야 하므로 단수가 생기는 단점이 있다.	• 일정 기간 동안의 상품의 총매입액을 총매입수량으로 나누어서 평균 단가를 산출하는 방법으로 상품매출시에는 수량만 기입하고 기말에 가서 단가를 기입한다. • 총평균법은 계산이 간단하며 매입단가의 차이를 완화시킬 수 있는 방법이나 기말이 되어야 단가산정이 되므로 장부처리가 늦어지는 단점이 있다.

(4) 후입선출법(Last-in first-out : LIFO)

① 후입선출법은 나중에 매입한 상품부터 먼저 매출된다는 가정에 의한 방법이다.

② 후입선출법은 물가가 상승하는 경우에 현행수익과 최근 원가를 대응시켜 수익과 비용의 대응이 적절하게 이루어지며 이익을 적게 인식하므로 보수주의 관점에서 우수하다는 장점이 있다.

③ 후입선출법은 물가가 상승하는 경우에 기말재고금액이 과거에 구입한 원가로 기록되어 재무상태표상에서 재고자산이 시가(현행원가)를 적절히 반영하지 못하고, 회계이익이 낮게 평가된다는 단점이 있다.

④ 한국채택국제회계기준에서 후입선출법은 경영자의 자의적인 적용으로 이익이 왜곡될 가능성이 있다는 문제로 인해 사용이 금지되었다.

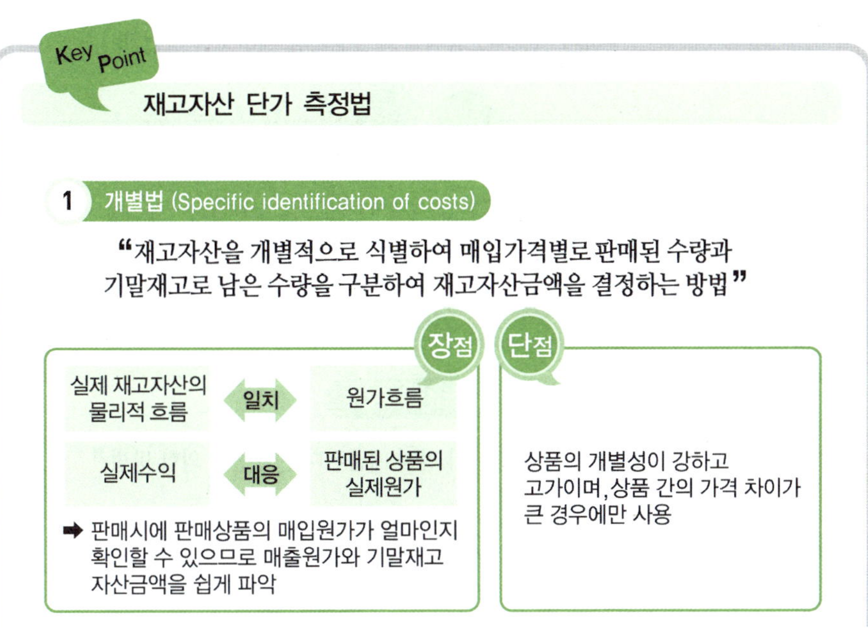

2 선입선출법 (First-in first-out : FIFO)

"먼저 매입한 상품이 먼저 매출된다는 가정에 의한 방법"

장점

- 원가흐름의 가정이 실제 물량 흐름과 대체로 일치하고 실무에서 적용하기 쉬움
- 기말재고금액을 최근 매입가격으로 평가하므로 자산이 비교적 시가 또는 현행원가를 잘 반영함

단점

현행수익 ↔ 대응 ↔ 과거원가

➡ 수익 · 비용 대응이 적절하지 않음

물가가 계속 상승하면 매출원가가 과거의 낮은 가격으로 인식

3 평균법 (Average cost method)

"일정 기간 동안의 재고자산에 대한 평균 단위당 원가를 구하여 기말재고금액과 매출원가를 계산하는 방법"

장점

- 실무적으로 계산이 편리
- 선입선출법과 후입선출법의 중간으로 계산되므로 극단성을 피할 수 있음

단점

- 실제물량흐름과 일치하지 않고 수익 · 비용 대응도 적절히 이루어지지 않음
- 평균법에는 이동평균법과 총평균법이 있는데, 이동평균법의 경우 매입할 때마다 평균단가를 산출해야 하므로 단수가 생김

4 후입선출법 (Last-in first-out : LIFO)

"나중에 매입한 상품이 먼저 매출된다는 가정에 의한 방법"

장점

물가가 상승하는 경우

- 현행수익과 최근 원가를 대응시켜 수익 · 비용 대응이 적절하게 이루어짐
- 이익을 적게 인식하므로 보수주의 관점에서 우수

단점

- 기말재고 금액이 과거에 구입한 원가로 기록됨
- 재무상태표상의 자산이 시가나 현행원가를 적절히 반영하지 못해 경영자들의 성과를 왜곡할 가능성 존재

(5) 재고자산 단가 결정 예제

- 다음과 같은 재고자산 내역을 통해 원가흐름별 재고자산 단가 결정방법을 이해해 보자.
- 재고자산가액은 결국 재고자산 수량과 단가 정보를 알아야 하므로, 재고자산의 수량을 파악하는 방법인 계속기록법과 실지재고조사법(실사법)하에서 각각 선입선출법과 평균법에 대한 사례를 중심으로 설명하고자 한다.

일 자	매 입		매 출
	수량	단가	수량
기초(1/1)	100개	₩100	
매입(3/2)	500	110	
매출(4/1)			400
매입(5/4)	500	120	
매출(9/9)			400

1) 선입선출법

선입선출법은 먼저 매입한 재고자산이 먼저 매출된다고 가정한다.

① 계속기록법

- 4/1에 매출된 재고자산 400개의 매출원가는 기초재고 100(단가 ₩100)개와 3/2에 매입한 300(단가 ₩110)개로 구성된다.
- 9/9에 매출된 재고자산 400개의 매출원가는 3/2에 매입한 200(단가 ₩110)개와 5/4에 매입한 200(단가 ₩120)개로 구성된다.
- 매출되지 않고 남은 재고자산(300개)은 기말재고액이 된다.

일 자	매 입	매출원가	재고자산
1/1			100×@100
3/2	500×@110		100×@100 500×@110
4/1		100×@100 300×@110	200×@110
5/4	500×@120		200×@110 500×@120
9/9		200×@110 200×@120	300×@120
합계	₩115,000 당기매입액	₩89,000 매출원가	↑ 기말재고액

매출원가 : {(100×100)+(300×110)}+{(200×110)+(200×120)}=₩89,000
기말재고 : {(100×100)+(500×110)+(500×120)−89,000}=₩36,000

② 실지재고조사법(실사법)

- 실사법에 의해서는 우선 총판매가능상품 1,100개 중 매출되지 않고 남은 기말재고액 300(단가 ₩120)개의 단가를 적용하여 기말재고액을 산출한다.
- 총판매가능상품액에서 기말재고액을 차감하여 매출원가를 구한다.

〈재고자산〉

1/1	10,000 (100×@100)	매출원가	∴ 89,000
당기매입액	115,000	12/31	36,000 (300×@120)
합계	₩125,000	합계	₩125,000

기말재고 : (100×100)+(500×110)+(500×120)−89,000=₩36,000
매출원가 : {(100×100)+(500×110)+(500×120)}−36,000=₩89,000

2) 평균법

① 이동평균법(계속기록법하 평균법)

- 이동평균법을 적용하기 위해서는 매출시점마다 평균단가를 구해야 한다.
- 4/1 매출시점에서 평균단가는 {(100×100)+(500×110)}/600=₩108이다.
- 9/9 매출시점에서 평균단가는 {(200×108)+(500×120)}/700=₩116이다.

일 자	매 입	매출원가	재고자산
1/1			100×@100
3/2	500×@110		100×@100 500×@110 =65,000 =600×@108
4/1		400×@108	200×@108
5/4	500×@120		200×@108 500×@120 =81,600 =700×@116
9/9		400×@116	300×@116
합계	₩115,000 당기매입액	₩89,600 매출원가	↑ 기말재고액

매출원가 : {(400×108)+(400×116)} = ₩89,600
기말재고 : {(100×100)+(500×110)+(500×120)} − 89,600 = ₩35,400

② 총평균법(실사법하에서의 평균법)

- 총평균법을 적용하기 위해서는 당기 재고자산의 총평균단가를 구해야 한다.
- 총평균단가는 기초재고금액과 당기매입액의 합을 총재고자산 수량(기초재고수량+당기매입수량)으로 나누어 산출한다.

〈재고자산〉

1/1	10,000 (100×@100)	매출원가	∴ 91,100
당기매입액	115,000	12/31	33,900 (300×@113)
합계	₩125,000	합계	₩125,000

↑
(100+500+500)×@113(총평균단가)

$$총평균단가 = \frac{기초재고금액 + 당기매입액}{기초재고수량 + 당기매입수량}$$

총평균단가 : {(100×100)+(500×110)+(500×120)} / 1,100개 = ₩113
기 말 재 고 : 300×113 = ₩33,900
매 출 원 가 : {(100×100)+(500×110)+(500×120)} − 33,900 = ₩91,100

2 재고자산 평가(Valuation of inventory)

① 재고자산과 관련된 평가는 수량에 대한 평가와 단가에 대한 평가가 있다.

② 재고자산 수량에 대한 평가란 장부상의 재고자산 수량과 실제 재고자산 수량의 차이를 파악하는 것이다.

③ 재고자산 단가에 대한 평가란 재고자산의 취득원가와 시가의 차이를 파악하는 것이다.

(1) 재고자산 수량 평가(재고자산감모손실, Inventory obsolescence)

① 재고자산감모손실은 실제 재고자산 수량이 장부상의 재고자산 수량보다 적은 경우 발생한다.

② 실제 재고자산 수량이 장부상의 재고자산 수량보다 적은 경우 수량부족분에 대한 취득원가는 당기비용으로 인식한다.

③ 한국채택국제회계기준 제1002호 재고자산에서는 재고자산감모손실을 매출원가에 합산하는지 당기비용으로 처리하는지 여부에 대해서는 정확히 규정하고 있지 않다. 따라서 기업의 합리적인 판단에 따라 당기비용 또는 매출원가에 합산하여 보고할 수 있다.

[재고자산감모손실 회계처리]

(차) 매 출 원 가	×××	(대) 재 고 자 산	×××

또는

(차) 재고자산감모손실 (당 기 비 용)	×××	(대) 재 고 자 산	×××

Key Point

재고자산감모손실

"실제수량이 장부상 수량보다 부족할 때 발생"

당기비용 또는 매출원가로 처리

예제

다음 자료에 의하여 매출원가를 산정함에 있어서 정상적인 감모손실과 비정상적인 감모손실로 인한 경우를 구분하여 실사법하에서 각각 필요한 수정분개를 하시오(단, 정상적인 감모손실은 매출원가에 합산하여 보고하고, 비정상적인 감모손실은 당기비용으로 인식한다).

기초재고액	₩1,400,000		
당기매입액	3,500,000		
매출액	4,200,000		
기말상품재고액			
장부재고액	1,750개	@ ₩1,000	₩1,750,000
실제재고액	1,540개	@ ₩1,000	₩1,540,000

풀이 〈정상적인 감모손실 : 매출원가에 합산〉

① (차)	매출원가	1,400,000	(대) 상품(기초)	1,400,000
② (차)	매출원가	3,500,000	(대) 매입	3,500,000
③ (차)	상품(기말)	1,540,000	(대) 매출원가	1,540,000

〈비정상적인 감모손실 : 당기비용으로 처리〉

① (차)	매출원가	1,400,000	(대) 상품(기초)	1,400,000
② (차)	매출원가	3,500,000	(대) 매입	3,500,000
③ (차)	상품(기말)	1,540,000	(대) 매출원가	1,540,000
④ (차)	재고자산감모손실	210,000	(대) 매출원가	210,000

(2) 재고자산 단가 평가(재고자산평가손실, Loss from valuation of inventory)

1) 저가법

① 재고자산의 단가를 평가함에 있어서는 저가법을 사용한다.

② 저가법은 재고자산의 취득원가와 순실현가능가치를 비교하여 취득원가와 순실현가능가치 중 낮은 가격으로 재고자산을 평가하는 방법이다.

재고자산 단가 = min(취득원가, 순실현가능가치)

③ 순실현가능가치(Net realizable value)란 정상적인 영업 과정의 예상 판매가격에서 예상되는 추가 완성원가와 판매비용을 차감한 금액이다.

④ 저가법은 취득원가주의에 의한 재고자산의 과대평가를 방지하고, 시가법에 의한 미실현이익의 계상을 저지할 수 있으므로 재무상태의 안정성을 확보할 수 있다.

⑤ 저가법은 종목별로 적용한다. 그러나 재고 항목들이 서로 유사하거나 관련되어 있는 경우에는 저가법을 조별로 적용할 수 있다.

⑥ 재고자산의 순실현가능가치가 취득원가보다 낮을 경우에는 재고자산평가손실(당기비용 또는 매출원가에 합산)을 인식하고, 재고자산평가충당금 계정(재고자산의 차감계정)을 설정한다.

(차)	재고자산평가손실 (당기비용 또는 매출원가)	×××	(대)	재고자산평가충당금	×××

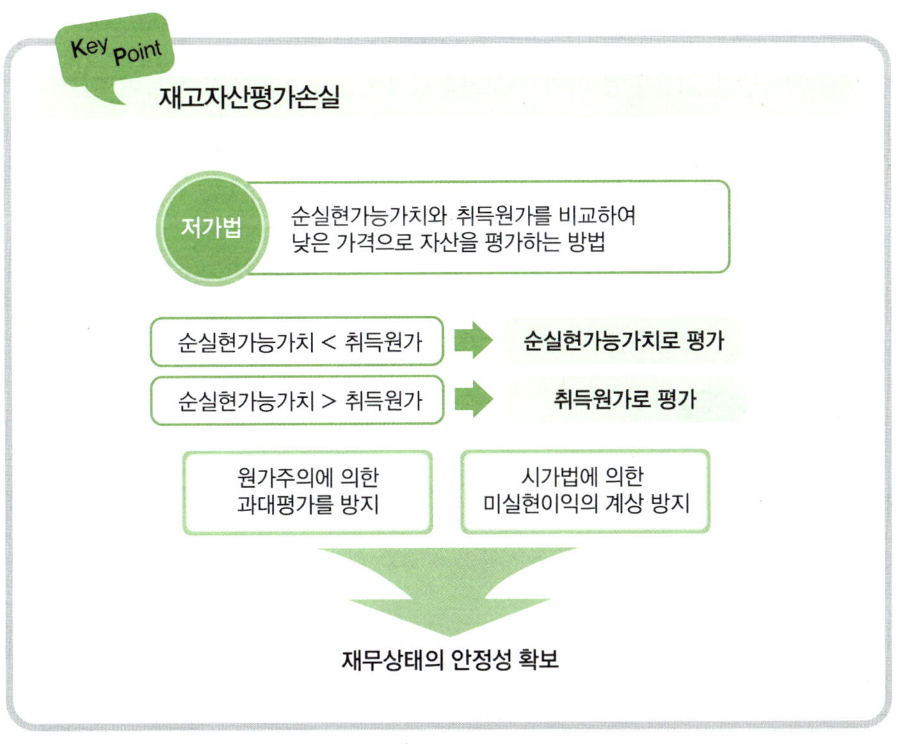

예제

다음 자료에 의해 필요한 매출원가 관련 회계처리(수정분개)를 하시오(단, 기말상품 재고에 대해서는 저가법을 적용하고, 재고자산평가손실은 매출원가에 합산한다).

기초상품재고액	₩1,000,000		
당기상품매입액	6,000,000		
당기상품매출액	8,000,000		
장부재고액	1,000개	@₩2,500	₩2,500,000
실지재고액	1,000개	@₩2,000	₩2,000,000

풀이 〈분 개〉

① (차)	매출원가	1,000,000	(대)	재고자산(기초)	1,000,000
② (차)	매출원가	6,000,000	(대)	매입	6,000,000
③ (차)	재고자산(기말)	2,500,000	(대)	매출원가	2,500,000
	재고자산평가손실 (매출원가)	500,000		재고자산평가충당금	500,000

2) 재고자산평가손실의 시가회복

① 저가법을 적용함에 따라 재고자산평가손실을 초래했던 상황이 해소되어 새로운 순실현가능가치가 장부금액보다 상승한 경우에는 최초의 장부금액을 초과하지 않는 범위 내에서 평가손실을 환입한다.

(차) 재고자산평가충당금	×××	(대) 재고자산평가충당금환입 (당기비용 또는 매출원가)	×××

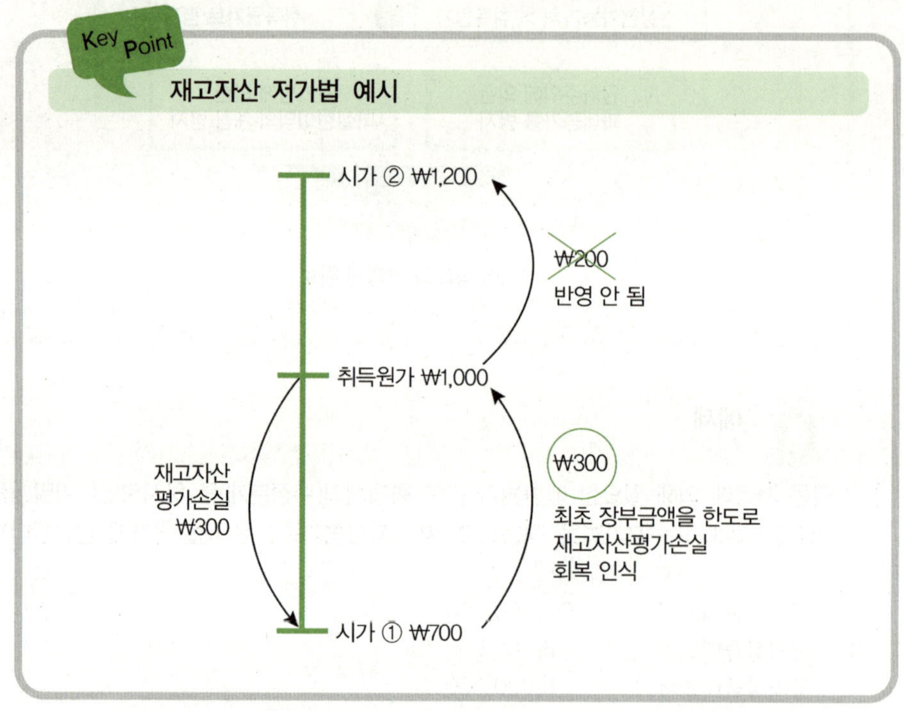

※ [문제 1~2] 다음의 자료를 이용하여 물음에 답하시오.

	단 위	단위당원가	총원가
기 초 재 고(1/1)	1,000	80	80,000
매 입(3/15)	200	110	22,000
매 입(5/16)	1,200	145	174,000
매 입(11/23)	400	146.5	58,600
판매가능량	2,800개		₩334,600
매 출(4/22)	800		
매 출(9/28)	900		
판 매 수 량	1,700		
기 말 재 고(12/31)	1,100개		

01 다음 중 총평균법을 적용했을 경우 매출원가는 얼마인가?

① ₩131,450 ② ₩203,150
③ ₩280,000 ④ ₩334,600

02 다음 중 계속기록법하에서 선입선출법을 적용했을 경우 기말재고액은 얼마인가?

① ₩100,000 ② ₩150,000
③ ₩160,100 ④ ₩174,500

해설

01 단위당원가 : $\frac{334,600}{2,800개}$ = ₩119.5

기말재고 : 119.5×1,100 = ₩131,450

매출원가 : 334,600 − 131,450 = ₩203,150 | 정답 ❷ |

02 매출원가 : (80×800) + {(80×200) + (110×200) + (145×500)} = ₩174,500

기말재고 : 334,600 − 174,500 = ₩160,100 | 정답 ❸ |

학습 Quiz

03 다음 중 재고자산평가 관련 수정분개로 옳지 않은 것은 무엇인가?

상 황	취득원가	순실현가능가치
상 품	₩120,000	₩145,000
제 품	130,000	107,000
반 제 품	120,000	115,000

① 상 품 : 분개 없음
② 제 품 : (차) 재고자산평가손실 23,000 (대) 재고자산평가충당금 23,000
③ 반제품 : (차) 재고자산평가손실 5,000 (대) 재고자산평가충당금 5,000
④ 답 없음

해설

03 재고자산평가는 저가법을 적용하여 재고자산의 취득원가와 순실현가능가치를 비교하여 취득원가와 순실현가능가치 중 낮은 가격으로 평가한다. 따라서 제품과 반제품은 재고자산평가손실을 인식하고, 상품은 분개할 사항이 없다. | 정답 ④ |

학습정리

*

1. 재고자산 단가 결정방법

① 개별법은 재고자산을 개별적으로 식별하여 매입 가격별로 판매된 수량과 기말재고로 남은 수량을 구분하여 재고자산금액을 결정하는 방법이다.

② 선입선출법은 먼저 매입한 상품이 먼저 매출된다고 가정한다.

③ 평균법은 일정 기간 동안의 재고자산에 대한 평균 단위당 원가를 구하여 기말재고금액과 매출원가를 계산하는 방법이다.

④ 후입선출법은 나중에 매입한 상품이 먼저 매출된다고 가정한다.

2. 재고자산 평가

① 재고자산감모손실은 장부상의 재고수량보다 실제재고수량이 작은 경우의 차이로 인한 수량 평가이다.

② 재고자산평가손실은 저가법을 적용함에 따라 재고자산 취득원가가 순실현가능가치보다 하락한 경우의 차이로 인한 금액 평가이다.

제5편

연습문제

객관식 문제

중하

01 다음 중 재고자산에 관한 설명으로 옳지 않은 것은 무엇인가?

① 상　품 – 상품판매기업이 판매를 목적으로 구입한 상품
② 제　품 – 제조기업이 판매를 목적으로 제조한 생산품
③ 재공품 – 자가제조한 중간제품과 부분품
④ 저장품 – 소모품, 수선용 부분품, 기타 저장품

::해설 재공품은 제품이나 반제품의 제조를 위하여 제조 과정에 있는 것이며, 자가제조한 중간제품과 부분품 등은 반제품에 해당된다.

중

02 다음 중 재고자산의 회계처리와 관련된 설명으로 옳은 것은 무엇인가?

① 도착지인도조건의 미착상품에 대한 운송비, 보험료 등을 판매자가 부담하는 경우 매입자는 이를 매입단가에 포함시켜 재고자산에 가산한다.
② 선적지인도조건의 미착상품에 대한 운송비, 보험료 등을 매입자가 부담한 경우 이를 매입사의 포괄손익계산서에 판매비와관리비로 보고한다.
③ 반품조건부 판매시 반품액을 합리적으로 추정하는 것이 불가능한 경우에는 구매자가 상품의 인수를 수락하거나 반품기간이 종료되기 전까지는 해당 상품을 판매자의 재고자산으로 보고한다.
④ 재고자산에 저가법을 적용함으로써 발생한 재고자산평가손실은 영업외비용으로 인식하고, 재고자산의 장부금액에서 직접 차감하여 표시한다.

::해설 선적지인도조건에서 미착상품은 구매자의 재고자산이며, 도착지인도조건에서 미착상품은 구매자의 재고자산이 아니다.

중상

03 **20x1년 12월 10일 위탁자인 ㈜대한은 수탁자인 ㈜민국에 상품을 인도하고 외상매출로 회계처리하였다. 다음 중 이러한 회계처리가 ㈜대한의 20x1년 재무제표에 미치는 영향으로 옳지 않은 것은 무엇인가? (단, 상품매매거래는 계속기록법을 적용한다)**

• 2011 지방직 9급

① 재고자산 과소계상
② 매출 과대계상
③ 매출채권 과대계상
④ 매출원가 과소계상

해설
• 위탁매출 : (차) 적송품 ×××　(대) 매입(상품) ×××
• 외상매출 : (차) 매출채권 ×××　(대) 매출 ×××
• 위탁매출(적송품)을 외상매출로 처리하면 재고자산 과소계상, 매출 과대계상, 매출채권 과대계상, 매출원가 과대계상, 매출이익 과대계상이 발생한다.

하

04 **다음 중 판매된 제품이나 상품에 파손이나 결함이 있어 반환되는 것을 의미하는 용어로 옳은 것은 무엇인가?**

① 매출할인
② 매출환입
③ 매출에누리
④ 현금할인

해설 판매된 제품이나 상품이 파손이나 결함이 있어 매입자가 반품하였을 경우를 매출환입이라고 한다.

Answer
01. ③　02. ③　03. ④　04. ②

하

05 반도체 제조업체인 ㈜화성의 20x6년 12월 31일 현재의 장부 및 창고의 재고자산과 20x6년 중 매출·매입 현황은 아래와 같다. 20x6년 매출총이익은 얼마인가?

• 40회 기업회계2급

- 20x6.1.1. 기초재고자산 ₩2,000,000
- 20x6.1.1.~12.31. 총매입액 10,000,000
- 20x6.1.1.~12.31. 매입할인액 1,000,000
- 20x6.1.1.~12.31. 매출액 11,500,000
- 20x6.12.31. 기말재고자산 1,500,000

① ₩2,000,000 ② ₩3,000,000
③ ₩4,000,000 ④ ₩5,000,000

해설 매출원가 = 2,000,000 + (10,000,000 − 1,000,000) − 1,500,000 = ₩9,500,000
매출총이익 = 11,500,000 − 9,500,000 = ₩2,000,000

중

06 다음 중 재고자산 취득원가의 결정요인으로 옳지 않은 것은 무엇인가?

① 매입할인과 매입에누리와 환출
② 매입상품과 관련된 취급, 보관을 위한 지출비용
③ 제조 가능한 장소까지 이동시키는 데 소요되는 보험료와 수수료, 세금 등
④ 매도자가 부담하는 상품에 대한 운반비(도착지인도조건인 경우)

해설 재고자산의 취득원가는 제품의 구입가격뿐만 아니라, 제품을 구입자의 영업장소까지 옮겨와서 이를 판매 가능한 상태로 만들기까지 필요한 모든 부대원가를 포함한다.
① 매입의 차감 항목, ②, ③ 재고자산 취득원가에 포함, ④ 판매자의 판매비

[추가설명] 보기 ④가 선적지인도조건이면 재고자산의 취득원가를 구성한다.

하

07 ㈜채원이 2016년 기말재고 실사시 선적지인도조건의 매입 상품을 계상하지 않았을 경우 일어나는 현상으로 옳지 않은 것은 무엇인가?

• 43회 기업회계2급

① 기말재고자산이 과소계상된다. ② 매출총이익이 과대계상된다.
③ 자본이 과소계상된다. ④ 유동자산이 과소계상된다.

해설 기말재고자산이 과소 평가된 경우이므로, 유동자산이 과소계상, 매출총이익이 과소 계상되며, 이는 자본이 과소계상된다.

상

08 **다음 중 괄호 안의 금액은 얼마인가? (단, 총매출액과 당기매입액에는 조정 항목 금액이 반영되지 않았다고 가정함)**

총매출액	(　　　)	매출환입	₩100,000
매출할인	₩50,000	기초상품재고액	300,000
당기매입액	2,500,000	매입할인	50,000
기말상품재고액	200,000	매입운임	50,000
매출총이익	1,000,000	매출운임	30,000

① ₩3,720,000　　② ₩3,750,000

③ ₩3,780,000　　④ ₩3,800,000

해설 순 매 입 액 = 당기매입액 − 매입할인 + 매입운임
= 2,500,000 − 50,000 + 50,000 = ₩2,500,000
매 출 원 가 = 기초상품재고액 + 순매입액 − 기말상품재고액
= 300,000 + 2,500,000 − 200,000 = ₩2,600,000
매출총이익 = 순매출액 − 매출원가
= 3,600,000 − 2,600,000 = ₩1,000,000
순 매 출 액 = 총매출액 − 매출환입 − 매출할인
= 3,750,000 − 100,000 − 50,000 = ₩3,600,000
• 매출운임은 당기비용으로 처리함

중상

09 **다음은 ㈜민국의 20x1년도 재고자산과 관련된 자료이다. 다음 중 매출원가는 얼마인가?**

기초상품재고액	₩9,000,000	기말상품재고액	₩15,000,000
당기총매입액	195,000,000	당기총매출액	228,000,000
당기매입운임	6,000,000	매입에누리와 환출	3,000,000
매입할인	1,500,000	매출할인	3,000,000

① ₩193,500,000　　② ₩190,500,000

③ ₩184,500,000　　④ ₩187,500,000

Answer 05. ①　06. ④　07. ②　08. ②　09. ②

::해설 당기순매입액 = 당기총매입액 + 매입운임 − 매입할인 − 매입에누리와 환출
= 195,000,000 + 6,000,000 − 1,500,000 − 3,000,000
= ₩196,500,000
매 출 원 가 = 기초상품재고액 + 당기순매입액 − 기말상품재고액
= 9,000,000 + 196,500,000 − 15,000,000 = ₩190,500,000

[추가설명]

〈재고자산〉

기 초 재 고	9,000,000	매 출 원 가	190,500,000
당기순매입액	196,500,000	기 말 재 고	15,000,000
합계	₩205,500,000	합계	₩205,500,000

중상

10 **다음 중 매입운임과 기말상품재고액은 각각 얼마인가?**

기초상품재고액	₩1,800,000	당기총매입액	₩16,200,000
매입에누리 및 매입환출	600,000	당기순매입액	18,450,000
판매가능액	20,250,000	매출원가	18,450,000
매입운임		기말상품재고액	

	매입운임	기말상품재고액
①	₩2,850,000	₩1,800,000
②	₩2,850,000	₩1,450,000
③	₩2,250,000	₩2,000,000
④	₩2,250,000	₩1,800,000

::해설 매출원가 = 기초상품재고액 + 당기순매입액 − 기말상품재고액(X_1)
= 1,800,000 + 18,450,000 − (X_1) = ₩18,450,000
기말상품재고액(X_1) = ₩1,800,000
당기순매입액 = 당기총매입액 − 매입에누리와 환출 + 매입운임(X_2)
= 16,200,000 − 600,000 + (X_2) = ₩18,450,000
매입운임(X_2) = ₩2,850,000

〈재고자산〉

기 초 재 고	1,800,000	매 출 원 가	18,450,000
당기순매입액	184,500,000	기 말 재 고	1,800,000
합계	₩205,500,000	합계	₩20,250,000

중

11 다음은 ㈜대한의 7월 중 상품 관련 자료이다. 7월 중 상품 순매입량이 1,000,000개라면 단위당 취득원가는 얼마인가?

매 입 가 액	₩500,000,000	매 입 운 임	₩20,000,000
매 입 할 인	10,000,000	매 출 운 임	30,000,000
매 출 할 인	15,000,000	매 입 에 누 리	10,000,000

① ₩530　② ₩520
③ ₩515　④ ₩500

해설 순매입금액 = 매입가액 + 매입운임 − 매입할인 − 매입에누리
= 500,000,000 + 20,000,000 − 10,000,000 − 10,000,000
= ₩500,000,000
따라서 단위당 취득원가 = 500,000,000/1,000,000개 = ₩500

중

12 ㈜한국은 정상가 ₩10,000,000의 상품을 외상으로 구입하면서, 구입 즉시 판매자로부터 10%의 할인을 제공받았으며, 구입일로부터 30일 이내에 전액 현금을 지급하자 추가적으로 지급액의 3% 할인을 제공받았다. ㈜한국은 상품을 구입하면서 운임 ₩300,000과 상품중개수수료 ₩200,000을 현금으로 지급하였다. ㈜한국이 상품의 매입원가로 기록해야할 금액은 얼마인가? • 43회 기업회계2급

① ₩8,700,000　② ₩9,200,000
③ ₩9,230,000　④ ₩9,500,000

해설 (10,000,000 × 0.90 × 0.97) + 300,000 + 200,000 = ₩9,230,000

Answer 10. ①　11. ④　12. ③

중

13 **다음은 ㈜대한의 회계자료 중 일부이다. 다음 중 계속기록법하에서 선입선출법을 적용하였을 때 기말재고액 및 매출원가는 얼마인가?**

6/ 1	기 초 재 고	300개	@₩120
6/ 7	매 출	150개	
6/12	매 입	400개	@₩115
6/21	매 출	200개	
6/30	매 출	300개	

	기말재고액	매출원가		기말재고액	매출원가
①	₩5,540	₩76,460	②	₩5,750	₩76,250
③	₩5,830	₩76,170	④	₩5,540	₩76,460

::해설 매출원가 = 300 × 120 + 350 × 115 = ₩76,250
기말재고액 = 50 × 115 = ₩5,750

중상

14 **다음의 항목들이 기말재고자산에 포함되어 있다. 다음 중 매입자의 정확한 기말재고액을 산출하기 위해서 제외시켜야 할 금액은 얼마인가?**

위탁상품(원가에 40%의 이익을 가산한 판매가로 표시됨)	₩14,000
미착매입상품(선적지인도조건)	12,000
수탁상품(원가)	9,000

① ₩23,000　　② ₩14,600
③ ₩17,400　　④ ₩13,000

::해설 위탁상품은 해당 기업의 재고자산에 포함시켜야 하나 위 제시된 보기에서 판매가로 표시되었으므로 원가를 제외한 마진 부분을 재고자산에서 제외시켜야 한다. 따라서 14,000 − 10,000(14,000/1.4) = ₩4,000은 재고자산에 포함하여서는 안 된다. 또한 수탁받은 상품은 해당 기업의 재고자산이 아니므로 ₩9,000도 재고자산에서 제외하여야 한다. 따라서 4,000 + 9,000 = ₩13,000만큼 기말재고액 계산시 제외시켜야 한다.

중상

15 **다음 중 매출원가가 현행원가에 근접하게 보고되어, 수익·비용의 대응이 적절히 이루어질 수 있는 재고자산평가방법으로 옳은 것은 무엇인가?**

① 이동평균법
② 총평균법
③ 선입선출법
④ 후입선출법

해설 후입선출법은 나중에 구입된 것이 먼저 판매되거나 사용된다고 가정한다. 따라서 매출원가로 계상되는 자산이 나중에 구입한 자산이므로 현행원가에 근접한다.

[추가설명]
그러나 K-IFRS에서 후입선출법은 인정되지 않는 재고자산평가방법이다.

중

16 **다음 중 상품매입과 매출에 대한 회계처리방법으로서 계속기록법과 실지재고조사법에 관한 설명이다. 옳지 않은 것은 무엇인가?**

① 계속기록법에는 상품 관련 계정의 결산정리분개가 요구된다.
② 계속기록법에서는 판매가 이루어질 때마다 당해 판매로 인한 매출원가를 계산하여야 한다.
③ 계속기록법을 사용하더라도 기말의 정확한 재고를 파악하기 위하여 실지재고조사법을 병행하여 사용할 수 있다.
④ 실지재고조사법에서는 기말에 실제로 남아있는 재고금액을 조사하여 매출원가를 기말에 산출한다.

해설 계속기록법은 판매시마다 매출원가를 기록하므로 상품 관련 계정의 결산정리분개가 요구되지 않는다.

13. ② 14. ④ 15. ④ 16. ① **Answer**

중상

17 다음 중 거래유형별 재고자산의 수량결정과 관련하여 옳지 않은 것은 무엇인가?

① 청과시장 상인에게 수박의 위탁판매를 맡긴 경우, 수탁자는 단지 판매대행에 대한 수수료만을 수익으로 인식하기 때문에 수탁자가 보유하고 있는 수박의 재고는 재배농가인 위탁자의 재고자산이다.

② 소비자가 시험적으로 사용한 뒤 매입 의사표시를 하게 되면 판매가 성립되는 시용판매의 경우, 소비자가 상품을 보유하고 있더라도 매입 의사표시 전까지는 판매자의 재고자산으로 보고한다.

③ 미착상품은 결산일 현재 운송 중에 있는 매입상품을 말하며, 선적지인도기준인 경우 판매자의 재고자산, 도착지인도기준인 경우 매입자의 재고자산에 포함된다.

④ 하이마트에서 김치냉장고를 30개월 할부로 판매한 경우, 판매자의 기말재고자산에서 제외한다.

해설 미착상품은 선적지인도조건의 경우 매입자의 재고자산, 도착지인도조건의 경우 판매자의 재고자산에 포함되어야 한다.

중

18 다음 중 D램반도체 가격이 연일 계속 하락하고 있는 경우, 반도체를 주요부품으로 가전제품을 제조하고 있는 ㈜대한전자에서 반도체의 기말재고수량이 기초재고수량보다 많을 때 당기순손익이 크게 계상되는 순서로 옳은 것은 무엇인가?

① 선입선출법 > 총평균법 > 후입선출법

② 후입선출법 > 총평균법 > 선입선출법

③ 총평균법 > 선입선출법 > 후입선출법

④ 총평균법 > 후입선출법 > 선입선출법

해설 물가가 지속적으로 하락하는 경우 재고자산평가방법에 따른 당기순손익의 크기를 비교하면 다음과 같다.

당기순손익 : 선입선출법 < 평균법 < 후입선출법이다.

[추가설명]

후입선출법은 한국채택국제회계기준상 인정되지 않는 회계처리방법이지만 물가 상승 혹은 하락시의 다른 방법들과의 관계를 파악할 필요가 있다.

중하

19 **다음의 설명 중 옳지 않은 것은 무엇인가?**

① 2/10, n/30과 같은 신용조건은 고객이 총 30일의 신용기간 중 10일 이내에 대금을 지급하면 2%의 할인을 받을 수 있다는 것을 의미한다.

② 매입할인은 매입채무를 할인기간 내에 현금으로 지급할 경우 받게 되는 유리한 현금할인이며, 총매입액의 차감 항목으로 계상한다.

③ 매출할인은 매출채권을 할인기간 내에 현금으로 회수하기 위하여 할인을 해주는 경우 이를 매출할인으로 기록하고, 총매출액의 차감 항목으로 계상한다.

④ 대량구매 또는 단골거래처이므로 가격을 낮게 거래하는 것을 에누리라 하며, 외상대금을 신용기간보다 일찍 상환하는 경우도 에누리에 해당된다.

::해설 할인은 외상대금을 신용기간보다 짧은 할인기간 내에 현금으로 일찍 상환하는 경우 가격을 낮추어 주는 것을 의미한다.

중

20 **송장가격 ₩100,000, 신용조건 2/10, n/30으로 상품을 구입하였으나 구입상품의 절반이 검수결과 규격에 미달하여 즉시 반품조치하였다. 만일 현금할인기간 내에 대금을 지급한다면, 그 금액은 얼마인가?**

① ₩48,000

② ₩49,000

③ ₩98,000

④ ₩100,000

::해설 ₩100,000으로 매입 후 절반을 반품하였으므로 매입채무는 ₩50,000이 남는다. 이러한 매입채무를 10일 이내에 지급한다면, 그 대금의 2%를 할인받으므로 결제할 대금은 ₩49,000이다.

Answer

17. ③ 18. ② 19. ④ 20. ②

중

21 ㈜한국은 매출총이익률을 순매출액의 30%로 하고 있다. 다음 자료에 의하여 기말 재고자산을 계산하면 얼마인가?

• 총 매 출 액	₩20,000,000	• 매 출 환 입	₩1,000,000
• 총 매 입 액	15,000,000	• 매 출 할 인	1,000,000
• 매 입 환 출	1,000,000	• 기초재고자산	2,500,000

① ₩3,800,000
② ₩3,900,000
③ ₩4,000,000
④ ₩4,100,000

매 출 총 이 익 = (20,000,000 − 1,000,000 − 1,000,000) × 0.3 = ₩5,400,000
매 출 원 가 = 18,000,000 − 5,400,000 = ₩12,600,000
기말재고자산 = 2,500,000 + 15,000,000 − 1,000,000 − 12,600,00 = ₩3,900,000

중상

22 기말재고자산이 과대계상되는 오류가 발생하였다. 다음 중 이 오류의 영향으로 옳은 것은 무엇인가?

① 당기에만 당기순손익이 과대계상된다.
② 당기에만 당기순손익이 과소계상된다.
③ 당기순손익이 당기에는 과대, 차기에는 과소계상되어 자동조정된다.
④ 당기순손익이 당기에는 과소, 차기에는 과대계상되어 자동조정된다.

기초재고자산 + 당기매입액 − 기말재고자산 = 매출원가이므로 기말재고자산이 과대계상되면, 동 금액만큼 매출원가가 과소계상됨에 따라 당기순손익은 과대계상된다. 반면 당기의 기말재고자산은 차기의 기초재고자산 금액이 되므로 차기에는 당기순손익이 과소계상된다.

상

23 **㈜대한은 계속기록법을 적용하고 있으며, 평균법에 의한 재고자산의 단가를 계산하고자 한다. 다음 중 기말재고자산의 평균단가는 얼마인가?**

일 자	거래내용	단 가
1월 5일	매입 1,000개	₩6,000
5월 18일	매출 600개	16,000
7월 25일	매입 1,200개	6,400
9월 17일	매출 1,200개	14,000

① ₩6,280 ② ₩6,300
③ ₩6,400 ④ ₩6,500

해설 {(400×6,000)+(1,200×6,400)}/1,600=₩6,300

하

24 **㈜가산의 2016년 5월의 재고자산 입출고에 관한 내용이다. 선입선출법과 총평균법을 적용하는 경우 5월 31일 현재 재고자산금액은 각각 얼마인가?**

• 43회 기업회계2급

일 자	적 요	수 량	단 가
5월 1일	기초재고	20개	₩100
5월 5일	매 입	20개	₩100
5월 10일	매 출	20개	₩150
5월 20일	매 입	20개	₩130
5월 25일	매 출	20개	₩200
5월 31일	월말재고	20개	

	선입선출법	총평균법
①	₩2,200	₩2,200
②	₩2,200	₩2,600
③	₩2,600	₩2,200
④	₩2,600	₩2,600

해설 선입선출법 : 20개×130=2,600
총평균법 : 20개×110=2,200
(20개×100+20개×100+20개×130)÷60개=₩110

Answer 21. ② 22. ③ 23. ② 24. ③

※ [문제 25~26] 해당 물음에 답하시오.

기초상품재고액	₩30,000	당기상품매입액	₩120,000
당기상품매출액	150,000	매출환입액	3,000
매출에누리	1,000	매입환출액	2,000
매입부대비용	5,000	매입운임	30,000
매입할인	20,000	매입에누리	10,000
기말상품재고액	9,000		

중

25 **다음 중 총매출원가는 얼마인가?**

① ₩141,000 ② ₩139,000 ③ ₩144,000 ④ ₩109,000

해설 기초재고액(30,000) + 당기순매입액(120,000 − 2000 + 5,000 + 30,000 − 20,000 − 10,000) − 기말재고액(9,000) = ₩144,000

중

26 **다음 중 매출총이익은 얼마인가?**

① ₩6,000 ② ₩2,000 ③ ₩3,000 ④ ₩5,000

해설 순매출액(150,000 − 3,000 − 1,000) − 매출원가(144,000) = ₩2,000

중

27 **다음 중 매출총이익은 얼마인가?**

당기매입	₩810,000	기초재고액	₩390,000
기말재고액	300,000	매입할인	100,000
매출할인	150,000	총매출액	2,400,000
매출에누리와환입	600,000		

① ₩720,000 ② ₩780,000 ③ ₩800,000 ④ ₩850,000

해설 매 출 액 = 총매출액 − 매출할인 − 매출에누리와환입
= 2,400,000 − 150,000 − 600,000 = ₩1,650,000
매출원가 = 기초재고 + 당기매입 − 매입할인 − 기말재고
= 390,000 + 810,000 − 100,000 − 300,000 = ₩800,000
매출총이익 = 매출액 − 매출원가 = 1,650,000 − 800,000 = ₩850,000

하

28 **㈜주원의 20x6년 기말 재고자산 내역이 다음과 같을 때, 재고자산감모손실은 얼마인가?**

• 42회 기업회계2급

- 장부상 재고자산 : 800개
- 실제 재고자산 : 700개
- 재고자산 개당원가 : ₩900(시가 ₩800)
- 재고감모손실 중 20%는 비정상적인 발생분이다.

① ₩18,000 ② ₩70,000 ③ ₩90,000 ④ ₩160,000

해설 재고자산감모손실 : (800개 − 700개) × 900 = ₩90,000

주관식 평가문항

상

01 당기의 모든 매입과 매출이 외상으로 이루어졌다고 가정할 때 아래의 자료를 이용하여 매출총이익을 계산하시오.

기초매출채권	₩200,000	기말매출채권	₩250,000
기초매입채무	100,000	기말매입채무	80,000
기 초 상 품	70,000	기 말 상 품	40,000
당기 중에 회수된 매출채권 금액	₩ 1,500,000		
당기 중에 지급된 매입채무 금액	800,000		

해설 T계정분석을 실시해 본다(당기의 모든 매입과 매출은 외상이므로 매입발생 및 매출발생은 곧 당기총매입액과 매출액이 된다).

매입채무

지급액	800,000	기 초	100,000
기 말	80,000	매입액	Y

매출채권

기 초	200,000	회수액	1,500,000
매출액	X	기 말	250,000

상 품

기 초	70,000	매출원가	Z
매 입 액	Y	기 말	40,000

대차평균의 원리를 이용하면 매출액 X = ₩1,550,000
매입액 Y = ₩780,000 매출원가 Z = ₩810,000
따라서 매출총이익은 X − Z = ₩740,000

Answer 25. ③ 26. ② 27. ④ 28. ③

※ [문제 2~4] 다음은 ㈜대한의 당기상품재고와 관련된 자료이다.

기초상품재고액	₩500,000	당기상품매입액	₩7,500,000
기말상품재고액 (장부금액)	300,000	기말상품재고액 (실사금액)	250,000

장부금액과 실사금액의 차이 중 ₩20,000은 원가성이 있으며, ₩30,000은 원가성이 없는 것으로 판단된다.

하

02 ㈜대한의 재무상태표에 계상될 기말상품재고액은 얼마인가?

중

03 ㈜대한의 재고자산감모손실 중 매출원가에 포함될 금액과 영업외비용으로 처리할 금액은 각각 얼마인가?

상

04 ㈜대한의 당기매출원가를 계산하시오.

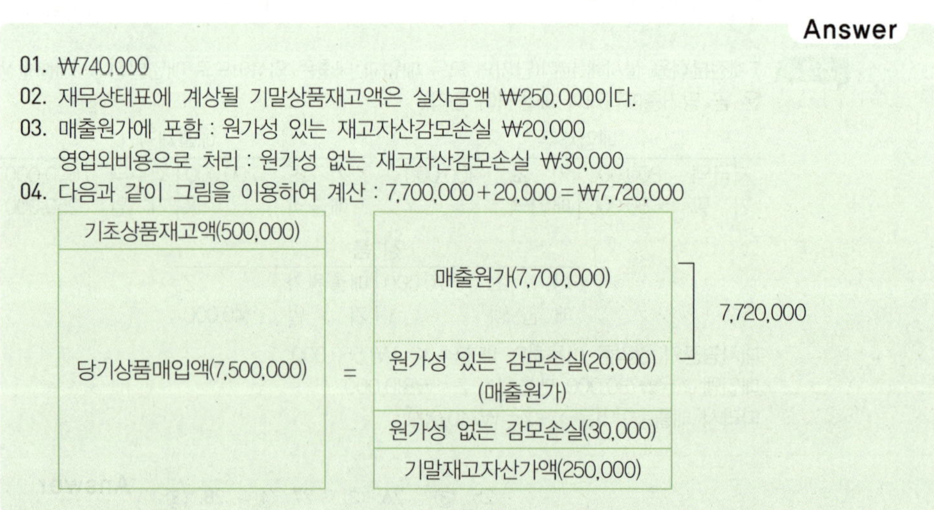

Answer

01. ₩740,000
02. 재무상태표에 계상될 기말상품재고액은 실사금액 ₩250,000이다.
03. 매출원가에 포함 : 원가성 있는 재고자산감모손실 ₩20,000
    영업외비용으로 처리 : 원가성 없는 재고자산감모손실 ₩30,000
04. 다음과 같이 그림을 이용하여 계산 : 7,700,000 + 20,000 = ₩7,720,000

제 6 편

유형자산과 무형자산

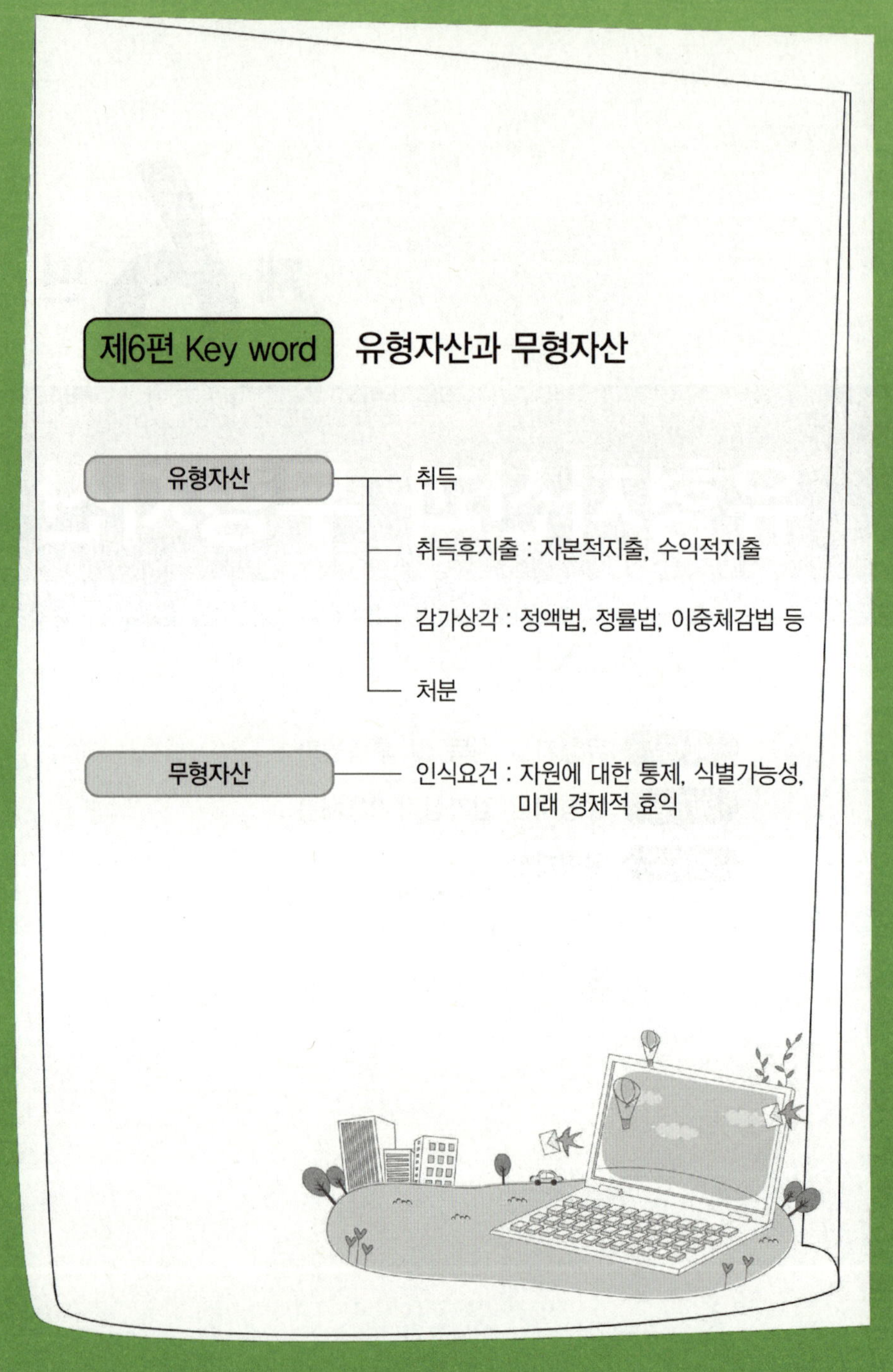

제6편 Key word 유형자산과 무형자산

유형자산
- 취득
- 취득후지출 : 자본적지출, 수익적지출
- 감가상각 : 정액법, 정률법, 이중체감법 등
- 처분

무형자산
- 인식요건 : 자원에 대한 통제, 식별가능성, 미래 경제적 효익

LG 유플러스
(제24기)

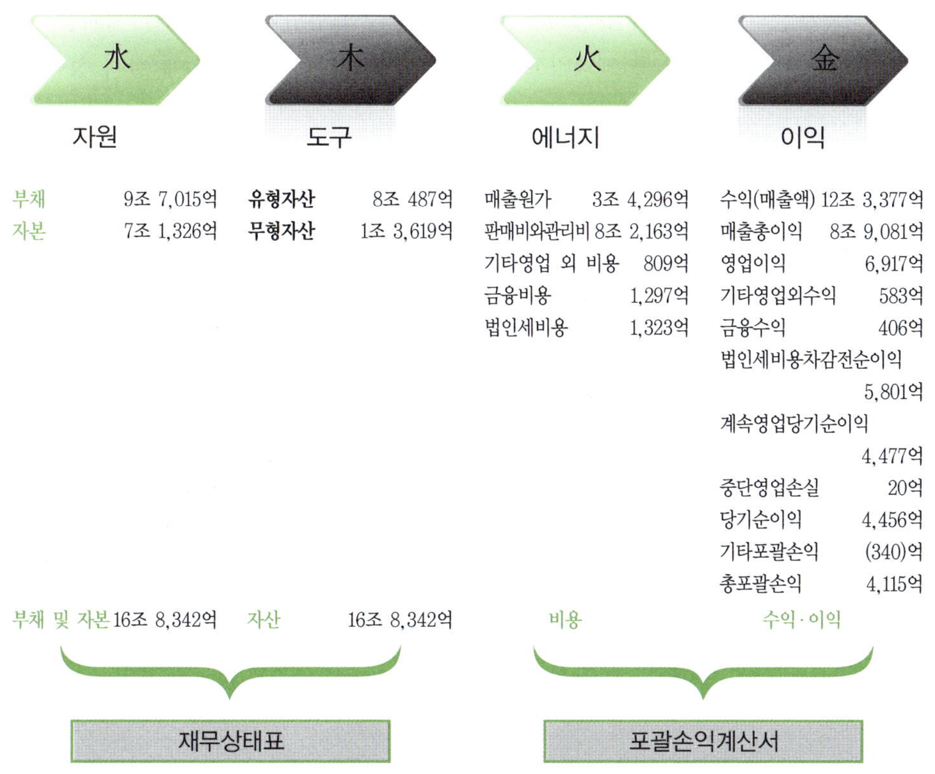
水
자원
木
도구
火
에너지
金
이익
부채 9조 7,015억
자본 7조 1,326억
유형자산 8조 487억
무형자산 1조 3,619억
매출원가 3조 4,296억
판매비와관리비 8조 2,163억
기타영업 외 비용 809억
금융비용 1,297억
법인세비용 1,323억
수익(매출액) 12조 3,377억
매출총이익 8조 9,081억
영업이익 6,917억
기타영업외수익 583억
금융수익 406억
법인세비용차감전순이익 5,801억
계속영업당기순이익 4,477억
중단영업손실 20억
당기순이익 4,456억
기타포괄손익 (340)억
총포괄손익 4,115억
부채 및 자본 16조 8,342억
자산 16조 8,342억
비용
수익·이익
재무상태표
포괄손익계산서

기업분석

1. 유형자산

유형자산은 원가에서 감가상각누계액과 손상차손누계액을 차감하여 표시됩니다. 역사적 원가는 자산의 취득에 직접적으로 관련된 지출을 포함합니다. 토지를 제외한 자산은 취득원가에서 잔존가치를 제외하고, 다음의 추정 경제적 내용연수에 걸쳐 정액법으로 상각됩니다.

유형자산의 감가상각방법과 잔존가치 및 경제적 내용연수는 매 회계연도 말에 재검토되고 필요한 경우 추정의 변경으로 조정됩니다.

(1) 당기 및 전기 중 유형자산 장부금액

(단위 : 백만원)

구 분	토 지	건 물	전기통신설비	기타유형자산	건설 중인 자산	사용권 자산	합 계
기초취득원가	622,604	931,976	14,061,271	933,018	333,120		16,881,989
감가상각누계액		-200,527	-9,636,089	-605,199			-10,441,815
손상차손누계액			-56,501				-56,501
정부보조금		-836	-6,596	-13			-7,445
기초장부금액	622,604	730,613	4,362,085	327,806	333,120		6,376,228
회계정책 변경효과				-13,840		678,167	664,327
재작성된 기초장부금액	622,604	730,613	4,362,085	313,966	333,120	678,167	7,040,555
취득	3,181	4,417	353,843	72,038	2,214,878	227,338	2,875,695
대체	2,967	138,933	1,669,867	150,362	-1,956,578		5,551
처분	-34	-56	-42,379	-2,648		-42,246	-87,363
매각예정자산 대체[1]			-28,321	-731			-29,052
감가상각비[2]		-31,885	-1,315,788	-124,026		-280,529	-1,752,228
손상차손			-4,363				-4,363
기말장부금액	628,718	842,022	4,994,944	408,961	591,420	582,730	8,048,795
기말취득원가	628,718	1,075,968	15,600,808	1,099,618	591,420	785,487	19,782,019
감가상각누계액		-233,055	-10,548,353	-690,657		-202,757	-11,674,822
손상차손누계액			-53,052				-53,052
정부보조금		-891	-4,459				-5,350
기말장부금액	628,718	842,022	4,994,944	408,961	591,420	582,730	8,048,795

1) 매각예정자산으로 대체된 결제사업관련 유형자산의 장부금액은 29,052백만원입니다(주석 22 참조).
2) 당기 및 전기 중단영업과 관련된 감가상각비가 각각 10,021백만원 및 8,908백만원 포함되어 있습니다.

(2) 담보제공 유형자산

당사의 유형자산 중 토지, 건물의 일부는 차입금과 관련하여 한국산업은행에 담보로 제공되어 있습니다. 담보제공된 자산의 장부금액은 28,757백만원이며 채권최고액은 58,000백만원입니다.

(3) 자산손상

당사는 2021년에 종료예정인 2G서비스와 관련된 유형자산에 대해 회수가능가액을 고려하여 전액 손상을 인식하였습니다. 손상차손인식액은 4,363백만원이며, 기타영업외비용으로 계상되었습니다.

(4) 자산별 내용연수

구 분	내용연수
건물	20 ~ 40년
전기통신설비	3 ~ 15년
기타유형자산	3 ~ 5년
사용권자산	리스기간에 걸쳐 상각

2. 무형자산

무형자산은 역사적 원가로 최초 인식되고, 원가에서 상각누계액과 손상차손누계액을 차감한 금액으로 표시됩니다.
내부적으로 창출한 무형자산인 소프트웨어 개발비는 기술적 실현가능성, 미래경제적 효익 등을 포함한 자산 인식요건이 충족된 시점 이후에 발생한 지출금액의 합계입니다. 계약적 고객관계는 사업결합으로 취득한 무형자산으로 취득일의 공정가치로 인식하고 있습니다. 회원권은 이용 가능 기간에 대하여 예측 가능한 제한이 없으므로 내용연수가 한정되지 않아 상각되지 않습니다. 한정된 내용연수를 가지는 다음의 무형자산은 추정내용연수 동안 정액법으로 상각됩니다.

(1) 당기 무형자산 장부금액

(단위 : 백만원)

구 분	산업재산권	회원권	주파수이용권	기타의 무형자산	합 계
기초취득원가	9,282	39,027	2,700,151	185,524	2,933,984
상각누계액	−5,896		−1,085,192	−130,707	−1,221,795
손상차손누계액		−5,839		−9,417	−15,256
기초장부금액	3,386	33,188	1,614,959	45,400	1,696,933
취득	370	208		6,681	7,259
처분		−395		−5,076	−5,471
상각비	−647		−301,105	−6,127	−307,879
손상차손			−28,870		−28,870
기말장부금액	3,109	33,001	1,284,984	40,878	1,361,972
기말취득원가	9,653	36,520	2,700,151	177,712	2,924,036
상각누계액	−6,544		−1,386,297	−136,834	−1,529,675
손상차손누계액		−3,519	−28,870		−32,389
기말장부금액	3,109	33,001	1,284,984	40,878	1,361,972

(2) 당사는 무형자산 중 회원권을 비한정내용연수를 가진 무형자산으로 분류하고, 매년 손상검사를 수행하고 있습니다.

(3) 연구와 개발활동 관련 지출 – 비용인식

(단위 : 백만원)

구 분	계정과목	2019.12	2018.12
기타영업비용	경상연구비[1)]	64,824	75,218

1) 당기 및 전기 중단영업손익과 관련된 경상연구비 178백만원 및 273백만원이 포함되어 있습니다.

(4) 자산손상

당사는 2021년에 종료예정인 2G서비스와 관련된 주파수이용권의 회수가능가액을 고려하여 전액 손상을 인식하였습니다. 손상차손인식액은 28,870백만원이며, 기타영업외비용으로 계상되었습니다.

(5) 중요한 무형자산

당사는 2011년 중 주파수이용권을 880,033백만원에 취득(차입원가 자본화 12,119백만원 포함)하여 10년의 내용연수 동안 정액법으로 상각하고 있습니다. 또한, 2013년 중 2.6GHz에 대한 주파수이용권을 461,973백만원에 추가로 취득하여 8년의 내용연수 동안 정액법으로 상각하고 있으며, 2016년 중 추가로 2.1GHz에 대한 주파수이용권을 372,470백만원에 취득하여 5년의 내용연수 동안 정액법으로 상각하고 있습니다. 전기 중 3.5GHz 주파수이용권과 28GHz 주파수이용권을 각각 781,445백만원 및 204,231백만원에 추가로 취득하여 3.5GHz 주파수이용권은 10년의 내용연수 동안 정액법로 상각하고 있으며 28GHz 주파수이용권은 사용시점에 정액법으로 상각예정입니다.

(6) 내용연수

과 목	추정 내용연수
산업재산권	5 ~ 10년
주파수이용권	5 ~ 10년
기타의 무형자산	2 ~ 10년

제1장 유형자산 취득 및 후속원가

:: 학습목표

- ✔ 유형자산 정의 및 종류를 학습한다.
- ✔ 유형자산 취득원가의 개념 및 회계처리방법을 학습한다.
- ✔ 유형자산 후속원가의 개념 및 회계처리방법을 학습한다.

1 유형자산(Tangible assets) 정의

(1) 유형자산 정의

① 유형자산은 재화나 용역의 생산이나 제공, 타인에 대한 임대 또는 관리활동에 사용할 목적으로 보유하는 물리적 형태가 있는 자산으로서 한 회계기간을 초과하여 사용할 것이 예상되는 자산이다.

② 유형자산은 다른 자산들에 비하여 일반적으로 대규모로 투자되므로 취득원가가 크다.

③ 유형자산(토지 제외)의 취득원가는 향후 감가상각을 통하여 비용으로 배분되므로 당기순손익에 미치는 영향이 중요한 자산이다.

(2) 유형자산 조건

유형자산으로 분류되기 위해서는 다음의 조건이 모두 충족되어야 한다.

① 사용하기 위한 목적으로 보유하는 자산
② 물리적 형체가 있는 자산
③ 결산일로부터 1년 이상의 장기간에 걸쳐 사용 가능한 자산

④ 예를 들어 주택건설회사에서 판매목적으로 보유하고 있는 토지와 건물은 유형자산이 아니라 재고자산이다.

유형자산 분류 조건

사용하기 위한 목적으로 보유하는 자산

물리적 형체가 있는 자산

결산일로부터 1년 이상의 장기간에 걸쳐 사용 가능한 자산

(3) 유형자산 종류

유형자산의 종류는 다음과 같다.

항 목	종 류
토지	대지, 임야 등
건물	건물 등
구축물	교량, 궤도, 갱도, 기타의 토목설비 등
기계장치	기계장치, 운송설비 등
건설 중인 자산	현재 건설 중에 있는 유형자산
기타 유형자산	차량운반구, 선박, 비품, 공기구 등 기타자산

(4) 원가모형(Cost model)과 재평가모형(Revaluation model)

한국채택국제회계기준에서는 유형자산 분류별로 원가모형이나 재평가모형 중 하나를 선택하도록 하고 있다. 본 교재는 원가모형을 중심으로 설명한다.

① **원가모형** : 최초 인식 후에 유형자산은 취득원가에서 감가상각누계액을 차감한 금액을 장부금액으로 한다.

② **재평가모형** : 최초 인식 후에 공정가치를 신뢰성 있게 측정할 수 있는 경우 유형자산을 재평가일의 공정가치로 측정하는 방법이다. 재평가는 보고기간 말에 자산의 장부금액이 공정가치와 중요하게 차이가 나지 않도록 주기적으로 수행한다.

2 유형자산 취득원가

(1) 유형자산 취득원가

① 유형자산의 취득원가는 매입(제조)원가에 해당 유형자산의 사용 목적에 맞도록 직접 소요된 모든 취득부대비용을 포함한다.

② 직접적인 취득부대비용에는 설치비, 운송비, 시운전비, 지급수수료, 각종 세금 등이 있다.

유형자산 취득원가 = 매입(제조)원가 + 취득부대비용
설치비, 운송비, 시운전비, 지급수수료, 각종 세금 등

(2) 유형자산 취득시점 회계처리

유형자산의 취득시점에는 유형자산을 취득하기 위해 지출된 취득원가를 아래와 같이 회계처리한다.

(차) 유 형 자 산	×××	(대) 현 금	×××

예제

다음 기계장치의 취득원가를 계산하고 회계처리를 하시오.

㈜대한은 기계장치를 구입하였다. 기계의 순수한 구입대금은 ₩5,000,000이며, 관세 ₩50,000, 공장까지의 운송비 ₩100,000, 공장 내 설치비 ₩30,000, 시험가동비 ₩25,000이 발생하였다.

풀이 취득원가 = 기계구입대금(5,000,000) + 관세(50,000) + 운송비(100,000) + 설치비(30,000) + 시험가동비(25,000) = ₩5,205,000

(차) 기 계 장 치	5,205,000	(대) 현 금	5,205,000

3 유형자산 후속원가(Subsequent cost)

(1) 후속원가 개념

① 유형자산의 후속원가란 유형자산을 취득한 이후에 유형자산의 성능향상, 유지, 보수 등과 관련하여 이루어지는 지출을 의미한다.

② 후속원가는 지출의 효과에 따라 자본적지출과 수익적지출로 구분된다.

③ 자본적지출(Capital expenditure)은 자금의 지출로 인하여 유형자산의 내용연수 연장, 유형자산이 생산하는 제품의 양이나 질의 증대, 지출금액이 상대적으로 중요한 경우 등의 지출을 의미한다.

④ 수익적지출(Revenue expenditure)은 자금의 지출이 단순히 유형자산의 현상유지 등의 목적일 경우의 지출을 의미한다.

항 목	개 념
자본적지출	지출의 효과가 장기간에 걸쳐 발생하는 지출로서 유형자산의 내용연수가 늘어나거나 성능을 향상시키기 위한 지출
수익적지출	지출의 효과가 단기간에 종료하는 지출로서 유형자산의 성능을 원상회복시키거나 능률유지를 위한 지출

(2) 후속원가 회계처리

① 후속원가가 자본적지출로 분류되는 경우에는 해당 비용을 자본화처리(취득원가에 가산)한다.

[자본적지출]

(차) 유 형 자 산	×××	(대) 현 금	×××

② 후속원가가 수익적지출로 분류되는 경우에는 해당 비용을 당기비용으로 처리한다.

[수익적지출]

(차) 수 선 비 등	×××	(대) 현 금	×××

예제

다음의 거래를 회계처리 하시오.

① 사용 중인 기계장치의 부품을 교체하기 위해 ₩2,000,000의 현금이 지급되었고, 이로 인해 기계장치의 성능이 대폭 향상될 것으로 기대된다.
② 태풍으로 피해를 입은 기계장치를 원래 상태로 회복시키기 위해 ₩30,000의 현금이 지급되었다.

풀이

	차변	금액	대변	금액
①	(차) 기계장치	2,000,000	(대) 현금	2,000,000
②	(차) 수선비	30,000	(대) 현금	30,000

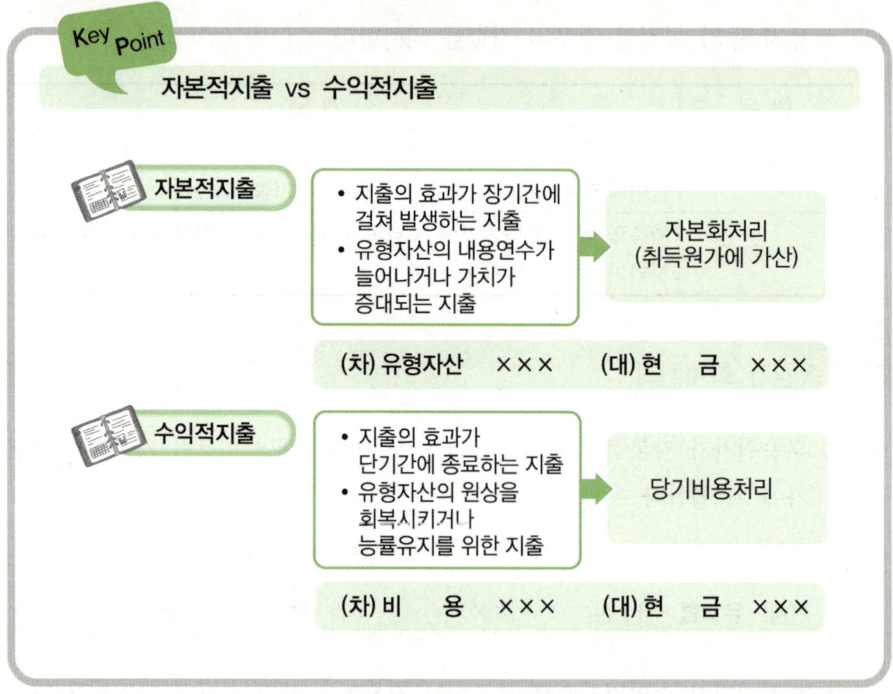

01 다음 중 유형자산에 대한 설명으로 틀린 것은 무엇인가?

① 건설업체가 보유하고 있는 대부분의 건설용 차량은 유형자산이다.
② 유형자산의 취득원가는 취득부대비용을 포함한다.
③ 지출의 효과가 장기간 걸쳐 발생하는 지출로서 유형자산의 내용연수가 늘어나거나 가치가 증대되는 지출은 수익적지출로 처리한다.
④ 후속원가가 자본적지출로 분류되는 경우에는 해당 비용을 자본화처리한다.

02 ㈜대한은 20x1년 7월 1일 기계장치(₩500,000)를 구입하면서, 취득세(매입가의 10%)를 부담하였고, 운송비는 판매자가 ₩30,000을 부담하였다. 다음 중 유형자산의 취득원가는 얼마인가?

① ₩500,000　　② ₩530,000
③ ₩550,000　　④ ₩580,000

03 다음 중 ㈜대한의 다음 거래를 회계처리한 것으로 옳은 것은 무엇인가?

> 건물을 개조 및 수리하고 그 비용 ₩400,000을 현금으로 지급하다.
> 단, ₩400,000 중 ₩340,000은 자본적지출로, 잔액 ₩60,000은 수익적지출로 처리하다.

	차변	금액	대변	금액
①	(차) 수선비	400,000	(대) 현금	400,000
②	(차) 건물	340,000	(대) 현금	400,000
	수선비	60,000		
③	(차) 건물	400,000	(대) 현금	400,000
④	(차) 수선비	60,000	(대) 현금	60,000

해설

01 지출의 효과가 장기간 걸쳐 발생하는 지출로서 유형자산의 내용연수가 늘어나거나 가치가 증대되는 지출은 자본적지출로 처리한다. | 정답 ❸ |

02 500,000 + 50,000 = ₩550,000 | 정답 ❸ |

03 자본적지출액은 건물의 취득원가에 산입하고, 수익적지출액은 비용처리한다.

차변	금액	대변	금액
(차) 건물	340,000	(대) 현금	400,000
수선비	60,000		

| 정답 ❷ |

학습정리 *

1. 유형자산 정의

유형자산은 재화나 용역의 생산이나 제공, 타인에 대한 임대 또는 관리활동에 사용할 목적으로 보유하는 물리적 형태가 있는 자산으로서 한 회계기간을 초과하여 사용할 것이 예상되는 자산이다.

2. 유형자산 취득원가

유형자산의 취득원가는 매입(제조)원가에 당해 자산을 의도된 용도대로 사용 가능한 상태까지 직접 소요된 모든 취득부대비용을 포함한다.

3. 후속원가

항 목	개 념	회계처리
자본적지출	지출의 효과가 장기간에 걸쳐 발생하는 지출로서 유형자산의 내용연수가 늘어나거나 성능을 향상시키기 위한 지출	취득원가 가산
수익적지출	지출의 효과가 단기간에 종료되는 지출로서 유형자산의 성능을 원상회복시키거나 능률유지를 위한 지출	당기비용 처리

제2장 유형자산 감가상각 및 처분

:: 학습목표

- ✔ 유형자산 감가상각 개념을 학습한다.
- ✔ 유형자산 감가상각방법을 학습한다.
- ✔ 감가상각 관련 회계처리를 학습한다.
- ✔ 유형자산 처분시점 회계처리를 학습한다.

1 감가상각(Depreciation) 개념

① 유형자산(토지 제외)은 여러 회계기간 동안 영업활동에 사용함에 따라 본래의 가치가 감소하게 된다.

② 그러나 유형자산을 보유·사용함에 따른 유형자산 가치의 감소를 정확하게 파악하고 측정하는 것은 매우 어려운 일이다.

③ 감가상각이란 관찰 불가능한 유형자산의 실세 가치를 측정하는 내신, 유형자산의 취득원가를 유형자산을 사용함으로써 얻는 효익(수익)창출 기간에 걸쳐 합리적이고 체계적인 방법으로 비용처리하는 원가배분 과정이다.

④ 감가상각비(Depreciation expense)란 각 회계기간별로 비용화되는 자산의 원가이다.

2 감가상각 계산 요소

감가상각비를 계산하기 위한 기본 요소에는 (1) 감가상각대상금액, (2) 내용연수, (3) 감가상각방법 3가지가 있다.

(1) 감가상각대상금액(Depreciable amount)

① 감가상각대상금액은 감가상각계산의 기준 금액으로 유형자산을 사용하는 기간 동안 비용으로 배분해야 할 총금액이다.
② 감가상각대상금액은 자산의 원가 또는 원가를 대체하는 다른 금액에서 잔존가치(Residual value)를 차감한 금액이다.
③ 유형자산의 취득원가에는 취득 당시 지급한 금액뿐만 아니라 취득 이후의 자본적지출액도 포함한다.
④ 잔존가치는 유형자산의 사용기간 말에 당해 자산의 처분으로 회수할 수 있는 금액이다. 실무에서는 많은 기업들이 잔존가치를 0(정액법) 또는 취득원가의 5%(정률법)로 한다.

감가상각대상금액 = 취득원가 + 자본적지출액 – 잔존가치

(2) 내용연수(Useful life)

내용연수는 유형자산을 감가상각하는 기간으로 수익을 창출하기 위해 사용될 것으로 예상되는 기간을 의미한다. 실무에서는 많은 기업들이 법인세법상 기준내용연수를 적용한다.

(3) 감가상각방법

① 감가상각방법은 감가상각대상금액을 내용연수에 걸쳐 비용(감가상각비)으로 인식하는 방법이다.
② 감가상각방법에는 정액법, 정률법, 이중체감법, 연수합계법, 생산량비례법 등이 있다.

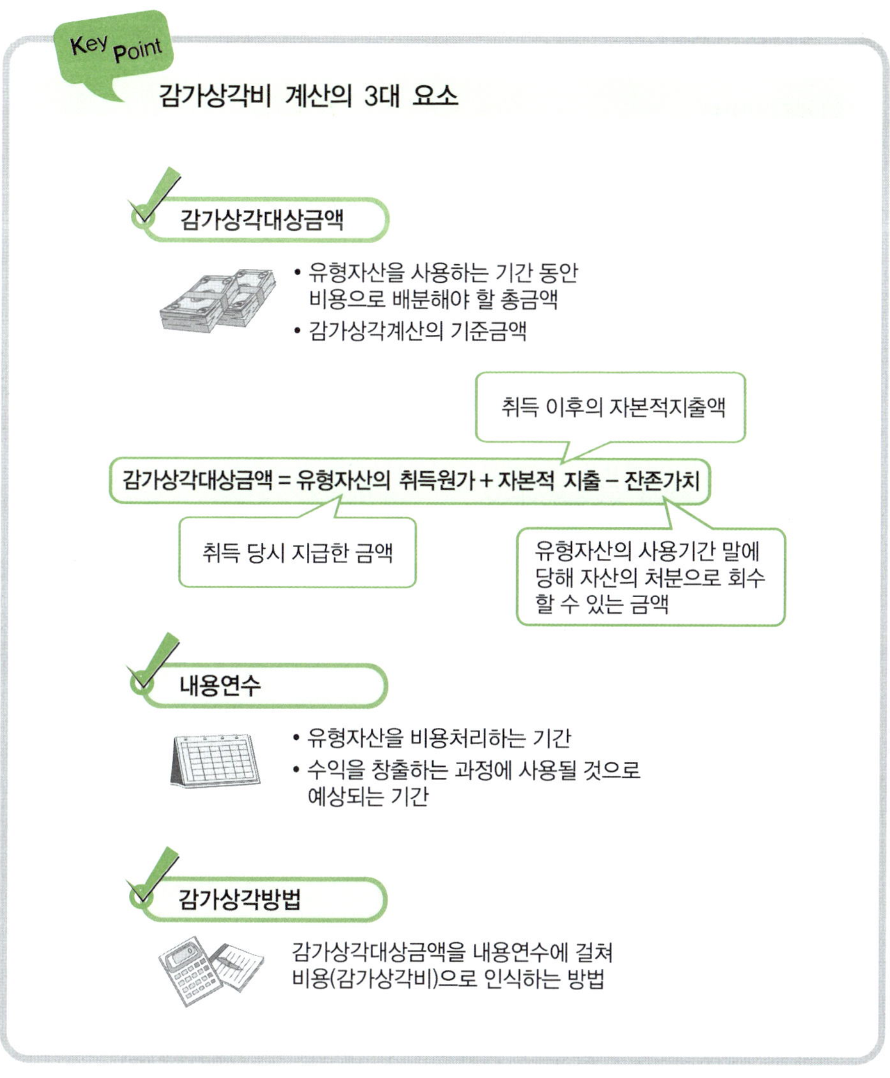
Key Point
감가상각비 계산의 3대 요소
감가상각대상금액
• 유형자산을 사용하는 기간 동안 비용으로 배분해야 할 총금액
• 감가상각계산의 기준금액
취득 이후의 자본적지출액
감가상각대상금액 = 유형자산의 취득원가 + 자본적 지출 − 잔존가치
취득 당시 지급한 금액
유형자산의 사용기간 말에 당해 자산의 처분으로 회수할 수 있는 금액
내용연수
• 유형자산을 비용처리하는 기간
• 수익을 창출하는 과정에 사용될 것으로 예상되는 기간
감가상각방법
감가상각대상금액을 내용연수에 걸쳐 비용(감가상각비)으로 인식하는 방법

3 감가상각방법

(1) 회계처리방법

1) 직접상각법(Direct depreciation)

감가상각을 함에 있어서 감가상각비를 비용으로 계상함과 동시에 같은 금액만큼 해당 유형자산의 원가를 직접 감소시킨다.

(차) 감 가 상 각 비	×××	(대) 유 형 자 산	×××

2) 간접상각법(Indirect depreciation)

감가상각을 함에 있어서 감가상각비를 비용으로 계상함과 동시에 같은 금액만큼 감가상각누계액(Accumulated depreciation)을 설정한다. 한국채택국제회계기준에서는 간접상각법을 사용한다.

(차) 감 가 상 각 비	×××	(대) 감가상각누계액	×××

3) 재무제표 표시방법(간접상각법)

① 감가상각비는 포괄손익계산서상에 판매비와 관리비로 기록된다.
② 감가상각누계액은 재무상태표상 해당 유형자산에서 차감하는 형식으로 표시한다.

〈포괄손익계산서〉			〈재무상태표〉		
⋮			⋮		
판매비와관리비		×××	유 형 자 산	×××	
감 가 상 각 비	×××		(감가상각누계액)	(×××)	×××
⋮			⋮		

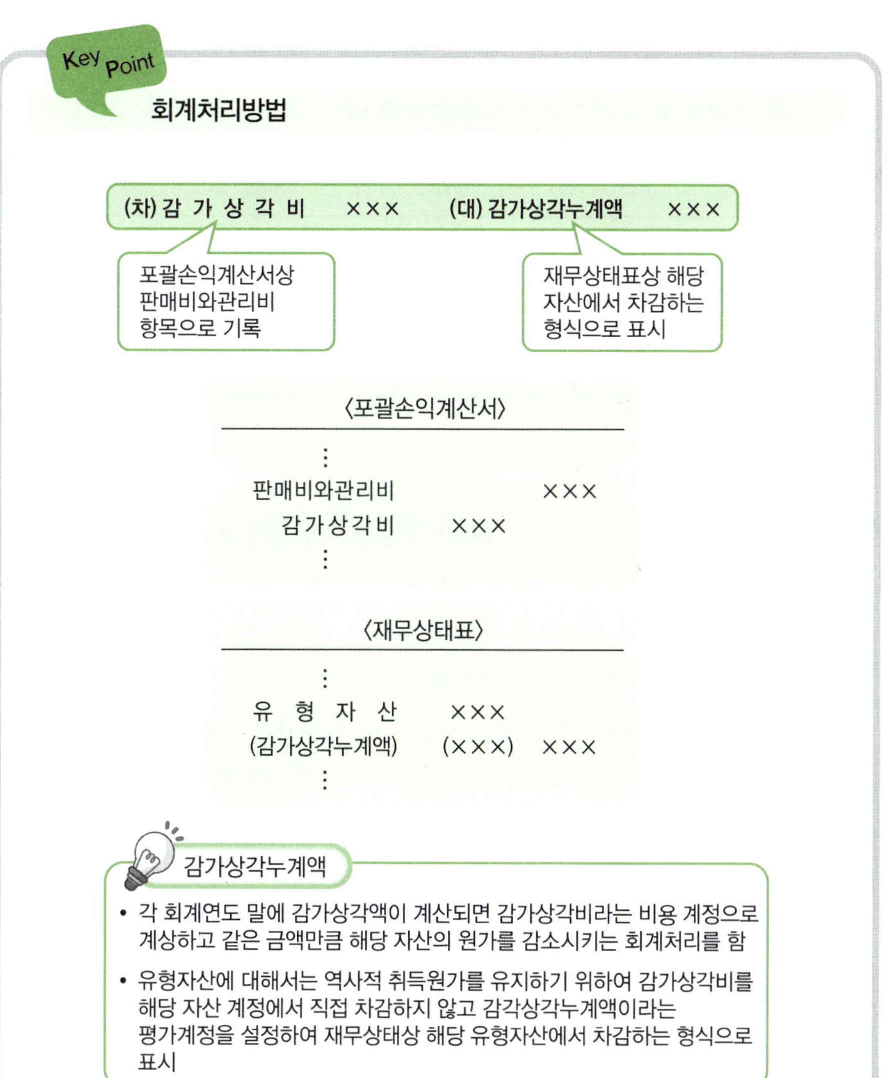

Key Point

회계처리방법

(차) 감 가 상 각 비 ××× (대) 감가상각누계액 ×××

포괄손익계산서상 판매비와관리비 항목으로 기록

재무상태표상 해당 자산에서 차감하는 형식으로 표시

〈포괄손익계산서〉

⋮		
판매비와관리비		×××
감가상각비	×××	
⋮		

〈재무상태표〉

⋮		
유 형 자 산	×××	
(감가상각누계액)	(×××)	×××
⋮		

감가상각누계액

- 각 회계연도 말에 감가상각액이 계산되면 감가상각비라는 비용 계정으로 계상하고 같은 금액만큼 해당 자산의 원가를 감소시키는 회계처리를 함
- 유형자산에 대해서는 역사적 취득원가를 유지하기 위하여 감가상각비를 해당 자산 계정에서 직접 차감하지 않고 감각상각누계액이라는 평가계정을 설정하여 재무상태상 해당 유형자산에서 차감하는 형식으로 표시

(2) 감가상각방법

다음의 예제를 통해 유형자산(기계장치)에 대한 감가상각방법을 설명하기로 한다.

[표 1] 유형자산 감가상각 예제

• 취 득 원 가	₩100,000
• 추 정 내 용 연 수	5년
• 잔 존 가 치	₩2,000
• 추 정 총 작 업 시 간	40,000시간

1) 정액법(Straight line method)

① 정액법은 유형자산의 감가상각이 내용연수의 경과에 정비례하여 발생하는 것으로 가정하여 매년 동일한 감가상각비를 상각해 나가는 방법이다.

② 정액법은 정해진 액수만큼 매년 동일하게 감가상각비를 계상하기 때문에 가장 명확하고, 수월한 감가상각방법이다.

③ 정액법은 취득원가에서 잔존가치를 차감한 감가상각대상금액을 해당 유형자산의 예상사용기간인 내용연수로 나누어 감가상각비를 계산한다.

$$\text{감가상각비} = (\text{취득원가} - \text{잔존가치}) \times \frac{1}{\text{내용연수}}$$

예제

[표 1]의 정보를 이용하여 정액법에 의해 감가상각비를 계산하고 회계처리를 하시오.

풀이 • 정액법 감가상각표

연 도	기초 장부금액	감가상각비	감가상각누계액	기말 장부금액
1차	100,000	19,600[1]	19,600	80,400
2차	80,400	19,600[2]	39,200	60,800
3차	60,800	19,600[3]	58,800	41,200
4차	41,200	19,600[4]	78,400	21,600
5차	21,600	19,600[5]	98,000	2,000
합계		₩98,000		

1) (100,000－2,000)×1/5＝₩19,600
2) (100,000－2,000)×1/5＝₩19,600
3) (100,000－2,000)×1/5＝₩19,600
4) (100,000－2,000)×1/5＝₩19,600
5) (100,000－2,000)×1/5＝₩19,600

• 매년 말 동일한 회계처리

(차) 감 가 상 각 비 19,600 (대) 감가상각누계액 19,600

2) 정률법(Declining balance method)

① 정률법은 유형자산의 감가상각이 정해진 고정 감가상각률에 의해 이루어지는 감가상각방법이다.

② 정률법을 적용하면 유형자산의 성능(효익)이 좋은 취득 초기에는 그에 대응하는 비용(감가상각비)을 많이 계상하고, 연수가 경과하여 성능이 감소될수록 감가상각비가 적게 계상되어 나중 연도에는 가장 적은 감가상각비가 계상된다.

③ 이와 같이 초기 연도에는 감가상각비를 많이 인식하고 시간경과에 따라 적게 인식하는 감가상각법을 체감법 혹은 가속상각법(Accelerated depreciation allowances)이라고 한다.

④ 정률법은 유형자산의 취득원가에서 감가상각누계액을 차감한 미상각잔액에 고정 감가상각률을 곱하여 감가상각비를 계산한다.

$$\text{감가상각비} = (\text{취득원가} - \text{감가상각누계액}) \times \text{감가상각률}$$

$$\text{상각률} = 1 - \sqrt[n]{\frac{\text{잔존가치}}{\text{취득원가}}} \ (n : \text{내용연수})$$

예제

[표 1]의 정보를 이용하여 정률법에 의해 감가상각비를 계산하고 회계처리를 하시오.

풀이
- 감가상각률 : $1 - \sqrt[5]{0.02} = 0.5427$
- 정률법 감가상각표

연 도	기초 장부금액	상각률	감가상각비	상각누계액	기말 장부금액
1차	100,000	0.5427	54,270[1)]	54,270	45,730
2차	45,730	0.5427	24,820[2)]	79,090	20,910
3차	20,910	0.5427	11,350[3)]	90,440	9,560
4차	9,560	0.5427	5,190[4)]	95,630	4,370
5차	4,370	0.5427	2,370[5)]	98,000	2,000
			₩98,000		

1) (100,000 − 0) × 0.5427 = ₩54,270
2) (100,000 − 54,270) × 0.5427 = ₩24,820
3) (100,000 − 79,090) × 0.5427 = ₩11,350
4) (100,000 − 90,440) × 0.5427 = ₩5,190
5) 4,370 − 2,000 = ₩2,370*

* 마지막 연도는 잔존가치(기말 장부금액)가 ₩2,000이 되도록 감가상각비를 ₩2,370으로 인식함

- 매년 말 회계처리

1차 연도	(차) 감가상각비	54,270	(대) 감가상각누계액	54,270
2차 연도	(차) 감가상각비	24,820	(대) 감가상각누계액	24,820
3차 연도	(차) 감가상각비	11,350	(대) 감가상각누계액	11,350
4차 연도	(차) 감가상각비	5,190	(대) 감가상각누계액	5,190
5차 연도	(차) 감가상각비	2,370	(대) 감가상각누계액	2,370

3) 이중체감법(Double-declining depreciation)

① 이중체감법은 정액법의 감가상각률을 2배한 상각률을 이용하여 정률법과 동일한 방법으로 감가상각비를 계산하는 방법이다.

② 이중체감법을 적용하면 유형자산의 성능(효익)이 좋은 취득 초기에는 그에 대응하는 비용(감가상각비)을 많이 계상하고 연수가 경과할수록 감가상각비가 적게 계상되어 나중 연도에는 가장 적은 감가상각비가 계상된다.

③ 이중체감법은 취득원가에서 감가상각누계액을 차감한 기초 장부금액에 2배 한 값을 해당 유형자산의 내용연수로 나누어 감가상각비를 계산한다.

$$\text{감가상각비} = (\text{취득원가} - \text{감가상각누계액}) \times \frac{2}{\text{내용연수}}$$

예제

[표 1]의 정보를 이용하여 이중체감법에 의해 감가상각비를 계산하고 회계처리를 하시오.

풀이 • 이중체감법 감가상각표

연 도	기초 장부금액	상각률	감가상각비	상각누계액	기말 장부금액
1차	₩100,000	40%	₩40,000[1]	W40,000	W60,000
2차	60,000	40%	24,000[2]	64,000	36,000
3차	36,000	40%	14,400[3]	78,400	21,600
4차	21,600	40%	8,640[4]	87,040	12,960
5차	12,960	40%	10,960[5]	98,000	2,000

1) (100,000 − 0)×2/5 = ₩40,000
2) (100,000 − 40,000)×2/5 = ₩24,000
3) (100,000 − 64,000)×2/5 = ₩14,400
4) (100,000 − 78,400)×2/5 = ₩8,640
5) (100,000 − 87,040) − 2,000 = ₩10,960*

* 마지막 연도는 잔존가치(기말 장부금액)가 ₩2,000이 되도록 감가상각비를 ₩10,960으로 인식함

• 매년 말 회계처리

연도	차변	금액	대변	금액
1차 연도	(차) 감 가 상 각 비	40,000	(대) 감가상각누계액	40,000
2차 연도	(차) 감 가 상 각 비	24,000	(대) 감가상각누계액	24,000
3차 연도	(차) 감 가 상 각 비	14,400	(대) 감가상각누계액	14,400
4차 연도	(차) 감 가 상 각 비	8,640	(대) 감가상각누계액	8,640
5차 연도	(차) 감 가 상 각 비	10,960	(대) 감가상각누계액	10,960

4) 연수합계법(Sum－of－the－year's－digits method)

① 연수합계법은 내용연수의 연수합계를 분모로 하고 잔여내용연수를 분자로 하여 계산된 상각률로 감가상각비를 계산하는 방법이다.

② 연수합계법을 적용하면 유형자산의 성능(효익)이 좋은 취득 초기에는 그에 대응하는 비용(감가상각비)을 많이 계상하고 연수가 경과할수록 감가상각비가 적게 계상되어 나중 연도에는 가장 적은 감가상각비가 계상된다.

③ 연수합계법은 취득원가에서 잔존가치를 차감한 감가상각대상금액에 내용연수의 급수합계를 분모로 하고 잔여내용연수를 분자로 하는 감가상각률을 곱하여 감가상각비를 계산한다.

$$\text{감가상각비} = (\text{취득원가} - \text{잔존가치}) \times \frac{\text{잔여내용연수}}{\text{내용연수의 연수합계}}$$

예제

[표 1]의 정보를 이용하여 연수합계법에 의해 감가상각비를 계산하고 회계처리를 하시오.

풀이 • 연수합계법 감가상각표

연 도	기초 장부금액	상각기준액	상각률	감가상각비	상각누계액	기말 장부금액
1차	₩100,000	₩98,000	5/15	₩32,667[1)]	₩32,667	₩67,333
2차	67,333	98,000	4/15	26,133[2)]	58,800	41,200
3차	41,200	98,000	3/15	19,600[3)]	78,400	21,600
4차	21,600	98,000	2/15	13,067[4)]	91,467	8,533
5차	8,533	98,000	1/15	6,533[5)]	98,000	2,000

1) 1차 연도 감가상각비 : $(100{,}000 - 2{,}000) \times \frac{5}{15^*} = ₩32{,}667$

*(5+4+3+2+1)=15

2) 2차 연도 감가상각비 : $(100{,}000 - 2{,}000) \times \frac{4}{15} = ₩26{,}133$

3) 3차 연도 감가상각비 : $(100{,}000 - 2{,}000) \times \frac{3}{15} = ₩19{,}600$

4) 4차 연도 감가상각비 : $(100{,}000 - 2{,}000) \times \frac{2}{15} = ₩13{,}067$

5) 5차 연도 감가상각비 : $(100{,}000 - 2{,}000) \times \frac{1}{15} = ₩6{,}533$

• 매년 말 회계처리

1차 연도	(차) 감 가 상 각 비	₩32,667	(대)	감가상각누계액	₩32,667
2차 연도	(차) 감 가 상 각 비	26,133	(대)	감가상각누계액	26,133
3차 연도	(차) 감 가 상 각 비	19,600	(대)	감가상각누계액	19,600
4차 연도	(차) 감 가 상 각 비	13,067	(대)	감가상각누계액	13,067
5차 연도	(차) 감 가 상 각 비	6,533	(대)	감가상각누계액	6,533

5) 작업시간·생산량비례법(Units of production method)

① 작업시간·생산량비례법은 유형자산의 작업시간 또는 생산량에 비례하여 감가상각비를 계산하는 방법이다.

② 작업시간·생산량비례법은 취득원가에서 잔존가치를 차감한 감가상각대상금액에 자산으로부터 기대되는 총작업가능시간 혹은 총생산량을 추정하여 전체추정시간(량)을 분모로 하고 당기에 작업시간 혹은 생산량을 분자로 하는 감가상각률을 곱하여 감가상각비를 계산한다.

$$\text{감가상각비} = (\text{취득원가} - \text{잔존가치}) \times \frac{\text{실제작업시간(실제생산량)}}{\text{추정총작업시간(추정총생산량)}}$$

예제

[표 1]의 정보를 이용하여 1차 연도의 실제 생산시간이 10,000시간인 경우에 작업시간비례법에 의해 감가상각비를 계산하고 회계처리를 하시오.

풀이 • 1차 연도 감가상각비

$$(100{,}000 - 2{,}000) \times \frac{10{,}000\text{시간}}{40{,}000\text{시간}} = ₩24{,}500$$

• 1차 연도 회계처리

(차) 감 가 상 각 비	24,500	(대) 감가상각누계액	24,500

Key Point

감가상각방법

1 정액법

"유형자산의 감가상각이 시간의 경과에 정비례하여 발생하는 것으로 가정하여 매년 동일한 금액을 상각해 나가는 방법"

$$감가상각비 = (취득원가 - 잔존가치) \times \frac{1}{내용연수}$$

2 정률법

"유형자산의 취득원가에서 감가상각누계액을 차감한 미상각잔액에 일정한 감가상각률을 곱하여 감가상각비를 계산하는 방법"

$$감가상각비 = (취득원가 - 감가상각누계액) \times 상각률$$

$$상각률 = 1 - \sqrt[n]{\frac{잔존가치}{취득원가}} \quad (n : 내용연수)$$

3 이중체감법

"정액법의 감가상각률을 2배 한 상각률을 이용하여 정률법과 동일한 방법으로 감가상각비를 계산하는 방법"

$$감가상각비 = (취득원가 - 감가상각누계액) \times \frac{2}{내용연수}$$

4 연수합계법

"내용연수의 연수합계를 분모로 하고 잔여내용연수를 분자로 하는 상각률을 감가상각대상금액에 곱하여 매년의 감가상각비를 계산하는 방법"

$$감가상각비 = (취득원가 - 잔존가치) \times \frac{잔여내용연수}{내용연수의\ 연수합계}$$

5 작업시간 · 생산량비례법

"유형자산의 감가상각이 작업시간 또는 생산량에 비례하여 나타나는 것으로 가정하는 계산방법"

$$감가상각비 = (취득원가 - 잔존가치) \times \frac{실제작업시간(실제생산량)}{추정총작업시간(추정총생산량)}$$

4 처분(Disposition)

① 유형자산은 장기간 사용하기 위해 보유하는 자산이지만 사업구조의 변경 또는 새로운 유형자산으로 대체 등의 목적으로 유형자산을 처분하기도 한다.

② 유형자산 처분시점에 처분한 유형자산의 취득원가와 감가상각누계액을 모두 제거하는 회계처리를 한다.

③ 유형자산 처분시점에 유형자산의 처분금액과 처분 당시의 장부금액(취득원가−감가상각누계액)을 비교하여 처분금액이 장부금액보다 클 경우에는 유형자산처분이익을 인식하고, 처분금액이 장부금액보다 작을 경우에는 유형자산처분손실을 인식한다.

[처분금액 > 장부금액]

(차)	현금	×××	(대) 유형자산	×××
	감가상각누계액	×××	유형자산처분이익	×××

[처분금액 < 장부금액]

(차)	현금	×××	(대) 유형자산	×××
	감가상각누계액	×××		
	유형자산처분손실	×××		

Key Point

유형자산 처분시 회계처리

1. 유형자산에 대한 소유권이 없으므로
   ➡ 처분한 유형자산의 취득원가와 감가상각누계액을 모두 제거
2. 처분시점에 유형자산의 처분금액과 처분당시의 장부금액 (취득원가에서 감가상각누계액을 차감한 금액)을 비교하여 유형자산처분손익을 인식

예제

다음의 거래를 회계처리하시오.

① ㈜대한은 취득원가 ₩400,000, 감가상각누계액 ₩180,000인 기계(A)를 ₩240,000에 처분하였다.

② ㈜민국은 취득원가 ₩400,000, 감가상각누계액 ₩180,000인 기계(B)를 ₩65,000에 처분하였다.

풀이

		차변	금액		대변	금액
①	(차)	현금	240,000	(대)	기계(A)	400,000
		감가상각누계액	180,000		유형자산처분이익	20,000
②	(차)	현금	65,000	(대)	기계(B)	400,000
		감가상각누계액	180,000			
		유형자산처분손실	155,000			

※ [문제 1~4] ㈜민국은 다음과 같은 기계장치를 20x1년 1월 1일에 구입하였다.

- 취득원가 : ₩550,000
- 잔존가치 ₩50,000
- 내용연수 : 5년
- 정률법 상각률 : 38.1%

01 다음 중 정액법에 의해 감가상각을 할 경우 20x2년도 감가상각비는 얼마인가?

① ₩100,000 ② ₩110,000
③ ₩120,000 ④ ₩150,000

02 다음 중 정률법에 의해 감가상각을 할 경우 20x1년도의 회계처리로 옳은 것은 무엇인가?

① (차) 감 가 상 각 비 190,500 (대) 감가상각누계액 190,500
② (차) 감 가 상 각 비 209,550 (대) 감가상각누계액 209,550
③ (차) 감 가 상 각 비 190,500 (대) 기 계 장 치 190,500
④ (차) 감 가 상 각 비 209,550 (대) 기 계 장 치 209,550

해설

01 감가상각대상금액 : 550,000(취득원가) – 50,000(잔존가치) = ₩500,000
매년 감가상각비 : 500,000(감가상각대상금액) ÷ 5년(내용연수) = ₩100,000 | 정답 ❶ |

02 (차) 감 가 상 각 비 209,550 (대) 감 가 상 각 누 계 액 209,550

연 차	상 각 률(%)	감가상각비	상각누계액	장 부 금 액
				₩550,000
1	38.1%	₩209,550	₩209,550	340,450
2	38.1	129,711	339,261	210,739
3	38.1	80,292	419,553	130,447
4	38.1	49,700	469,253	80,747
5	38.1	30,747[1]	500,000	50,000

1) 단수조정 | 정답 ❷ |

학습 Quiz

03 다음 중 연수합계법에 의해 감가상각을 할 경우 20x3년도의 감가상각누계액은 얼마인가?

① ₩100,000 ② ₩200,000
③ ₩300,000 ④ ₩400,000

04 ㈜민국은 20x1년 1월 1일 ₩150,000에 건물을 취득하였다. 이 건물의 내용연수는 20년이며 잔존가치는 없다. 이 건물에 대해 정액법으로 감가상각을 하다가 20x3년 6월 30일 ₩125,000에 처분하였다. 다음 중 유형자산의 처분손익은 얼마인가?

① ₩6,250 손실 ② ₩7,500 손실
③ ₩18,750 손실 ④ ₩25,000 손실

해설

03

연 차	상 각 률	감가상각비	상각누계액	장 부 금 액
				₩550,000
1	5/15	₩166,667	₩166,667	383,333
2	4/15	133,333	300,000	250,000
3	3/15	100,000	400,000	150,000
4	2/15	66,667	466,667	83,333
5	1/15	33,333	500,000	50,000

| 정답 ❹ |

04 (1) 매년 감가상각비 : 150,000÷20년 = ₩7,500
20x3년 6월 30일 감가상각누계액 : 7,500×2 + 7,500×6/12 = ₩18,750
20x3년 6월 30일 장부금액 : 150,000 − 18,750 = ₩131,250
(2) 유형자산처분손실 : 장부금액 131,250 − 처분금액 125,000 = ₩6,250
(3)

(차)		(대)	
현 금	125,000	건 물	150,000
감가상각누계액	18,750		
유형자산처분손실	6,250		

| 정답 ❶ |

학습정리

*

1. 감가상각

감가상각은 유형자산의 취득원가를 수익·비용 대응원칙에 따라 효익을 제공하는 기간에 걸쳐 비용으로 배분하는 절차이다.

2. 감가상각 결정 요소

① 감가상각대상금액 : 감가상각 계산의 기준금액으로 유형자산을 사용하는 기간 동안 비용으로 배분해야 할 총금액이다.

② 내용연수 : 유형자산이 영업활동과 관련하여 효익을 제공할 것으로 기대되는 예상기간이다.

③ 감가상각방법 : 감가상각방법은 감가상각대상금액을 내용연수에 걸쳐 비용(감가상각비)으로 인식하는 방법으로 정액법, 정률법, 이중체감법, 연수합계법, 생산량비례법 등이 있다.

3. 감가상각방법

① 정액법은 유형자산의 감가상각이 내용연수의 경과에 정비례하여 발생하는 것으로 가정하여 매년 동일한 감가상각비를 상각해 나가는 방법이다.

$$\text{감가상각비} = (\text{취득원가} - \text{잔존가치}) \times \frac{1}{\text{내용연수}}$$

② 정률법은 유형자산의 감가상각이 정해진 고정 감가상각률에 의해 이루어지는 감가상각방법이다.

$$\text{감가상각비} = (\text{취득원가} - \text{감가상각누계액}) \times \text{감가상각률}$$

$$\text{상각률} = 1 - \sqrt[n]{\frac{\text{잔존가치}}{\text{취득원가}}} \quad (n : \text{내용연수})$$

③ 이중체감법은 정액법의 감가상각률을 2배한 상각률을 이용하여 정률법과 동일한 방법으로 감가상각비를 계산하는 방법이다.

$$\text{감가상각비} = (\text{취득원가} - \text{감가상각누계액}) \times \frac{2}{\text{내용연수}}$$

학습정리

*

④ 연수합계법은 내용연수의 연수합계를 분모로 하고 잔여내용연수를 분자로 하는 상각률로 감가상각비를 계산하는 방법이다.

$$감가상각비 = (취득원가 - 잔존가치) \times \frac{잔여내용연수}{내용연수의\ 연수합계}$$

⑤ 작업시간·생산량비례법은 유형자산의 작업시간 또는 생산량에 비례하여 감가상각비를 계산하는 방법이다.

$$감가상각비 = (취득원가 - 잔존가치) \times \frac{실제작업시간(실제생산량)}{추정총작업시간(추정총생산량)}$$

4. 유형자산 처분시 회계처리

① 유형자산 처분 시점에는 처분한 유형자산의 취득원가와 감가상각누계액을 모두 제거한다.

② 처분시점에서 유형자산의 처분금액과 처분 당시의 장부금액(취득원가에서 감가상각누계액을 차감한 금액)을 비교하여 유형자산처분손익을 인식한다.

제3장 무형자산

:: 학습목표

✔ 무형자산 정의 및 종류를 학습한다.
✔ 무형자산 회계처리방법을 학습한다.

1 무형자산(Intangible assets) 정의 및 종류

① 무형자산은 기업이 통제하고 있는 자산으로서, 물리적 실체가 없지만 식별 가능한 자산으로 장기간에 걸쳐 영업활동에 경제적 효익을 제공하는 자산이다.

② 한국채택국제회계기준에서 무형자산으로 정의되기 위해서는 자원에 대한 통제, 식별가능성, 미래의 경제적 효익의 존재라는 3가지 요건을 충족해야 한다.

③ 자원에 대한 통제란 기업이 특정자원에서 유입되는 경제적 효익을 확보할 수 있고, 그 효익에 대한 제3자의 접근을 제한할 수 있을 때 그 자산을 통제할 수 있는 것으로 본다.

④ 식별가능성이란 분리가능하거나, 자산의 계약상의 권리 또는 기타 법적 권리로부터 발생하는 것을 의미한다.

⑤ 미래의 경제적 효익이란 무형자산뿐만 아니라 자산의 전반적 정의에 해당한다.

⑥ 무형자산은 외부에서 유상으로 취득한 것만을 재무상태표의 무형자산으로 계상하도록 규정하고 있다.

⑦ 내부적으로 창출된 영업권은 자산으로 인식하지 않고 당기비용으로 처리한다.

⑧ 내부적으로 창출된 기타무형자산 중 연구개발의 경우 미래의 이익창출에 기여하는 정도가 분명한 경우에 한하여 무형자산(개발비)으로 인식할 수 있다.

연구단계(연구비)	발생시점 비용처리
개발단계에서 실패한 원가(경상개발비)	발생시점 비용처리
개발단계에서 성공한 원가(개발비)	무형자산처리

⑨ 무형의 가치가 있는 자산이 재무상태표에 적절히 반영되지 못하는 사항은 한국채택국제회계기준의 한계이며, 이로 인하여 재무제표이용자들이 기업의 총 자산가치를 쉽게 파악하지 못한다.

⑩ 무형자산의 종류에는 상표권, 출판권, 컴퓨터소프트웨어, 라이선스, 프랜차이즈, 저작권, 특허권, 기타 산업재산권, 용역운영권, 개발비 등이 있다.

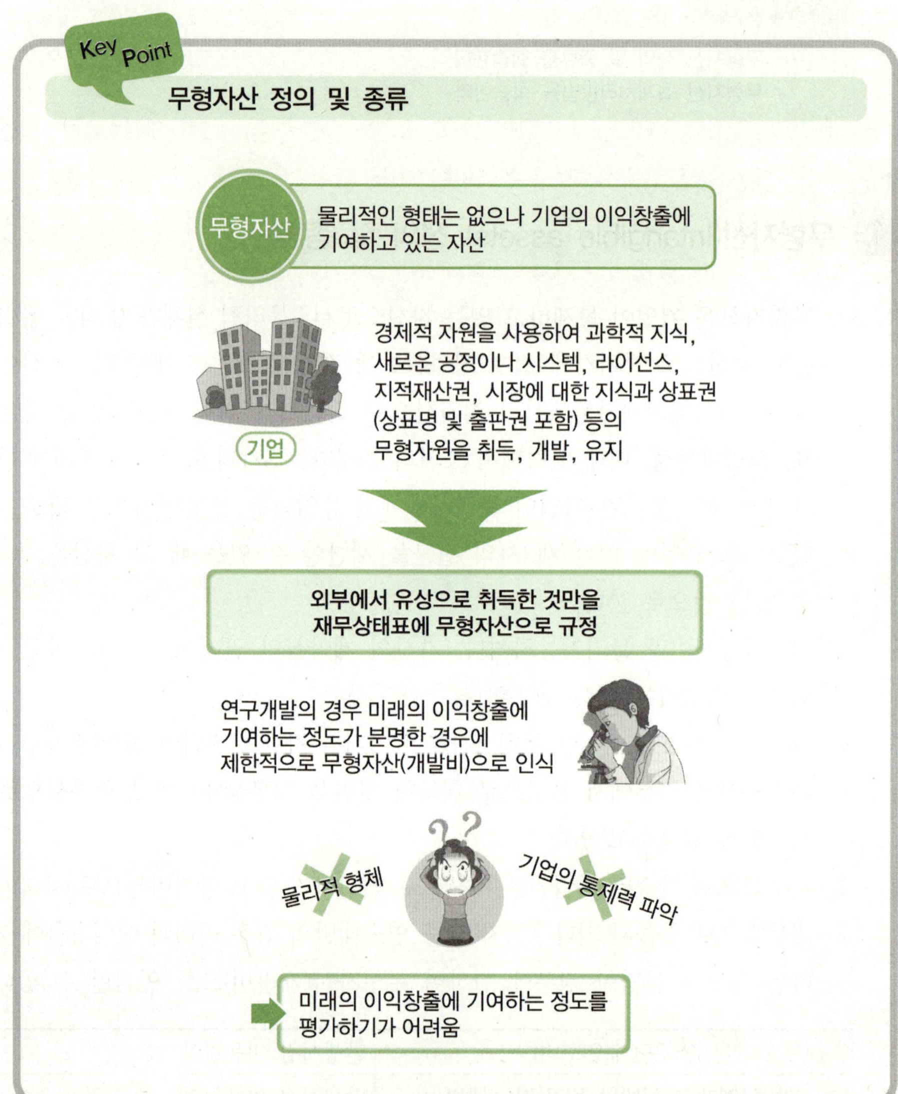

2 무형자산 취득과 상각

(1) 무형자산 취득원가

무형자산의 취득원가는 유형자산과 마찬가지로 매입원가와 자산을 의도된 용도대로 사용할 수 있도록 준비하는 데 직접 관련되는 취득부대비용으로 구성된다.

무형자산 취득원가 = 매입(제조)원가 + 취득부대비용

(2) 무형자산 상각(Amortization)

① 무형자산도 일정한 내용연수에 걸쳐 정액법, 정률법, 연수합계법 등을 적용하여 상각을 한다.

② 무형자산의 잔존가치는 일반적으로 0으로 간주하며 무형자산의 가치에 대한 손상평가를 정기적으로 실시하여 자산에 대한 손상을 인식한다.

③ 무형자산은 취득원가에서 상각누계액을 차감하는 형식으로 표시하며, 상각시의 회계처리는 다음과 같다.

(차) 무형자산상각비	×××	(대) 상 각 누 계 액	×××

Key Point

무형자산 취득과 상각

1 무형자산 취득원가

구입원가와 자산을 사용할 수 있도록 준비하는 데
직접 관련되는 지출로 구성

무형자산 취득원가 = 구입(제조)원가 + 취득부대비용

2 무형자산 상각

- 일반적으로 없는 것으로 간주
- 무형자산의 가치에 대한 평가를 정기적으로 실시하여 자산에 대한 감액을 유형자산에 비해 적극적으로 함

재무상태표

취득원가에서 상각누계액을 차감하는 형식으로 표시

(차) 무형자산상각비 ×××　(대) 상 각 누 계 액 ×××

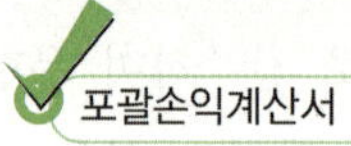

➡ 판매비와관리비로 분류

Q 예제

다음의 거래를 회계처리하시오.

① 20x1년도에 핵심기술을 10년간 사용할 수 있는 라이선스 계약을 체결하고 ₩1,000,000을 현금으로 지급, 계약과 관련하여 발생한 기타 비용 ₩100,000을 현금으로 지급하였다.
② 위의 라이선스를 10년간 정액법으로 상각하기로 결정하고, 20x1년도 상각을 하였다.

풀이

①	(차) 라 이 선 스	1,100,000[1]	(대) 현 금	1,100,000
②	(차) 무형자산상각비	110,000[2]	(대) 상 각 누 계 액	110,000

1) 1,000,000 + 100,000 = ₩1,100,000
2) 1,100,000 ÷ 10년 = ₩110,000

01 다음 중 유형 및 무형자산에 관한 설명으로 옳지 않은 것은 무엇인가?

① 유형자산 처분시점에서 유형자산의 처분금액이 처분 당시의 장부금액보다 크면 유형자산처분이익을 인식한다.
② 기업이 통제하고 있고, 식별 가능하며, 미래 경제적 효익이 존재하는 경우 무형자산으로 인식할 수 있다.
③ 내부적으로 창출된 영업권은 자산으로 인식한다.
④ 무형자산은 취득원가에서 상각누계액을 차감하는 형식으로 표시한다.

02 ㈜민국은 20x1년 1월 1일 추정매장량 1,500,000톤의 광구(무형자산)를 ₩4,500,000에 구입하였다. 다음 중 내용연수 10년, 정액법을 적용하였을 경우 20x1년 12월 31일의 회계처리로 옳은 것은 무엇인가?

① (차)	광업권	4,500,000	(대)	현금	4,500,000
② (차)	광업권상각비	450,000	(대)	상각누계액	450,000
③ (차)	광업권상각비	450,000	(대)	광업권	450,000
④ (차)	감가상각비	450,000	(대)	광업권	450,000

해설

01 내부적으로 창출된 영업권은 자산으로 인식하지 않고 당기비용으로 처리한다. | 정답 ❸ |

02 무형자산은 취득원가에서 상각누계액을 차감하는 형식으로 표시한다. | 정답 ❷ |

학습정리 *

1. 무형자산

무형자산은 물리적인 형태는 없으나 기업의 이익창출에 기여하고 있는 자산으로 무형자산으로 정의되기 위해서는 자원에 대한 통제, 식별가능성, 미래의 경제적 효익의 존재라는 3가지 요건을 충족해야 한다.

2. 무형자산 취득과 상각

① 무형자산 취득원가

무형자산 취득원가 = 매입(제조)원가 + 취득부대비용

② 무형자산 상각

- 일정한 내용연수에 걸쳐 정액법, 정률법, 연수합계법 등을 적용하여 상각을 한다.
- 무형자산의 잔존가치는 일반적으로 0으로 간주한다.
- 무형자산은 취득원가에서 상각누계액을 차감하는 형식으로 표시하며, 상각시 회계처리는 다음과 같다.

(차) 무형자산상각비	×××	(대) 상 각 누 계 액	×××

제6편

연습문제

객관식 문제

하

01 **다음 중 유형자산의 취득원가에 포함되는 것으로 옳지 않은 것은 무엇인가?**

① 기계장치 구입시 중개인에게 지급한 중개비
② 기계장치를 공장 내부에 설치하는 과정에서 발생한 설치비
③ 기계장치를 본사 공장까지 운반하는 과정에서 발생한 운반비
④ 기계장치의 효율적인 운전을 유지하기 위해 발생한 수선유지비

해설 수선유지비는 당기비용으로 처리한다.

중하

02 **다음 중 유형자산의 취득원가에 포함되는 것으로 옳지 않은 것은 무엇인가?**

① 취득세 등 유형자산의 취득과 직접 관련된 제세공과금
② 유형자산의 실치장소를 위한 지출
③ 유형자산의 설계와 관련하여 전문가에게 지급하는 수수료
④ 자가건설에 따른 내부이익

해설 취득세, 설치비용, 설계비용 등은 유형자산 취득원가에 포함된다.

하

03 **다음 중 유형자산과 관련된 다음의 지출 중 전액을 발생 연도의 비용으로 처리하는 것이 옳은 것은 무엇인가?**

① 건물 내·외벽의 대대적인 도색
② 건물에 피난시설을 추가 설치하기 위한 지출
③ 건물에 에너지절약형 냉·난방기의 설치
④ 건물에 안전도가 검증된 엘리베이터의 설치

해설 건물의 도색을 위한 지출은 수익적 지출로서 발생시에 전액을 비용으로 처리하여야 한다.

Answer 01. ④ 02. ④ 03. ①

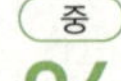

04 다음 중 감가상각에 대한 설명으로 옳은 것은 무엇인가?

① 유형자산을 기말 현재의 공정가치로 평가하는 것이다.

② 유형자산의 내용연수 종료시에 대체할 자산의 구입자금을 적립하는 과정이다.

③ 파손, 마모 등으로 인한 유형자산의 가치하락분을 비용으로 인식하는 것이다.

④ 유형자산의 취득원가를 수익에 대응시켜 배분하는 원가의 배분 과정이다.

해설 감가상각은 자산의 평가 과정이 아니라 취득원가를 역사적 원가주의에 따라 사용기간 동안 수익에 대응시켜 비용화하는 취득원가의 배분 과정이다.

05 ㈜대한의 20x1년 1월 1일 내용연수가 5년인 기계장치를 ₩1,000,000에 구입하였는데, 잔존가치는 ₩200,000으로 추정되었다. 이 기계에 대해 이중체감법을 이용하여 감가상각을 할 경우와 정액법을 이용하여 감가상각을 할 경우를 비교한 다음의 설명 중 옳지 않은 것은 무엇인가?

① 이중체감법으로 감가상각을 할 경우와 정액법으로 감가상각을 할 경우의 20x1년도 감가상각비의 차이는 ₩240,000이다.

② 이중체감법으로 감가상각을 할 경우와 정액법으로 감가상각을 할 경우의 20x2년도 감가상각비의 차이는 ₩80,000이다.

③ 이중체감법으로 감가상각을 할 경우와 정액법으로 감가상각을 할 경우의 20x1년도 감가상각누계액의 합계는 ₩560,000이다.

④ 이중체감법으로 감가상각을 할 경우와 정액법으로 감가상각을 할 경우의 20x2년도 감가상각누계액의 합계는 ₩900,000이다.

해설

		감가상각비	감가상각누계액
이중체감법	20x1 :	1,000,000×2/5 = ₩400,000	₩400,000
	20x2 :	(1,000,000 − 400,000)×2/5 = ₩240,000	₩640,000
정 액 법	20x1 :	(1,000,000 − 200,000)×1/5 = ₩160,000	₩160,000
	20x2 :	(1,000,000 − 200,000)×1/5 = ₩160,000	₩320,000

중상

06 ㈜민국은 공장에서 사용하던 기계장치(A)를 매각하였다. 다음 중 기계장치(A)와 관련된 자료가 다음과 같을 경우 ㈜민국이 인식하여야 할 처분손익은 얼마인가? (단, 기계장치(A)의 내용연수는 5년이며 감가상각방법은 정액법으로 월할 상각한다)

- 기계장치(A)의 취득원가 ₩50,000,000
- 기계장치(A)의 전기말 감가상각누계액 25,000,000
- 처분일 20x1년 9월 30일
- 처분금액 18,000,000
- 당해 자산의 잔존가치는 없는 것으로 한다.

① 처분손실 ₩3,000,000 ② 처분손실 ₩500,000
③ 처분이익 ₩3,000,000 ④ 처분이익 ₩500,000

해설 20x1년 감가상각비 : (50,000,000 − 0) ÷ 5년 × 9/12 = ₩7,500,000
20x1년 12월 31일 현재 장부금액 = (50,000,000 − 25,000,000 − 7,500,000)
= ₩17,500,000
처분손익 = 18,000,000 − 17,500,000 = ₩500,000(이익)

하

07 20x5년 1월 1일에 ₩1,000,000에 취득한 기계장치를 정률법에 의해 매년 정상적으로 감가상각하는 경우, 20x6년 말 결산정리 후 재무상태표에 계상될 기계장치의 장부가액은 얼마인가? (단, 감가상각률은 연 20%이며, 결산은 연 1회 실시한다)
• 40회 기업회계3급

① ₩160,000 ② ₩360,000
③ ₩640,000 ④ ₩1,000,000

해설 정률법으로 3년 동안의 감가상각비를 계산하여 취득원가에서 차감한다.
20x5년 말(1차년도) : 1,000,000 × 0.2 = 200,000
20x6년 말(2차년도) : (1,000,000 − 200,000) × 0.2 = 160,000
2년간의 감가상각누계액이 ₩360,000이므로 장부가액은 다음과 같다.
1,000,000 − 360,000 = ₩640,000

Answer 04. ④ 05. ④ 06. ④ 07. ③

※ [문제 8~9] ㈜대한은 20x1년 1월 초에 취득원가 ₩6,000,000, 잔존가치 ₩300,000, 내용연수 5년인 기계장치를 취득하였다. 동 기계장치를 사용할 경우 총예정생산량은 1,200단위이며, 20x1년 중 240단위, 20x2년 중 300단위를 생산하였다.

중

08 다음 중 위 기계장치에 대하여 정률법(상각률 0.45)을 이용하여 감가상각을 할 경우, 20x1년 및 20x2년 감가상각비는 각각 얼마인가?

	20x1년	20x2년
①	₩1,140,000	₩1,140,000
②	₩1,140,000	₩912,000
③	₩2,700,000	₩1,485,000
④	₩2,565,000	₩1,410,750

해설 20x1년도 : 6,000,000 × 0.45 = ₩2,700,000
20x2년도 : (6,000,000 − 2,700,000) × 0.45 = ₩1,485,000

중

09 다음 중 위 기계장치에 대하여 생산량비례법을 이용하여 감가상각을 할 경우, 20x1년 및 20x2년에 인식할 감가상각비는 각각 얼마인가?

	20x1년	20x2년
①	₩1,140,000	₩1,140,000
②	₩1,200,000	₩1,200,000
③	₩1,200,000	₩1,500,000
④	₩1,140,000	₩1,425,000

해설 20x1년도 : (6,000,000 − 300,000) × 240/1,200 = ₩1,140,000
20x2년도 : (6,000,000 − 300,000) × 300/1,200 = ₩1,425,000

중상

10 **신규로 취득한 건물에 대하여 ㈜민국은 정액법을 사용하여 감가상각비를 계상하고자 한다. 그러나 담당자의 실수로 정률법을 사용하여 회계처리할 경우 기계장치를 취득한 회계연도의 기말 재무제표에 미치는 영향으로 옳은 것은 무엇인가? (단, 잔존가치는 없으며, 내용연수는 10년, 정률법 적용시 상각률은 30%라고 가정한다)**

	건물의 장부금액	당기순손익	감가상각비
①	과대계상	과대계상	과대계상
②	과대계상	과소계상	과소계상
③	과소계상	과대계상	과소계상
④	과소계상	과소계상	과대계상

::해설 취득한 회계연도의 감가상각비는 정액법보다 정률법에 의한 감가상각비가 더 크다.

※ [문제 11~12] **㈜대한에 대한 아래의 자료를 근거로 물음에 답하시오.**

- 20x1년 1월 기계장치를 ₩1,000,000에 구입하였다.
- 기계의 내용연수는 4년, 잔존가치는 ₩200,000이다.
- 결산일은 매년 말이며 이 기계를 20x2년 4월 1일 ₩770,000에 처분하였다.

중상

11 **다음 중 기계장치를 정액법으로 감가상각할 경우 처분시 인식할 유형자산처분손익은 얼마인가?**

① ₩17,000

② ₩20,000

③ ₩36,666

④ ₩82,500

::해설 감가상각누계액 : [(1,000,000 − 200,000) × 1/4 × 1.25(1년 3개월) = ₩250,000

기계처분시 : (차) 현　　금 770,000 (대) 기 계 장 치 1,000,000

감가상각누계액 250,000 유형자산처분이익 20,000

Answer 08. ③ 09. ④ 10. ④ 11. ②

중상

12 **다음 중 기계장치를 연수합계법으로 감가상각할 경우 처분시 인식할 유형자산 처분손익은 얼마인가?**

① ₩150,000　　② ₩215,000
③ ₩126,000　　④ ₩330,000

해설
• 감가상각누계액 : (320,000 + 60,000) = ₩380,000
20x1년 : (1,000,000 − 200,000) × 4/10 = ₩320,000
20x2년 : (1,000,000 − 200,000) × 3/10 × 0.25(3개월) = ₩60,000
• 기계처분시 : (차) 현　　금 770,000　(대) 기 계 장 치 1,000,000
감가상각누계액 380,000　유형자산처분이익 150,000

하

13 **보유 중인 기계장치를 다음과 같이 매각하고 대금 ₩15,000,000을 현금으로 수취하였다. 기계장치의 매각으로 인한 유형자산처분손익은 얼마인가? (단, 감가상각은 월할상각을 원칙으로 한다)**

• 43회 기업회계2급

• 취득원가 : ₩20,000,000　　• 잔존가치 : ₩2,000,000
• 내용연수 : 10년　　• 감가상각방법 : 정액법
• 취득일자 : 20x4년 7월 1일　　• 매각일자 : 20x6년 3월 30일

① 유형자산처분손실 ₩1,850,000
② 유형자산처분이익 ₩1,850,000
③ 유형자산처분이익 ₩2,700,000
④ 유형자산처분손실 ₩2,700,000

해설
1년 감가상각비 = (20,000,000 − 2,000,000)/10년 = 1,800,000
20x4년의 감가상각비 = 1,800,000 × 6/12 = 900,000
20x5년의 감가상각비 = 1,800,000
20x6년의 감가상각비 = 1,800,000 × 3/12 = 450,000
매각시점까지의 감가상각누계액 = 900,000(20x4년) + 1,800,000(20x5년) + 450,000(20x6년) = 3,150,000
매각시점까지의 차량운반구의 순자산가치 = 20,000,000 − 3,150,000 = 16,850,000
유형자산처분손익 = 15,000,000 − 16,850,000 = −₩1,850,000(유형자산처분손실)

중상

14 ㈜대한은 20x1년 9월 1일 취득원가 ₩5,000,000, 잔존가치 ₩500,000, 내용연수 10년인 유형자산을 취득하고 연수합계법으로 감가상각하고 있다. 다음 중 ㈜대한이 20x2년에 계상할 감가상각비는 얼마인가?

① 정액법보다 ₩286,363 많다.
② 정액법보다 ₩340,909 많다.
③ 정액법보다 ₩286,363 적다.
④ 정액법보다 ₩340,909 적다.

해설
- 연수합계법 적용시 20x2년 감가상각비는 ₩790,909이나, 정액법은 ₩450,000이다.
- 연수합계법 적용시

20x1년 : (5,000,000－500,000)×10/55×4/12＝₩272,727
20x2년 : {(5,000,000－500,000)×10/55×8/12}
＋{(5,000,000－500,000)×9/55×4/12}＝₩790,909

중하

15 다음 중 ㈜민국이 감가상각시 생산량비례법을 적용할 경우에 20x1년 7월 1일 ₩30,000,000에 취득한 기계장치의 20x2년도 감가상각비는 얼마인가? (단, 내용연수는 4년, 잔존가치는 ₩3,000,000이고 실제생산량은 예정생산량과 일치하였다)

연 도	(예정)생산량
20x1년	1,500개
20x2년	3,500개
20x3년	2,500개
20x4년	2,000개
20x5년	500개
합계	10,000개

① ₩9,000,000 ② ₩9,450,000 ③ ₩10,500,000 ④ ₩13,500,000

해설 (30,000,000－3,000,000)×3,500/10,000＝₩9,450,000

하

16 다음 중 무형자산으로 옳지 않은 것은 무엇인가?

① 임차보증금 ② 임차권리금 ③ 산업재산권 ④ 컴퓨터소프트웨어

해설 임차권리금은 무형자산이고 임차보증금은 기타비유동자산에 해당한다.

Answer
12. ① 13. ① 14. ② 15. ② 16. ①

주관식 평가문항

※ [문제 1~3] ㈜대한은 20x1년 7월 1일 기계장치(구입가격 ₩7,500,000)를 취득하면서 구입가격 외에 설치비 ₩500,000을 별도로 지급하였다. 동 기계장치의 내용연수는 4년으로 예상되며, 잔존가치는 ₩1,000,000으로 추정된다. 동 기계장치를 20x3년 7월 1일 ₩3,000,000에 처분하고 대금은 현금으로 받았다. ㈜대한의 결산일은 12월 31일이다(월할 상각함).

중

01 이중체감법(정액법의 배법)을 적용했을 경우 20x1년과 20x2년의 감가상각비는 각각 얼마인가?

중상

02 연수합계법을 적용했을 경우 20x1년과 20x2년 수정분개가 끝난 후, 이 기계장치와 관련하여 20x1년도와 20x2년도의 재무상태표에 계상될 감가상각누계액은 각각 얼마인가?

중상

03 기계장치의 처분으로 인한 손익은 얼마인가? (이중체감법을 적용하여 감가상각했다고 가정할 것)

중상

04 ㈜대한은 취득원가가 ₩50,000,000인 기계장치를 ₩22,000,000의 현금을 받고 ㈜민국에게 처분하였다. 이 거래에 대해 ㈜대한이 인식한 유형자산처분이익이 ₩5,000,000이라면, 처분일에 제거되는 감가상각누계액은 얼마인가?

중상

05 ㈜민국은 20x1년 7월 1일 새로운 기계장치를 취득하였다. 기계장치의 매입원가는 ₩35,650,000, 운송비는 ₩760,000, 기계의 설치비는 ₩590,000이었다. 이 기계장치의 추정내용연수는 7년이며, 내용연수 종료 후 잔존가치는 ₩2,000,000으로 추정된다. 이 기계장치는 또한 14,000시간 사용 가능할 것으로 추정되며 20x1년에는 1,200시간, 20x2년에는 2,000시간 가동되었다. ㈜민국이 20x1년도와 20x2년도에 감가상각비로 인식할 금액을 다음의 방법을 사용하여 각각 계산하시오.

(1) 정액법
(2) 생산량비례법(활동기준법)
(3) 연수합계법

Answer

01. 20x1년 : (7,500,000 + 500,000) × 2/4 × 6/12 = ₩2,000,000
20x2년 : (8,000,000 − 2,000,000) × 2/4 = ₩3,000,000

02. 20x1년 : {(7,500,000 + 500,000) − 1,000,000} × 4/10 × 6/12 = ₩1,400,000
20x2년 : {(7,500,000 + 500,000) − 1,000,000} × 4/10 × 6/12 + 7,000,000 × 3/10 × 6/12
= ₩2,450,000
상각누계액은 20x1년 : ₩1,400,000
20x2년 : ₩3,850,000

03. 20x1년 : (7,500,000 + 500,000) × 2/4 × 6/12 = ₩2,000,000
20x2년 : (8,000,000 − 2,000,000) × 2/4 = ₩3,000,000
20x3년 : (8,000,000 − 5,000,000) × 2/4 × 6/12 = ₩750,000
20x3년 7월 1일

(차)	감가상각비	750,000	(대) 감가상각누계액	750,000
	감가상각누계액	5,750,000	기계	8,000,000
	현금	3,000,000	유형자산처분이익	750,000

04.

(차) 현금	22,000,000	(대) 기계장치	50,000,000
(차) 감가상각누계액	(X)	유형자산처분이익	5,000,000

X = ₩33,000,000

하

06 ㈜대한은 제조업체로서 동종업체인 ㈜민국과 경쟁하기 위하여 신기술을 개발하고자 하였다. 그러나 20x2년 4월 1일 자체 개발에 한계가 있다고 판단한 ㈜대한은 전자기술연구소로부터 기술도입계약을 맺고 기술도입비로 ₩4,500,000을 지불하였다. 또한 20x2년 7월 1일에 당기 초에 개시한 개발활동과 관련하여 ₩6,500,000의 비용을 지출하였고, 기술개발이 완료되었다. 20x2년 4월 1일, 20x2년 7월 1일, 20x2년 12월 31일에 ㈜대한이 해야 할 회계처리를 하시오(단, 무형자산의 상각기간은 5년이고 잔존가치 없이 정액법을 적용한다고 가정할 것).

Answer

05. 기계장치의 취득원가 = 35,650,000 + 760,000 + 590,000 = ₩37,000,000
감가상각대상금액 = 37,000,000 − 2,000,000 = ₩35,000,000
(1) 정액법
20x1년 감가상각비 = 35,000,000 × 1/7 × 6/12 = ₩2,500,000
20x2년 감가상각비 = 35,000,000 × 1/7 = ₩5,000,000
(2) 생산량비례법
20x1년 감가상각비 = 35,000,000 × 1,200/14,000 = ₩3,000,000
20x2년 감가상각비 = 35,000,000 × 2,000/14,000 = ₩5,000,000
(3) 연수합계법
연수합계 = (7 × 8)/2 = 28
20x1년 감가상각비 = 35,000,000 × 7/28 × 6/12 = 8,750,000 × 6/12 = ₩4,375,000
20x2년 감가상각비 = (35,000,000 × 7/28 × 6/12) + (35,000,000 × 6/28 × 6/12)
= 4,375,000 + 3,750,000 = ₩8,125,000

06. 〈20x2년 4월 1일〉

(차) 산업재산권	4,500,000	(대) 현금	4,500,000

〈20x2년 7월 1일〉

(차) 개발비	6,500,000	(대) 현금	6,500,000

〈20x2년 12월 31일〉

(차) 무형자산상각비	1,325,000	(대) 산업재산권상각누계액	675,000[1]
		개발비상각누계액	650,000[2]

1) 4,500,000 × 1/5 × 9/12 = ₩675,000
2) 6,500,000 × 1/ 5 × 6/12 = ₩650,000

제 7 편

금융자산 Ⅱ

제7편 Key word 금융자산 Ⅱ

금융자산
- 현금및현금성자산(제4편)
- 대여금과 수취채권(제4편)
- 당기손익 – 공정가치측정 금융자산(제7편)
- 기타포괄손익 – 공정가치측정 금융자산(제7편)
- 상각후원가측정 금융자산(제8편)

카카오
(제25기)

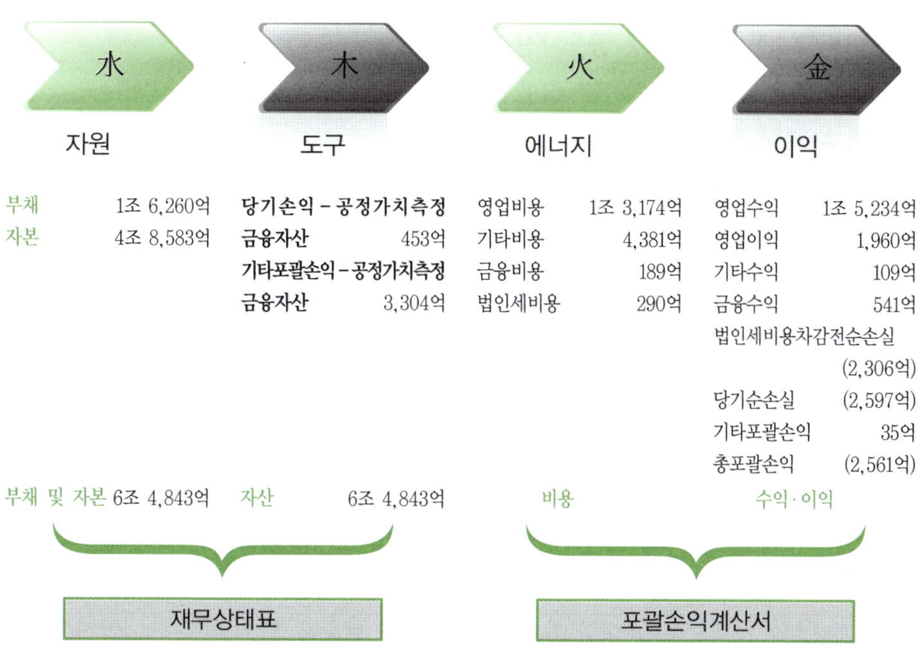
水
木
火
金
자원
도구
에너지
이익
부채 1조 6,260억
자본 4조 8,583억
당기손익 - 공정가치측정 금융자산 453억
기타포괄손익 - 공정가치측정 금융자산 3,304억
영업비용 1조 3,174억
기타비용 4,381억
금융비용 189억
법인세비용 290억
영업수익 1조 5,234억
영업이익 1,960억
기타수익 109억
금융수익 541억
법인세비용차감전순손실 (2,306억)
당기순손실 (2,597억)
기타포괄손익 35억
총포괄손익 (2,561억)
부채 및 자본 6조 4,843억
자산 6조 4,843억
비용
수익·이익
재무상태표
포괄손익계산서

기업분석

1. 금융자산

(1) 분 류

① 당기손익-공정가치측정 금융자산
② 기타포괄손익-공정가치측정 금융자산
③ 상각후원가측정 금융자산

금융자산은 금융자산의 관리를 위한 사업모형과 금융자산의 계약상 현금흐름 특성에 근거하여 분류합니다.

공정가치로 측정하는 금융자산의 손익은 당기손익 또는 기타포괄손익으로 인식합니다. 채무상품에 대한 투자는 해당 자산을 보유하는 사업모형에 따라 당기손익 또는 기타포괄손익으로 인식합니다. 회사는 금융자산을 관리하는 사업모형을 변경하는 경우에만 채무상품을 재분류합니다.

단기매매항목이 아닌 지분상품에 대한 투자는 최초 인식시점에 후속적인 공정가치 변동을 기타포괄손익으로 표시할 것을 지정하는 취소불가능한 선택을 할 수 있습니다. 지정되지 않은 지분상품에 대한 투자의 공정가치 변동은 당기손익으로 인식합니다.

(2) 측 정

회사는 최초 인식시점에 금융자산을 공정가치로 측정하며, 당기손익-공정가치측정 금융자산이 아닌 경우에 해당 금융자산의 취득이나 해당 금융부채의 발행과 직접 관련되는 거래원가는 공정가치에 가산합니다. 당기손익-공정가치측정 금융자산의 거래원가는 당기손익으로 비용처리합니다.

① **채무상품**

금융자산의 후속적인 측정은 금융자산의 계약상 현금흐름 특성과 그 금융자산을 관리하는 사업모형에 근거합니다. 회사는 채무상품을 다음의 세 범주로 분류합니다.

㉠ 상각후원가 : 계약상 현금흐름을 수취하기 위해 보유하는 것이 목적인 사업모형 하에서 금융자산을 보유하고, 계약상 현금흐름이 원리금만으로 구성되어 있는 자산은 상각후원가로 측정합니다. 상각후원가로 측정하는 금융자산으로서 위험회피관계의 적용 대상이 아닌 금융자산의 손익은 해당 금융자산을 제거하거나 손상할 때 당기손익으로 인식합니다. 유효이자율법에 따라 인식하는 금융자

산의 이자수익은 '금융수익'에 포함됩니다.

㉡ 기타포괄손익-공정가치측정 금융자산 : 계약상 현금흐름의 수취와 금융자산의 매도 둘 다를 통해 목적을 이루는 사업모형하에서 금융자산을 보유하고, 계약상 현금흐름이 원리금만으로 구성되어 있는 금융자산은 기타포괄손익-공정가치로 측정합니다. 손상차손(환입)과 이자수익 및 외환손익을 제외하고는, 기타포괄손익-공정가치로 측정하는 금융자산의 손익은 기타포괄손익으로 인식합니다. 금융자산을 제거할 때에는 인식한 기타포괄손익누계액을 자본에서 당기손익으로 재분류합니다. 유효이자율법에 따라 인식하는 금융자산의 이자수익은 '금융수익'에 포함됩니다. 외환손익은 '기타수익' 또는 '기타비용'으로 표시하고 손상차손은 '기타비용'으로 표시합니다.

㉢ 당기손익-공정가치측정 금융자산 : 상각후원가측정이나 기타포괄손익-공정가치측정 금융자산이 아닌 채무상품은 당기손익-공정가치로 측정됩니다. 위험회피관계가 적용되지 않는 당기손익-공정가치측정 채무상품의 손익은 당기손익으로 인식하고 발생한 기간에 손익계산서에 '금융수익' 또는 '금융비용'으로 표시합니다.

② 지분상품

회사는 모든 지분상품에 대한 투자를 후속적으로 공정가치로 측정합니다. 공정가치 변동을 기타포괄손익으로 표시할 것을 선택한 지분상품에 대해 기타포괄손익으로 인식한 금액은 해당 지분상품을 제거할 때에도 당기손익으로 재분류하지 않습니다. 이러한 지분상품에 대한 배당수익은 회사가 배당을 받을 권리가 확정된 때 '금융수익'으로 당기손익으로 인식합니다.

당기손익-공정가치로 측정하는 금융자산의 공정가치 변동은 손익계산서에 '금융수익' 또는 '금융비용'으로 표시합니다. 기타포괄손익-공정가치로 측정하는 지분상품에 대한 손상차손(환입)은 별도로 구분하여 인식하지 않습니다.

(3) 손 상

회사는 미래전망정보에 근거하여 상각후원가로 측정하거나 기타포괄손익-공정가치로 측정하는 채무상품에 대한 기대신용손실을 평가합니다. 손상 방식은 신용위험의 유의적인 증가 여부에 따라 결정됩니다. 단, 매출채권에 대해 회사는 채권의 최초 인식시점부터 전체 기간 기대신용손실을 인식하는 간편법을 적용합니다.

(4) 인식과 제거

금융자산의 정형화된 매입 또는 매도는 매매일에 인식하거나 제거합니다. 금융자산은 현금흐름에 대한 계약상 권리가 소멸하거나 금융자산을 양도하고 소유에 따른 위험과 보상의 대부분을 이전한 경우에 제거됩니다.

2. 금융자산

(단위 : 천원)

재무상태표상 자산	당기말	전기말
당기손익-공정가치측정 금융자산	45,399,231	37,674,004
기타포괄손익-공정가치측정 금융자산	330,410,965	237,572,155
소 계	375,810,196	275,246,159
상각후원가측정 금융자산		
현금및현금성자산	647,121,329	250,919,690
단기금융상품	15,590,476	601,712,373
장기금융상품	10,000,000	10,000,000
매출채권	94,991,385	71,332,712
기타유동금융자산	222,441,825	306,244,351
기타비유동금융자산	18,147,937	9,199,672
소 계	1,008,292,952	1,249,408,798
파생상품자산	894,102	956,800
합 계	1,384,997,250	1,525,611,757

3. 당기손익-공정가치측정 금융자산 및 파생상품자산

구 분	당기말	전기말
전환사채	796,962	797,108
수익증권 및 펀드	44,602,269	36,876,896
파생상품자산	894,102	956,800
합 계	46,293,333	38,630,804

4. 기타포괄손익-공정가치측정 금융자산

구 분	당기말	전기말
상장주식		
SK텔레콤㈜	301,455,560	–
㈜한진칼	24,510,800	–
㈜와이디온라인	–	491,050
비상장주식		
㈜다음소프트	326,539	326,539
㈜큐버	345,566	345,566
㈜에스비에스엠앤씨	3,772,500	4,000,200
한국카카오은행㈜	–	232,408,800
합 계	330,410,965	237,572,155

제1장 금융자산 정의 및 분류

:: 학습목표

- ✔ 금융자산 정의를 학습한다.
- ✔ 금융자산 종류를 학습한다.

1 금융자산(Financial assets) 정의

(1) 금융자산 정의

한국채택국제회계기준에서는 금융자산을 다음과 같이 정의하고 있다.

① 현금
② 미래에 현금 등 금융자산을 수취할 계약상의 권리(매출채권, 대여금 등)
③ 다른 기업의 주식 및 채권

금융자산 중 ① 현금 ② 미래에 현금 등 금융자산을 수취할 계약상의 권리(매출채권, 대여금 등)는 이미 '제4편 금융자산 I (현금과 수취채권)'에서 살펴보았다. 따라서 ③ 다른 기업의 주식과 채권에 대해서는 제7편 금융자산 Ⅱ(당기손익－공정가치측정 금융자산과 기타포괄손익－공정가치측정 금융자산)와 제8편 금융부채 및 금융자산 Ⅲ(상각후원가측정 금융자산)에서 설명한다.

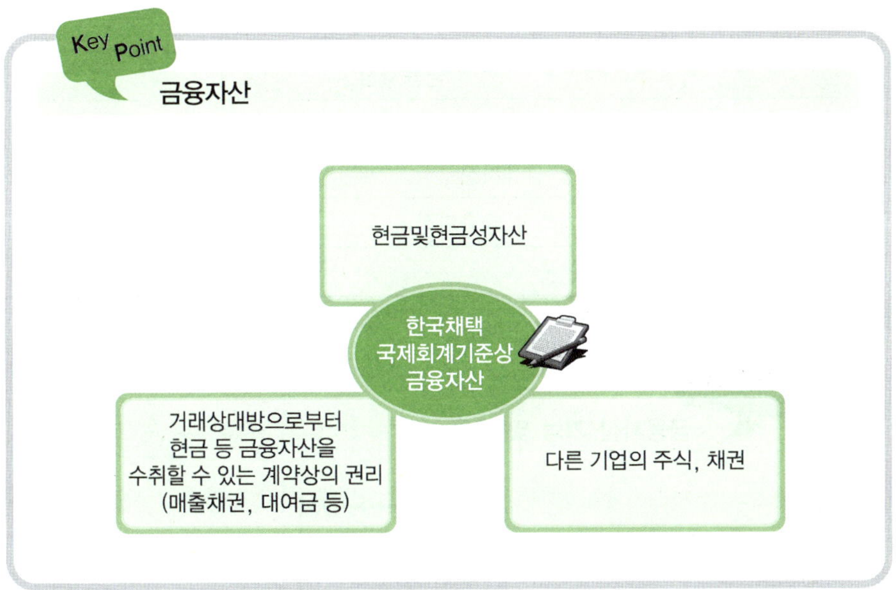

2 금융자산 종류

① 금융자산은 지분상품(Equity instrument)과 채무상품(Debt instrument)으로 분류된다.

② 지분상품은 기업에 대한 지분 또는 소유권을 나타내는 주식형 금융상품이다.

③ 채무상품은 취득자는 이자를 수취하고 만기일에 원금을 회수할 권리가 부여되고, 발행자는 이자를 지급하고 만기일에 원금을 상환해야 하는 의무가 부여된 채권형 금융상품이다.

④ 즉, 채무상품은 취득자 입장에서는 금융자산, 발행자 입장에서는 금융부채가 된다.

⑤ 한국채택국제회계기준에서는 금융자산의 범주를 대여금과 수취채권, 당기손익-공정가치측정 금융자산, 기타포괄손익-공정가치측정 금융자산, 상각후원가측정 금융자산으로 구분하고 있다.

[금융자산 종류]

금융자산
(1) 대여금 및 수취채권
(2) 당기손익－공정가치측정 금융자산
(3) 기타포괄손익－공정가치측정 금융자산
(4) 상각후원가측정 금융자산

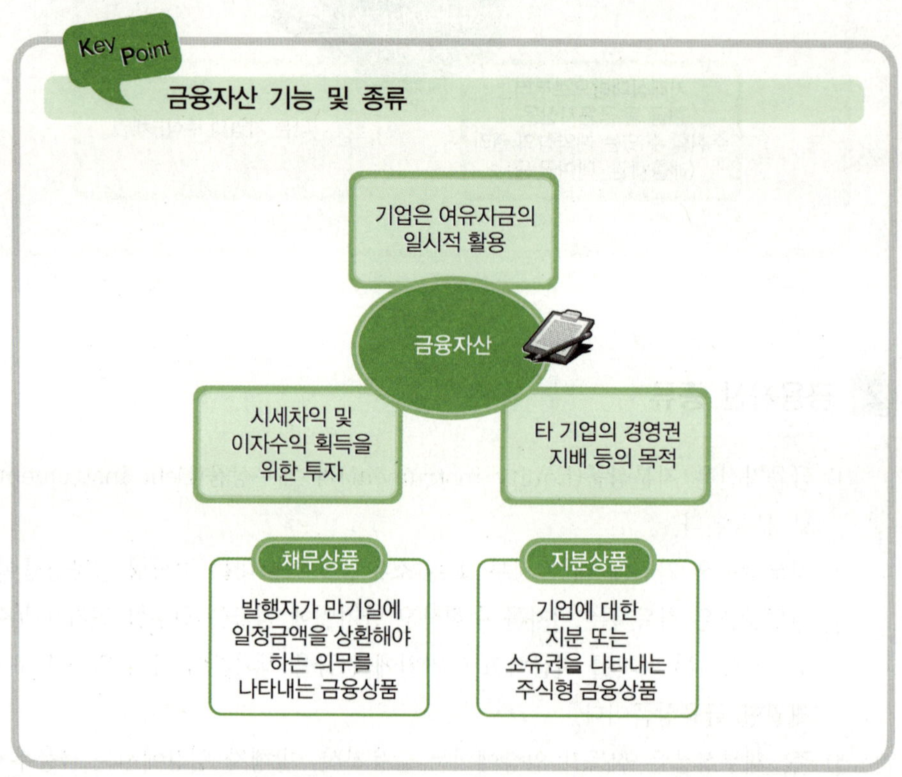

3 금융자산 분류 기준

금융자산은 계약상 현금흐름 특성과 사업모형 종류에 따라 분류된다.

(1) 계약상 현금흐름의 특성

① 원금과 이자로만 구성 : 계약조건에 따라 원금과 이자 지급만의 현금흐름이 특정일에 생기는 특성

예 대여금, 채무상품

② 그 외의 경우

예 지분상품

(2) 사업모형의 종류

① 금융자산으로부터 원금과 이자의 현금흐름을 '수취'하는 것이 사업목적인 경우

② 금융자산으로부터 원금과 이자의 현금흐름을 '수취'하는 것과 '매도'를 통해 차익을 얻는 것 2가지 모두 사업목적인 경우

③ 기타(매매 등)

이러한 기준에 따라 금융자산은 다음과 같이 분류된다.

분 류	상품종류	계약상 현금흐름	사업모형	평가방법	평가손익
당기손익-공정가치측정 금융자산 (FVPL 금융자산)	지분상품 채무상품	FVOCI 금융자산 및 AC 금융자산에 해당하지 않는 자산		공정가치법	당기손익
기타포괄손익-공정가치측정 금융자산 (FVOCI 금융자산)	지분상품 채무상품	• 원금과 이자로만 구성 • 단기매매 아닌 일부 지분상품	수취+매도	공정가치법	기타포괄손익
상각후원가측정 금융자산 (AC 금융자산)	채무상품	원금과 이자로만 구성	수취	원가법	평가손익 없음

제7편 ● 금융자산 II

학습 Quiz

01 다음 중 한국채택국제회계기준하에서의 금융자산으로 옳지 않은 것은 무엇인가?

① 당기손익－공정가치측정 금융자산 ② 매출채권
③ 차입금 ④ 상각후원가측정 금융자산

02 다음 중 금융자산에 대한 설명으로 옳지 않은 것은 무엇인가?

① 금융자산은 적극적으로 위험을 부담한다.
② 당기손익－공정가치측정 금융자산은 장기간의 자금운용 목적으로 취득하는 금융자산이다.
③ 지분상품은 기업에 대한 지분 또는 소유권을 나타내는 주식형 금융상품이다.
④ 상각후원가측정 금융자산은 채무상품에 국한된다.

03 다음 중 금융자산에 대한 설명으로 옳은 것은 무엇인가?

① 채무상품은 계약상 현금흐름과 사업목적에 따라 당기손익－공정가치측정 금융자산, 상각후원가측정 금융자산, 기타포괄손익－공정가치측정 금융자산으로 분류할 수 있다.
② 상각후원가측정 금융자산에는 지분상품과 채무상품이 있다.
③ 상각후원가측정 금융자산은 원금과 이자의 수취와 매도를 의도하는 금융상품이다.
④ 채무상품은 당기손익－공정가치측정 금융자산으로 분류될 수 없다.

해설

01 차입금은 금융자산이 아니라 부채이다. | 정답 ③ |

02 당기손익－공정가치측정 금융자산은 단기간의 자금운용 목적으로 취득하는 금융자산이다. | 정답 ② |

03 당기손익－공정가치측정 금융자산과 기타포괄손익－공정가치측정 금융자산은 모두 지분상품과 채무상품으로 분류될 수 있고, 상각후원가측정 금융자산은 채무상품에 국한된다. | 정답 ① |

학습정리 *

1. 금융자산 개념

한국채택국제회계기준에서는 ① 현금, ② 미래에 현금 등 금융자산을 수취할 계약상의 권리(매출채권, 대여금 등), ③ 다른 기업의 주식, 채권 등을 금융자산으로 폭넓게 분류하고 있다.

2. 금융자산 종류

<table>
<tr><th>분 류</th><th>상품종류</th><th>계약상
현금흐름</th><th>사업모형</th><th>평가방법</th><th>평가손익</th></tr>
<tr><td>당기손익-
공정가치측정
금융자산
(FVPL 금융자산)</td><td>지분상품
채무상품</td><td colspan="2">FVOCI 금융자산 및
AC 금융자산에
해당하지 않는 자산</td><td>공정
가치법</td><td>당기손익</td></tr>
<tr><td>기타포괄손익-
공정가치측정
금융자산
(FVOCI 금융자산)</td><td>지분상품
채무상품</td><td>• 원금과
이자로만
구성
• 단기매매
아닌 일부
지분상품</td><td>수취+
매도</td><td>공정
가치법</td><td>기타포괄
손익</td></tr>
<tr><td>상각후원가측정
금융자산
(AC 금융자산)</td><td>채무상품</td><td>원금과
이자로만
구성</td><td>수취</td><td>원가법</td><td>평가손익
없음</td></tr>
</table>

제2장 당기손익-공정가치측정 금융자산

:: 학습목표

- ✔ 금융자산 평가방법을 학습한다.
- ✔ 당기손익-공정가치측정 금융자산 취득시점 회계처리를 학습한다.
- ✔ 당기손익-공정가치측정 금융자산 기말평가시점 회계처리를 학습한다.
- ✔ 당기손익-공정가치측정 금융자산 처분시점 회계처리를 학습한다.

1 당기손익-공정가치측정 금융자산(FVPL, Fair Value through Profit or Loss)

(1) 개 념

① 당기손익-공정가치측정 금융자산은 기타포괄손익-공정가치측정 금융자산 및 상각후원가측정 금융자산에 해당하지 않는 금융자산이다.

② 당기손익-공정가치측정 금융자산은 공정가치로 금융자산을 평가하고, 평가손익은 당기손익에 반영한다.

③ FVPL 금융자산이라고 한다.

(2) 취 득

① 당기손익-공정가치측정 금융자산 취득원가는 매입가격만을 포함하고, 거래수수료는 당기비용으로 처리한다.

② 취득시점의 회계처리는 다음과 같다.

(차)	당기손익-공정가치측정 금융자산	×××	(대) 현 금	×××
(차)	거래수수료 (당기비용)	×××	(대) 현 금	×××

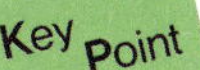

당기손익-공정가치측정 금융자산 취득

= 매입가격 + ~~취득부대비용~~

예

주식을 취득할 때 발생하는 거래수수료

당해 주식을 취득하기 위해 불가피하게 발생하는 취득부대비용

➡ 당기비용 처리

취득시점의 회계처리

(차)	당기손익-공정가치측정 금융자산	×××	(대)	현 금	×××
(차)	수 수 료	×××	(대)	현 금	×××

예제

다음의 거래를 회계처리하시오.

20x1년 5월 5일에 ㈜대한이 단기매매차익을 얻기 위한 목적으로 상장주식을 ₩300,000에 취득하고 매매수수료 ₩5,000을 지급하였다.

풀이>

(차)	당기손익-공정가치측정 금융자산	300,000	(대)	현 금	300,000
	수 수 료	5,000		현 금	5,000

(3) 보 유

① 주식 등의 지분상품을 보유하여 배당금을 받으면 배당금수익으로 계상한다.

② 사채나 국·공채 등의 채무상품을 보유하여 이자를 받으면 이자수익으로 계상한다.

③ 배당금수익 또는 이자수익은 포괄손익계산서상 영업외수익으로 표시된다.

[지분상품 : 배당금수익 인식]

(차) 현 금	×××	(대) 배 당 금 수 익	×××

[채무상품 : 이자수익 인식]

(차) 현 금	×××	(대) 이 자 수 익	×××

예제

다음의 거래를 회계처리하시오.

① 20x1년 6월 5일에 보유하고 있던 당기손익－공정가치측정 금융자산(A)으로 인해 배당금 ₩1,000,000을 받았다.

② 20x1년 6월 30일에 보유하고 있던 당기손익－공정가치측정 금융자산(B)으로 인해 이자 ₩500,000을 받았다.

풀이

①	(차) 현 금	1,000,000	(대) 배 당 금 수 익	1,000,000
②	(차) 현 금	500,000	(대) 이 자 수 익	500,000

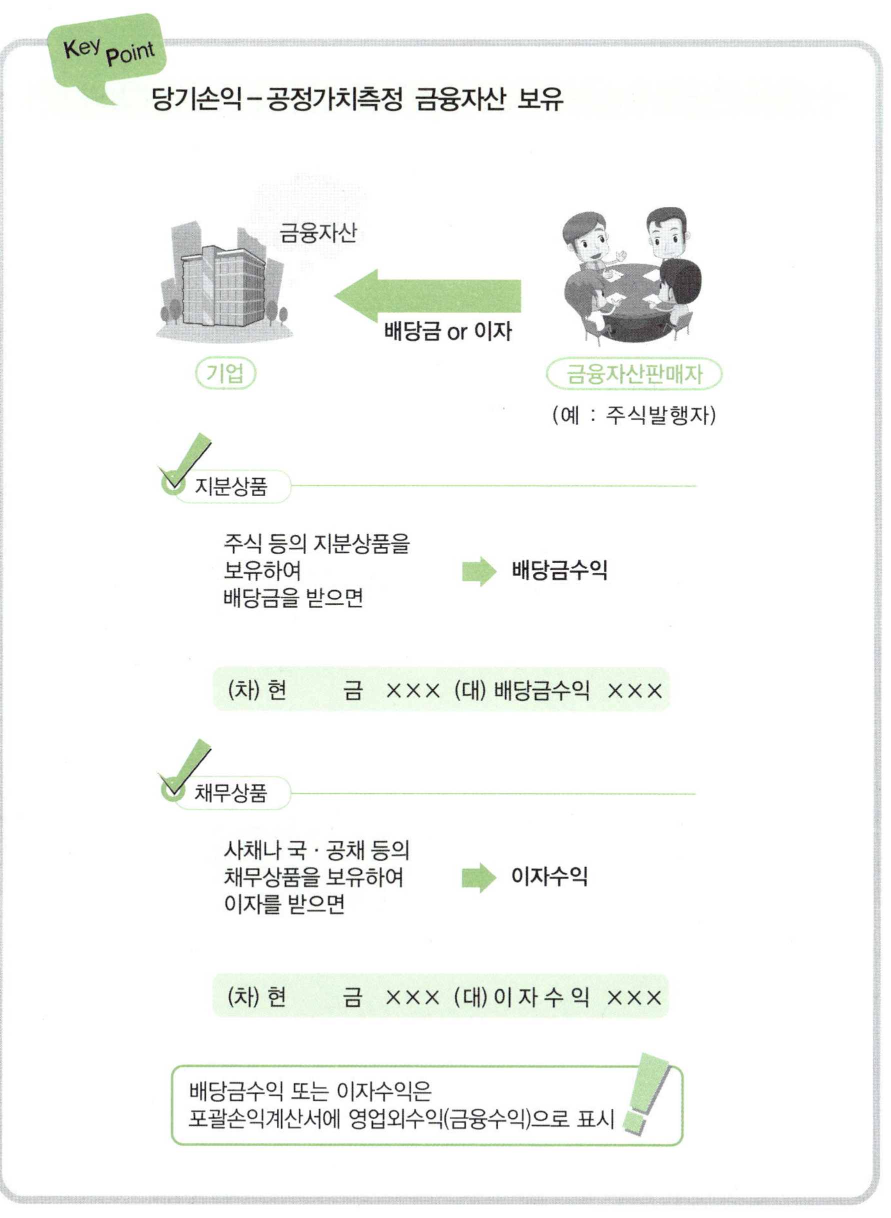
Key Point
당기손익-공정가치측정 금융자산 보유
금융자산
배당금 or 이자
기업
금융자산판매자
(예 : 주식발행자)
지분상품
주식 등의 지분상품을
보유하여
배당금을 받으면
배당금수익
(차) 현 금 ××× (대) 배당금수익 ×××
채무상품
사채나 국 · 공채 등의
채무상품을 보유하여
이자를 받으면
이자수익
(차) 현 금 ××× (대) 이 자 수 익 ×××
배당금수익 또는 이자수익은
포괄손익계산서에 영업외수익(금융수익)으로 표시

(4) 기말 공정가치평가

① 당기손익 – 공정가치측정 금융자산은 결산일에 공정가치(시가)로 평가한다.
② 결산일에 공정가치가 장부금액보다 높으면 **당기손익 – 공정가치측정 금융자산 평가이익**이 발생한다.
③ 결산일에 공정가치가 장부금액보다 낮으면 **당기손익 – 공정가치측정 금융자산 평가손실**이 발생한다.
④ 당기손익 – 공정가치측정 금융자산평가이익과 당기손익 – 공정가치측정 금융자산 평가손실은 포괄손익계산서상에 각각 영업외수익(금융수익)과 영업외비용(금융비용)으로 당기손익에 반영된다.

[공정가치(시가) > 장부금액]

(차)	당기손익 – 공정가치측정 금융자산	×××	(대)	당기손익 – 공정가치측정 금융자산평가이익 (금융수익)	×××

[공정가치(시가) < 장부금액]

(차)	당기손익 – 공정가치측정 금융자산평가손실 (금융비용)	×××	(대)	당기손익 – 공정가치측정 금융자산	×××

Key Point

당기손익－공정가치측정 금융자산 기말평가

당기손익－공정가치측정 금융자산은 자본시장이 형성되어 있어 공정가치(시가)를 파악할 수 있음

기말시점에서 공정가치(시가)로 평가

공정가치

합리적인 판단력과 거래의사가 있는
독립된 당사자 사이의 거래에서
자산이 교환되거나 부채가 결제될 수 있는 금액
(계속기업의 가정을 전제로 함)

예제

다음의 거래를 회계처리하시오.
㈜민국은 A회사 주식과 B회사 주식을 20x1년 중에 단기 시세차익을 목적으로 취득하였다. 해당 주식의 취득원가 및 20x1년 말의 공정가치에 대한 자료는 다음과 같다.

종 목	취득원가	20x1년 말 공정가치
A주식	₩100,000	₩150,000
B주식	100,000	80,000

풀이 〈20x1년 말 평가〉

종 목	취득원가	20x1년 말 공정가치	평가이익(손실)
A주식	₩100,000	₩150,000	₩50,000
B주식	100,000	80,000	(20,000)

〈기말평가 회계처리〉

(차)	당기손익－공정가치측정 금융자산 (A주식)	50,000	(대)	당기손익－공정가치측정 금융자산 평가이익	50,000
(차)	당기손익－공정가치측정 금융자산 평가손실	20,000	(대)	당기손익－공정가치측정 금융자산 (B주식)	20,000

(5) 매 도

① 당기손익－공정가치측정 금융자산 처분시 처분금액과 장부금액의 차이로 당기손익－공정가치측정 금융자산처분손익이 발생할 수 있다.

② 처분금액이 장부금액보다 높을 경우 당기손익－공정가치측정 금융자산처분이익이 발생한다.

③ 처분금액이 장부금액보다 낮을 경우 당기손익－공정가치측정 금융자산처분손실이 발생한다.

④ 당기손익－공정가치측정 금융자산처분이익과 당기손익－공정가치측정 금융자산처분손실은 포괄손익계산서상에 각각 영업외수익(금융수익)과 영업외비용(금융비용)으로 당기손익에 반영된다.

[처분금액 > 장부금액]

(차)	현 금	×××	(대)	당기손익－공정가치측정 금융자산	×××
				당기손익－공정가치측정 금융자산처분이익 (금융수익)	×××

[처분금액 < 장부금액]

(차)	현 금	×××	(대)	당기손익－공정가치 측정 금융자산	×××
	당기손익－공정가치측정 금융자산처분손실 (금융비용)	×××			

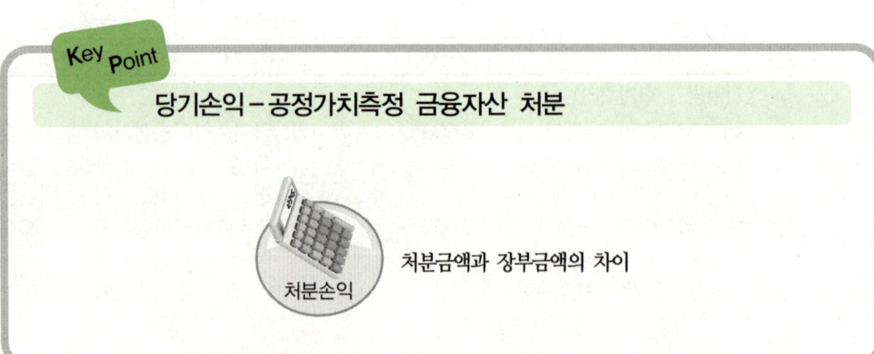

예제

다음의 거래를 회계처리하시오.

① ₩100,000에 취득하여 보유하고(20x1년 기말평가액 ₩150,000) 있던 당기손익-공정가치측정 금융자산(A)을 20x2년 ₩200,000에 처분하였다.
② ₩100,000에 취득하여 보유하고(20x1년 기말평가액 ₩80,000) 있던 당기손익-공정가치측정 금융자산(B)을 20x2년 ₩50,000에 처분하였다.

풀이

	차변	금액		대변	금액
① (차)	현금	200,000	(대)	당기손익-공정가치측정 금융자산	150,000
				당기손익-공정가치측정 금융자산처분이익	50,000
② (차)	현금	50,000	(대)	당기손익-공정가치측정 금융자산	80,000
	당기손익-공정가치측정 금융자산처분손실	30,000			

종 목	취득원가	20x1년 말 공정가치 =20x2년 처분시 장부금액	20x2년 처분금액
A주식	₩100,000	₩150,000	₩200,000
B주식	100,000	80,000	50,000

학습 Quiz

다음 거래에 대해 각 일자에 해야 할 회계처리를 하시오. 단, 당기손익-공정가치측정 금융자산(주식)과 당기손익-공정가치측정 금융자산(사채)은 구분해서 회계처리를 한다.

① 8월 1일 : 시장성이 있는 ㈜대한의 주식을 단기 매매차익 목적으로 ₩10,000,000에 취득하였다.
② 9월 1일 : 시장성이 있는 사채를 단기 매매차익 목적으로 ₩15,000,000에 취득하였다.
③ 10월 30일 : ㈜대한으로부터 배당금 ₩1,000,000을 수령하였다.
④ 11월 30일 : ㈜대한으로부터 이자 ₩750,000을 수령하였다.
⑤ 12월 31일 (결산일) : ㈜대한의 주식의 공정가치는 ₩13,000,000이고, 사채의 공정가치는 ₩14,800,000이다.
⑥ 2월 1일 (다음 연도) : 보유하고 있는 주식을 ₩14,500,000에, 사채를 ₩12,600,000에 각각 처분하였다.

:: 해설

		차변	금액		대변	금액
①	(차)	당기손익-공정가치측정 금융자산(주식)	10,000,000	(대)	현금	10,000,000
②	(차)	당기손익-공정가치측정 금융자산(사채)	15,000,000	(대)	현금	15,000,000
③	(차)	현금	1,000,000	(대)	배당금수익	1,000,000
④	(차)	현금	750,000	(대)	이자수익	750,000
⑤	(차)	당기손익-공정가치측정 금융자산(주식)	3,000,000	(대)	당기손익-공정가치측정 금융지산평가이익	3,000,000
		당기손익-공정가치측정 금융자산평가손실	200,000	(대)	당기손익-공정가치측정 금융자산(사채)	200,000
⑥	(차)	현금	14,500,000	(대)	당기손익-공정가치측정 금융자산(주식)	13,000,000
					당기손익-공정가치측정 금융자산처분이익	1,500,000
	(차)	현금	12,600,000		당기손익-공정가치측정 금융자산(사채)	14,800,000
		당기손익-공정가치측정 금융자산처분손실	2,200,000			

* 문제에서 별다른 언급이 없는 경우, 당기손익-공정가치측정 금융자산(주식)과 당기손익-공정가치측정 금융자산(사채)을 구분하지 않고 한꺼번에 회계처리해도 무방하다.

학습정리

1. 당기손익-공정가치측정 금융자산 취득

   당기손익-공정가치측정 금융자산 취득원가는 매입가격만을 포함하고 거래수수료는 당기비용으로 처리한다.

2. 당기손익-공정가치측정 금융자산 배당금수익과 이자수익

   금융자산 보유자는 금융상품 발행자로부터 배당금 또는 이자를 받는다.

3. 당기손익-공정가치측정 금융자산 기말평가

   당기손익-공정가치측정 금융자산은 결산일에 공정가치(시가)로 평가한다.

4. 당기손익-공정가치측정 금융자산 처분

   당기손익-공정가치측정 금융자산 처분시에는 처분금액과 장부금액의 크기에 따라 당기손익-공정가치측정 금융자산처분이익과 당기손익-공정가치측정 금융자산처분손실이 발생할 수 있다.

제3장 기타포괄손익-공정가치측정 금융자산

:: 학습목표

✔ 기타포괄손익-공정가치측정 금융자산 취득시점 회계처리를 학습한다.
✔ 기타포괄손익-공정가치측정 금융자산 기말평가시점 회계처리를 학습한다.
✔ 기타포괄손익-공정가치측정 금융자산 처분시점 회계처리를 학습한다.

1 기타포괄손익-공정가치측정 금융자산(FVOCI, Fair Value through Other Comprehensive Income)

(1) 개 념

① 기타포괄손익-공정가치측정 금융자산은 기업이 금융상품의 계약에 명시된 현금흐름(원리금)을 수취하는 목적과 금융자산을 매도해서 차익을 얻는 것을 목적으로 취득하는 금융자산이다.
② 장기투자목적으로 보유한 일부 지분상품도 포함된다.
③ 기타포괄손익-공정가치측정 금융자산은 공정가치로 금융자산을 평가하고, 평가손익은 기타포괄손익에 반영한다.
④ FVOCI 금융자산이라고 한다.

(2) 취 득

① 기타포괄손익-공정가치측정 금융자산의 취득원가는 매입가격에 거래수수료 등 정상적인 취득부대비용을 가산한다.
② 취득시점의 회계처리는 다음과 같다.

(차) 기타포괄손익-공정가치 측 정 금 융 자 산	×××	(대) 현 금	××× (매입가격+수수료)

Key Point

기타포괄손익-공정가치측정 금융자산의 취득

매입가격
+
정상적인 취득부대비용

예제

다음의 거래를 회계처리하시오.

20x1년에 장기투자 목적으로 ㈜민국의 주식을 ₩20,000,000에 취득하였고, 취득부대비용 ₩2,000,000을 추가로 지출하였다.

풀이 (차) 기타포괄손익-공정가치측정 금융자산 22,000,000 (대) 현 금 22,000,000

(3) 보 유

① 보유 단계에서 배당금수익 및 이자수익을 인식한다.
② 인식방법은 당기손익-공정가치측정 금융자산과 동일하다.

(4) 기말 공정가치평가

① 기타포괄손익-공정가치측정 금융자산은 결산일 현재시점의 공정가치로 평가하여 장부금액을 수정한다.
② 공정가치가 장부금액보다 높은 경우 기타포괄손익-공정가치측정 금융자산평가이익을 인식한다.
③ 공정가치가 장부금액보다 낮은 경우 기타포괄손익-공정가치측정 금융자산평가손실을 인식한다.
④ 기타포괄손익-공정가치측정 금융자산은 장기간에 걸쳐 투자수익을 획득하고

자 하므로 기타포괄손익－공정가치측정 금융자산평가손익을 당기손익에 반영하지 않고, 제거될 때까지 이연하는 회계처리를 한다.

⑤ 따라서 기타포괄손익－공정가치측정 금융자산평가손익은 포괄손익계산서상 기타포괄손익(당기분)에 표시되며, 기타포괄손익의 누계액은 재무상태표상 자본 항목(예 기타포괄손익누계액)으로 분류된다.

[공정가치(시가) > 장부금액]

(차)	기타포괄손익－공정가치측정 금융자산	×××	(대)	기타포괄손익－공정가치측정 금융자산평가이익(기타포괄손익)	×××

[공정가치(시가) < 장부금액]

(차)	기타포괄손익－공정가치측정 금융자산평가손실(기타포괄손익)	×××	(대)	기타포괄손익－공정가치측정 금융자산	×××

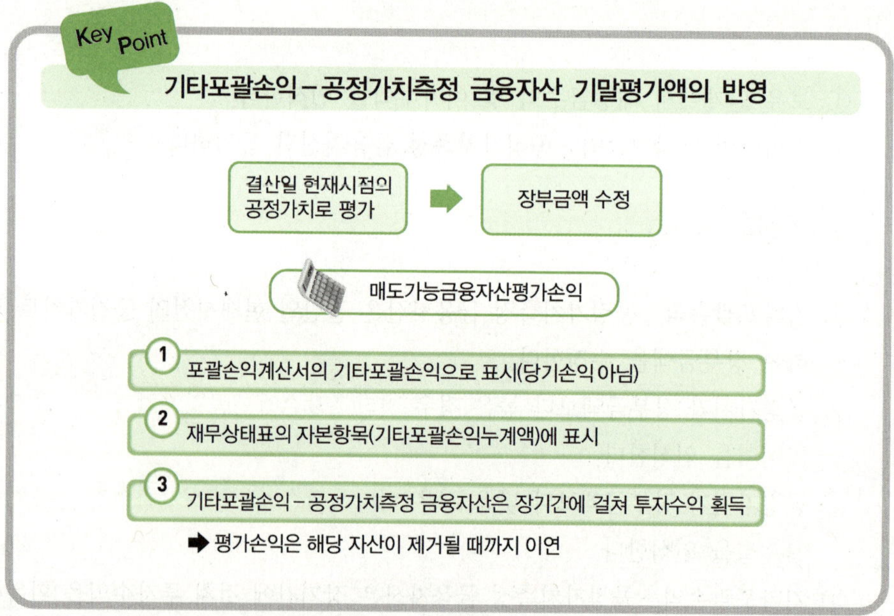

예제

㈜대한의 20x1년 말의 기타포괄손익－공정가치측정 금융자산에 대한 회계처리를 하시오.

종 목	취득원가	20x1년 말 공정가치
A주식	₩100,000	₩160,000
B주식	100,000	90,000

풀이> 〈20x1년 말 평가〉

종 목	취득원가	20x1년 말 공정가치	평가이익(손실)
A주식	₩100,000	₩160,000	₩60,000
B주식	100,000	90,000	(10,000)

〈기말평가 회계처리〉

(차)	기타포괄손익－공정가치측정 금융자산(A주식)	60,000	(대)	기타포괄손익－공정가치측정 금융자산평가이익	60,000
(차)	기타포괄손익－공정가치측정 금융자산평가손실	10,000	(대)	기타포괄손익－공정가치측정 금융자산(B주식)	10,000

(5) 매 도

① 처분시에는 처분금액을 공정가치로 평가하여 기타포괄손익－공정가치측정 금융자산평가손익을 인식하여 장부금액을 수정한 후 처분손익을 인식한다.

② 기타포괄손익－공정가치측정 금융자산을 처분하는 경우 처분금액(처분시 공정가치＝장부금액)과 취득원가의 차액은 기타포괄손익－공정가치측정 금융자산처분손익의 과목으로 포괄손익계산서상의 당기손익에 인식된다.

③ 재무상태표에 자본 항목으로 인식된 기타포괄손익－공정가치측정 금융자산평가손익의 누계액은 재분류조정(포괄손익계산서상 기타포괄손익)을 통해 기타포괄손익－공정가치측정 금융자산이 처분될 때에 당기손익으로 대체되면서 실현된다.

④ 기타포괄손익－공정가치측정 금융자산의 처분금액이 취득원가보다 높은 경우 기타포괄손익－공정가치측정 금융자산처분이익을 인식한다.

⑤ 기타포괄손익－공정가치측정 금융자산의 처분금액이 취득원가보다 낮은 경우 기타포괄손익－공정가치측정 금융자산처분손실을 인식한다.

[처분금액 > 취득원가 : 기타포괄손익－공정가치측정 금융자산처분이익 인식]

1단계 : 처분시점에 공정가치로 평가

(차)	기타포괄손익－공정가치측정 금융자산	×××	(대)	기타포괄손익－공정가치측정 금융자산평가이익	×××

또는

(차)	기타포괄손익－공정가치측정 금융자산평가손실	×××	(대)	기타포괄손익－공정가치측정 금융자산	×××

2단계 : 처분손익의 인식 및 재무상태표상 자본 항목의 재분류조정

(차)	현금	×××	(대)	기타포괄손익－공정가치측정 금융자산 (장부금액 = 처분시 공정가치)	×××
	기타포괄손익－공정가치측정 금융자산평가이익 (재분류조정)	×××		기타포괄손익－공정가치측정 금융자산처분이익 (금융수익)	×××

위의 2단계 회계처리에서 차변의 현금과 대변의 기타포괄손익－공정가치측정 금융자산의 금액은 같다. 또한 차변의 기타포괄손익－공정가치측정 금융자산평가이익(재무상태표상의 누계액)과 대변의 기타포괄손익－공정가치측정 금융자산처분이익의 금액은 같다.

[처분금액 < 취득원가 : 기타포괄손익-공정가치측정 금융자산처분손실 인식]

1단계 : 처분시점에 공정가치로 평가

(차)	기타포괄손익-공정가치측정 금융자산	×××	(대)	기타포괄손익-공정가치측정 금융자산 평가이익	×××

또는

(차)	기타포괄손익-공정가치측정 금융자산 평가손실	×××	(대)	기타포괄손익-공정가치측정 금융자산	×××

2단계 : 처분손익의 인식 및 재무상태표상 자본 항목의 재분류조정

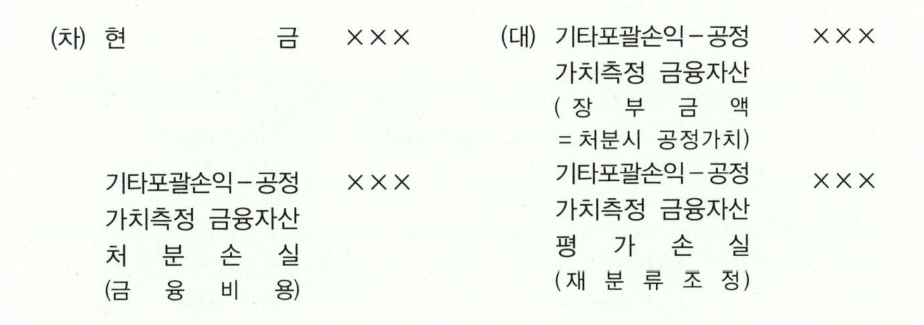

(차)	현금	×××	(대)	기타포괄손익-공정가치측정 금융자산 (장부금액 = 처분시 공정가치)	×××
	기타포괄손익-공정가치측정 금융자산 처분손실 (금융비용)	×××		기타포괄손익-공정가치측정 금융자산 평가손실 (재분류조정)	×××

위의 2단계 회계처리에서 차변의 현금과 대변의 기타포괄손익-공정가치측정 금융자산의 금액은 같다. 또한 차변의 기타포괄손익-공정가치측정 금융자산처분손실과 대변의 기타포괄손익-공정가치측정 금융자산평가손실(재무상태표상의 누계액)의 금액은 같다.

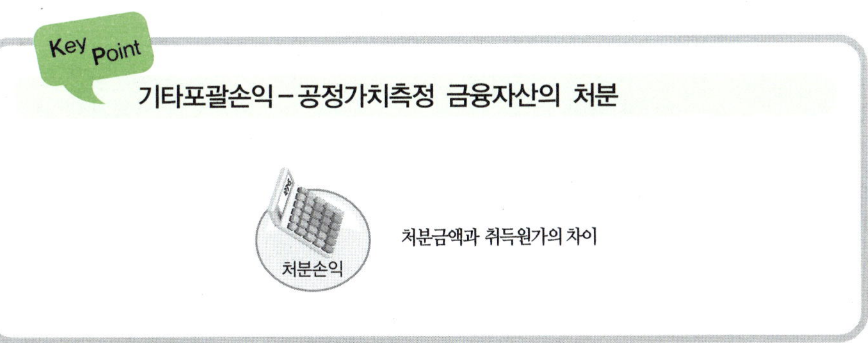

예제

다음의 거래를 회계처리하시오.

① 20x1년에 장기투자 목적으로 ㈜민국의 주식을 ₩10,000,000에 취득 후 20x1년 말 평가액이 ₩15,000,000인 주식을 20x2년에 ₩16,000,000에 처분하였다.

② 20x1년에 장기투자 목적으로 ㈜민국의 주식을 ₩10,000,000에 취득 후 20x1년 말 평가액이 ₩8,000,000인 주식을 20x2년에 ₩7,000,000에 처분하였다.

풀이 ①

20x1년

	차변	금액		대변	금액
(차)	기타포괄손익-공정가치측정 금융자산	10,000,000	(대)	현금	10,000,000
(차)	기타포괄손익-공정가치측정 금융자산	5,000,000	(대)	기타포괄손익-공정가치측정 금융자산 평가이익	5,000,000

20x2년

	차변	금액		대변	금액
(차)	기타포괄손익-공정가치측정 금융자산	1,000,000	(대)	기타포괄손익-공정가치측정 금융자산 평가이익	1,000,000
(차)	현금	16,000,000	(대)	기타포괄손익-공정가치측정 금융자산	16,000,000
	기타포괄손익-공정가치측정 금융자산 평가이익	6,000,000		기타포괄손익-공정가치측정 금융자산 처분이익	6,000,000

②

20x1년

	차변	금액		대변	금액
(차)	기타포괄손익-공정가지측성 금융자산	10,000,000	(대)	현금	10,000,000
(차)	기타포괄손익-공정가치측정 금융자산 평가손실	2,000,000	(대)	기타포괄손익-공정가치측정 금융자산	2,000,000

20x2년

	차변	금액		대변	금액
(차)	기타포괄손익-공정가치측정 금융자산 평가손실	1,000,000	(대)	기타포괄손익-공정가치측정 금융자산	1,000,000
(차)	현금	7,000,000	(대)	기타포괄손익-공정가치측정 금융자산	7,000,000
	기타포괄손익-공정가치측정 금융자산 처분손실	3,000,000		기타포괄손익-공정가치측정 금융자산 평가손실	3,000,000

※ [문제 1~3] 다음의 정보를 이용하여 아래의 물음에 답하시오.

> 20x1년 1월 1일 ㈜대한은 장기투자 목적으로 주당 ₩500인 ㈜민국의 보통주 5,000주를 취득하여(부대비용 ₩500,000) ㈜민국의 발행주식 10%를 취득하게 되었다. ㈜민국의 20x1년도 말 주식의 시장가치는 주당 ₩800이었다. ㈜대한은 20x2년도 3월에 보유하고 있던 ㈜민국의 주식 중 50%를 주당 ₩600에 처분하였다.

01 다음 중 ㈜대한의 20x1년도 1월 1일의 회계처리로 옳은 것은 무엇인가?

① (차) 당기손익－공정가치측정 금융자산 2,500,000 (대) 현금 2,500,000
② (차) 기타포괄손익－공정가치측정 금융자산 2,500,000 (대) 현금 2,500,000
③ (차) 당기손익－공정가치측정 금융자산 3,000,000 (대) 현금 3,000,000
④ (차) 기타포괄손익－공정가치측정 금융자산 3,000,000 (대) 현금 3,000,000

02 다음 중 ㈜대한의 20x1년도 말 금융자산의 장부금액은 얼마인가?

① ₩2,500,000 ② ₩3,000,000 ③ ₩4,000,000 ④ ₩4,500,000

03 다음 중 ㈜대한의 20x2년도 해당 금융자산처분손익은 얼마인가?

① ₩0 ② ₩250,000 ③ ₩500,000 ④ ₩1,000,000

해설

01 장기투자목적의 지분상품이므로 기타포괄손익－공정가치측정 금융자산으로 분류하고, 취득원가에는 취득부대비용을 포함한다.
취득원가 500×5,000주＋500,000＝₩3,000,000 | 정답 ❹ |

02 800×5,000주＝₩4,000,000 | 정답 ❸ |

03 처분손익＝처분금액－취득원가＝(600×5,000주×50%)－(3,000,000× 50%)＝₩0 | 정답 ❶ |

제7편 • 금융자산 Ⅱ

학습정리

*

1. 기타포괄손익-공정가치측정 금융자산 취득

기타포괄손익-공정가치측정 금융자산의 취득원가는 매입가격에 정상적인 취득부대비용을 포함한다.

2. 기타포괄손익-공정가치측정 금융자산 기말평가

① 기타포괄손익-공정가치측정 금융자산은 결산일 현재시점의 공정가치로 평가하여 장부금액을 수정한다.
② 공정가치가 장부금액보다 높은 경우에는 기타포괄손익-공정가치측정 금융자산 평가이익을 인식한다.
③ 공정가치가 장부금액보다 낮은 경우에는 기타포괄손익-공정가치측정 금융자산 평가손실을 인식한다.
④ 기타포괄손익-공정가치측정 금융자산평가손익은 포괄손익계산서상 기타포괄손익(당기분)에 표시되며, 기타포괄손익의 누계액은 재무상태표상 자본 항목(예 기타포괄손익누계액)으로 분류된다.

3. 기타포괄손익-공정가치측정 금융자산 처분

① 처분시에는 처분금액을 공정가치로 하여 우선 평가하여 매도가능금자산평가손익을 인식하여 장부금액을 수정한 후,
② 취득원가와 처분금액(처분시 공정가치=수정된 장부금액)의 차이를 기타포괄손익-공정가치측정 금융자산처분손익으로 인식한다.

제7편 연습문제

객관식 문제

중상

01 다음 중 금융자산의 평가손익에 대한 설명으로 옳지 않은 것은 무엇인가?

① 기타포괄손익－공정가치측정 금융자산평가손익을 당기손익에 직접 반영시키지 않고 기타포괄손익에 반영하는 이유는 단기간 내에 매매를 목적으로 하지 않고, 비교적 장기간 보유하는 금융자산으로부터 발생하는 평가손익으로 인하여 당기손익이 크게 영향을 받을 우려가 있기 때문이다.

② 기타포괄손익－공정가치측정 금융자산평가손익은 재무상태표상의 자본항목에 누적시켜 두었다가 이를 처분하는 시점에 해당 금융자산과 함께 제거된다.

③ 당기손익－공정가치측정 금융자산평가손익을 당기손익으로 계상하는 이유는 당기손익－공정가치측정 금융자산의 속성상 단기간 내에 매매되는 것이므로, 평가손익과 처분손익의 실질적인 차이가 없기 때문이다.

④ 기타포괄손익－공정가치측정 금융자산과 상각후원가측정 금융자산은 기말에 공정가치로 평가한다.

해설 지분상품으로 분류된 기타포괄손익－공정가치측정 금융자산의 공정가치를 신뢰성 있게 측정할 수 없는 경우에는 원가법으로 평가하기 때문에 기말에 공정가치평가를 하지 않는다. 또한 상각후원가측정 금융자산은 원가법으로 평가한다.

하

02 다음 중 유가증권의 측정에 관한 설명 중 옳지 않은 것은 무엇인가?

• 41회 기업회계2급 수정

① 당기손익－공정가치측정 금융자산과 기타포괄손익－공정가치측정 금융자산은 공정가치로 평가한다.

01. ④ 02. ② **Answer**

② 상각후원가측정 금융자산을 원가로 측정할 때에는 장부금액과 만기액면금액의 차이를 상환기간에 걸쳐 당좌이자율법에 의하여 상각한다.
③ 기타포괄손익－공정가치측정 금융자산 중에서 시장성이 없는 지분증권의 공정가치를 신뢰성있게 측정할 수 없는 경우에는 취득원가로 평가한다.
④ 상각후원가측정 금융자산은 원가로 평가하여 재무상태표에 표시한다.

해설 상각후원가측정 금융자산을 원가로 측정할 때에는 장부금액과 만기액면금액의 차이를 상환기간에 걸쳐 유효이자율법에 의하여 상각한다.

중

03 다음 중 당기손익－공정가치측정 금융자산평가손익과 당기손익－공정가치측정 금융자산처분손익의 계산이 옳은 것은 무엇인가?

	취득원가 (x1/11/25)	공정가치 (x1 결산일)	처분금액 (x2/1/22)	당기손익－공정가치 측정 금융자산 평가손익	당기손익－공정가치 측정 금융자산 처분손익
①	₩500,000	₩430,000	₩510,000	평가손실 ₩70,000	처분이익 ₩10,000
②	400,000	460,000	550,000	평가이익 60,000	처분이익 90,000
③	500,000	460,000	480,000	평가손실 40,000	처분손실 20,000
④	400,000	450,000	410,000	평가이익 50,000	처분손실 60,000

해설

	당기손익－공정가치측정 금융자산평가손익 공정가치－취득원가		당기손익－공정가치측정 금융자산처분손익 처분금액－장부금액(전기 공정가치)	
①	430,000－500,000＝	－₩70,000	510,000－430,000＝	₩80,000
②	460,000－400,000＝	₩60,000	550,000－460,000＝	₩90,000
③	460,000－500,000＝	－₩40,000	480,000－460,000＝	₩20,000
④	450,000－400,000＝	₩50,000	410,000－450,000＝	－₩40,000

중

04 장부금액이 ₩2,500,000이고, 평가손실이 ₩500,000 계상되어 있는 기타포괄손익－공정가치측정 금융자산을 처분하면서 부대비용 ₩5,000을 차감하고, 현금 ₩2,700,000을 수취한 경우 계상될 기타포괄손익－공정가치측정 금융자산처분손익은 얼마인가?

① 처분손실 ₩300,000
② 처분이익 ₩195,000
③ 처분이익 ₩200,000
④ 처분손실 ₩305,000

해설 기타포괄손익－공정가치측정 금융자산처분이익＝처분금액－취득원가(＝장부금액＋평가손실)
＝2,700,000－(2,500,000＋500,000)
＝－₩300,000

하

05 **㈜해원은 20x5년 8월 31일에 시장성 있는 갑회사 주식을 단기매매목적으로 ₩10,000,000에 취득하였다. ㈜해원의 결산일은 12월 31일이며, 갑회사 주식의 공정가액은 다음과 같다. ㈜해원의 20x6년도 갑회사 주식에 대한 설명 중 옳지 않은 것은 무엇인가?**

• 43회 기업회계2급 수정

- 20x5년 12월 31일 갑회사 주식의 시가는 ₩12,000,000이다.
- 20x6년 7월 1일 갑회사 주식의 시장성이 상실되었으며, 동일자 공정가액은 ₩5,000,000이다.
- 20x6년 12월 31일 갑회사 주식의 공정가액은 ₩9,000,000이다.

① 기타포괄손익－공정가치측정 금융자산평가이익으로 ₩3,000,000을 인식한다.
② 당기손익－공정가치측정 금융자산평가손실로 ₩7,000,000을 인식한다.
③ 20x6년말 재무상태표상의 기타포괄손익－공정가치측정 금융자산가액은 ₩9,000,000이다.
④ 20x6년말 재무상태표상의 당기손익－공정가치측정 금융자산가액은 ₩0이다.

해설 20x6년 당기손익－공정가치측정 금융자산 기초잔액은 ₩12,000,000(2015년말에 공정가액 평가를 하였을 것이므로)이며, 20x6년 중에 당기손익－공정가치측정 금융자산의 시장성을 상실하였으므로 시장성을 상실한 날의 공정가액(최종시장가격)으로 당기손익－공정가치측정 금융자산을 기타포괄손익－공정가치측정 금융자산으로 재분류한다. 이때 분류변경일 현재 발생한 평가손익은 당기손익으로 처리한다.

(차)	기타포괄손익－공정가치측정 금융자산	5,000,000	(대)	당기손익－공정가치측정 금융자산	12,000,000
	당기손익－공정가치측정 금융자산평가손실	7,000,000			

한편, 20x6년말에 공정가액을 측정할 수 있으므로 다음과 같이 기타포괄손익－공정가치측정 금융자산에 대한 공정가액평가를 추가한다.

(차)	기타포괄손익－공정가치측정 금융자산	4,000,000	(대)	기타포괄손익－공정가치측정 금융자산 평가이익	4,000,000

Answer 03. ② 04. ① 05. ①

제7편 • 금융자산 II

중상

06 **㈜대한은 공정가치법으로 기타포괄손익－공정가치측정 금융자산을 평가하고 있으며, 결산일은 12월 31일이다. 다음 자료를 이용하여 ㈜대한의 20x1년도와 20x2년도 당기순손익에 미치는 영향은 각각 얼마인가?**

20x1년 1월 1일 : 장기보유목적으로 주식을 ₩1,500,000에 취득하였다.
12월 31일 : 주식의 시가는 ₩1,700,000이었다.
20x2년 3월 1일 : 총 ₩300,000의 배당금을 수취하였다.
9월 16일 : 주식을 ₩2,000,000에 처분하였다.

	20x1년	20x2년		20x1년	20x2년
①	₩0	₩300,000	②	₩0	₩800,000
③	₩200,000	₩300,000	④	₩300,000	₩300,000

해설 20x1년 : 당기순손익에 미치는 영향은 없다. 왜냐하면 기타포괄손익－공정가치측정 금융자산평가손익은 포괄손익계산서상 당기손익 항목이 아니라, 기타포괄손익 항목이다.

20x2년 : 당기순손익에 미치는 영향은 다음과 같다.

배당금수익			300,000
기타포괄손익－공정가치측정 금융자산	2,000,000－1,500,000	=	₩500,000
당기순손익에 미친 영향			₩800,000

상

07 **다음은 20x1년 초 ㈜대한이 신규로 취득하고, 기말 현재 보유하고 있는 당기손익-공정가치측정 금융자산의 내역이다. 다음 중 ㈜대한이 보유한 당기손익-공정가치측정 금융자산에 대한 설명으로 옳지 않은 것은 무엇인가?**

종 류	수 량	주당 액면금액	주당 취득원가	주당 시가
B사	100주	₩1,000	₩1,200	₩1,400
C사	200주	2,000	3,080	2,400
D사	300주	1,000	800	1,000
E사	400주	1,000	1,000	600

① ㈜대한이 보유하고 있는 당기손익-공정가치측정 금융자산의 취득원가는 ₩1,376,000이다.

② ㈜대한이 보유하고 있는 당기손익-공정가치측정 금융자산평가손실은 ₩216,000이다.

③ ㈜대한이 20x2년 초에 B사 당기손익-공정가치측정 금융자산 70주를 주당 ₩1,000에, E사 당기손익-공정가치측정 금융자산 100주를 주당 ₩800에 처분할 경우에 ㈜대한이 이와 관련하여 인식할 당기손익-공정가치측정 금융자산처분손실은 ₩8,000이다.

④ ㈜대한이 20x2년 말까지 보유하고 있는 당기손익-공정가치측정 금융자산이 C사(200주)와 D사(300주)의 것이고, 20x2년 말 주당 시가는 C사와 D사가 각각 ₩2,000과 ₩1,300일 경우 ㈜대한이 이와 관련하여 인식할 당기손익-공정가치측정 금융자산평가손실은 ₩10,000이다.

해설

구 분	취 득		기 말		평가손익	금 액
B사	1,200×100	=120,000	1,400×100	=140,000	평가이익	20,000
C사	3,080×200	=616,000	2,400×200	=480,000	평가손실	136,000
D사	800×300	=240,000	1,000×300	=300,000	평가이익	60,000
E사	1,000×400	=400,000	600×400	=240,000	평가손실	160,000
합계		₩1,376,000		₩1,160,000	평가손실	₩216,000

③ 당기손익-공정가치측정 금융자산처분손실 : -28,000+20,000=-₩8,000
B사 : 70주(1,000-1,400)=₩28,000(처분손실)
E사 : 100주(800-600)=₩20,000(처분이익)

④ 당기손익-공정가치측정 금융자산평가이익 : -80,000+90,000=₩10,000
C사 : 200주(2,000-2,400)=₩80,000(평가손실)
D사 : 300주(1,300-1,000)=₩90,000(평가이익)

Answer 06. ② 07. ④

중상

08 **㈜민국은 20x1년 중에 ㈜B의 발행주식 10%에 해당하는 500주를 장기투자목적으로 주당 ₩1,000에 취득하였다. 20x1년 말 ㈜B의 1주당 시장가격은 ₩1,200이고, 20x2년 말 1주당 시장가격은 ₩900이었다. 다음 중 ㈜민국이 기타포괄손익－공정가치측정 금융자산으로 보유하고 있는 ㈜B 주식과 관련하여 20x2년 말 포괄손익계산서상 기타포괄손익으로 표시될 기타포괄손익－공정가치측정 금융자산평가손익으로 옳은 것은 무엇인가?** • 2010 관세직 9급 수정

① 기타포괄손익－공정가치측정 금융자산평가이익 ₩50,000
② 기타포괄손익－공정가치측정 금융자산평가손실 ₩50,000
③ 기타포괄손익－공정가치측정 금융자산평가이익 ₩150,000
④ 기타포괄손익－공정가치측정 금융자산평가손실 ₩150,000

::해설 20x2년 말 포괄손익계산서상 기타포괄손익－공정가치측정 금융자산평가손익(기타포괄손익)
=20x2년 말 공정가치－20x1년 말 공정가치
=(900×500주)－(1,200×500주)
=－₩150,000

상

09 **㈜민국은 20x1년 중에 ㈜B의 발행주식 10%에 해당하는 500주를 장기투자목적으로 주당 ₩1,000에 취득하였다. 20x1년 말 ㈜B의 1주당 시장가격은 ₩1,200이고, 20x2년 말 1주당 시장가격은 ₩900이었다. 다음 중 ㈜민국이 기타포괄손익－공정가치측정 금융자산으로 보유하고 있는 ㈜B 주식과 관련하여 20x2년 말 현재 재무상태표상 자본 항목으로 표시될 기타포괄손익－공정가치측정 금융자산평가손익으로 옳은 것은 무엇인가?** • 2010 관세직 9급 수정

① 기타포괄손익－공정가치측정 금융자산평가이익 ₩50,000
② 기타포괄손익－공정가치측정 금융자산평가손실 ₩50,000
③ 기타포괄손익－공정가치측정 금융자산평가이익 ₩150,000
④ 기타포괄손익－공정가치측정 금융자산평가손실 ₩150,000

::해설 재무상태표상 자본 항목인 기타포괄손익－공정가치측정 금융자산평가손익은 포괄손익계산서에 기록된 기타포괄손익－공정가치측정 금융자산평가손익(기타포괄손익)의 누계액이므로 다음과 같이 두 가지의 방법으로 해결할 수 있다.
(방법 1) (1) 20x1년 말 포괄손익계산서상 기타포괄손익－공정가치측정 금융자산평가손익
=20x1년 말 공정가치－취득원가
=(1,200×500주)－(1,000×500주)
=₩100,000

(2) 20x2년 말 포괄손익계산서상 기타포괄손익－공정가치측정 금융자산평가손익
=20x2년 말 공정가치－20x1년 말 공정가치
=(900×500주)－(1,200×500주)
=－₩150,000

(3) 20x2년 말 재무상태표상 기타포괄손익－공정가치측정 금융자산평가손익(자본 항목)
=20x1년 포괄손익계산서상 기타포괄손익－공정가치측정 금융자산평가손익 ＋20x2년 포괄손익계산서상 기타포괄손익－공정가치측정 금융자산평가손익
=100,000＋(－150,000)
=－₩50,000

(방법 2) 20x2년 말 재무상태표상 기타포괄손익－공정가치측정 금융자산평가손익(자본 항목)
=20x2년 말 공정가치－취득원가
=(900×500주)－(1,000×500주)
=－₩50,000
※ 일반적으로 2 회계기간 이상에 걸쳐 자료가 주어진 경우, 재무상태표상 자본 항목을 묻는 문제는 (방법 2)로 접근하는 것이 쉽다.

하

10 **다음 중 기타포괄손익－공정가치측정 금융자산으로 인하여 수취한 현금배당액에 대한 회계처리로 옳은 것은 무엇인가?** • 2011 관세직 9급 수정

① 재무상태표에 자본 항목으로 표시한다.
② 기타포괄손익－공정가치측정 금융자산의 장부금액을 감소시킨다.
③ 포괄손익계산서에 기타포괄손익으로 표시한다.
④ 포괄손익계산서에 수익으로 표시한다.

::해설 당기손익－공정가치측정 금융자산, 기타포괄손익－공정가치측정 금융자산 등에서 발생하는 배당금수익은'배당금수익'의 과목으로 하여 당기손익으로 표시한다.

Answer
08. ④ 09. ② 10. ④

※ [문제 11~12] ㈜대한은 20x1년 12월 31일 다음과 같은 투자지분상품 포트폴리오를 가지고 있다. 이 투자지분상품들은 전부 20x1년에 구입한 것이고, 단기매매목적으로 취득한 것이 아니다.

	취득원가	시 가
B회사 주식	₩ 60,000,000	₩ 54,000,000
C회사 주식	30,000,000	33,000,000

20x2년 ㈜대한의 투자지분상품 거래는 다음과 같다.

5월 25일 : B회사의 주식을 ₩6,000,000에 추가로 취득하였고, 관련 수수료로 ₩90,000을 지불하였다.
11월 15일 : C회사의 주식을 ₩36,000,000에 처분하였다.
12월 31일 : B사의 주식 시가는 ₩63,000,000이다.

상

11 다음 중 ㈜대한의 20x2년 재무상태표에 계상될 B사 주식의 기타포괄손익－공정가치측정 금융자산평가손익은 얼마인가?

① 평가손실 ₩3,000,000　② 평가손실 ₩3,090,000
③ 평가이익 ₩3,000,000　④ 평가이익 ₩3,090,000

해설 20x2년 말 재무상태표상 기타포괄손익－공정가치측정 금융자산평가손익(자본 항목)
＝20x2년 말 공정가치－취득원가
＝63,000,000－(60,000,000＋6,000,000＋90,000)
＝－₩3,090,000
＝20x1년 포괄손익계산서상 기타포괄손익－공정가치측정 금융자산평가손익
＋20x2년 포괄손익계산서상 기타포괄손익－공정가치측정 금융자산평가손익
＝(54,000,000－60,000,000)
＋{(63,000,000－90,000)－(54,000,000＋6,000,000)}
＝－₩3,090,000

12 다음 중 위 C사 주식의 기타포괄손익－공정가치측정 금융자산처분손익은 얼마인가?

① 처분이익 ₩3,000,000　② 처분이익 ₩6,000,000
③ 처분손실 ₩3,000,000　④ 처분손실 ₩6,000,000

해설 기타포괄손익－공정가치측정 금융자산처분이익＝처분금액－취득원가
＝36,000,000－30,000,000＝₩6,000,000

※ [문제 13~14] ㈜대한은 20x1년 1월에 단기운용목적으로 B사의 주식을 2,000주 취득하였다. 매입단가는 주당 ₩700이었다. 20x1년 12월 31일 이 주식의 시가는 주당 ₩550이었다. 그리고 20x2년 B사의 주식을 모두 주당 ₩900에 처분하였고, C사의 주식 1,000주를 주당 ₩1,200에 매입하였다. 20x2년 12월 31일의 C회사 주식의 시가는 ₩1,000이었다.

중

13 다음 중 ㈜대한의 20x1년도 포괄손익계산서상 당기손익－공정가치측정 금융자산평가손익은 얼마인가?

① 당기손익－공정가치측정 금융자산평가이익 ₩300,000
② 당기손익－공정가치측정 금융자산처분이익 ₩400,000
③ 당기손익－공정가치측정 금융자산평가손실 ₩300,000
④ 당기손익－공정가치측정 금융자산처분손실 ₩300,000

해설 B사 : 2,000주×(550 －700)＝－₩300,000 당기손익－공정가치측정 금융자산평가손실

제7편 ● 금융자산 Ⅱ

Answer 11. ② 12. ② 13. ③

중상

14 **다음 중 ㈜대한의 20x2년도 포괄손익보고서상 당기손익－공정가치측정 금융자산 관련 손익으로 옳은 것은 무엇인가?**

① 당기손익－공정가치측정 금융자산처분이익 ₩700,000
② 당기손익－공정가치측정 금융자산평가이익 ₩200,000
③ 당기손익－공정가치측정 금융자산평가손실 ₩500,000
④ 당기손익－공정가치측정 금융자산처분이익 ₩500,000

해설 B사 : 2,000주×(900－550)＝₩700,000 당기손익－공정가치측정 금융자산처분이익
C사 : 1,000주×(1,000－1,200)＝－₩200,000 당기손익－공정가치측정 금융자산평가손실

중

15 **㈜민국은 20x1년 중에 단기운용을 목적으로 금융자산을 취득하였다. 다음은 20x1년 12월 31일 ㈜민국이 보유하고 있는 금융자산에 관한 취득원가와 공정가치에 관한 자료이고 ㈜민국은 C사의 금융자산 1,000주를 20x2년 3월 1일 주당 ₩21,000에 처분하였고 수수료로 ₩2,100,000을 지불하였다. 다음 중 ㈜민국이 인식할 당기손익－공정가치측정 금융자산처분손실은 얼마인가?**

종 류	수 량	취득원가	공정가치
B사	100주	₩1,960,000	₩2,380,000
C사	1,000주	23,800,000	21,420,000
D사	2,000주	22,050,000	20,650,000

① ₩420,000　② ₩2,520,000
③ ₩2,800,000　④ ₩3,680,000

 당기손익－공정가치측정 금융자산처분손실(C사)
＝처분금액－수수료－장부가액(전기 공정가치)
＝21,000×1,000주－2,100,000－21,420,000
＝－₩2,520,000

16 **다음 중 회사가 보유한 시장성 있는 기타포괄손익－공정가치측정 금융자산에 대한 기말평가에 관한 설명으로 옳지 않은 것은 무엇인가?**

① 기타포괄손익－공정가치측정 금융자산의 기말평가 여부와 상관없이 당기순손익은 항상 일정하다.

② 기타포괄손익－공정가치측정 금융자산의 기말평가 여부에 따라 자본금은 달라진다.

③ 기타포괄손익－공정가치측정 금융자산의 기말평가 여부에 따라 기타포괄손익－공정가치측정 금융자산의 장부금액은 달라진다.

④ 기타포괄손익－공정가치측정 금융자산평가이익을 포괄손익계산서에 반영한 경우에도 재무상태표상의 자본금은 변동 없다.

해설 자본금의 변동은 없으며 자본금 외의 자본 항목(예 기타자본구성요소 등으로 분류 가능)의 증가를 가져오므로 자본이 변동된다.

중상

17 **㈜대한이 보유한 K주식(현재 유가증권시장에 상장되어 거래되고 있음)은 당기손익－공정가치측정 금융자산이나 회계 담당자의 실수로 기타포괄손익－공정가치측정 금융자산으로 분류하여 기말평가를 하였다. 다음 중 K주식의 시가가 변동하는 경우, 올바른 회계처리를 했을 경우와 비교하여 재무제표에 미치는 영향으로 옳은 것은 무엇인가?**

	자 산	자 본	당기순손익
①	불변	불변	변동
②	불변	변동	불변
③	변동	불변	변동
④	변동	변동	불변

해설 모두 공정가치법에 의해 평가하므로 자산에 미치는 영향은 동일하다. 다만, 당기손익－공정가치측정 금융자산은 평가손익을 당기순손익에 기타포괄손익－공정가치측정 금융자산은 기타포괄손익에 반영하므로 당기순손익에는 차이가 있으나 당기순손익은 결국 이익잉여금의 증가를 가져오므로 자본의 차이는 없다.

Answer 14. ① 15. ② 16. ② 17. ①

주관식 평가문항

※ [문제 1~4] ㈜대한의 다음 거래에 대하여 각 일자에 해야 할 회계처리를 하시오 (X, Y, Z 주식을 구분하여 회계처리하지 말 것).

중상

01 20x1년 1월 5일 단기매매목적으로 다음과 같은 금융자산을 구입하였다.

금융상품	수 량	액면금액	취득원가
X주식	20	₩15,000	₩20,000
Y주식	30	17,000	23,000
Z주식	35	12,000	14,000

중상

02 5월 4일 Z주식에 대한 배당금을 주당 ₩1,500씩 받았다.

중상

03 7월 23일 X주식 중 10주를 주당 ₩18,000에, Y주식 중 20주를 주당 ₩20,000에 각각 처분하였다.

중상

04 12월 31일 당기손익－공정가치측정 금융자산의 공정가치는 다음과 같다.

금융자산	공정가치
X주식	₩17,000
Y주식	25,000
Z주식	15,000

Answer

01. 1월 5일 (차) 당기손익-공정가치측정 금융자산 1,580,000 (대) 현금 1,580,000
(20,000×20)+(23,000×30)+(14,000×35)=₩1,580,000

02. 5월 4일 (차) 현금 52,500 (대) 배당금수익 52,500

03. 7월 23일 (차) 현금 580,000 (대) 당기손익-공정가치측정 금융자산 660,000
당기손익-공정가치측정 금융자산 처분손실 80,000

04. 12월 31일 (차) 당기손익-공정가치측정 금융자산 25,000 (대) 당기손익-공정가치측정 금융자산 평가이익 25,000

금융상품	수 량	취득원가	공정가치	평가차익
X주식	10	20,000	17,000	(₩30,000)
Y주식	10	23,000	25,000	₩20,000
Z주식	35	14,000	15,000	₩35,000
합 계				₩25,000

MEMO

제 8 편

금융부채 및 금융자산 Ⅲ

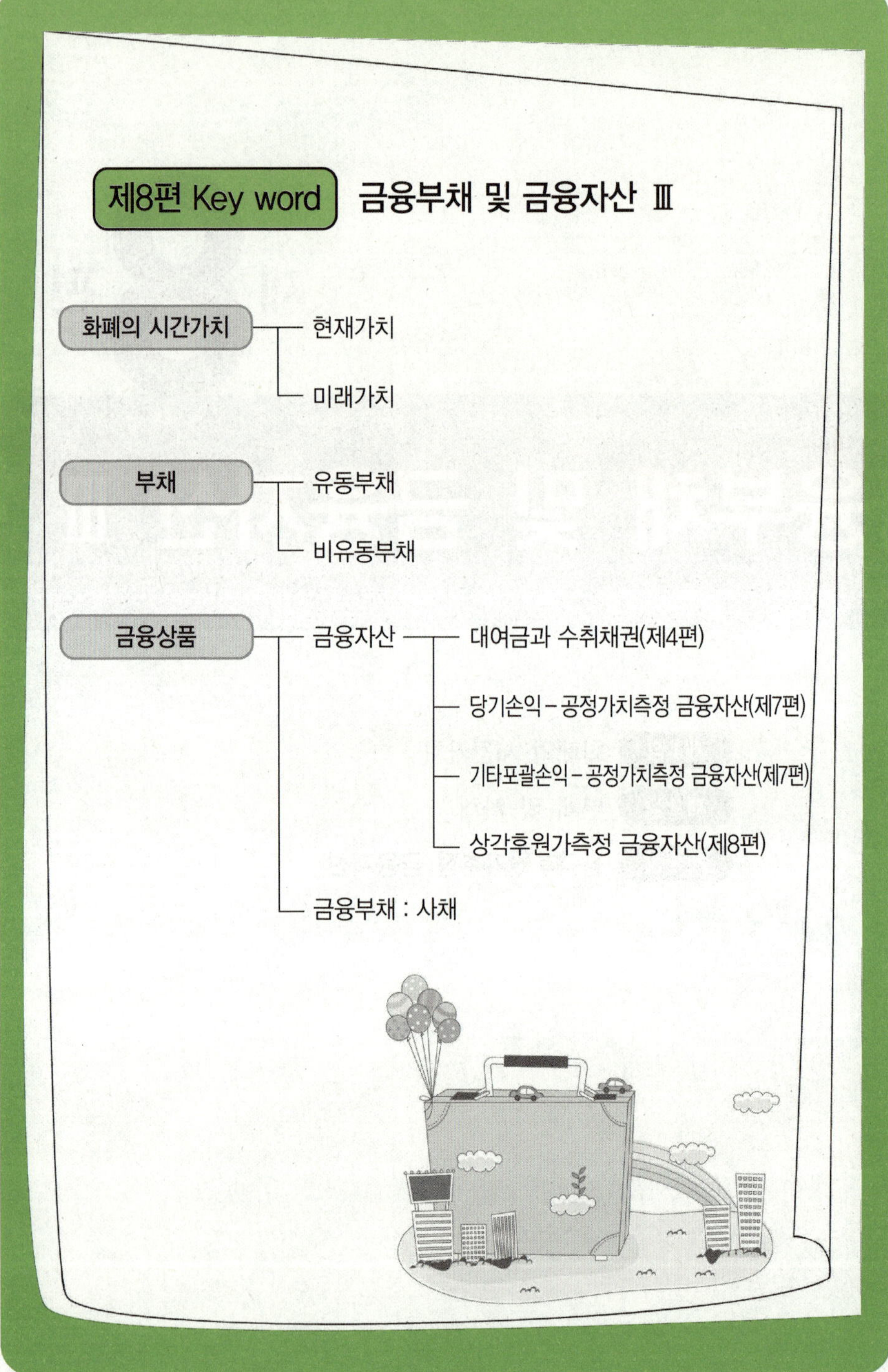
제8편 Key word
금융부채 및 금융자산 Ⅲ
화폐의 시간가치
현재가치
미래가치
부채
유동부채
비유동부채
금융상품
금융자산
대여금과 수취채권(제4편)
당기손익 - 공정가치측정 금융자산(제7편)
기타포괄손익 - 공정가치측정 금융자산(제7편)
상각후원가측정 금융자산(제8편)
금융부채 : 사채

GS건설
(제51기)

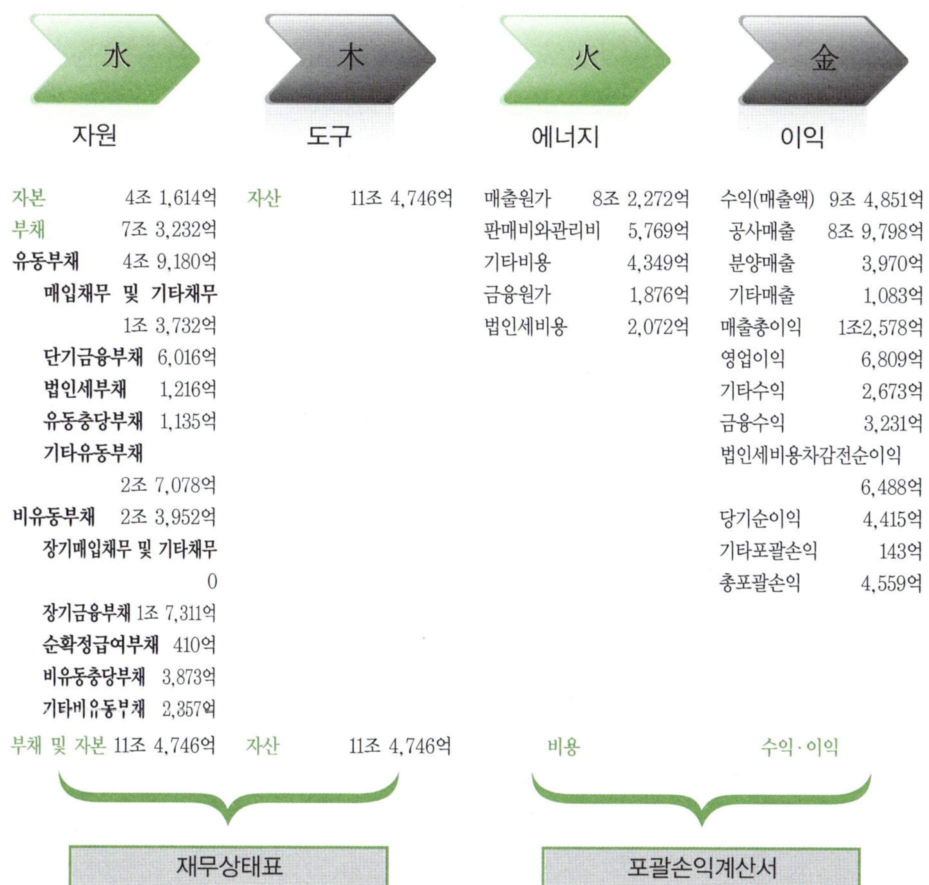

기업분석

1. 매입채무 및 기타채무

(단위 : 백만원)

구 분	당기말	전기말
매입채무	1,317,356	1,664,360
미지급금	55,844	92,754
합 계	1,373,200	1,757,114

2. 기타유동부채

(단위 : 백만원)

구 분	당기말	전기말
공사선수금	151,464	221,387
분양선수금	151,464	215,654
초과청구공사	1,677,786	1,857,534
선수금	40,066	40,464
예수금	234,224	168,842
예수보증금	870	875
미지급비용	141,670	45,761
미지급배당금	6	1
선수수익	303	966
매출부가가치세	10,083	7,457
유동성입회금	177,177	165,040
합 계	2,707,829	2,723,981

3. 기타비유동부채

(단위 : 백만원)

구 분	당기말	전기말
장기성예수보증금	5,404	4,518
임대보증금	202,957	222,264
입회금	27,378	44,805
합 계	235,739	271,587

4. 단기금융부채

(단위 : 백만원)

구 분	당기말	전기말
단기차입금	231,621	505,418
유동성장기부채	241,390	442,659
현재가치할인차금	–	−1,015
사채할인발행차금	–	−63
전환권조정	–	−51
유동리스부채[1]	93,551	–
파생상품부채[2]	35,117	73,797
합 계	601,679	1,020,745

1) 기업회계기준서 제1116호 '리스'의 적용으로 인하여 발생하였습니다.
2) 해외전환사채 발행과 관련하여 채권자에게 제공한 전환권의 공정가치를 파생상품 부채로 계상한 금액이 포함되어 있습니다.

5. 장기금융부채

(단위 : 백만원)

구 분	당기말	전기말
장기차입금	729,317	596,745
사채	522,847	84,081
사채할인발행차금	−1,772	−804
전환권조정	−8,242	−12,368
비유동리스부채[1]	488,988	–
파생상품부채[2]	–	28,175
합 계	1,731,138	695,829

1) 기업회계기준서 제1116호 '리스'의 적용으로 인하여 발생하였습니다.
2) 종속기업 지분인수와 관련하여 인수에 참여한 재무적 투자자에게 주주 간 계약에 의하여 주식매도선택권(풋옵션)을 부여하였으며 공정가치를 파생상품부채로 계상하였습니다. 한편, 당기 중 주식매도선택권이 행사되었습니다.

6. 차입금

(1) 단기차입금

(단위 : 백만원)

구 분	차입처	최장 만기일	이자율(%)	당기말	전기말
Usance	KEB 하나은행	2020.04.06	0.35	451	38,306
	국민은행	2020.05.19	0.30~2.38	2,966	25,613
	농협	-	-	-	5,004
	수협	2020.04.06	0.35	5,574	4,802
	우리은행	2020.05.13	0.30~2.50	3,105	31,983
	한국산업은행	2020.05.11	2.27~2.36	843	8,899
	대화은행	-	-	-	1,017
	신한은행	2020.04.28	0.35~2.26	1,016	-
	중국은행	2020.05.11	2.82~3.12	6,595	20,710
외화 단기차입금	HSBC	-	-	-	55,905
	HSBC	2020.11.20	1M Libor+1.83	57,890	-
	Qatar National Bank Consortium	2020.06.30	5	6,321	9,211
	United Overseas Bank	2020.05.15	6M Sibor+2.00	31,080	-
	대화은행	-	-	-	33,782
	대화은행	-	-	-	13,023
	중국공상은행	2020.05.11	3M Libor+1.90	34,734	55,905
	중국공상은행	2020.01.10	3M Libor+2.20	23,156	-
	중국광대은행	2020.07.24	3M Libor+1.90	23,156	22,362
	중국은행	2020.02.17	6M Libor+2.00	34,734	-
	한국수출입은행	-	-	-	178,896
				231,621	505,418

(2) 장기차입금

구 분	차입처	최장 만기일	이자율(%)	당기말	전기말
원화 장기차입금	IBK캐피탈[1]	2021.02.19	3.82~4.05	30,000	52,070
	국민은행	–	–	–	7,000
	NH농협생명[1]	2021.02.19	3.82~4.05	20,000	20,000
	더블케이제삼차	–	–	–	8,000
	동양생보	–	–	–	3,105
	드림아레나[1]	2021.02.19	3.82~4.15	75,000	75,000
	디지비캐피탈	–	–	–	10,000
	산은캐피탈[1]	2020.09.17	3.82	5,000	15,000
	수협	–	–	–	2,070
	아주캐피탈	–	–	–	25,518
	엘리시안제일차[1]	2020.09.15	4.50~5.00	16,500	36,450
	에프엔식사제일차	2021.06.14	3.64~3.95	12,981	18,965
	엔에이치캐피탈	–	–	–	15,000
	우리은행[2]	2045.06.12	2.30~2.80	127,435	127,435
	디비저축은행	–	–	–	10,000
	유토피아제십팔차	–	–	–	40,000
	중국건설은행	–	–	–	43,000
	중국공상은행[1]	2020.04.20	3.54	20,000	20,000
	중소기업은행	–	–	–	26,300
	지알이	–	–	–	45,900
	케이비캐피탈	–	–	–	22,000
	케이티비투자증권	–	–	–	100,000
	페어리일산	2022.11.16	4.74	24,049	–
	HSBC	2021.05.10	2.95	100,000	–
	와이케이개포[1]	2021.10.08	2.85	100,000	–
	한국수출입은행	2024.09.19	2.15	37,500	25,000
외화 단기차입금	한국수출입은행	2021.04.12	3M Libor+2.48	13,755	13,283
	한국수출입은행	–	–	–	10,233
	한국수출입은행	2021.01.04	6M Libor+2.19	118,096	83,858
	한국수출입은행	2024.09.19	6M EURibor+1.53	31,137	–
	한국수출입은행	2026.09.23	6M EURibor+1.68	119,364	–
	Arab Bank, S'pore	2020.01.20	6M Libor+2.40	57,890	55,905
	Mashreq	–	–	–	38,015
	Qatar National Bank Consortium	–	–	–	9,211
합 계				908,707	958,318
차감 : 유동성대체				−179,390	−361,573
잔 액				729,317	596,745
차감 : 현재가치할인차금				–	–
차감 후 잔액				729,317	596,745

1) 사업에서 발생하는 미래 현금흐름이 담보로 제공되어 있습니다.
2) 당사가 보유한 투자부동산의 일부가 담보로 제공되어 있습니다.

7. 사 채

(단위 : 백만원)

구 분	차입처	최장 만기일	이자율(%)	당기말	전기말
확정금리 원화사채	제135회 무보증사채(사모)	2021.05.10	2.5	20,000	–
	제136회 무보증사채(공모)	2022.07.12	2	300,000	–
	전환사채[1]	2021.04.12	2.9	62,000	81,085
외화사채	제133회 외화 보증부변동금리부채권	2022.04.26	3M Libor+0.95	57,890	–
	제134회 외화 무보증변동금리부채권	2023.05.04	3M Libor+1.85	57,890	–
	전환사채[2]	2021.07.21	4.5	87,067	84,081
합 계				584,847	165,166
차감 : 유동성대체				−62,000	−81,085
잔 액				522,847	84,081
차감 : 사채할인발행차금				−1,772	−804
차감 : 전환권조정				−8,242	−12,368
차감 후 잔액				512,833	70,909

8. 무보증 무기명식 전환사채

구 분	제131회 무기명식 이권부 무보증 사모 전환사채
권면총액	250,000,000,000원
표면이자율	2.90%
만기보장수익률	2.90%
전환청구기간	2017.04.12부터 2021.03.12까지
전환에 따라 발행할주식의 종류	발행회사의 기명식 보통주식
주요발행조건	1. 전환가액 : 28,829원 2. 원금상환방법 : 만기 일시상환, 사채권자의 조기상환 청구권 행사 3. 사채발행방법 : 사모 4. 전환가액 조정에 관한 사항 : 주식의 분할 또는 병합, 감자, 주식배당, 유상증자, 무상증자, 지분(연계)증권의 할인발행, 시가하락 등의 사유 발생시 사채조건에서 정한 바에 따라 조정

9. 충당부채

(단위 : 백만원)

구 분	당기말	전기말
유동충당부채		
공사손실충당부채	56,671	81,362
하자보수충당부채	33,379	–
기타충당부채	23,549	5,806
소 계	113,599	87,168
비유동충당부채		
금융보증충당부채	131,375	232,660
하자보수충당부채	255,355	279,281
기타충당부채	618	440
소 계	387,348	512,381
합 계	500,947	599,549

10. 우발사항 및 약정사항

(1) 당기말 현재 건설공사와 관련하여 공사이행, 분양, 하자보증 등을 위해 건설공제조합, 동업자 등으로부터 13,960,807백만원(전기말 12,740,712백만원)의 지급보증을 제공받고 있습니다. 또한, 산업은행 등으로부터 신용장 개설 등과 관련하여 44,859백만원(전기말 112,015백만원)의 지급보증과 해외 공사 수행을 위해 3,079,097백만원(전기말 3,155,200백만원)의 보증을 제공받고 있습니다.

(2) 당기말 현재 해외현지법인 등을 위해 공사이행보증 3,311,737백만원(전기말 3,043,883백만원) 및 지급보증 637,848백만원(전기말 402,520백만원)을 제공하고 있으며, 건설공사 이행과 관련하여 분양사업 등을 위해 7,394,798백만원(전기말 9,468,099백만원)의 보증을 제공하고 있습니다.

(3) 당기말 현재 수분양자들의 주택매입자금 및 이주비 대출과 관련하여 금융기관과의 업무협약에 따라 1,966,368백만원(한도 4,130,916백만원) 및 전기말 2,935,095백만원(한도 5,230,810백만원)의 지급보증을 제공하고 있습니다. 또한, 재개발 등 정비사업을 위해 정비사업 조합에게 금융기관과의 업무협약에 따라 당기말 현재

538,286백만원(한도 688,400백만원) 및 전기말 705,015백만원(한도 907,666백만원)의 지급보증을 제공하고 있습니다.

(4) 당기말 현재 사회기반시설에 대한 민간투자법에 의하여 설립된 법인 등에 대하여 359,495백만원(전체분 : 2,048,659백만원), 전기말 426,420백만원(전체분 : 1,988,730백만원)의 지급보증 및 출자지분 222,862백만원(전기말 224,918백만원)을 담보로 제공하고 있습니다. 또한 울산그린㈜ 등과 관련하여 재무출자자 등에게 풋옵션 등의 매입약정 63,250백만원(전기말 90,144백만원)을 제공하고 있습니다.

(5) 당기말 현재 자산유동화와 관련하여 당사가 제공하는 지급보증 금액은 없습니다(엘엔비케이영종유한회사 대상 지급보증 당기 소멸, 전기말 102,400백만원).

제1장 화폐의 시간가치

:: 학습목표

✔ 화폐의 시간가치 개념을 학습한다.
✔ 현재가치와 미래가치 개념을 학습한다.

1 화폐의 시간가치(Time value of money)

① 화폐의 시간가치란 현재시점에서 명목화폐의 가치와 미래시점의 명목화폐의 가치가 다름을 의미한다.

② 예를 들어 ₩100,000에 연 10%의 이자를 얻을 수 있는 예금에 투자하면 1년 후에는 ₩110,000이 된다. 즉, 현재시점의 ₩100,000은 연 10%의 이자율을 가정했을 때 미래시점(1년 후)의 ₩110,000과 동일한 가치를 가진다.

③ 이와 같이 현재시점의 ₩1의 가치와 미래시점의 ₩1의 가치는 다르다.

④ 화폐의 시간가치가 존재하는 주된 이유는 다음과 같다.

㉠ **상환불능위험** : 현재 ₩1을 빌려주는 경우 상환받지 못할 가능성이 존재한다. 이러한 위험요인을 반영하여 미래 ₩1에 대한 보상을 요구하므로 현재 ₩1이 미래 ₩1보다 가치가 크다. 일반적으로 상환받지 못할 위험이 증가할수록 미래 ₩1의 가치는 현재 ₩1의 가치에 비해 작아진다.

㉡ **인플레이션** : 향후 물가상승이 예상되면 미래 ₩1의 가치는 현재 ₩1의 가치에 비해 작아진다. 이는 화폐의 구매력 감소에 따라 손실을 보상받고자 하기 때문이다.

⑤ 현재시점 ₩1의 가치가 미래시점에서 얼마의 가치와 동일한가를 산출하기 위해서는 시간가치를 반영한 이자율을 적용해야 한다.

⑥ 이자율은 화폐 사용의 대가로 발생하며 상환불능위험 및 인플레이션 등이 반영되어 결정된다.

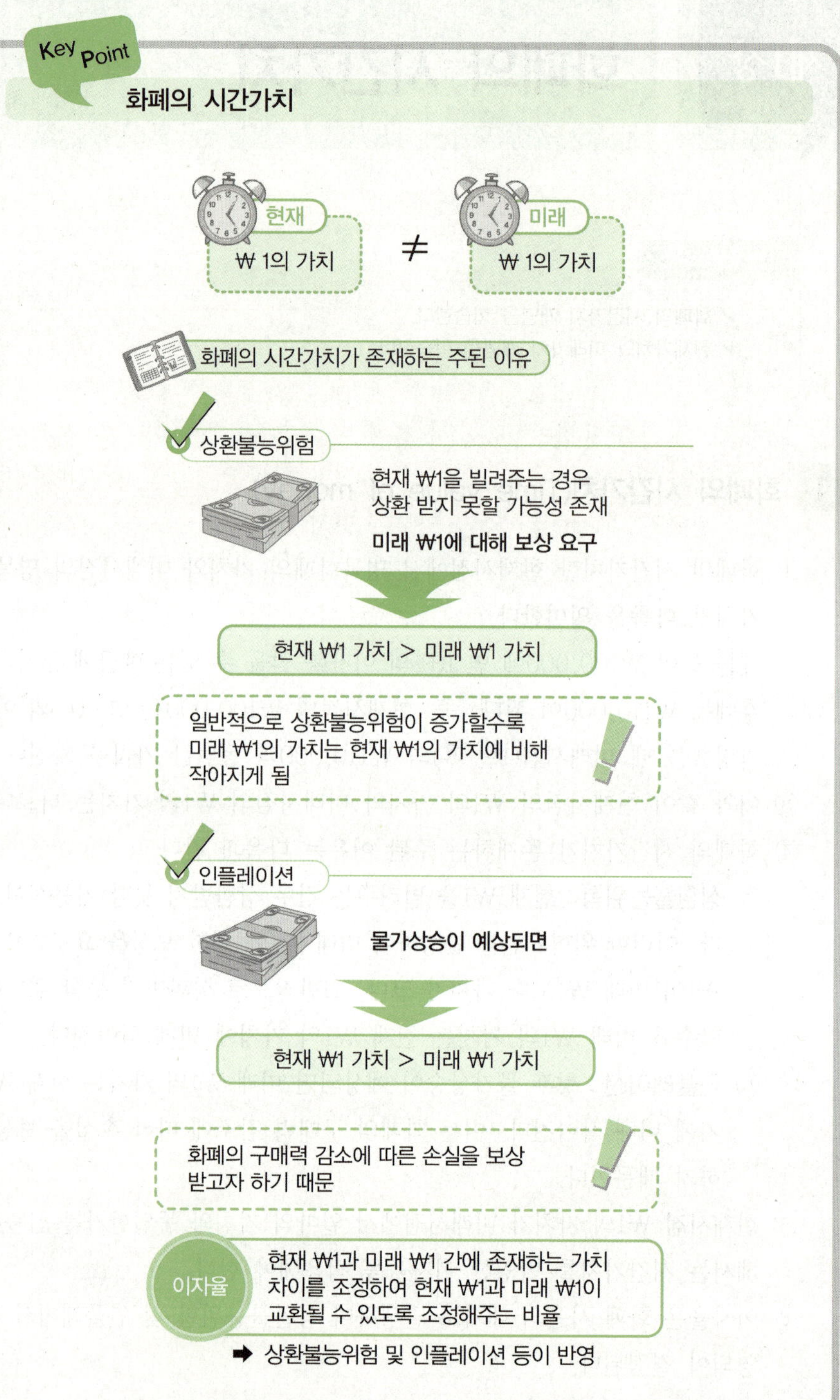
Key Point
화폐의 시간가치
현재
₩ 1의 가치
≠
미래
₩ 1의 가치
화폐의 시간가치가 존재하는 주된 이유
상환불능위험
현재 ₩1을 빌려주는 경우
상환 받지 못할 가능성 존재
미래 ₩1에 대해 보상 요구
현재 ₩1 가치 > 미래 ₩1 가치
일반적으로 상환불능위험이 증가할수록
미래 ₩1의 가치는 현재 ₩1의 가치에 비해
작아지게 됨
인플레이션
물가상승이 예상되면
현재 ₩1 가치 > 미래 ₩1 가치
화폐의 구매력 감소에 따른 손실을 보상
받고자 하기 때문
이자율
현재 ₩1과 미래 ₩1 간에 존재하는 가치
차이를 조정하여 현재 ₩1과 미래 ₩1이
교환될 수 있도록 조정해주는 비율
➡ 상환불능위험 및 인플레이션 등이 반영

2 단리법과 복리법

이자를 계산하는 방법에는 단리법과 복리법이 있다.

(1) 단리법(Simple interest method)

① 단리법은 최초의 원금에 대해서만 이자를 계산하는 방법이다.

② 연간 10%의 단리법으로 ₩100,000을 은행에 예금하면, 1차, 2차, 3차 연도의 이자는 매년 ₩10,000이 발생하여 3차 연도 원리금(원금+이자)합계는 100,000+(100,000×10%×3년)=₩130,000이 된다.

연 도	원 금	이자수익	원리금
1차 연도	100,000	10,000	110,000
2차 연도	100,000	10,000	120,000
3차 연도	100,000	10,000	130,000
합 계		₩30,000	

(2) 복리법(Compound interest method)

① 복리법은 이자 계산시 일반적으로 사용되는 방법으로 원금에 대하여 발생한 이자를 원금에 다시 가산한 후 이자를 계산하는 방법이다.

② 연간 10%의 복리법으로 ₩100,000을 은행에 예치하면, 1차, 2차, 3차 연도의 이자는 매년 각각 ₩10,000, ₩11,000, ₩12,100이 발생하여 3차 연도 원리금(원금+이자)합계는 100,000×$(1.1)^3$=₩133,100이 된다.

연 도	기초원리금	이자수익	기말원리금
1차 연도	100,000	10,000	110,000
2차 연도	110,000	11,000	121,000
3차 연도	121,000	12,100	133,100
합 계		₩33,100	

- 단리법 적용=원리금 합계 원금+(원금×이자율×기간)
- 복리법 적용=원리금 합계 원금×$(1+\text{이자율})^{\text{기간}}$

3 현재가치(Present value)

(1) 현재가치 개념 및 현금흐름 형태

① 현재가치란 미래의 일정 기간 동안 발생할 현금흐름을 현재시점에서 평가한 가치이다.

② 현재가치를 산출하기 위한 현금흐름의 형태에는 단일현금과 연금이 있다.

③ 단일현금은 미래의 단일시점에서 한 번만 현금흐름이 발생하는 형태로, 기업이 금융기관으로부터 자금을 차입한 경우에 차입기간이 끝나는 시점에 상환하는 원금이 단일현금에 해당된다.

④ 연금은 미래의 복수시점에서 동일한 현금흐름이 여러 번 반복하여 발생하는 형태로 기업이 금융기관으로부터 자금을 차입한 경우에 차입기간 동안 계속하여 지급하는 이자비용이 연금에 해당된다.

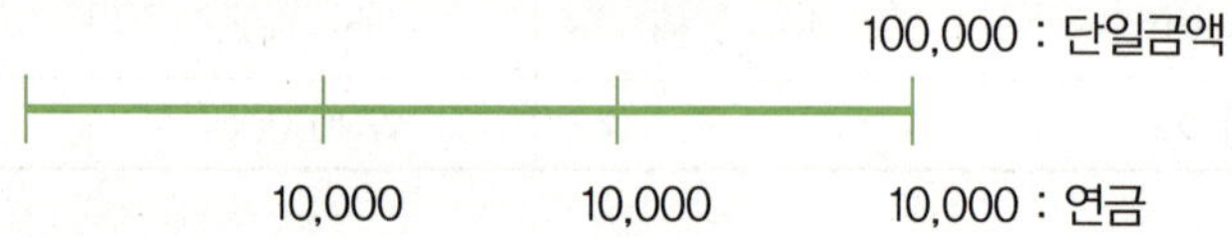

(2) 단일금액 현재가치 사례

• 만기가 1년이며 만기상환액이 ₩1인 채권을 현재 ₩0.9091 구입해야 10%의 연간 수익률을 올릴 수 있다.

$$P \times (1 + 10\%)^1 = ₩1$$

$$P = \frac{₩1}{(1 + 10\%)^1} = ₩0.9091$$

• 만약 2년 후에 ₩1을 받는 조건에서 10%의 연간 수익률을 올리기 위해서는 ₩0.8264의 현재가치로 채권을 구입해야 한다.

$$P = \frac{₩1}{(1 + 10\%)^2} = ₩0.8264$$

- n년 후의 ₩1에 대한 현재가치는 다음과 같이 산출한다.

$$n\text{년 후의 ₩1의 현재가치} = \frac{₩1}{(1+r)^n}$$

r : 이자율

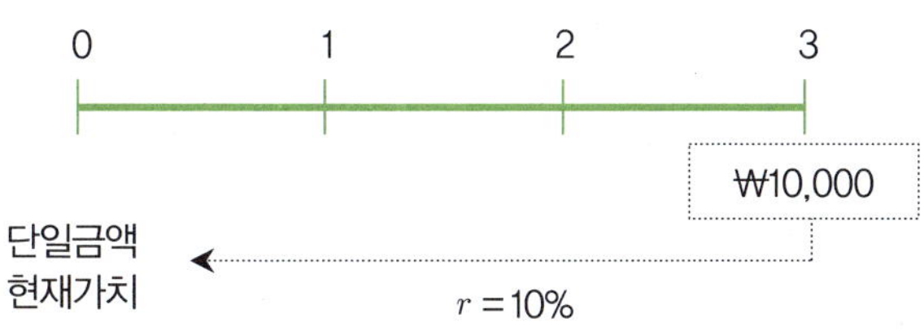

$$\frac{10,000}{(1+10\%)^3} = 10,000 \times 0.7513$$

$(n=3,\ \ r=10\%\ 현가계수)$

$$= ₩7,513$$

(3) 연금 현재가치 사례

- 향후 3년에 걸쳐서 매년 ₩1씩 현금이 발생하는 연금의 현재가치는 1년 후의 ₩1의 현재가치, 2년 후의 ₩1의 현재가치, 3년 후의 ₩1의 현재가치의 합으로 계산된다.
- 즉, $\frac{₩1}{(1+r)^1} + \frac{₩1}{(1+r)^2} + \frac{₩1}{(1+r)^3}$ 이 된다.
- n년에 걸쳐 매년 말 ₩1씩 발생하는 연금의 현재가치는 다음과 같이 산출한다.

$$n\text{년 동안 연금 ₩1의 현재가치} = \frac{₩1}{(1+r)^1} + \frac{₩1}{(1+r)^2} + \cdots + \frac{₩1}{(1+r)^n}$$

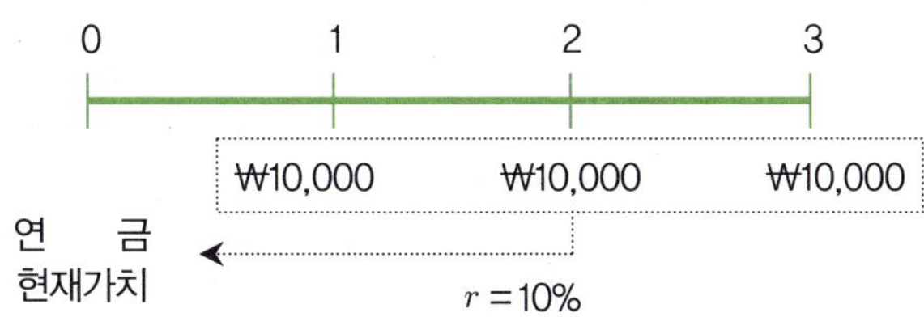

$$\frac{10,000}{(1+10\%)}+\frac{10,000}{(1+10\%)^2}+\frac{10,000}{(1+10\%)^3}$$

$$=10,000\times0.9091+10,000\times0.8264+10,000\times0.7513$$

$$\left(\begin{matrix}n=1,\ r=10\% \\ \text{현가계수}\end{matrix}\right)\quad\left(\begin{matrix}n=2,\ r=10\% \\ \text{현가계수}\end{matrix}\right)\quad\left(\begin{matrix}n=3,\ r=10\% \\ \text{현가계수}\end{matrix}\right)$$

$$=10,000\times(0.9091+0.8264+0.7513)$$

$$=10,000\times2.4868$$

$(n=3,\ r=10\%$ 연금현가계수)

=₩24,868

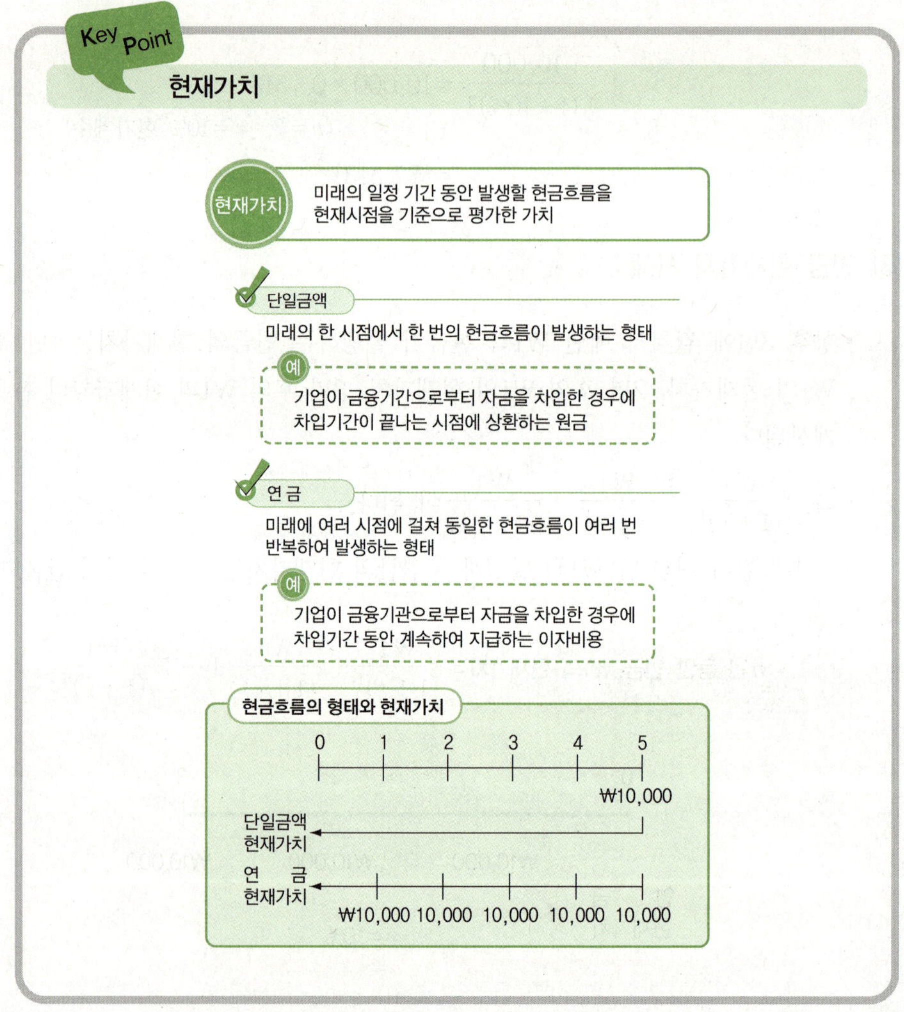

4 미래가치(Future value)

(1) 미래가치 개념 및 현금흐름(Cash flow) 형태

① 미래가치란 현재시점의 현금흐름을 미래시점에서 평가한 가치이다.

② 미래가치를 산출하기 위한 현금흐름의 형태에도 단일금액과 연금이 있다.

(2) 단일금액 미래가치 사례[이자율(수익률)이 r%]

- 1년 후 미래가치는 원금 ₩1과 이자(혹은 수익) r을 합한 $(1+r)^1$이 된다.
- 2년 후 미래가치는 ₩$(1+r)^1$과 이자 ₩$(1+r)\times r$을 합하여 ₩$(1+r)^2$이 된다.
- n년 후 미래가치는 다음과 같다.

> ₩1에 대한 n년 후의 미래가치 $=$ ₩$1\times(1+r)^n$

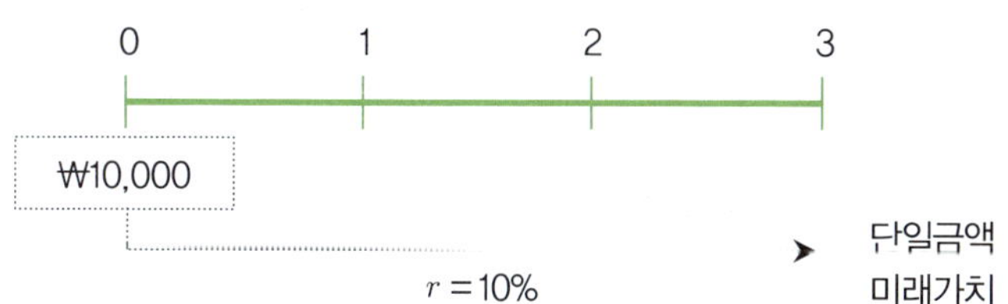

$$10,000\times(1+10\%)^3=10,000\times1.331=₩13,310$$

(3) 연금의 미래가치 사례[이자율(수익률)이 r%]

- 향후 3년에 걸쳐서 매년 말에 ₩1씩 현금이 발생하는 경우의 미래가치는 1년 후의 ₩1의 미래가치, 2년 후의 ₩1의 미래가치, 3년 후의 ₩1의 미래가치의 합으로 계산된다.
- 즉, $(1+r\%)^2+(1+r\%)^1+$₩1이 된다.
- n년에 걸쳐 매년 말 ₩1씩 발생하는 연금의 미래가치는 다음과 같다.

> 연금 ₩1에 대한 n년 후 미래가치
> $=$₩1$+$₩1$\times(1+r)^1+$₩1$\times(1+r)^2+\cdots+$₩1$\times(1+r)^{n-1}$

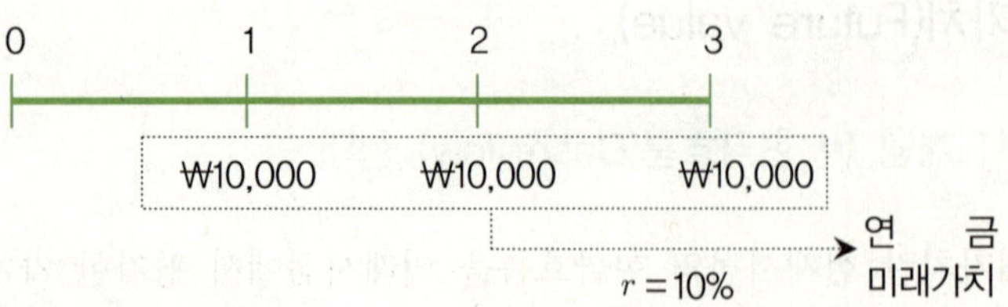

$$10{,}000 \times (1+10\%)^2 + 10{,}000 \times (1+10\%)^1 + 10{,}000$$
$$= 10{,}000 \times 1.21 + 10{,}000 \times 1.1 + 10{,}000$$
$$= 10{,}000 \times 3.31$$
$$= ₩33{,}100$$

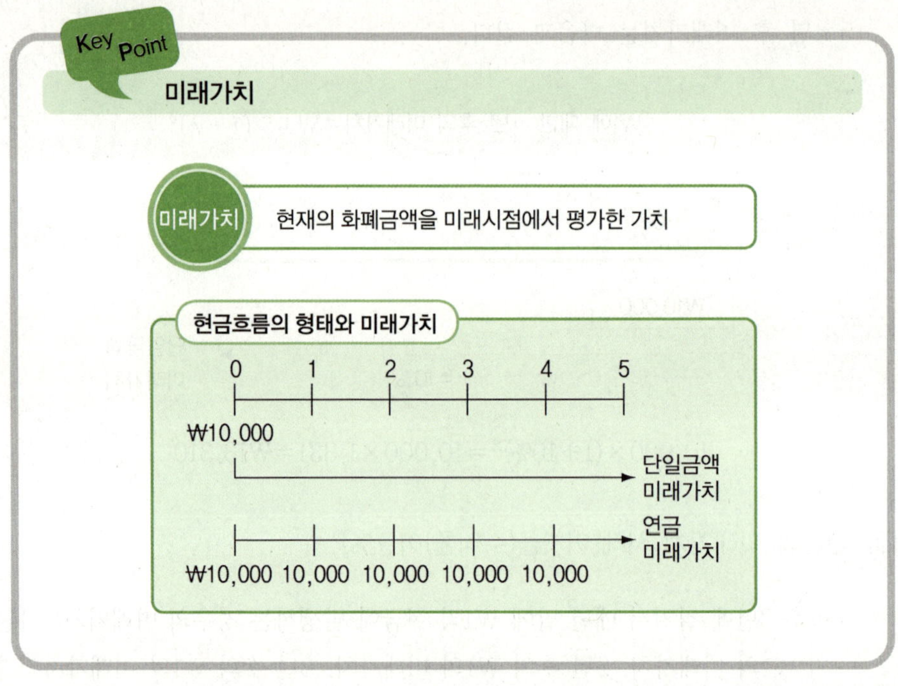

예제

다음 거래에 대하여 화폐의 시간가치를 계산하시오(이자율은 10%를 가정함).

① 거래처인 ㈜민국으로부터 3년 후에 회수할 대여금 ₩100,000의 현재가치를 계산하시오.

② 거래처인 ㈜민국으로부터 향후 5년에 걸쳐 매년 말 ₩20,000씩 회수할 매출채권의 현재가치를 계산하시오.

③ 대한은행으로부터 ₩100,000을 연이자율 10%로 3년간 빌릴 경우 3년 후 시점에서 갚아야 할 원금 ₩100,000의 미래가치를 계산하시오.

④ 대한은행에 향후 5년에 걸쳐 매년 말 ₩20,000씩 이자비용을 지불할 경우 이자비용의 5년 후 시점에서의 미래가치를 계산하시오.

풀이

① $\frac{100,000}{(1.1)^3} = ₩75,131$

② $20,000 \times \left\{ \frac{1}{(1.1)} + \frac{1}{(1.1)^2} + \frac{1}{(1.1)^3} + \frac{1}{(1.1)^4} + \frac{1}{(1.1)^5} \right\}$

$= 20,000 \times (0.90909 + 0.82645 + 0.7513 + 0.6830 + 0.62092)$

$= 20,000 \times 3.79079$

$= ₩75,816$

③ $100,000 \times (1 + 0.1)^3 = ₩133,100$

④ $20,000 \times \{(1.1)^4 + (1.1)^3 + (1.1)^2 + (1.1) + 1\}$

$- 20,000 \times (1.4641 + 1.331 + 1.21 + 1.1 + 1)$

$= 20,000 \times 6.1051$

$= ₩122,102$(부록1 현가계산표 이용)

5 현가계산표(Capitalization factor table)

① 현가계산표는 ₩1의 단일금액과 연금의 현재가치를 손쉽게 계산하기 위하여 미리 산출된 현가계수를 제공하는 표이다.

② 현가계산표의 세로는 기간 혹은 이자지급횟수(n), 가로는 유효이자율(r)을 의미한다.

③ 예를 들어 3기간 후에 상환하기로 하고, 유효이자율 8%로 ₩100,000을 차입하였을 경우 단일금액인 원금의 현재가치를 산출함에 있어서는 기간(이자지급회수) $n=3$과 유효이자율 $r=8\%$가 만나는 곳의 현가계수인 0.79383을 ₩100,000에 곱하여 현재가치를 계산한다. 즉, 3년 뒤 ₩100,000의 현재가치는 ₩79,383이다. (100,000×0.79383=₩79,383)

[현가계산표]

n/r	1.0	2.0	3.0	4.0	5.0	6.0	7.0	8.0	9.0	10.0
1	0.99010	0.98039	0.97087	0.96154	0.95238	0.94340	0.93458	0.92593	0.91743	0.90909
2	0.98030	0.96117	0.94260	0.92456	0.90703	0.89000	0.87344	0.85734	0.84168	0.82645
3	0.97059	0.94232	0.91514	0.88900	0.86384	0.83962	0.816	**0.79383**	0.77218	0.75131
4	0.96098	0.92385	0.88849	0.85480	0.82270	0.79209	0.76290	0.73503	0.70843	0.68301
5	0.95147	0.90573	0.86261	0.82193	0.78353	0.74726	0.71299	0.68058	0.64993	0.62092
6	0.94205	0.88797	0.83748	0.79031	0.74622	0.70496	0.66634	0.63017	0.59627	0.56447
7	0.93272	0.87056	0.81309	0.75992	0.71068	0.66506	0.62275	0.58349	0.54703	0.51316
8	0.92348	0.85349	0.78941	0.73069	0.67684	0.62741	0.58201	0.54027	0.50187	0.46651
9	0.91434	0.83676	0.76642	0.70259	0.64461	0.59190	0.54393	0.50025	0.46043	0.42410
10	0.90529	0.82035	0.74409	0.67556	0.61391	0.55839	0.50835	0.46319	0.42241	0.38554

예제

다음의 자료는 ㈜대한의 예금에 대한 자료이다. 물음에 답하시오.

㈜대한은 20x1년 1월 1일 ₩1,000,000을 3년간 은행에 예금하고, 매년 말 연 ₩100,000의 이자를 받기로 하였다. ㈜대한이 예금을 하여 향후 수취할 이자 및 원금을 20x1년 1월 1일 시점의 가치로 계산하면 얼마인가?

단, 20x1년 1월 1일 현재 시장이자율은 12%이므로 미래현금흐름의 할인율은 12%로 하고, 현재가치 계산시 아래의 자료를 이용한다.

n=3년, r=12%	단일금액 현가계수	연금 현가계수
	0.71178	2.40183

풀이

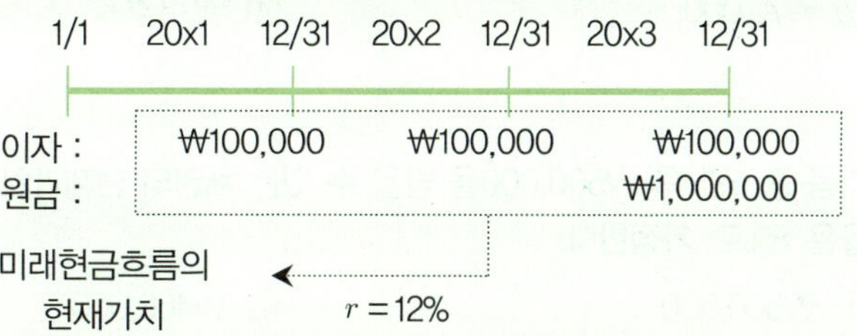

① 이자의 현재가치

$$\frac{100,000}{(1+12\%)}+\frac{100,000}{(1+12\%)^2}+\frac{100,000}{(1+12\%)^3}$$

$=100,000\times0.89286+100,000\times0.79719+100,000\times0.71178$

$=100,000\times(0.89286+0.79719+0.71178)=100,000\times2.40183$

$=$₩240,183 (n=3, r=12% 연금현가계수)

② 원금의 현재가치

$$\frac{1,000,000}{(1+12\%)^3}=1,000,000\times0.71178=₩711,780$$

(n=3, r=12% 현가계수)

∴ 미래현금흐름의 현재가치 (①+②)

$=240,183+711,780=$₩951,963

위의 풀이는 이해를 돕기 위해 모든 과정을 생략하지 않고 계산하였으나 익숙해지면 주어진 현가계수, 연금현가계수를 이용하여 다음과 같이 계산하면 된다.

1,000,000×0.71178 = ₩ 711,780
100,000×2.40183 = ₩ 240,183
₩ 951,963

01 다음 중 매년 말 ₩50,000씩 5년간 받을 수 있는 연금을 현재시점에 일시불로 받을 경우, 이 연금의 현재가치는 얼마인가? (단, 이자율은 8%로 가정한다)

① ₩199,635 ② ₩203,635
③ ₩215,606 ④ ₩250,000

02 다음 중 원금 ₩50,000을 연이자율 8%로 정기예금 했을 때 5년 후 원금의 미래가치는 얼마인가?

① ₩50,000 ② ₩66,000
③ ₩70,000 ④ ₩73,466

03 다음 중 5년 후 ₩500,000을 받을 수 있는 채권의 현재가치는 얼마인가? (단, 이자율은 8%로 가정한다)

① ₩500,000 ② ₩460,000
③ ₩367,515 ④ ₩340,290

:: 해설

01 $P_0 = \frac{50,000}{(1+0.08)} + \frac{50,000}{(1+0.08)^2} + \frac{50,000}{(1+0.08)^3} + \frac{50,000}{(1+0.08)^4} + \frac{50,000}{(1+0.08)^5}$

$= 50,000 \times 3.99271 =$ ₩199,635.5 | 정답 ❶ |

02 $P_5 = 50,000 \times (1+0.08)^5 = 50,000 \times 1.46933 =$ ₩73,466.5 | 정답 ❹ |

03 $P_0 = \frac{500,000}{(1+0.08)^5} = 500,000 \times 0.68058 =$ ₩340,290 | 정답 ❹ |

학습정리

1. 현재가치

현재가치란 미래의 일정 기간 동안 발생할 현금흐름을 현재시점에서 평가한 가치이다. 미래의 일정 기간에 걸쳐 발생하는 현금흐름의 형태에는 두 가지가 있다.

① 단일금액 : 미래의 한 시점에서 한 번만 현금흐름이 발생하는 형태

② 연　　금 : 미래에 동일한 현금흐름이 여러 번 반복하여 발생하는 형태

2. 미래가치

미래가치란 현재의 현금흐름을 미래시점에서 평가한 가치이다.

제2장 부채 및 사채

:: 학습목표

- ✔ 유동부채와 비유동부채 개념 및 종류를 학습한다.
- ✔ 충당부채 개념을 학습한다.
- ✔ 사채의 발행시점 회계처리를 학습한다.
- ✔ 사채의 이자지급시점 회계처리를 학습한다.
- ✔ 사채의 상환시점 회계처리를 학습한다.

1 부채 정의와 구성

부채는 과거 사건에 의하여 발생하였으며 경제적 효익을 갖는 자원이 기업으로부터 유출됨으로써 이행될 것으로 기대되는 현재의무로서 부채는 다음과 같이 분류된다.

유동·비유동	계정과목
유동부채	매입채무, 단기차입금, 미지급금, 선수금, 예수금, 미지급비용, 미지급법인세, 미지급배당금, 유동성장기부채, 선수수익 등
비유동부채	사채, 장기차입금, 장기매입채무, 충당부채 등

(1) 유동부채(Current liabilities)

① 유동부채는 정상영업주기(보통 1년) 이내에 지급이 예상되는 부채이다.

② 유동부채는 일반적으로 영업활동 과정에서 발생된다.

③ 지급채무는 기업이 미래에 다른 기업이나 금융기관에게 현금을 지급하기로 약정한 부채이다.

④ 지급채무는 재고자산을 신용 매입하는 과정에서 발생되는 매입채무와 재고자산 매입 이외의 거래에서 발생되는 비매입채무로 구분된다.

⑤ 기업이 상품, 원재료 등의 재고자산을 신용 매입할 때, 약속어음을 발행하지

않는 경우에는 외상매입금, 약속어음을 교부한 경우에는 지급어음으로 구분되지만 일반적으로 매입채무로 통합되어 분류된다.

⑥ 비매입채무에 해당하는 항목에는 미지급금, 미지급비용, 단기차입금 등이 있다.

⑦ 미지급금이란 재고자산 이외의 자산을 신용 구입한 경우 추후에 지급해야 하는 구입대금이다.

⑧ 미지급비용이란 비용이 발생하였으나 아직 지급하지 않은 비용금액이다.

⑨ 단기차입금은 현금을 단기간 동안 차입 후 만기일에 상환해야 하는 부채이다.

⑩ 기타유동부채에 해당하는 항목으로는 선수금, 선수수익, 유동성장기부채 등이 있다.

⑪ 선수금은 기업이 미래에 재고자산 또는 용역을 제공하기로 약정하고 매출대금을 미리 받은 것이다.

⑫ 선수수익은 선수임대료수익, 선수이자수익 등과 같이 미래에 특정 서비스를 제공하기로 약정하고 그 서비스대금 등을 미리 받은 것이다.

⑬ 유동성장기부채는 장기부채 중에서 1년 이내에 상환할 것으로 예상되는 부채를 유동부채로 재분류하여 표시하는 항목이다.

[유동부채 분류]

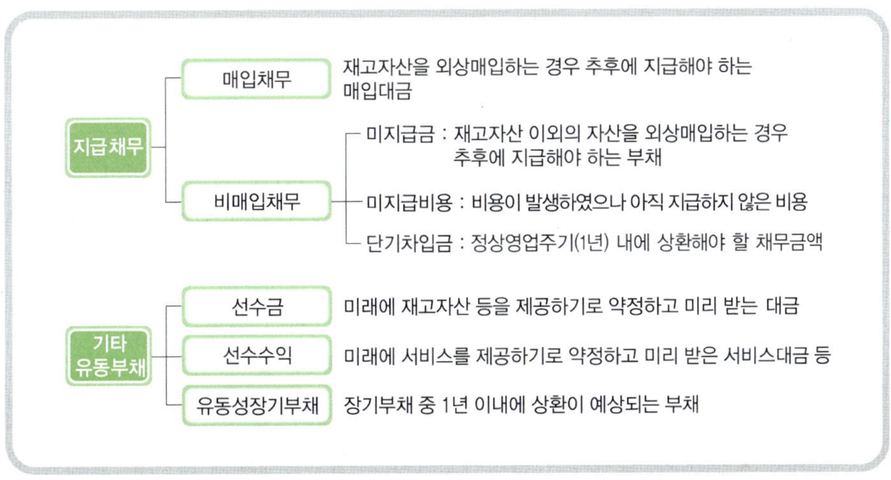

(2) 비유동부채(Non-current liabilities)

[비유동부채 분류]

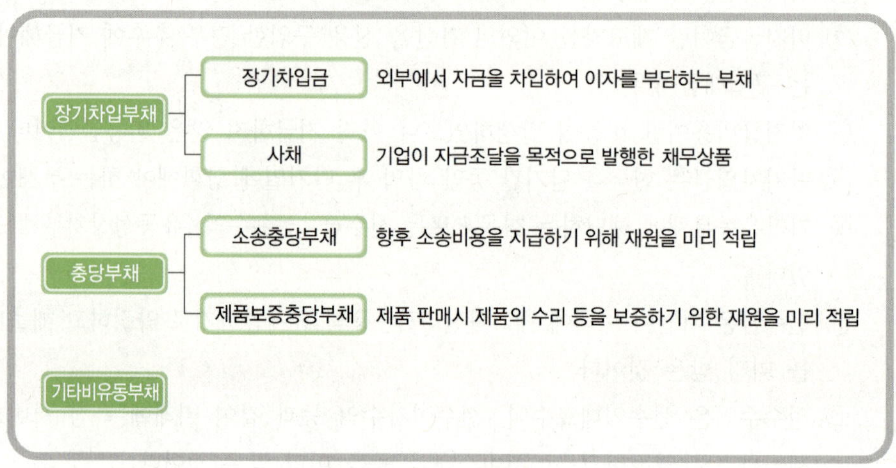

① 비유동부채란 기업이 정상영업주기(보통 1년) 이후에 의무를 이행해야 하는 부채이며, 유동부채를 제외한 모든 부채이다.

② 비유동부채는 항목의 성격에 따라 장기차입부채, 충당부채 및 기타 비유동부채로 구분된다.

③ 장기차입부채란 은행 및 금융기관에서 장기간 자금을 차입하여 이자를 부담하는 부채이다.

④ 장기차입부채에는 장기차입금과 사채가 있다.

⑤ 장기차입금이란 은행 등의 금융기관에서 장기간에 걸쳐 차입한 부채이다.

⑥ 사채란 기업이 자본시장에서 채무상품을 발행하여 다수의 불특정 투자자를 대상으로 직접 자금을 조달할 때 발생되는 부채이다.

⑦ 충당부채(Provision)란 지출의 시기 또는 금액이 불확실한 부채이다.

⑧ 충당부채에는 소송충당부채, 제품보증충당부채 등이 있다.

⑨ 우발부채(Contingent liability)는 충당부채의 인식요건을 충족하지 못하기 때문에 부채로 인식하지 않는다. 따라서 재무상태표에 부채로 공시하지는 않지만, 주석에 공시해야 하는 경우가 존재한다.

(3) 충당부채(Provision)

① 충당부채란 지출의 시기 또는 금액이 불확실한 부채로 재무상태표에 부채로 인식된다.

② 충당부채는 다음의 요건을 모두 충족하는 경우에 인식한다(부채의 인식요건과 같다).

- 과거사건의 결과로 현재의무가 존재한다.
- 당해 의무를 이행하기 위해 경제적 효익이 내재된 자원의 유출가능성이 높다.
- 당해 의무의 이행에 소요되는 금액을 신뢰성 있게 추정할 수 있다.

③ 충당부채로 인식하는 금액은 현재의무를 보고기간 말에 이행하기 위하여 소요되는 지출에 대한 최선의 추정치이어야 한다.

④ 충당부채에 대한 사례는 다음과 같다.

20x1년 초 대한상사에서 불량 식자재로 인하여 식중독이 발생하였으며, 이에 따라 대한상사는 식자재 공급사인 A푸드를 상대로 손해배상소송을 제기했다. 20x1년 말 현재 식약청의 역학조사가 진행 중에 있으며, 식중독 사고의 원인은 아직 판명되지 않았다. A푸드 자문변호사에 의하면 패소할 경우 손해 배상할 금액은 10억 원으로 추정된다.

20x2년 말 법원은 식중독 사고의 원인은 A푸드에게 있으므로 대한상사에 12억 원을 손해배상하라는 판결을 선고하였다.

A푸드의 입장에서 20x1 말 현재 식중독 사고와 관련된 원인이 판명되지 않았으므로 자원의 유출가능성이 높지 않은 경우에 해당하므로 충당부채로 인식할 수 없다. 다만, 자원의 유출가능성이 아주 낮지 않다면, 패소시 손해배상금액을 10억 원으로 추정할 수 있으므로, A푸드는 주석에 우발부채 금액을 10억 원으로 공시할 수 있다.

20x2년 말 현재 법원의 판결이 확정되었으므로 자원의 유출가능성이 높고 신뢰성 있는 측정이 가능하므로 A푸드는 20x2년 말 현재 재무상태표에 충당부채로 12억 원을 인식한다.

이처럼 우발부채는 당초에 예상하지 못한 상황에 따라서 변화할 수 있으므로 지속적으로 검토한다. 따라서 과거에 우발부채로 처리하였더라도 추후에 충당부채의 인식요건을 충족한 경우에는 재무상태표에 충당부채로 인식한다.

2 사채(Corporate bonds)

① 기업은 자금이 필요한 경우 금융기관에서 자금을 차입하거나 자본시장을 통해 사채나 주식을 발행하여 자금을 조달한다.

② 금융기관에서 차입한 차입금이나 자본시장을 통하여 발행된 사채는 부채로 분류되고, 주식으로 자금을 조달한 경우에는 자본으로 분류된다.

③ 사채와 관련된 회계처리에는 사채의 발행, 사채의 액면금액과 발행금액과의 차액인 사채발행차금의 상각, 사채이자비용, 상환에 관한 회계처리가 있다.

3 사채 발행(Issuing bonds)

(1) 사채발행금액 결정

① 사채의 발행금액은 사채로부터 발생할 미래현금흐름을 발행일의 유효이자율로 할인한 현재가치와 같다.

② 유효이자율(Effective interest rate)이란 사채의 발행금액과 사채로부터 발생할 미래현금흐름의 현재가치를 일치시키는 이자율이다. 따라서 사채발행비가 없는 경우 시장이자율과 유효이자율은 같다.

③ 표시이자란 사채를 발행하는 기업이 채권투자자들에게 일정 기간마다 지급하기로 약속한 이자로, 액면금액에 표시이자율을 곱하여 계산한다.

④ 사채의 미래현금흐름은 표시이자(액면금액×표시이자율)와 만기일의 원금(액면금액)으로 구성된다.

> 사채발행금액 = 사채의 미래현금흐름의 현재가치
> = 표시이자의 현재가치 합계 + 원금의 현재가치

⑤ 일반적으로 액면금액 ₩F, 표시이자율 a%, 유효이자율 r%, 만기 n년인 사채의 경우에 표시이자의 현재가치 합계와 원금의 현재가치는 다음과 같이 계산된다.

• 이자의 현재가치 합계 $= \frac{F \times a}{(1+r)} + \frac{F \times a}{(1+r)^2} + \cdots + \frac{F \times a}{(1+r)^n}$

• 원금의 현재가치 $= \frac{F}{(1+r)^n}$

Key Point

사채발행금액 결정

"사채의 미래 현금흐름은 표시이자와 만기일의 원금으로 구성"

사채발행금액 = 표시이자의 현재가치 합계 + 원금의 현재가치

(2) 사채발행 유형

사채발행의 유형에는 액면발행(Bonds issued at par value), 할인발행(Bonds issued at discount value), 할증발행(Bonds issued at premium value)이 있다. 다음의 사례를 통해 사채발행에 대해 이해해 보자.

A사는 액면금액 ₩1,000,000, 표시이자율 10%, 만기 3년인 사채를 발행하였다. 이자는 매년 말 지급한다.

현재 시장이자율은 1) 10% (액면발행) 2) 12% (할인발행) 3) 8% (할증발행) 이다.

1) 사채의 액면발행(시장이자율 10% = 표시이자율 10%)

① 액면발행은 사채의 시장이자율이 표시이자율과 같은 경우 액면금액과 동일한 금액으로 사채를 발행하는 것이다.

② 액면발행은 사채를 발행하는 기업이 채권투자자들에게 일정 기간마다 지급하기로 약속한 이자(표시이자율)만큼을 제공하는 경우에 사채의 액면금액만큼의 자금을 빌릴 수 있음을 의미한다.

③ 액면발행하면 사채의 발행금액과 액면금액이 동일하게 된다.

④ 액면발행하면 차변에 사채발행을 통해 조달한 발행금액만큼을 현금으로, 대변에 동일한 금액으로 사채를 기록한다.

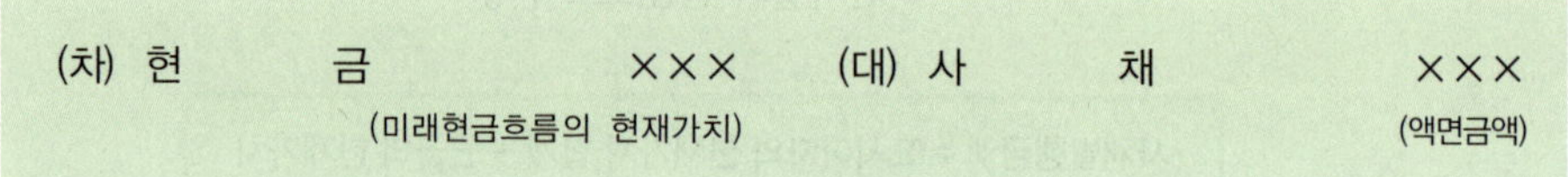

위의 내용을 사례를 통해 살펴보자.

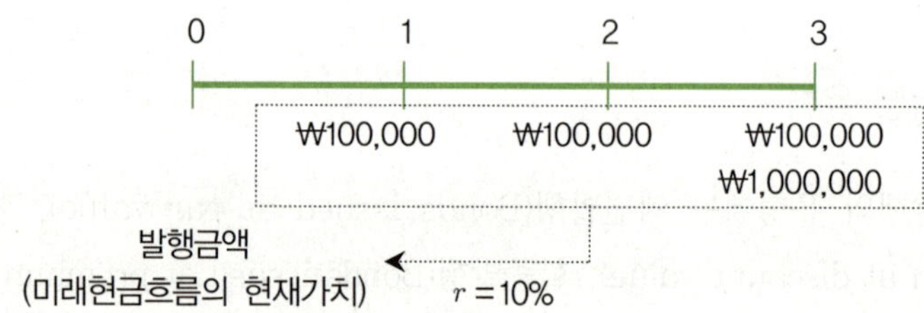

발행금액(①+②) : ① 표시이자의 현재가치

$$= \frac{100,000}{(1+10\%)^1} + \frac{100,000}{(1+10\%)^2} + \frac{100,000}{(1+10\%)^3}$$

$$= 100,000 \times (0.9091 + 0.8264 + 0.7513)$$

$$= 100,000 \times 2.4868$$

($n=3,\ r=10\%$ 연금현가계수)

$= ₩248,680$

② 액면금액의 현재가치

$$= \frac{1,000,000}{(1+10\%)^3} = 1,000,000 \times 0.7513$$

($n=3,\ r=10\%$ 현가계수)

$= ₩751,300$

∴ ①+② = ₩999,980 ≒ ₩1,000,000(끝수조정)

위의 발행금액 구하는 과정을 이해하였다면, 다음과 같이 간단히 구할 수 있다.

표시이자의 현재가치	100,000×2.4868=	₩248,680	
액면금액의 현재가치	1,000,000×0.7513 =	₩751,300	
발행금액(현금유입액)		₩1,000,000	
액면금액		₩1,000,000	차이 없음

〈발행시의 회계처리〉

(차) 현 금	1,000,000	(대) 사 채	1,000,000

2) 사채의 할인발행(시장이자율 12% > 표시이자율 10%)

① 할인발행은 시장이자율이 표시이자율보다 높은 경우 액면금액보다 낮은 금액으로 사채를 발행하는 것이다.

② 할인발행은 사채를 발행하는 기업이 채권투자자들에게 일정 기간마다 지급하기로 약속한 이자(표시이자율)가 시장에서 형성된 이자(시장이자율)보다 낮기 때문에 채권투자자들은 이로 인한 손실을 줄이기 위해서 사채의 액면금액보다 낮은 자금을 투자하고, 사채발행자는 사채의 액면금액보다 적은 자금을 빌릴 수 있음을 의미한다.

③ 할인발행하면 사채의 발행금액이 액면금액보다 작게 되고, 발행금액과 액면금액과의 차액인 사채할인발행차금(재무상태표상 사채에서 차감하는 형식으로 표시)이 발생한다.

④ 할인발행하면 a) 대변에 액면금액만큼을 사채로 기록하고, b) 차변에 사채발행을 통해 조달한 발행금액(미래현금흐름의 현재가치)을 현금으로 기록한 뒤 c) 차변에 액면금액과 현재가치의 차액을 사채할인발행차금으로 기록한다.

(차) 현 금	××× (미래현금흐름의 현재가치)	(대) 사 채	××× (액면금액)
사채할인발행차금	×××		

⑤ 즉, 사채할인발행차금은 자금조달시 선이자를 지급하는 것과 동일하기 때문에 향후 이자비용에 포함한다.

위의 내용을 사례를 통해 이해해 보자.

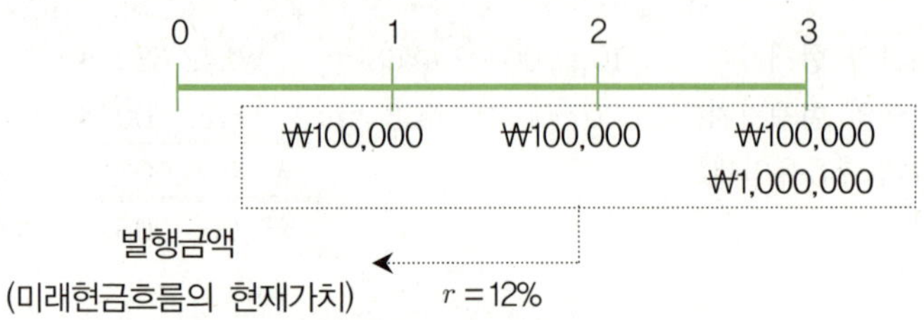

발행금액(①+②) : ① 표시이자의 현재가치

$$= \frac{100,000}{(1+12\%)^1} + \frac{100,000}{(1+12\%)^2} + \frac{100,000}{(1+12\%)^3}$$

$$= 100,000 \times (0.8928 + 0.7972 + 0.7118)$$

$$= 100,000 \times 2.4018$$

($n=3$, $r=12\%$ 연금현가계수)

= ₩240,180

② 액면금액의 현재가치

$$= \frac{1,000,000}{(1+12\%)^3} = 1,000,000 \times 0.7118$$

($n=3$, $r=12\%$ 현가계수)

= ₩711,800

∴ ①+②=₩951,980

위의 발행금액 구하는 과정을 이해하였다면, 다음과 같이 간단히 구할 수 있다.

표시이자의 현재가치	100,000×2.4018=	₩240,180
액면금액의 현재가치	1,000,000×0.7118=	₩711,800
발행금액(현금유입액)		₩951,980
액면금액		₩1,000,000

차이 48,020

〈발행시의 회계처리〉

(차)	b) 현　　금	951,980	(대) a) 사　　채	1,000,000
	c) 사채할인발행차금	48,020 (대차잔액)		

3) 사채의 할증발행(시장이자율 8% < 표시이자율 10%)

① 할증발행은 시장이자율이 표시이자율보다 낮은 경우 액면금액보다 높은 금액으로 사채를 발행하는 것이다.

② 할증발행은 사채를 발행하는 기업이 채권투자자들에게 일정 기간마다 지급하기로 약속한 이자(표시이자율)가 시장에서 형성된 이자(시장이자율)보다 높기 때문에 사채발행자는 사채의 액면금액보다 많은 자금을 빌릴 수 있음을 의미한다.

③ 할증발행하면 사채의 발행금액이 액면금액보다 높게 되고, 발행금액과 액면금액과의 차액인 사채할증발행차금(재무상태표상 사채에 가산하는 형식으로 표시)이 발생한다.

④ 할증발행하면 a) 대변에 액면금액만큼을 사채로 기록하고, b) 차변에 사채발행을 통해 조달한 발행금액(미래현금흐름의 현재가치)을 현금으로 기록한 뒤 c) 액면금액과 현재가치의 차액을 사채할증발행차금으로 기록한다.

(차) 현 금	××× (미래현금흐름의 현재가치)	(대)	사 채	××× (액면금액)
			사채할증발행차금	×××

⑤ 즉, 사채할증발행차금은 자금조달시 추가 자금을 수령하는 것과 동일하기 때문에 향후 이자비용을 감소시킨다.

위의 내용을 사례를 통해 이해해 보자.

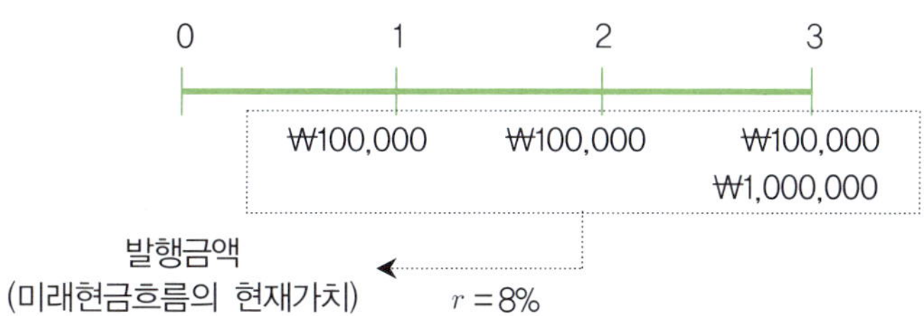

발행금액(①+②) : ① 표시이자의 현재가치

$$=\frac{100,000}{(1+8\%)^1}+\frac{100,000}{(1+8\%)^2}+\frac{100,000}{(1+8\%)^3}$$

$=100,000 \times (0.9259+0.8574+0.7938)$

$=100,000 \times 2.5771$

($n=3$, $r=8\%$ 연금현가계수)

$=₩257,710$

② 액면금액의 현재가치

$$=\frac{1,000,000}{(1+8\%)^3}=1,000,000 \times 0.7938$$

($n=3$, $r=8\%$ 현가계수)

$=₩793,800$

∴ ①+②=₩1,051,510

위의 발행금액 구하는 과정을 이해하였다면, 다음과 같이 간단히 구할 수 있다.

표시이자의 현재가치	100,000×2.5771=	₩257,710
액면금액의 현재가치	1,000,000×0.7938=	₩793,800
발행금액(현금유입액)		₩1,051,510
액면금액		₩1,000,000 (차이 51,510)

〈발행시의 회계처리〉

(차)	b) 현 금	1,051,510	(대)	a) 사 채	1,000,000
				c) 사채할증발행차금	51,510 (대차잔액)

시장이자율과 표시이자율의 관계와 사채발행금액을 정리하면 다음과 같다.

[시장이자율과 표시이자율의 관계와 사채발행금액]

액면발행	시장이자율 = 표시이자율 → 발행금액 = 액면금액
할인발행	시장이자율 > 표시이자율 → 발행금액 < 액면금액
할증발행	시장이자율 < 표시이자율 → 발행금액 > 액면금액

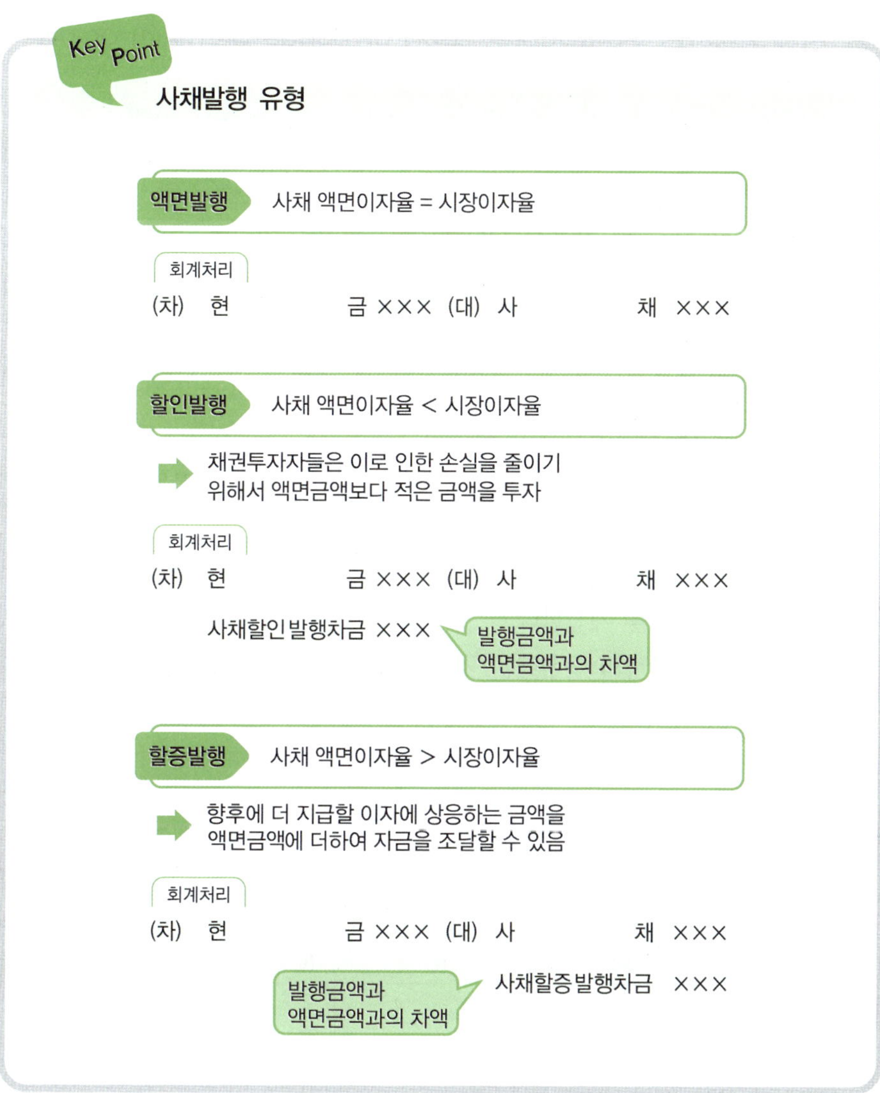

(3) 사채발행비(Bonds issue cost)

① 사채를 발행하면서 발생되는 비용으로 사채발행비는 사채할인(할증)발행차금에 가산(차감)한다.

② 사채발행비가 없는 경우에는 시장이자율과 유효이자율이 일치하지만, 사채발행비가 발생하는 경우에는 유효이자율이 시장이자율보다 높게 된다.

4 사채발행차금 상각(Depreciation of bonds premium or discount)

(1) 사채발행차금 상각방법 : 유효이자율법(Effective interest method)

① 사채할인발행차금 및 사채할증발행차금은 최종상환까지의 여러 기간에 걸쳐 이자를 지급할 때 유효이자율법을 적용하여 상각한다.

② 유효이자율법을 적용하여 사채할인발행차금 및 사채할증발행차금을 상각하는 방법은 다음과 같다.

- (A) : 장부금액에 유효이자율을 곱하여 매기의 유효이자(포괄손익계산서상 이자비용 인식액)를 계산한다.
- (B) : 액면금액에 표시이자율을 곱하여 매기의 표시이자(현금이자, 즉 실제이자지급액)를 계산한다.
- (C) : 유효이자(A)와 표시이자(B)의 차액에 절댓값을 취하여 사채발행차금의 상각액을 계산한다.
- (D) : 할인발행의 경우에는 기초 장부금액에 상각액(C)을 가산하고, 할증발행의 경우에는 기초 장부금액에서 상각액을 차감한다.

③ 이 과정을 표로 정리하면 다음과 같다.

[사채의 이자비용 인식과 기말 장부금액 조정 과정 : 상각표]

연 도	유효이자 (장부금액×유효이자율) (A)	표시이자 (액면금액×표시이자율) (B)	상각액 (|유효이자 − 표시이자|) (C = | A − B |)	장부금액 (기초 장부금액±상각액) (D = 기초D ± C)
1차				
2차				
3차(만기)				액면금액

(2) 사채발행차금 상각 회계처리

1) 할인발행(Discount issue)

이자지급시 a) 차변에 포괄손익계산서에 인식할 이자비용(장부금액×유효이자율)을 기록하고, b) 대변에 실제 현금이자액(액면금액×표시이자율)을 기록한 뒤 c) 대변에 사채할인발행차금상각액(|유효이자－표시이자|)을 기록한다.

(차) 이 자 비 용	×××	(대) 현 금	×××
		사채할인발행차금	×××

앞의 할인발행 사례에 대해 상각표를 작성하면 다음과 같다.

연 도	유효이자(12%)	표시이자(10%)	상각액	장부금액
0				951,980
1	951,980×12%=114,238	100,000	114,238－100,000=14,238	951,980+14,238=966,218
2	966,218×12%=115,946	100,000	115,946－100,000=15,946	966,218+15,946=982,164
3	100,000+17,836=117,836	100,000	1,000,000－982,164=17,836	1,000,000
합계	₩348,020	₩300,000	₩48,020 (발행시 인식한 사채할인발행차금)	

※ 3차 연도에도 물론 1, 2차 연도처럼 계산하는 것이 원칙이다. 하지만 현가계수(소수 넷째 자리) 사용으로 인해 약간의 오차가 존재하게 되므로 3차 연도 말 장부금액을 액면금액 ₩1,000,000으로 맞추기 위해 역산하여 상각표를 작성하였다.

1차 연도 말에 포괄손익계산서상 이자비용을 인식하는 회계처리는 다음과 같다.

(차) a) 이 자 비 용	114,238	(대) b) 현 금	100,000
		c) 사채할인발행차금	14,238 (대차잔액)

2) 할증발행(Premium issue)

이자지급시 a) 차변에 포괄손익계산서에 인식할 이자비용(장부금액×유효이자율)을 기록하고, b) 대변에 실제 현금이자액(액면금액×표시이자율)을 기록한 뒤 c) 차변에 사채할증발행차금상각액(│유효이자－표시이자│)을 기록한다.

(차)	이 자 비 용	×××	(대) 현 금	×××
	사채할증발행차금	×××		

앞의 할증발행 사례에 대해 상각표를 작성하면 다음과 같다.

연 도	유효이자(8%)	표시이자(10%)	상각액	장부금액
0				1,051,510
1	1,051,510×8%=84,121	100,000	│84,121－100,000│=15,879	1,051,510－15,879=1,035,631
2	1,035,631×8%=82,850	100,000	│82,850－100,000│=17,150	1,035,631－17,150=1,018,481
3	100,000－18,481=81,519	100,000	│81,519－100,000│=18,481	1,000,000
합계	₩248,490	₩300,000	₩51,510 (발행시 인식한 사채할증발행차금)	

※ 3차 연도에도 물론 1, 2차 연도처럼 계산하는 것이 원칙이다. 하지만 현가계수(소수 넷째 자리) 사용으로 인해 약간의 오차가 존재하게 되므로 3차 연도 말 장부금액을 액면금액 ₩1,000,000으로 맞추기 위해 역산하여 상각표를 작성하였다.

1차 연도 말에 포괄손익계산서상 이자비용을 인식하는 회계처리는 다음과 같다.

(차)	a) 이 자 비 용	84,121	(대) b) 현 금	100,000
	c) 사채할증발행차금	15,879 (대차잔액)		

5 사채 만기상환(Redemption at maturity)

① 사채의 만기상환은 사채의 만기일에 액면금액 전액을 일시에 상환하는 것이다(회계원리에서 만기상환의 경우만 학습하고, 조기상환은 중급회계에서 학습한다).

② 발행일로부터 만기일까지 사채할인(할증)발행차금을 적절하게 처리하였다면 그 잔액은 ₩0이 되고, 사채의 장부금액은 액면금액과 일치하게 된다.

③ 따라서 사채를 만기일에 전액을 상환했을 때에는 차변에 사채를 기록하고, 대변에 상환금액인 현금을 기록함으로써 사채를 장부상에서 제거한다.

(차) 사 채	××× (액면금액)	(대) 현 금	×××

Key Point

사채 만기상환

"만기일에 액면금액으로 일시에 전액 상환하여 당해 사채 계정을 장부상에서 제거"

학습 Quiz

01 다음 중 부채에 대한 설명으로 옳지 않은 것은 무엇인가?

① 부채는 과거 사건으로 인해 발생한 현재의 의무이다.
② 단기차입금은 정상영업주기 이내에 상환이 예상되는 부채이다.
③ 장기부채는 상환 전까지 비유동부채이다.
④ 미래에 재고자산 등을 제공하기로 약정하고 미래 받은 대금을 선수금이라 한다.

02 다음 중 비유동부채에 대한 설명으로 옳은 것은 무엇인가?

① 장기차입부채의 종류에는 장기차입금과 주식이 있다.
② 지출의 시기가 불확실한 것은 부채가 아니다.
③ 사채란 금융기관에서 자금을 차입하는 것이다.
④ 비유동부채는 정상영업주기 이후에 의무의 이행이 예상되는 부채이다.

03 다음 중 20x1년 말 현재 재무상태표에 인식할 충당부채 금액을 계산하시오.

(1) 20x1년 매출액 ₩15,000,000에 2%를 적용하여 제품보증충당부채를 설정하였다.
(2) 20x0년 말 거래상대방이 제기한 소송이 진행 중에 있으며, 소송사건의 결과에 대해서는 20x0년 말에는 전혀 예측할 수 없는 상황이었으나, 20x1년 말 현재 패소시 손해배상금액이 ₩1,000,000으로 추정되었다.

해설

01 장기부채 중에서 1년 이내에 상환이 예상되는 부채는 유동부채로 재분류한다. | 정답 ❸ |

02 | 정답 ❹ |

03 15,000,000 × 2% = ₩300,000
소송과 관련한 손해배상 예상금액 ₩1,000,000은 우발부채로 주석에 공시할 수 있다.

※ [문제 4~5] 다음의 정보를 이용하여 물음에 답하시오.

(1) 20x1년 1월 1일에 사채를 할인발행하였다.
(2) 사채의 액면금액은 ₩100,000,000이고 표시이자율은 10%이며, 이자지급일은 매년 말이다.
(3) 사채발행시 시장이자율 12%로 계산한 사채의 현재가치만큼을 현금으로 받았다.
(4) 이자는 매년 말 현금으로 지급되는데, 만기일은 20x5년 12월 31일이다.

04 다음 중 사채의 발행금액은 얼마인가?

① ₩86,047,800 ② ₩86,743,000
③ ₩92,790,800 ④ ₩100,000,000

05 다음 중 20x2년도 포괄손익계산서에 인식할 이자비용은 얼마인가?

① ₩11,271,084 ② ₩10,000,000
③ ₩7,209,552 ④ ₩1,271,036

해설

04 10,000,000×3.60478 (12%, 5년 연금현가계수)+100,000,000×0.56743 (12%, 5년 현가계수) =₩92,790,800

| 정답 ❸ |

05

연 도	유효이자 기초 장부금액×12% (A)	표시이자 100,000,000×10% (B)	상각액 |A−B| (C)	장부금액 기초 D+C (D)
취득시				92,790,800
20x1년 말	11,134,896	10,000,000	1,134,896	93,925,696
20x2년 말	11,271,084	10,000,000	1,271,084	95,196,780
20x3년 말	11,423,614	10,000,000	1,423,614	96,612,393
20x4년 말	11,594,447	10,000,000	1,594,447	98,214,840
20x5년 말	11,785,160	10,000,000	1,785,160	100,000,000
합 계	₩57,209,200	₩50,000,000	₩7,209,200	

| 정답 ❶ |

제8편 ● 금융부채 및 금융자산 Ⅲ

학습정리

1. 부 채

과거 사건에 의하여 발생하였으며 경제적 효익을 갖는 자원이 기업으로부터 유출됨으로써 이행될 것으로 기대되는 현재의무이다.

2. 유동부채와 비유동부채

재무상태표일로부터 정상적인 영업주기(보통 1년) 이내에 만기가 도래하는 유동부채와 유동부채에 해당하지 않는 비유동부채로 분류된다.

3. 비유동부채 종류

사채나 장기차입금처럼 외부에서 자금을 차입하여 이자를 부담하는 장기차입부채와 지출의 시기 또는 금액이 불확실한 부채로 재무상태표에 부채로 인식되는 충당부채가 있다.

학습정리

4. 사채발행금액

사채발행금액은 표시이자의 현재가치와 원금(액면금액)의 현재가치의 합이다.

사채발행금액 = 사채의 미래현금흐름의 현재가치
= 표시이자의 현재가치 합계 + 원금의 현재가치

5. 사채발행 유형

액면발행	시장이자율 = 표시이자율 → 발행금액 = 액면금액
할인발행	시장이자율 > 표시이자율 → 발행금액 < 액면금액
할증발행	시장이자율 < 표시이자율 → 발행금액 > 액면금액

6. 사채발행차금 상각

연 도	유효이자 (장부금액×유효이자율) (A)	표시이자 (액면금액×표시이자율) (B)	상각액 (|유효이자 – 표시이자|) (C = | A – B |)	장부금액 (기초 장부금액±상각액) (D = 기초D ± C)
1차 2차 3차(만기)				액면금액

7. 사채 만기상환

사채를 만기일에 일시에 전액을 상환했을 때에는 당해 사채 계정을 장부상에서 제거한다.

제3장 상각후원가측정 금융자산

:: 학습목표

✔ 상각후원가측정 금융자산 취득시점 회계처리를 학습한다.
✔ 상각후원가측정 금융자산의 이자수취시점 회계처리를 학습한다.
✔ 상각후원가측정 금융자산 처분시점 회계처리를 학습한다.

1 상각후원가(AC, Amortized Cost)측정 금융자산

(1) 개 념

① 상각후원가측정 금융자산은 기업이 금융상품의 계약에 명시된 원금과 이자의 현금흐름만을 수취하는 것을 목적으로 취득하는 금융자산이다.
② 상각후원가측정 금융자산은 보유기간 중 공정가치로 평가하지 않고, 유효이자율법에 따라 상각후원가로 금융자산을 평가한다.
③ AC 금융자산이라고 한다.

(2) 취득 – 신설

① 취득시점에 발생한 정상적인 취득부대비용은 취득원가에 포함한다.
② 차변에 상각후원가측정 금융자산을 취득원가로 기록하고, 대변에 투자한 현금을 기록한다.

(차) 상각후원가측정 금융자산	×××	(대) 현 금	××× (매입금액 + 취득부대비용)

Key Point

상각후원가측정 금융자산 취득

계약에 명시된 현금흐름만을 수취하는 것을 목적으로 취득하는 금융자산

취득시점에 정상적인 취득부대비용을 포함하여 취득원가를 기록

회계처리

(차) 상각후원가측정 금융자산 ×××　(대) 현　　금 ×××

예제

다음의 거래를 회계처리하시오.

20x1년 1월 1일에 액면금액 ₩100,000, 표시이자율 5%(매년 말 지급), 만기가 3년인 채무상품을 만기까지 보유할 목적으로 ₩97,330에 취득(거래수수료 포함)하였다.

풀이> (차) 상각후원가측정 금융자산 97,330　(대) 현　　금 97,330

2 이자수익 인식과 기말 장부금액 조정

본편(제8편) 제2장에서 다룬 사채는 채무상품을 판매한(발행한) 입장에서의 설명이고, 제3장에서 다룰 상각후원가측정 금융자산은 채무상품을 구입한(취득한) 입장에서의 설명이다. 따라서 제2장 사채를 이해하는 것은 매우 중요하며, 상각후원가측정 금융자산의 회계처리는 사채의 회계처리와 대칭이 되도록 회계처리하면 된다. 예를 들어, 사채 발행자의 이자비용 인식은 상각후원가측정 금융자산 보유자의 이자수익 인식과 동일하다.

① 유효이자율법을 적용하여 이자수익과 상각후원가측정 금융자산의 장부금액을 조정하는 방법은 다음과 같다.

- (A) : 상각후원가측정 금융자산에 대해 기업이 기대하는 투자수익률이 유효이자율이므로 기업이 포괄손익계산서에 인식하는 이자수익은 실제 투자한 상각후원가측정 금융자산의 장부금액에 유효이자율을 곱하여 계산한다.
- (B) : 액면금액에 표시이자율을 곱하여 매기의 표시이자(현금이자, 즉 실제이자수취액)를 계산한다.
- (C) : 기업이 포괄손익계산서에 인식하는 이자수익(A)과 실제 수취하는 현금이자(B) 사이에는 차이가 발생하는데 이 차이(| A−B |)만큼 상각후원가측정 금융자산의 장부금액이 증감한다.
- (D) : 기초 장부금액에 상각액(C)을 가감하여(할인취득의 경우 가산, 할증취득의 경우 차감하게 됨) 기말 장부금액을 산출한다.

② 이 과정을 표로 정리하면 다음과 같다.
(이자비용이 이자수익으로 바뀐 것만 제외하면 사채의 경우와 동일함)

[상각후원가측정 금융자산의 이자수익 인식과 기말 장부금액 조정 과정 : 상각표]

연 도	이자수익 (장부금액×유효이자율) (A)	실제수취현금이자 (액면금액×표시이자율) (B)	상각액 (|유효이자− 표시이자|) (C = | A−B |)	장부금액 (기초 장부금액±상각액) (D=기초D ±C)
1차 2차 3차(만기)				액면금액

③ 상각후원가측정 금융자산을 액면금액보다 할인하여 취득한 경우 a)대변에 포괄손익계산서에 인식할 이자수익(장부금액×유효이자율)을 기록하고, b) 차변에 실제 수취하는 현금이자액(액면금액×표시이자율)을 기록한 뒤 c) 차변에 상각후원가측정 금융자산(|유효이자−표시이자|)을 기록하여 상각후원가측정 금융자산 장부금액을 증가시킨다.

(차)	현 금	×××	(대) 이 자 수 익	×××
	상각후원가측정 금융자산	×××		

④ 상각후원가측정 금융자산을 액면금액보다 할증하여 취득한 경우 a) 대변에 포괄손익계산서에 인식할 이자수익(장부금액×유효이자율)을 기록하고, b) 차변에 실제 수취하는 현금이자액(액면금액×표시이자율)을 기록한 뒤 c) 대변에 상각후원가측정 금융자산(|유효이자－표시이자|)을 기록하여 상각후원가측정 금융자산 장부금액을 감소시킨다.

(차)	현금	×××	(대)	이자수익	×××
				상각후원가측정 금융자산	×××

제2장 사채에서 설명한 할인발행(p.423)과 할증발행(p.424)의 사례를 이용하면 다음과 같다.

〈할인취득시〉

취득시 :

(차)	상각후원가측정 금융자산	951,980	(대)	현금	951,980

1차 연도 말 :

(차)	현금	100,000	(대)	이자수익	114,238
	상각후원가측정 금융자산	14,238			

〈할증취득시〉

취득시 :

(차)	상각후원가측정 금융자산	1,051,510	(대)	현금	1,051,510

1차 연도 말 :

(차)	현금	100,000	(대)	이자수익	84,121
				상각후원가측정 금융자산	15,879

3 상각후원가측정 금융자산 처분

① 상각후원가측정 금융자산의 만기시점이 되면 액면금액을 회수하고, 해당 상각후원가측정 금융자산을 장부에서 제거한다.

② 차변에 회수한 현금을 기록하고, 대변에 상각후원가측정 금융자산의 액면금액을 제거한다.

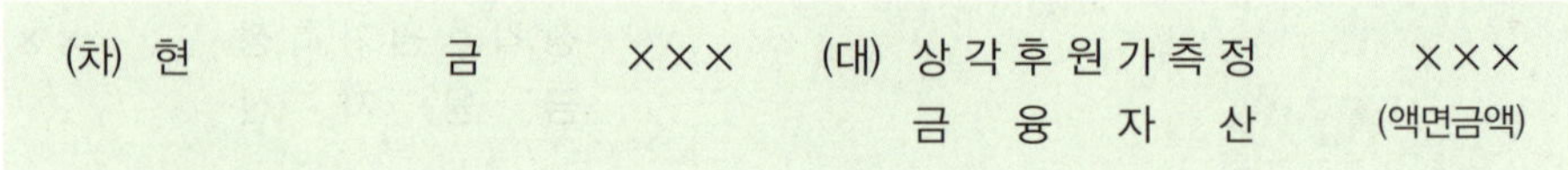

(차) 현 금	×××	(대) 상각후원가측정 금융자산	××× (액면금액)

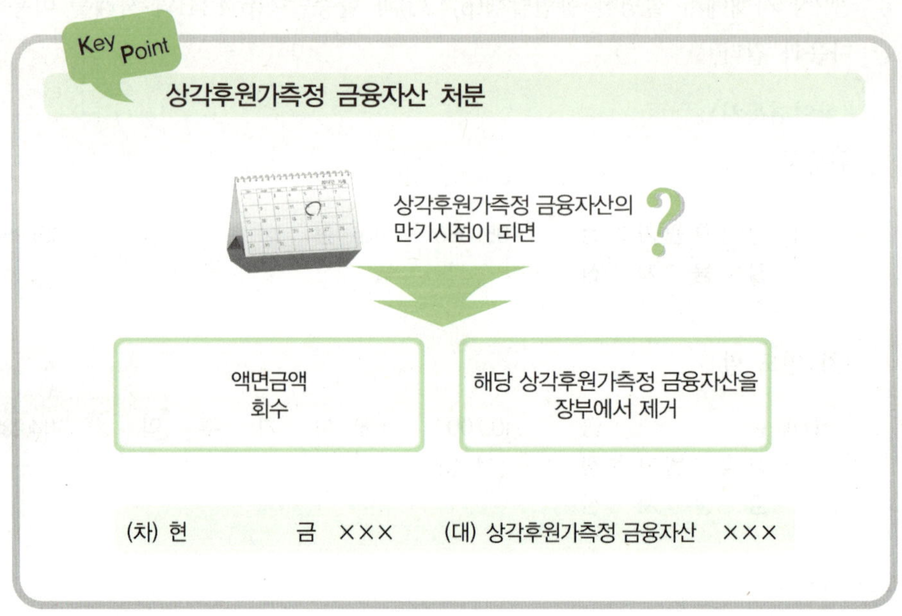

예제

다음의 거래를 회계처리하시오.

20x1년 1월 1일에 ㈜민국은 ㈜대한이 발행한 액면금액 ₩1,000,000, 표시이자율 10%(매년 말 지급), 유효이자율 12%, 만기 3년인 사채의 원금과 이자를 수취할 목적으로 ₩951,963에 취득(거래수수료 포함)하였다.

풀이 ㈜민국은 금융자산(상각후원가측정 금융자산)의 취득자이고, ㈜대한은 금융부채(사채)의 발행자이다. 따라서 ㈜대한의 회계처리는 아래에 설명된 ㈜민국의 회계처리를 대칭적으로 하여 본 편의 제2장 사채에서 설명한 회계처리를 하면 된다. 제2장 사채와 제3장 상각후원가측정 금융자산은 금융상품에서 서로 대응되는 거래임을 염두에 두고 본 예제를 이해하는 것이 도움이 될 것이다.

㈜민국의 각 시점의 회계처리는 다음과 같다.

① 상각후원가측정 금융자산 취득시점 회계처리

(차)	상각후원가측정 금융자산	951,963	(대)	현금	951,963

② 이자수취시점 및 처분시점 회계처리

일 자	이자수익(12%)	현금이자(10%)	상각후원가측정 금융자산상각액	장부금액
x1. 1. 1				951,963
x1.12.31	114,235	100,000	14,235	966,198
x2.12.31	115,943	100,000	15,943	982,141
x3.12.31	117,856	100,000	17,856	1,000,000[1)]
합 계	₩348,037	₩300,000	₩48,037	

1) 단수차이를 조정하여 최종 장부금액을 액면금액과 동일하게 조정함

20x1년 말	(차)	현금	100,000	(대)	이자수익	114,235
		상각후원가측정 금융자산	14,235			
20x2년 말	(차)	현금	100,000	(대)	이자수익	115,943
		상각후원가측정 금융자산	15,943			
20x3년 말						
〈이자수령〉	(차)	현금	100,000	(대)	이자수익	117,856
		상각후원가측정	17,856			
〈처 분〉	(차)	금융자산	1,000,000	(대)	상각후원가측정 금융자산	1,000,000
		현금				

학습 Quiz

01 다음 중 상각후원가측정 금융자산에 대한 설명으로 옳지 않은 것은 무엇인가?

① 상각후원가측정 금융자산은 채무상품만 가능하다.
② 상각후원가측정 금융자산은 만기가 존재한다.
③ 상각후원가측정 금융자산은 이자를 수취하고 원금을 회수할 수 있다.
④ 상각후원가측정 금융자산의 장부금액은 만기까지의 기간 동안 고정되어 있다.

※ [문제 2~3] ㈜대한은 ㈜민국이 발행한 사채를 취득하였다. ㈜대한은 이 사채를 원리금을 수취할 목적으로만 취득하였다. 다음의 정보를 이용하여 답하시오.

취득일 : 20x1년 1월 1일	액면금액 : ₩200,000
표시이자율 : 연 8%(매년 말 지급조건)	유효이자율 : 연 10%
만기 : 3년	

02 다음 중 취득시 회계처리로 옳은 것은 무엇인가?

①	(차) 상각후원가측정 금융자산	200,000	(대)	현금	200,000
②	(차) 상각후원가측정 금융자산	190,052	(대)	현금	200,000
	상각후원가측정 금융자산할인차금	9,948			
③	(차) 상각후원가측정 금융자산	190,052	(대)	현금	190,052
④	(차) 상각후원가측정 금융자산	200,000	(대)	현금	190,052
				상각후원가측정 금융자산할인차금	9,948

해설

01 상각후원가측정 금융자산의 장부금액은 만기까지의 기간 동안 액면금액으로 접근하면서 변경된다. | 정답 ❹ |

02 16,000×2.48685(10%, 3년 연금현가계수)+200,000×0.75131(10%, 3년 현가계수) =₩190,052 | 정답 ❸ |

03 다음 중 20x2년도 말 상각후원가측정 금융자산의 장부금액은 얼마인가?

① ₩200,000 ② ₩196,364
③ ₩195,000 ④ ₩190,053

:: 해설

03

연 도	이자수익 기초 D×10% (A)	현금이자 ₩200,000×8% (B)	상각액 │A−B│ (C)	장부금액 기초 D+C (D)
취득시				190,053
20x1년 말	19,005	16,000	3,005	193,058
20x2년 말	19,306	16,000	3,306	196,364
20x3년 말	19,636	16,000	3,636	200,000
합 계	₩57,947	₩48,000	₩9,947	

| 정답 ❷ |

학습정리

*

1. 상각후원가측정 금융자산

① 상각후원가측정 금융자산은 기업이 금융상품의 계약에 명시된 원금과 이자의 현금흐름만을 수취하는 것을 목적으로 취득하는 금융자산이다.

② 상각후원가측정 금융자산은 보유기간 중 공정가치로 평가하지 않고, 유효이자율법에 따라 상각후원가로 금융자산을 평가한다.

③ 취득시점에 정상적인 취득부대비용을 포함하여 취득원가를 기록한다.

2. 이자수익 인식과 기말 장부금액 조정

상각후원가측정 금융자산을 보유하는 경우에는 결산일에 이자수익과 장부금액 조정에 관련된 회계처리를 한다.

연 도	이자수익 (장부금액×유효이자율) (A)	실제수취현금이자 (액면금액×표시이자율) (B)	상각액 (|유효이자 − 표시이자|) (C = |A − B|)	장부금액 (기초 장부금액 + 상각액) (D = 기초D ±C)
1차 2차 3차(만기)				액면금액

3. 상각후원가측정 금융자산 처분

상각후원가측정 금융자산의 만기시점이 되면 액면금액을 회수하고, 해당 상각후원가측정 금융자산을 장부에서 제거한다.

제8편 연습문제

객관식 문제

하

01 **다음 부채항목 중 그 구분이 달리 표시되는 것은 무엇인가?** • 43회 기업회계2급

① 선수금 ② 미지급비용
③ 외상매입금 ④ 퇴직급여충당부채

해설 부채는 유동과 비유동부채로 구분되며, 퇴직급여충당부채는 비유동부채이며, 나머지는 유동부채이다(일반기업회계기준 2.23).

중하

02 **다음 중 사채 발행시장에서 사용되는 시장이자율이 사채의 표시이자율보다 높은 경우에 발행되는 사채에 대한 설명으로 옳은 것은 무엇인가?**

① 할인발행된다. ② 할증발행된다.
③ 액면발행된다. ④ 정답 없음

해설 시장이자율이 표시이자율보다 높은 경우 할인발행된다.

중

03 **다음 중 사채를 할인발행하였을 경우 기간이 경과할수록 사채의 장부금액, 할인발행차금상각액, 총이자비용이 어떻게 변화하는지에 대한 설명으로 옳은 것은 무엇인가?**

	사채의 장부금액	할인발행차금상각(환입액)	총이자비용
①	증가	증가	증가
②	감소	증가	감소
③	감소	감소	증가
④	증가	감소	감소

01. ④ 02. ① 03. ① **Answer**

::해설 사채할인발행의 경우 기간이 경과할수록 사채의 장부금액, 상각액, 이자비용이 증가한다.

중

04 다음 중 회사가 발행한 사채에 대한 설명으로서 옳지 않은 것은 무엇인가?

① 사채의 액면금액과 발행금액의 차액은 표시이자율과 시장이자율의 차이에 의하여 생긴다.
② 사채의 액면금액과 발행금액의 차액은 매년 유효이자율법을 적용하여 상각한다.
③ 재무상태표에는 사채액면금액이 부채로 계상되며 사채할인(할증)발행차금이 자본 항목에 계상된다.
④ 할인발행한 경우 포괄손익계산서에 인식할 이자비용은 표시이자와 사채할인발행차금상각액으로 구성된다.

::해설 사채할증(할인)발행차금은 사채에 가감하는 형태로 표시된다.

중하

05 다음 중 유효이자율법을 사용하여 사채할증발행차금을 환입하는 경우에 대한 설명으로 옳은 것은 무엇인가?

① 기간이 경과할수록 매기간의 할증발행차금상각액은 감소한다.
② 할증발행차금이 상각될수록 사채의 장부금액은 증가한다.
③ 기간이 경과할수록 사채의 투자자에게 지급되는 매기간의 표시이자는 동일하다.
④ 이자비용을 계산하기 위해 사용되는 이자율은 표시이자율이다.

::해설 사채할증발행의 경우 기간이 경과할수록 사채의 장부금액과 포괄손익계산서에 인식할 이자비용은 감소하고, 상각액(| 유효이자 − 표시이자 |)은 증가한다.

중

06 20x1년 7월 1일에 발행된 사채의 액면금액은 ₩100,000,000이고, 만기는 20x5년 6월 30일, 표시이자율은 연 8%, 이자지급은 연 2회(6/30, 12/31)이다. 사채발행 당시의 유효이자율은 연 10%이었고, 이때 사채의 발행금액은 ₩93,660,000이었다. 다음 중 20x1년 12월 31일까지 상각되는 사채할인발행차금은 얼마인가?

① ₩468,300
② ₩634,000
③ ₩683,000
④ ₩782,500

해설 (93,660,000×10%×6/12)－(100,000,000×8%×6/12)＝₩683,000

하

07 ㈜대한은 20x1년 1월 1일에 표시이자율 10%, 액면금액 ₩10,000,000 이자지급은 매년 12월 31일 후불조건, 만기 3년의 사채를 발행하였다. 다음 중 발행시점에 사채에 적용된 유효이자율이 15%일 경우 사채의 발행금액은 얼마인가? (단, 사채발행금액 계산에는 다음 자료를 이용하시오) • 2011 행정안전부 9급

- 단일금액 ₩1의 현가계수(10%, 3년)＝0.75
- 연금 ₩1의 현가계수(10%, 3년)＝2.49
- 단일금액 ₩1의 현가계수(15%, 3년)＝0.66
- 연금 ₩1의 현가계수(15%, 3년)＝2.28

① ₩8,880,000
② ₩9,090,000
③ ₩9,780,000
④ ₩10,000,000

해설 10,000,000×0.66＋10,000,000×10%×2.28＝₩8,880,000

Answer
04. ③ 05. ③ 06. ③ 07. ①

하

08 (주)가산은 2007년 1월 1일에 일시투자목적으로 액면금액이 ₩90,000인 A사의 사채(만기 10년, 표시이자율 10%)를 취득하였다. 이 사채에 적용될 유효이자율은 연 12%이다. 이 사채의 만기일은 2016년 12월 31일이며 이자수취일은 매년 12월 31일이다. 현가요소에 관한 자료가 다음과 같을 때 위 사채의 구입가격은 얼마인가?

• 40회 기업회계2급

기 간	할인율	현 가	연금현가
10년	10%	0.386	6.145
10년	12%	0.322	5.650

① ₩70,960 ② ₩79,830

③ ₩88,700 ④ ₩95,100

사채의 발행금액

이자의 현재가치 = ₩90,000 × 10% × 5.650 = 50,850

원금의 현재가치 = ₩90,000 × 0.322 = 28,980

계 ₩79,830

하

09 다음 중 사채에 대한 설명 중 옳지 않은 것은 무엇인가?

① 시장이자율이 표시이자율보다 높은 경우에는 할인발행된다.

② 사채발행차금은 사채발행비를 차감한 후의 발행금액과 액면금액과의 차액이다.

③ 유효이자율법하에서 사채할인발행차금상각액은 매기 증가한다.

④ 사채할인발행차금은 발행금액에서 차감하는 형식으로 표시한다.

::해설 액면금액에서 사채할인발행차금을 차감하면 발행금액이 되며, 사채할인발행차금은 액면금액에서 차감하는 형식으로 표시한다.

하

10 **다음 중 부채의 분류에 대한 설명으로 옳은 것은 무엇인가?**

① 부채는 타인자본으로 기업이 외부에 지급해야 할 채무이다.
② 부채는 외부에서 획득한 재화와 용역의 총칭이다.
③ 부채는 1년 기준을 적용하여 차입금은 유동부채로, 미지급금, 선수금 등은 비유동부채로 구별한다.
④ 부채는 외부에 대한 채권을 말하며 유동부채와 비유동부채로 구분된다.

해설 부채는 타인자본으로 과거 사건에 의하여 발생하였으며 경제적 효익을 갖는 자원이 기업으로부터 유출됨으로써 이행될 것으로 기대되는 현재의무이다.

중하

11 **다음 중 부채의 분류에 대한 설명으로 옳지 않은 것은 무엇인가?**

① 단기차입금 : 재무상태표일로부터 1년 이내 상환할 차입금을 말하며 여기에는 당좌차월계약에 의한 금액을 포함한다.
② 선수수익 : 기업이 일정 기간 계속적으로 용역을 제공하기로 약정하고 받은 수익 중 차기 이후에 속하는 부분이다.
③ 예수금 : 미래에 상품이나 용역을 제공하기로 하고 그 대금을 미리 수령한 금액이다.
④ 유동성장기부채 : 사채, 장기차입금 등의 비유동부채 중에서 결산일로부터 1년 이내에 지급시기가 도래하는 부분이다.

해설 예수금은 일반적인 상거래 이외에서 발생한 예수액을 말하며 종업원으로부터 원천징수한 근로소득세나 거래처로부터 징수한 부가가치세 등이 이에 속한다.

중상

12 **다음 중 상각후원가측정 금융자산에 대한 설명으로 옳지 않은 것은 무엇인가?**

① 상각후원가측정 금융자산은 원리금의 수취와 매도를 목적으로 취득한 금융상품이다.
② 상각후원가측정 금융자산의 보유기간 중 발행하는 이자수익은 유효이자율법을 이용하여 인식하고 표시이자와의 차액은 상각후원가측정 금융자산의

Answer 08. ② 09. ④ 10. ① 11. ③ 12. ①

장부금액에 직접 가감한다.

③ 할인취득의 경우에는 기초 장부금액에 상각액을 가산하고, 할증취득의 경우에는 차감하여 기말 장부금액을 산출한다.

④ 상각후원가측정 금융자산의 만기시점이 되면 액면금액을 회수하고, 해당 상각후원가측정 금융자산을 장부에서 제거한다.

해설 상각후원가측정 금융자산은 취득 당시부터 만기와 만기금액이 확정되어 있어야 하므로 주식 등 지분상품은 해당되지 않고 국·공채·사채 등 채무상품만으로 구성된다.

상

13 **(주)백두는 다음의 사례를 접하고 충당부채에 대한 회계처리를 하였다. 다음 중 옳은 것은 무엇인가?**

• 40회 기업회계1급

보유하고 있는 특허권에 대하여 경쟁회사와 소송이 진행 중이며 패소할 가능성에 대비하여 충당부채를 설정하려 한다. 패소 시 경쟁회사에 변제하여야 할 금액은 ₩70,000,000이다. 또한 동 특허권은 제3의 경쟁회사와도 연계되어 있어, 패소시 제3의 경쟁회사에서 당사에 ₩72,000,000을 변제해야 한다.

① 충당부채를 초과하는 ₩2,000,000의 처분차익은 손익계산서에 당기손익으로 인식한다.

② 제3의 경쟁회사 변제분 충당부채 설정액 ₩70,000,000 한도까지 자산으로 인식할 수 있다.

③ 제3의 경쟁회사가 변제하여 수익이 발생하는 금액은 충당부채 인식에 따라 손익계산서에 계상된 비용이 있어도 상계가 불가능하다.

④ 제3의 경쟁회사 변제금액의 자산인식금액과 충당부채를 상계표시할 수 있다.

해설
- 충당부채를 발생시킨 사건과 밀접하게 관련된 자산의 처분차익은 고려 불가하다.
- 제3자의 변제시, 자산으로 인식하는 금액은 충당부채 초과 불가하다.
- 3자 변제에 따른 수익은 충당부채 인식에 따른 비용과 상계한다.
- 예상변제금액의 자산인식금액과 충당부채를 상계표시하지 않는다.

Answer

13. ②

주관식 평가문항

※ [문제 1~3] ㈜대한은 20x1년 4월 1일 액면금액 ₩1,000,000의 사채(표시이자율 연 10%, 만기 3년)를 발행하였다. 이자는 매년 9월 30일과 3월 31일 연 2회 지급하고 발행 당시의 시장이자율은 연 12%였다(6회, 6% 연금 현가계수 : 4.91732, 6회, 6% 단일금액 현가계수 : 0.70496).

중

01 사채의 발행금액을 구하시오.

중

02 유효이자율법에 의한 상각표를 작성하시오.

중

03 20x1년 4/1, 9/30, 12/31에 필요한 모든 회계처리를 하시오.

※ [문제 4~5] ㈜대한은 20x4년 1월 1일 액면 ₩300,000의 사채를 발행하였다. 발행 조건은 다음과 같다.

표시이자율 : 연 12%	만기 : 3년
이 자 지 급 : 매년 말 1회	시장이자율 : 10%

중

04 위 사채의 발행금액과 사채할증발행차금을 계산하시오.

중상

05 유효이자율법에 의한 상각표를 작성하고, 사채발행일부터 사채상환일까지의 회계처리를 하시오.

Answer

01. 발행금액 : 1,000,000×10%×6/12×4.91732(6회, 6% 연금현가)+1,000,000×0.70496(6회, 6% 현가)=₩950,826

02.

일 자	유효이자	표시이자	사채할인발행차금상각액	장부금액
20x1. 4. 1.				950,826
20x1. 9. 30.	57,050	50,000	7,050	957,876
20x2. 3. 31.	57,473	50,000	7,473	965,348
20x2. 9. 30.	57,921	50,000	7,921	973,269
20x3. 3. 31.	58,396	50,000	8,396	981,665
20x3. 9. 30.	58,899	50,000	8,899	990,565
20x4. 3. 31.	59,435	50,000	9,435	1,000,000
계	₩349,174	₩300,000	₩49,174	

03.

일자		차변 계정	금액		대변 계정	금액
20x1. 4. 1.	(차)	현 금	950,826	(대)	사 채	1,000,000
		사채할인발행차금	49,174			
20x1. 9.30.	(차)	이 자 비 용	57,050	(대)	현 금	50,000
					사채할인발행차금	7,050
20x1.12.31.	(차)	이 자 비 용	28,737	(대)	미 지 급 비 용	25,000
					사채할인발행차금	3,737

04. 1) 사채 발행금액

이자지급액 현재가치 : 36,000×2.48685(3년, 10% 연금현가)= ₩89,527
원금상환액 현재가치 : 300,000×0.75131(3년, 10% 현 가)= ₩225,393
발행금액 ₩314,920

2) 사채할증발행차금

314,920−300,000=₩14,920

05. 1) 사채할증발행차금 상각표를 작성

일 자	유효이자	표시이자	사채할증발행차금상각액	장부금액
20x4. 1. 1.				314,920
20x4. 12. 31.	31,492	36,000	4,508	310,412
20x5. 12. 31.	31,041	36,000	4,959	305,453
20x6. 12. 31.	30,547	36,000	5,453	300,000
계	₩93,080	₩108,000	₩14,920	

2) 사채발행일부터 사채상환일까지의 회계처리

일자		차변 계정	금액		대변 계정	금액
20x4. 1. 1.	(차)	현 금	314,920	(대)	사 채	300,000
					사채할증발행차금	14,920
20x4. 12. 31.	(차)	이 자 비 용	31,492	(대)	현 금	36,000
		사채할증발행차금	4,508			
20x5. 12. 31.	(차)	이 자 비 용	31,041	(대)	현 금	36,000
		사채할증발행차금	4,959			
20x6. 12. 31.	(차)	이 자 비 용	30,547	(대)	현 금	36,000
		사채할증발행차금	5,453			
	(차)	사 채	300,000	(대)	현 금	300,000

제 9 편

자 본

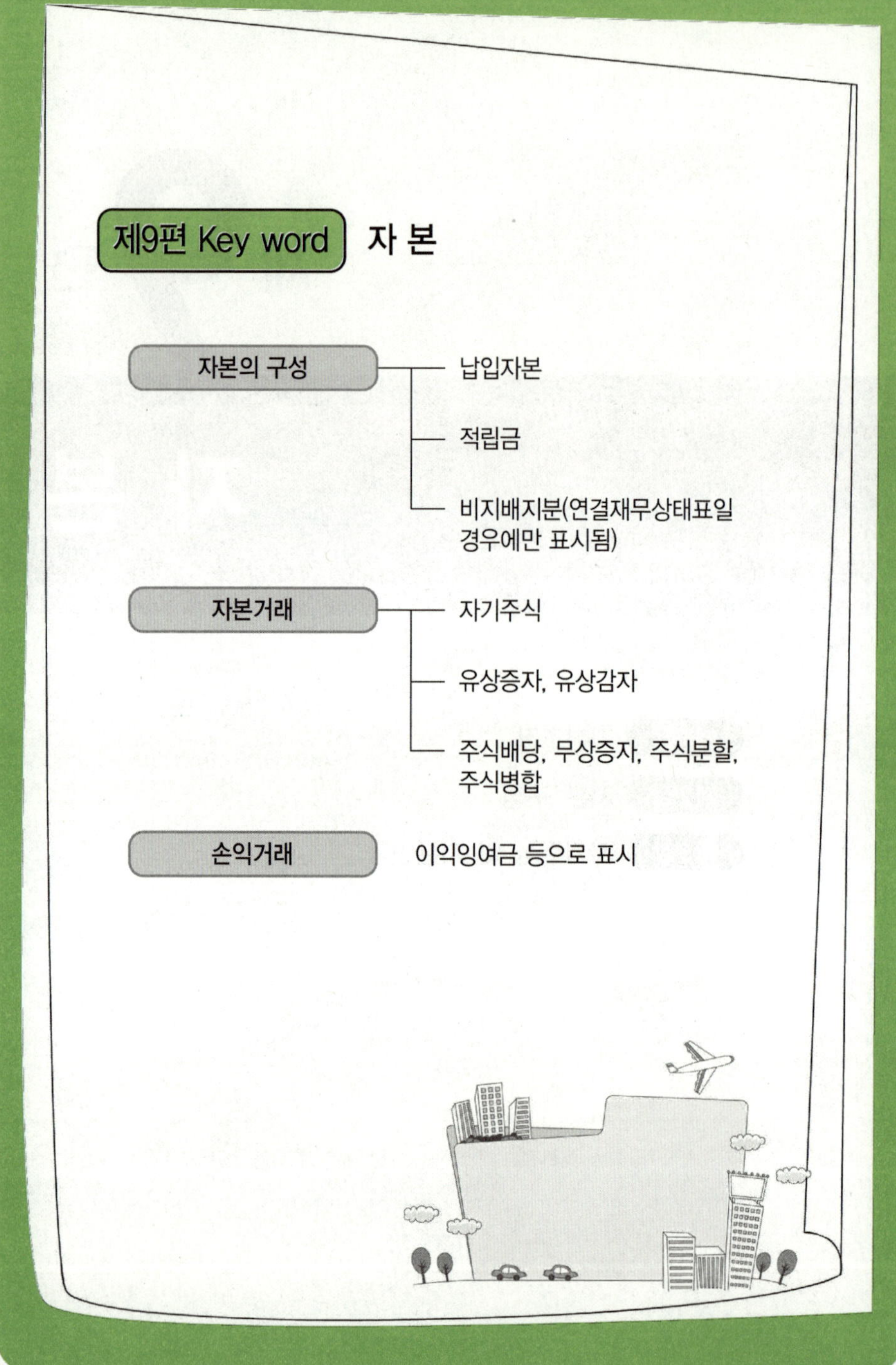

제9편 Key word 자 본

- 자본의 구성
  - 납입자본
  - 적립금
  - 비지배지분(연결재무상태표일 경우에만 표시됨)
- 자본거래
  - 자기주식
  - 유상증자, 유상감자
  - 주식배당, 무상증자, 주식분할, 주식병합
- 손익거래: 이익잉여금 등으로 표시

만도
(제6기)

水
木
火
金
자원
도구
에너지
이익
부채 1조 8,521억
자본 9,539억
자본금 469억
주식발행초과금 2,603억
기타자본 1,940억
기타포괄손익누계액 (47)억
이익잉여금 3,572억
자산 2조 8,060억
매출원가 2조 8,375억
판매비와관리비 3,402억
기타비용 451억
금융비용 184억
법인세비용 300억
수익(매출액) 3조 3,233억
매출총이익 4,858억
영업이익 1,449억
기타수익 253억
금융수익 35억
법인세비용차감전순이익 1,160억
당기순이익 859억
기타포괄손익 (79)억
총포괄손익 780억
부채 및 자본 2조 8,060억
자산 2조 8,060억
비용
수익·이자
재무상태표
포괄손익계산서

기업분석

1. 자본금 및 주식발행초과금

(단위 : 천원)

구 분	제6(당)기	제5(전)기
발행할 주식의 총수	150,000,000주	150,000,000주
발행한 주식의 총수	46,957,120주	46,957,120주
1주당 액면금액	1,000원	1,000원
보통주자본금	46,957,120	46,957,120
주식발행초과금	360,381,916	360,381,916

2. 기타자본 및 기타포괄손익누계액

(1) 기타자본의 구성 내역

(단위 : 천원)

구 분	제6(당)기	제5(전)기
자기주식	−5,232,882	−5,232,882
신종자본증권[1]	199,329,500	199,329,500
합 계	194,096,618	194,096,618

1) 회사는 2015년 중 신종자본증권을 발행하였으며, 상대방에게 금융자산 인도에 대한 계약상 의무가 존재하지 아니하여 자본 내 기타자본으로 분류하였습니다.

(2) 법인세효과 차감 후 기타포괄손익누계액의 변동내역

(단위 : 천원)

구 분	제6(당)기			
	기 초	당기변동액	당기손익으로의 재분류	기 말
현금흐름위험회피	−	−203,557	494,443	290,886
기타포괄손익−공정가치금융자산	−3,013,140	−2,055,924	−	−5,069,064
합 계	−3,013,140	−2,259,481	494,443	−4,778,178

3. 이익잉여금

(단위 : 천원)

구 분	제6(당)기	제5(전)기
법정적립금[1]	14,328,340	11,987,108
임의적립금	250,000,000	200,000,000
미처분이익잉여금	92,944,874	96,335,004
합 계	357,273,213	308,322,112

1) 회사는 상법의 규정에 따라, 자본금의 50%에 달할 때까지 매 결산기마다 현금에 의한 이익배당금의 10% 이상을 이익준비금으로 적립하고 있습니다. 동 이익준비금은 현금으로 배당할 수 없으나 자본전입 또는 결손보전이 가능하며, 자본준비금과 이익준비금의 총액이 자본금의 1.5배를 초과하는 경우 그 초과한 금액 범위에서 자본준비금과 이익준비금을 감액할 수 있습니다.

4. 이익잉여금처분계산서

과 목	제6(당)기 (처분예정일 : 2020년 3월 20일)		제5(전)기 (처분예정일 : 2019년 3월 22일)	
미처분이익잉여금		92,944,873,644		96,335,003,580
전기이월미처분이익잉여금	20,581,451,580		52,678,762,713	
회계정책변경의 효과	-		2,951,030,197	
순확정급여부채의 재측정요소	-6,198,095,372		-7,519,902,402	
신종자본증권수익분배금	-7,428,400,000		-9,800,000,000	
당기순이익	85,989,917,436		58,025,113,072	
임의적립금 등의 이입액		-		-
자본준비금 이입액	-		-	
합 계		92,944,873,644		96,335,003,580
이익잉여금처분액		78,328,907,200		75,753,552,000
이익준비금	2,575,355,200		2,341,232,000	
현금배당금 (주당배당금(률) : 당기 550원(55%) 전기 500원(50%))	25,753,552,000		23,412,320,000	
재무구조개선적립금	50,000,000,000		50,000,000,000	
차기이월미처분이익잉여금		14,615,966,444		20,581,451,580

2018년 12월 31일로 종료하는 회계기간에 대한 현금배당금 23,412,320천원은 2019년 4월에 지급되었습니다. 2019년 12월 31일로 종료하는 회계기간에 대한 현금배당금 25,753,552천원은 2020년 3월 20일로 예정된 정기주주총회에 의안으로 상정될 예정입니다. 당기의 재무제표는 이러한 미지급배당금 등의 처분내역을 포함하고 있지 않습니다.

제1장 자본조달

:: 학습목표

- ✔ 자본 정의를 학습한다.
- ✔ 주식 종류를 학습한다.
- ✔ 주식발행 종류 및 회계처리를 학습한다.

1 자본(Equities)의 정의

자본은 기업의 자산에서 모든 부채를 차감한 후의 잔여지분이다.

① 자본은 흔히 소유주지분이라고 불리는 것으로 자산총액에서 부채총액을 차감한 잔액이다.

② 자본은 일정 시점에서 회계실체의 소유주에게 귀속될 소유주의 지분 혹은 청구권을 나타낸다.

③ 소유주의 청구권은 채권자의 청구권이 우선적으로 행사된 후 잔액이 있어야만 성립될 수 있는 것으로, 잔여지분으로도 정의한다.

※ **소유주** : 자본으로 분류되는 금융상품의 보유자

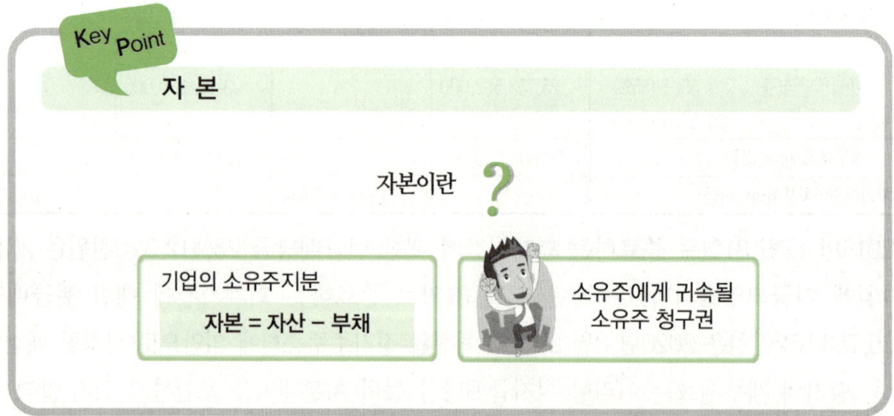

2 주식회사제도와 자본조달

현대 사회에서 대부분의 기업들이 주식을 발행하여 자본을 조달하는 주식회사의 형태로 운영되는 이유는 다음과 같은 주식회사의 장점 때문이다.

① **자금조달 용이** : 소액으로 분할된 주식을 투자자들이 쉽게 매수할 수 있으므로 다수의 투자자들로부터 거액의 자금조달이 가능하다.

② **주주의 유한책임** : 주주는 투자금액 범위 내에서만 기업에 대해 책임을 부담한다.

③ **주식의 자유로운 매도** : 주주는 자유롭게 주식을 매도할 수 있다.

④ **자본시장 활성화** : 주식회사는 자본시장을 통해 투자 기회를 찾는 많은 투자자들로부터 자금을 조달할 수 있고, 투자자는 자본시장을 통해 보유하고 있는 주식을 거래할 수 있으므로 투자금에 대한 회수가능성을 보장받을 수 있다.

3 주주(Shareholders)와 채권자(Creditors)

회사가 필요로 하는 자본을 제공하는 주주와 채권자는 다음과 같은 측면에서 차이가 있다.

구 분	주 주	채권자
이익배분	배당은 이익발생 여부에 영향을 받으며 그 금액도 사전에 확정되어 있지 않음	이익발생 여부와 관계없이 사전에 확정된 이자를 받음
청산시	잔여재산에 대하여만 청구권 행사	주주에 우선하여 청구권 행사
의결권	의결권을 행사하여 회사 경영에 참여	의결권이 없으므로 회사 경영에 참가할 수 없음

4 주식 종류

기업이 발행하는 주식은 보통주와 우선주로 구분된다.

(1) 보통주(Common stocks)

① 모든 주식회사가 발행하는 표준적인 주식이다.

② 보통주에 대해서는 의결권, 배당권, 청산분배권, 신주인수권 등이 부여된다.

③ 의결권은 보통주를 보유한 주주가 기업의 경영자 선임, 기업합병, 이익처분 등 회사 운영에 관한 주요사항을 결정할 수 있는 권리이다.

④ 배당권과 청산분배권은 주주가 이익분배와 잔여재산 분배에 참여할 수 있는 권리이며, 신주인수권은 신주가 발행될 때 주주가 우선적으로 배정받을 수 있는 권리이다.

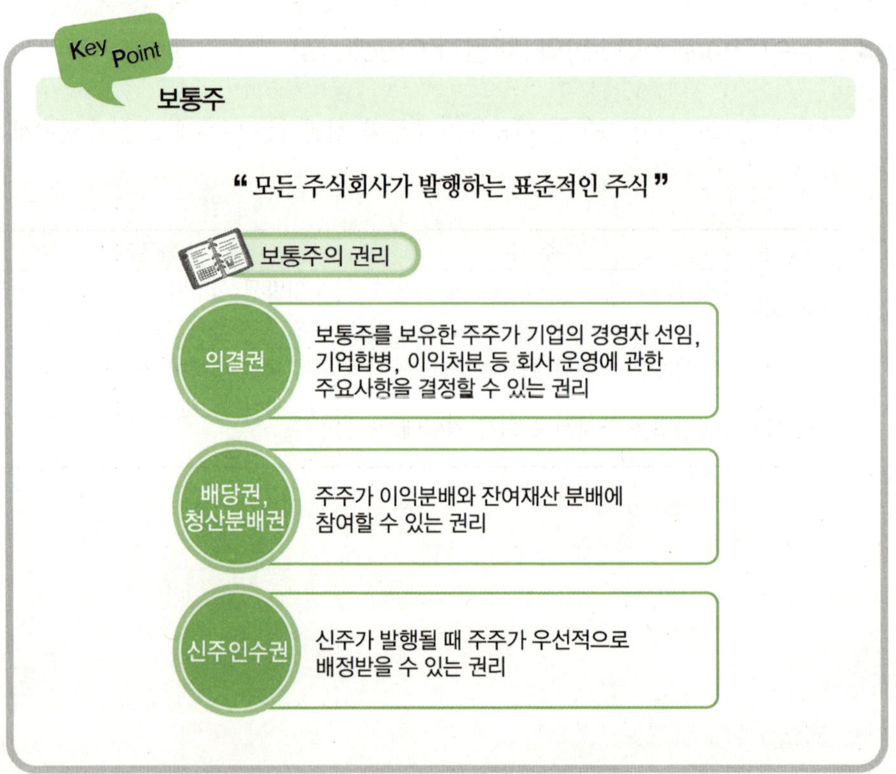

(2) 우선주(Preferred stocks)

① 우선주는 보통주와 비교하여 우선적인 권한이 부여된 주식이다.

② 우선주는 보통주와 달리 의결권이 없는 대신 이익분배와 잔여재산 분배시 보통주보다 우선적인 권한이 부여된 주식이다.

③ 일반적으로 의결권을 높게 평가하므로 우선주는 보통주보다 낮은 가격에 발행된다.

④ 우선주 중에는 보통주로 전환될 수 있는 권리가 부여되는 경우도 있다(전환우선주).

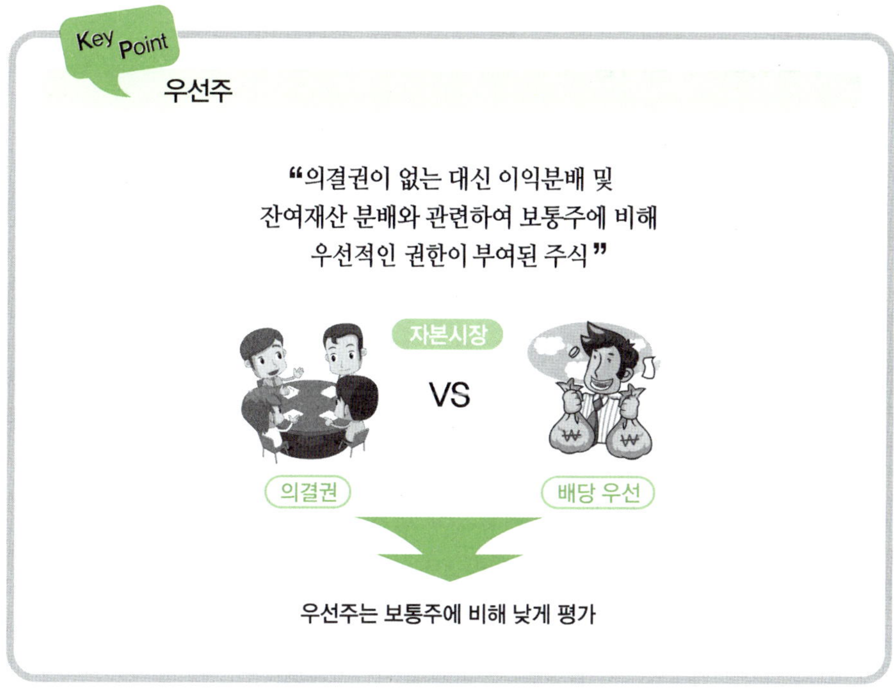

5 주식발행(Stock issue)

① 주식회사는 회사가 발행할 수 있는 주식의 총수(수권주식수)를 정관에 정해두고, 미발행 주식은 설립 후에 이사회의 결정에 따라 필요한 때에 발행한다.
② 상법의 규정상 주식 발행시 1주당 액면금액은 0원 이상이면 가능하다. 액면금액은 자본금을 표시하기 위해 정해진 것에 불과하므로 경제적 의미가 크지 않다.
③ 주식의 발행금액은 기업이 미래에 창출할 것으로 예상되는 현금흐름의 현재가치 혹은 기업의 순자산가치를 반영하여 결정된다.

6 우리나라 주식시장

① 우리나라 주식시장은 1956년 대한증권거래소의 설립으로 시작되었다.
② **유가증권시장(KOSPI)** : 비교적 안정적이고 우량한 기업의 주식이 거래되는 시장이다.
③ **코스닥시장(KOSDAQ)** : 1996년에 개장되었으며, 비교적 신생 기업들의 주식이 거래되는 시장이다.
④ **코넥스시장(KONEX)** : 2013년 7월 1일에 개장되어 기존의 코스피 및 코스닥 시장에 상장되지 못하는 벤처기업이나, 초기 중소기업의 원활한 자금지원을 활성화하기 위해 만든 시장이다.
⑤ **장외시장** : 사설 중개회사를 통하여 투자자 간의 직접 거래가 이루어지는 시장이며, 비상장주식 등의 거래가 이루어진다.

01 다음 중 자본에 대한 설명으로 옳지 않은 것은 무엇인가?

① 자본은 소유주의 청구권이다.
② 오늘날 회사는 주식발행을 통해 원활한 자금조달이 가능하다.
③ 주주는 무한책임을 부담한다.
④ 주주는 주식을 타인에게 자유롭게 양도할 수 있다.

02 다음 중 주주와 채권자에 대한 설명으로 옳지 않은 것은 무엇인가?

① 채권자는 이익발생 여부와 무관하게 이자를 지급 받을 수 있다.
② 모든 주주는 회사경영에 참여할 수 없다.
③ 주주는 회사 청산시 잔여재산에 대해서만 청구권 행사가 가능하다.
④ 채권자는 제공한 자금의 원금을 회수할 수 있는 권리가 있다.

03 다음 중 주식에 대한 설명으로 옳지 않은 것은 무엇인가?

① 주식은 보통주와 우선주로 구분된다.
② 배당 우선주는 의결권 대신 배당을 우선적으로 받을 권리를 부여한 주식이다.
③ 우리나라 주식시장에는 코스피시장, 코스닥시장, 코넥스시장, 장외시장 등이 존재한다.
④ 우선주는 보통주로 전환할 수 없다.

해설

01 주주는 유한책임을 부담한다. | 정답 ❸ |
02 보통주 주주는 회사경영에 참여할 수 있다. | 정답 ❷ |
03 우선주 중에서 전환우선주는 보통주로 전환 가능하다. | 정답 ❹ |

학습정리

*

1. 자본 정의

자본은 기업의 자산에서 모든 부채를 차감한 후의 잔여지분이다.

2. 주식회사제도와 자본조달

현대 사회에서 대부분의 기업들은 주식을 발행하여 자본을 조달하는 주식회사의 형태를 취하고 있다. 주식을 매수한 투자자를 주주라 한다.

3. 주주와 채권자

주주는 자기자본의 제공자이고 회사 청산시 잔여재산에 대해서만 청구권을 행사할 수 있지만, 채권자는 타인자본의 제공자로서 적극적으로 청구권을 행사할 수 있다.

4. 주식 종류

기업이 발행하는 주식은 보통주와 우선주로 구분된다.

5. 우리나라 주식시장

우리나라 주식시장은 유가증권시장, 코스닥시장, 코넥스시장, 장외시장이 있다.

제2장 자본 구성

:: 학습목표

✔ 자본 분류를 학습한다.
✔ 자본의 각 구성 항목의 내용을 학습한다.

1 자본 분류

한국채택국제회계기준에서는 자본을 납입자본(Paid in capital), 적립금(Retained earnings), 비지배지분(연결재무상태표일 경우에만 표시됨)으로 분류하도록 하고 있는데, 납입자본과 적립금은 자본금, 주식발행초과금, 적립금 등과 같이 다양한 분류로 세분화할 수 있다.
예를 들어 자본은 다음과 같이 분류될 수 있다.

[자본 분류]

2 자본금 및 주식발행 종류

(1) 자본금(Capital stock)

자본금은 주주들이 납입한 법정자본금으로 액면금액에 발행주식수를 곱한 금액이다.

자본금 = 1주당 액면금액 × 발행주식수

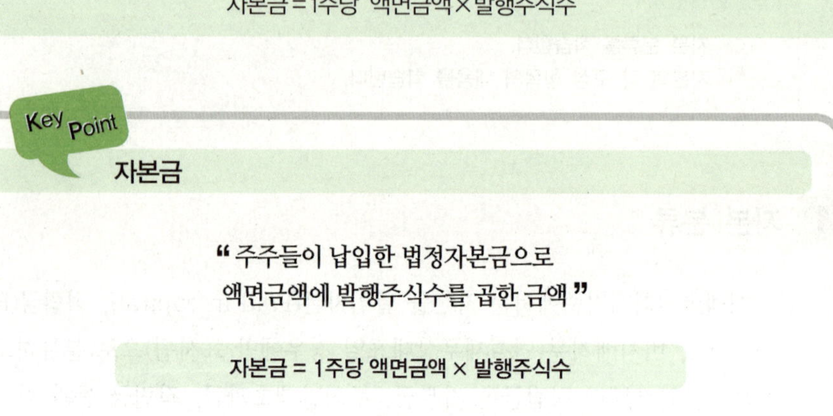

(2) 주식발행 종류

기업이 주식을 발행할 때는 액면금액과 발행금액의 차이로 인해, 다음의 3가지 종류의 주식발행이 이루어진다.

액면발행	발행금액	=	액면금액
할인발행	발행금액	<	액면금액
할증발행	발행금액	>	액면금액

1) 액면발행(Par issue)

① 주식 발행시 시장가치에 따라 측정된 1주당 발행금액이 정관에 정해진 1주당 액면금액과 동일하게 산출되는 경우 주식은 액면발행된다.
② 주식이 액면발행되는 경우 액면금액과 납입된 금액이 동일하므로 추가적인 계정과목은 발생하지 않는다.

(차) 현 금	×××	(대) 자 본 금	×××

2) 할인발행(Discount issue)

① 주식 발행시 시장가치에 따라 측정된 1주당 발행금액이 정관에 정해진 1주당 액면금액보다 낮게 산출되는 경우 주식은 할인발행된다.
② 주식이 할인발행되는 경우 액면금액을 미달하여 납입된 금액은 주식할인발행차금(자본조정)으로 차변에 기록한다.
③ 현행 상법에서는 기업의 자본충실과 채권자 보호를 위해 원칙적으로 할인발행은 금지되어 있다.

(차) 현 금	×××	(대) 자 본 금	×××
주식할인발행차금	×××		

3) 할증발행(Premium issue)

① 주식 발행시 시장가치에 따라 측정된 1주당 발행금액이 정관에 정해진 1주당 액면금액보다 높게 산출되는 경우 주식은 할증발행된다.
② 주식이 할증발행되는 경우 액면금액을 초과하여 납입된 금액은 주식발행초과금(자본잉여금)으로 대변에 기록한다.

(차) 현 금	×××	(대) 자 본 금	×××
		주식발행초과금	×××

예제

다음 거래를 회계처리하시오.

① ㈜대한은 회사 설립시 1,000주(액면금액 ₩5,000)를 주당 ₩5,000에 현금으로 발행하였다.
② ㈜대한은 회사 설립시 1,000주(액면금액 ₩5,000)를 주당 ₩4,000에 현금으로 발행하였다.
③ ㈜대한은 회사 설립시 1,000주(액면금액 ₩5,000)를 주당 ₩7,000에 현금으로 발행하였다.

풀이

		차변	금액		대변	금액
①	(차)	현금	5,000,000	(대)	자본금	5,000,000
②	(차)	현금	4,000,000	(대)	자본금	5,000,000
		주식할인발행차금	1,000,000			
③	(차)	현금	7,000,000	(대)	자본금	5,000,000
					주식발행초과금	2,000,000

3 자본잉여금

(1) 자본잉여금(Capital surplus)

① 자본잉여금은 자본거래로부터 발생된 잉여금이다.
② 자본잉여금은 기업의 정상적인 영업활동의 결과로 나타나는 이익잉여금과 구분할 수 있다.
③ 자본잉여금은 자본금과 함께 주주의 납입자본을 구성할 수 있다.
④ 자본잉여금에는 주식발행초과금, 감자차익, 자기주식처분이익 등이 있다.

(2) 자본잉여금 종류

① 주식발행초과금

② 감자차익이란 자본이 감소하는 과정에서 발생하는 것으로 자본감소액이 자본금을 감소하는 데 사용된 금액을 초과하는 경우 그 차액을 말한다.

③ 자기주식처분이익이란 자기주식을 취득 후 처분하는 경우 처분금액이 자기주식 취득원가를 초과하는 경우의 차액을 말한다.

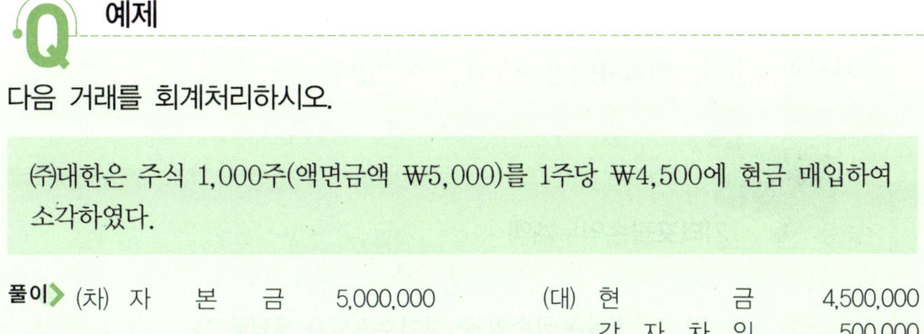

예제

다음 거래를 회계처리하시오.

> ㈜대한은 주식 1,000주(액면금액 ₩5,000)를 1주당 ₩4,500에 현금 매입하여 소각하였다.

풀이

(차)	자 본 금	5,000,000	(대)	현 금	4,500,000
				감 자 차 익	500,000

4 자본조정(Capital adjustment)

자본조정은 자본에 속하는 항목이지만 자본금, 자본잉여금, 이익잉여금, 기타포괄손익누계액 중 어느 항목에도 속하지 아니하고 자본총계에 가산 또는 차감하는 형식으로 표시하는 항목이다.

① 주식할인발행차금

② 자기주식은 자기 회사가 발행했던 주식을 다시 취득하여 보유하고 있는 주식이다(상세한 설명은 제3장 참조).

5 기타포괄손익누계액(Accumulated other comprehensive income)

① 기타포괄손익누계액은 총포괄손익 중 당기순손익을 제외하고 재무상태표상 자본에 직접 가감되는 항목의 누계액이다.

② 총포괄손익이란 회계기간 동안 유상증자, 유상감자, 자기주식 취득 등 소유주와의 거래 이외에 기업에서 발생한 모든 거래나 사건으로 인한 순자산의 변동분이다.

③ 기타포괄손익누계액의 대표적인 항목으로 기타포괄손익－공정가치측정 금융자산평가손익, 해외사업환산손익 등이 있다.

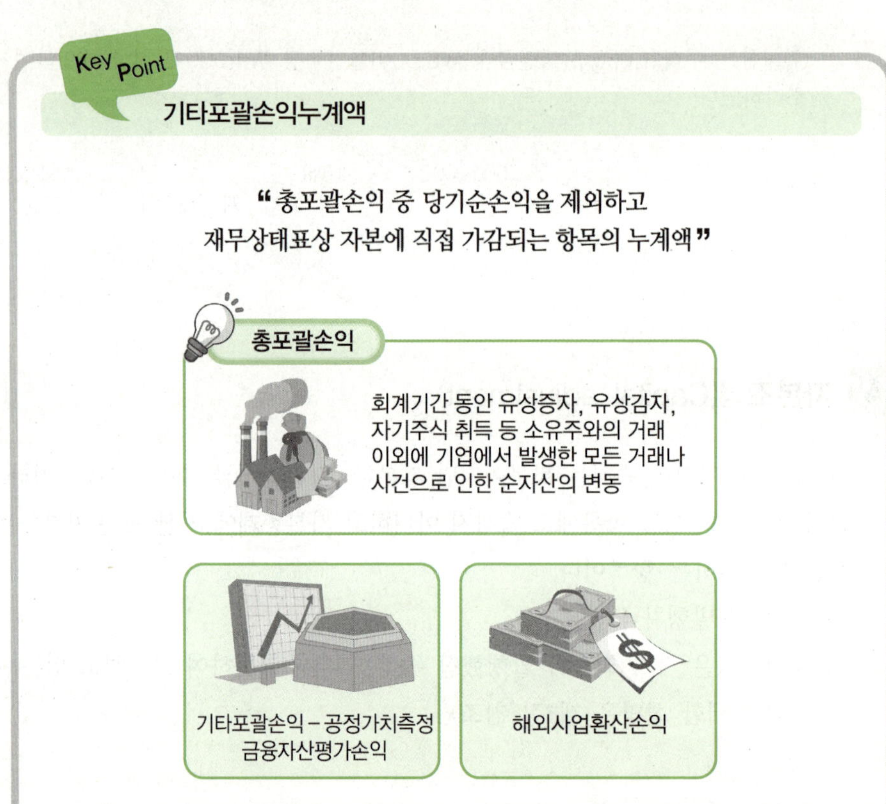

6 이익잉여금(Retained earnings)

(1) 이익잉여금 개념 및 분류

① 이익잉여금은 기업의 정상적인 영업활동인 손익거래에서 발생한 잉여금이다.
② 기업이 자본을 투자하여 벌어들인 이익은 주주들의 몫이다.
③ 이익잉여금은 주주들에게 분배되거나 재투자를 위하여 기업에 유보된다.
④ 이익잉여금은 법정적립금, 임의적립금, 미처분이익잉여금으로 구성된다.

(2) 배당(Dividends)

① 기업의 경영성과인 이익잉여금 중에서 강제적이나 임의적인 사유 외에 미처분 이익잉여금 중 일부는 주주총회 결의에 의하여 주주들에게 배당으로 지급될 수 있다.
② 배당 지급과 관련하여 3가지 종류의 중요한 일자가 존재한다.

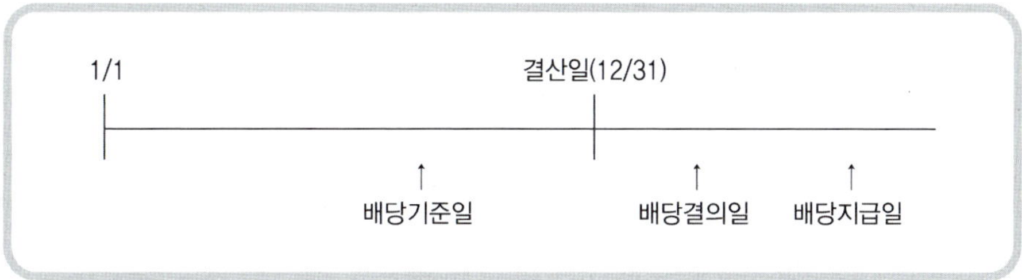

- **배당기준일** : 주주명부에 기재된 주주들에게 배당을 받을 권리가 주어지는 기준일
- **배당결의일** : 배당의사를 공식적으로 발표한 주주총회일로 이익잉여금을 감소시키는 회계처리를 하는 시점
- **배당지급일** : 배당기준일에 확정된 주주에게 실제로 배당을 지급하는 시점

학습 Quiz

01 다음 중 자본에 대한 설명으로 옳지 않은 것은 무엇인가?

① 자본은 자본금, 자본잉여금, 자본조정, 기타포괄손익누계액, 이익잉여금으로 분류할 수 있다.
② 자본금은 발행주식수와 액면금액의 곱으로 산출된다.
③ 자본잉여금은 자본 및 영업거래를 통해 산출된다.
④ 액면금액을 초과하여 발행될 경우 주식발행초과금이 발생한다.

02 다음 중 자본에 대한 설명으로 옳은 것은 무엇인가?

① 자본 감소시 액면금액보다 높은 금액으로 자본을 감소시킬 경우 감자차손이 발생한다.
② 기타포괄손익누계액은 당기순손익에 포함되어 자본을 증가시킨다.
③ 총포괄손익이란 회계기간 동안 소유주와의 모든 거래를 포함한 기업에서 발생한 모든 거래나 사건으로 인한 순자산의 변동분이다.
④ 배당의사를 공식적으로 발표한 주주총회일로 이익잉여금을 감소시키는 회계처리를 하는 시점은 배당기준일이다.

03 ㈜대한의 20x1년 말 자본과 관련된 다음의 정보를 이용할 때 20x1년 자본총액은 얼마인가?

• 보통주 자본금 (액면금액 : ₩5,000)	₩2,500,000
• 주식발행초과금	450,000
• 이익잉여금	650,000
• 기타포괄손익 – 공정가치측정 금융자산평가이익	50,000
• 당기순손익	1,000,000

① ₩2,500,000　　② ₩2,950,000
③ ₩3,650,000　　④ ₩4,650,000

해설

01 자본잉여금은 자본거래를 통해 산출된다. | 정답 ❸ |
02 | 정답 ❶ |
03 2,500,000 + 450,000 + 650,000 + 50,000 = ₩3,650,000 | 정답 ❸ |

학습정리

1. 자본 분류

자본은 납입자본, 적립금, 비지배지분(연결재무상태표일 경우에만 표시됨)으로 분류되는데 납입자본과 적립금은 자본금, 주식발행초과금, 적립금 등과 같이 다양한 분류로 세분화할 수 있다. 예를 들어 자본은 다음과 같이 분류될 수 있다.

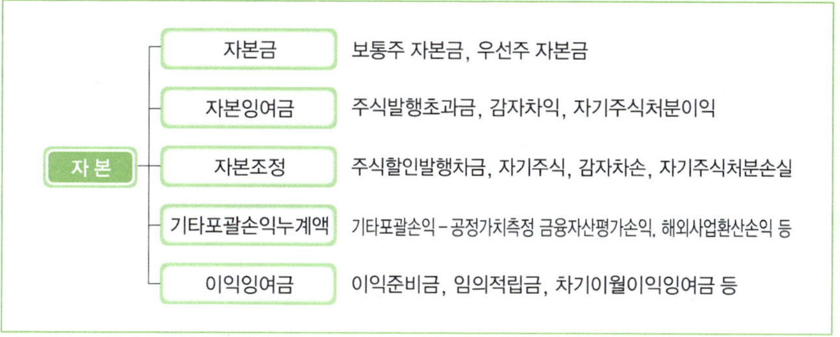

2. 자본금

자본금은 주주들이 납입한 법정자본금으로 액면금액에 발행주식수를 곱한 금액이다.

자본금 = 1주당 액면금액 × 발행주식수

3. 자본잉여금

자본잉여금은 자본거래로부터 발생된 잉여금이다.

4. 자본조정

자본조정은 자본에 속하는 항목이지만 자본금, 자본잉여금, 이익잉여금, 기타포괄손익누계액 중 어느 항목에도 속하지 아니하고 자본총계에 가산 또는 차감하는 형식으로 표시하는 항목이다.

5. 기타포괄손익누계액

기타포괄손익누계액은 총포괄손익 중 당기순손익을 제외하고 재무상태표상 자본에 직접 가감되는 항목의 누계액이다.

6. 이익잉여금

이익잉여금은 기업의 정상적인 영업활동인 손익거래에서 발생한 잉여금으로 유보이익이라고도 한다.

제3장 자기주식 및 자본변동

:: 학습목표

✔ 자기주식 개념 및 회계처리를 학습한다.
✔ 자본변동 사항을 학습한다.
✔ 자본변동표를 학습한다.

1 자기주식(Treasury stock)

① 자기주식은 자사가 발행한 주식을 재취득하여 소유하고 있는 것이다.

② 자기주식을 취득원가보다 높은 처분금액으로 처분할 경우에는 자기주식처분이익(자본잉여금)이 생기고, 낮은 처분금액으로 처분할 경우에는 자기주식처분손실(자본조정)이 생긴다.

③ 자기주식을 소각할 경우 취득원가가 액면금액보다 낮을 경우에는 감자차익(자본잉여금)이 생기고, 액면금액보다 높을 경우에는 감자차손(자본조정)이 생긴다.

④ 자기주식에 대한 회계처리 사항은 다음과 같다.

[취 득]

(차) 자 기 주 식	×××	(대) 현 금	×××

[처 분]

처분금액 > 취득원가				처분금액 < 취득원가			
현 금	×××	자기주식	×××	현 금	×××	자기주식	×××
		자기주식 처분이익	×××*	자기주식 처분손실	×××*		

* 자기주식처분이익(손실)＝자기주식 처분금액－자기주식 취득원가
(자기주식처분이익과 자기주식처분손실은 서로 상계하여 순액으로 표시한다.)

[소 각]

액면금액 > 취득원가				액면금액 < 취득원가			
자 본 금	×××	자기주식	×××	자 본 금	×××	자기주식	×××
		감자차익	×××*	감자차손	×××*		

* 감자차익(차손) = 자기주식 액면금액 − 자기주식 취득원가
(감자차익과 감자차손은 서로 상계하여 순액으로 표시한다.)

Key Point

자기주식

"자사발행 주식을 취득하여 소유하고 있는 것"

예제

㈜민국의 자기주식 거래에 대한 자료는 다음과 같다. 각 일자별 회계처리를 하시오.

20x1년 1월 1일 자본은 다음과 같다.

보통주 자본금	10,000,000(액면금액 ₩5,000)
주식발행초과금	5,000,000
이월이익잉여금	5,000,000
	₩20,000,000

(1) 3/21 : 자기주식 3주를 주당 ₩8,000에 취득하였다.
(2) 5/20 : 자기주식 2주를 주당 ₩7,000에 취득하였다.
(3) 7/10 : ₩8,000에 취득한 보통주 1주를 ₩8,500에 처분하였다.
(4) 8/15 : ₩8,000에 취득한 보통주 1주를 ₩7,200에 처분하였다.
(5) 9/ 8 : ₩8,000에 취득한 보통주 1주를 소각하였다.

풀이> ① (차) 자 기 주 식 24,000[1)] (대) 현 금 24,000
1) 8,000×3주 = ₩24,000

② (차)	자기주식	14,000[2]	(대)	현금	14,000
	2) 7,000×2주＝₩14,000				
③ (차)	현금	8,500	(대)	자기주식	8,000
				자기주식처분이익	500
④ (차)	현금	7,200	(대)	자기주식	8,000
	자기주식처분이익	500			
	자기주식처분손실	300			
⑤ (차)	자본금	5,000	(대)	자기주식	8,000
	감자차손	3,000			

2 자본변동

(1) 유상증자(Paid－in capital increase)

① 유상증자는 주식회사가 설립된 후 운영자금, 설비투자, 부채 상환 등의 자금이 필요할 때 유상으로 신주를 발행하는 것이다.

② 유상증자를 하게 되면 신주발행을 통하여 유입된 현금만큼 자산이 증가하고, 자본(자본금＋주식발행초과금)이 증가한다.

(차)	현금	×××	(대)	자본금	×××
				주식발행초과금	×××

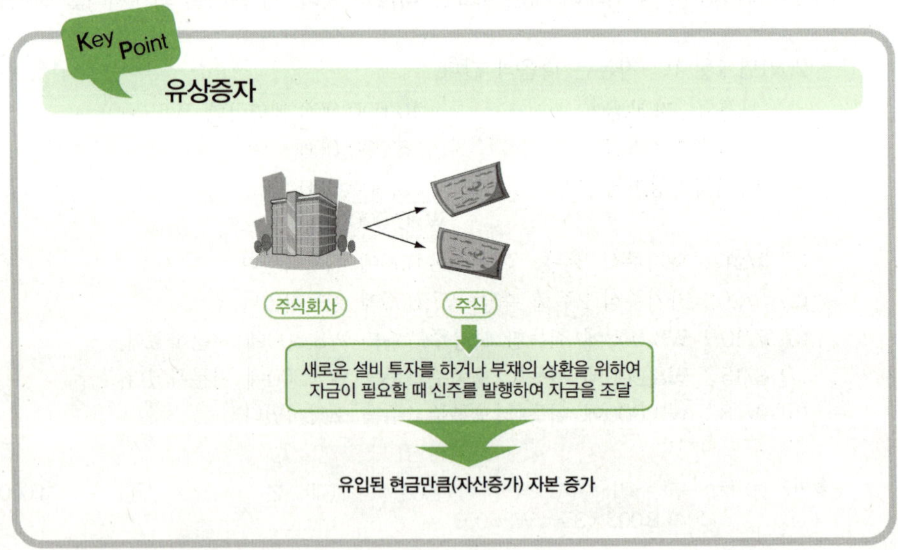

(2) 유상감자(Paid reduction in capital)

① 유상감자는 발행된 주식이 과도하거나 불필요한 경우 주주들로부터 주식을 매입하여 소각함으로써 자본금을 감소시키는 것이다.

② 예를 들어, 기업의 장래성이 없어 사업규모를 축소하는 경우 유상감자를 하면 자본금이 감소하고 동시에 자산도 감소하게 된다.

③ 유상감자시 자본금의 감소액(액면금액)이 자산의 감소액(현금지급액)보다 클 경우에는 감자차익이 발생한다.

④ 유상감자시 자본금의 감소액(액면금액)이 자산의 감소액(현금지급액)보다 작을 경우에 감자차손이 발생한다.

⑤ 유상감자로 인해 기업 외부로 순자산(현금)이 유출되기 때문에 그 금액만큼 자본총액이 감소하게 된다.

액면금액 > 현금지급액				액면금액 < 현금지급액			
자 본 금	×××	현 금	×××	자 본 금	×××	현 금	×××
		감자차익	×××	감자차손	×××		

* 감자차익과 감자차손은 서로 우선 상계하여 순액으로 표시한다.

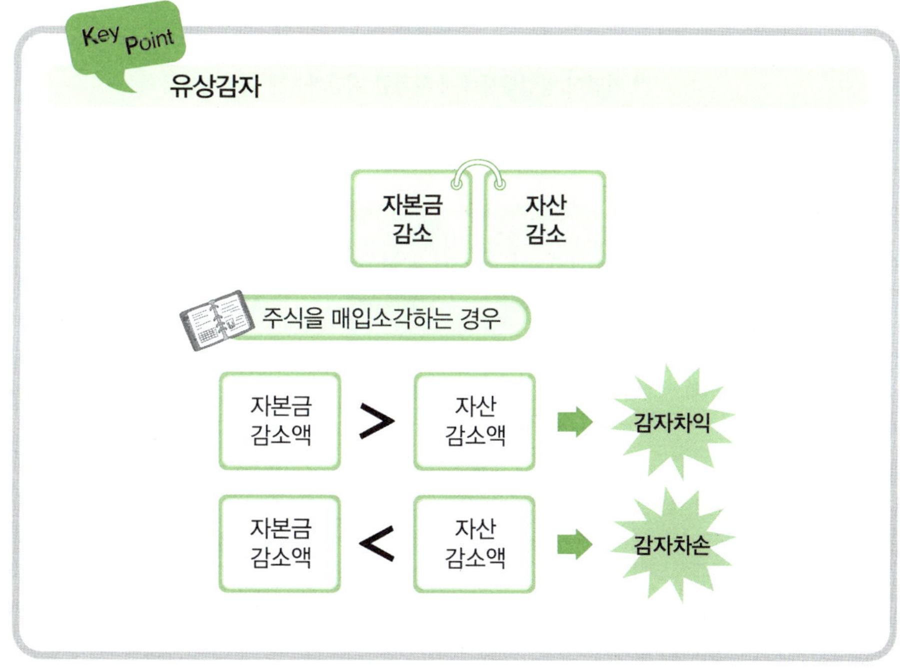

제9편 • 자본

(3) 주식배당(Stock dividends)

① 주식배당은 배당을 지급함에 있어서 현금이 아닌 주식으로 지급하는 것이다.

② 주식배당을 하게 되면 배당가능한 이익잉여금의 일부가 기업 내부에 영구적으로 남아있어 자본화된다.

③ 주식배당은 자본 내에서 이익잉여금이 자본금으로 재분류되기 때문에 이익잉여금은 감소하고, 해당 금액만큼 자본금은 증가하므로 자본의 구성 항목의 금액은 변동하지만 자본총액은 변함이 없다.

④ 주식배당으로 인해 기업 외부로 순자산(현금)이 유출되는 것이 아니기 때문에 결국 자본총액은 변동하지 않는 것이다.

⑤ 주주입장에서는 자본총액이 동일하게 유지되면서 주식배당으로 주식수만 증가하므로 증가한 주식수에 비례하여 주식가격이 하락한다.

(차) 이 익 잉 여 금	×××	(대) 자 본 금	×××

Key Point

주식배당

" 기업이 영업활동에서 획득한 배당가능한 이익잉여금의 일부를 기업내부에 영구적으로 유보시켜 자본화하기 위한 목적으로 현금 대신 주식으로 배당하는 것 "

자본 내에서 항목들의 금액이 재분류

예) 부분재무상태표

부채					
자본					
납입자본	1,000	+100	=	1,100
이익잉여금 (배당가능)	500	−100	=	400
	1,500			1,500

→ 주식배당 후, 자본의 구성 항목의 금액은 변하지만 자본총액은 불변

(4) 무상증자(Bonus issue)

① 무상증자는 신주발행시 자본금은 증가하지만 자산의 증가가 없는 증자이다.
② 무상증자는 자본 내에서 배당이 불가능한 이익잉여금 또는 자본잉여금이 자본금으로 재분류된다.
③ 따라서 이익잉여금 또는 자본잉여금은 감소하고, 해당 금액만큼 자본금은 증가하므로 자본 구성 항목의 금액은 변동하지만 자본총액은 변동하지 않는다.
④ 무상증자로 인해 기업 내부로 순자산(현금)이 유입되는 것이 아니기 때문에 결국 자본총액은 변동하지 않는 것이다.

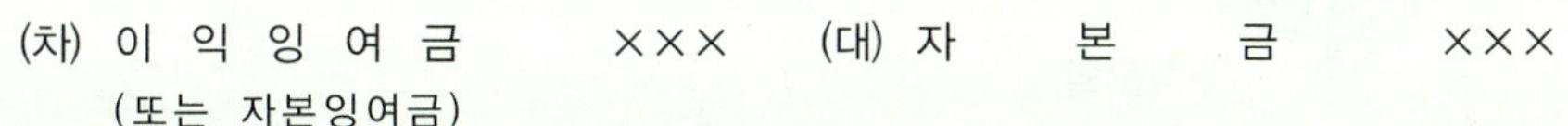

(차) 이 익 잉 여 금 ×××　(대) 자　본　금 ×××
(또는 자본잉여금)

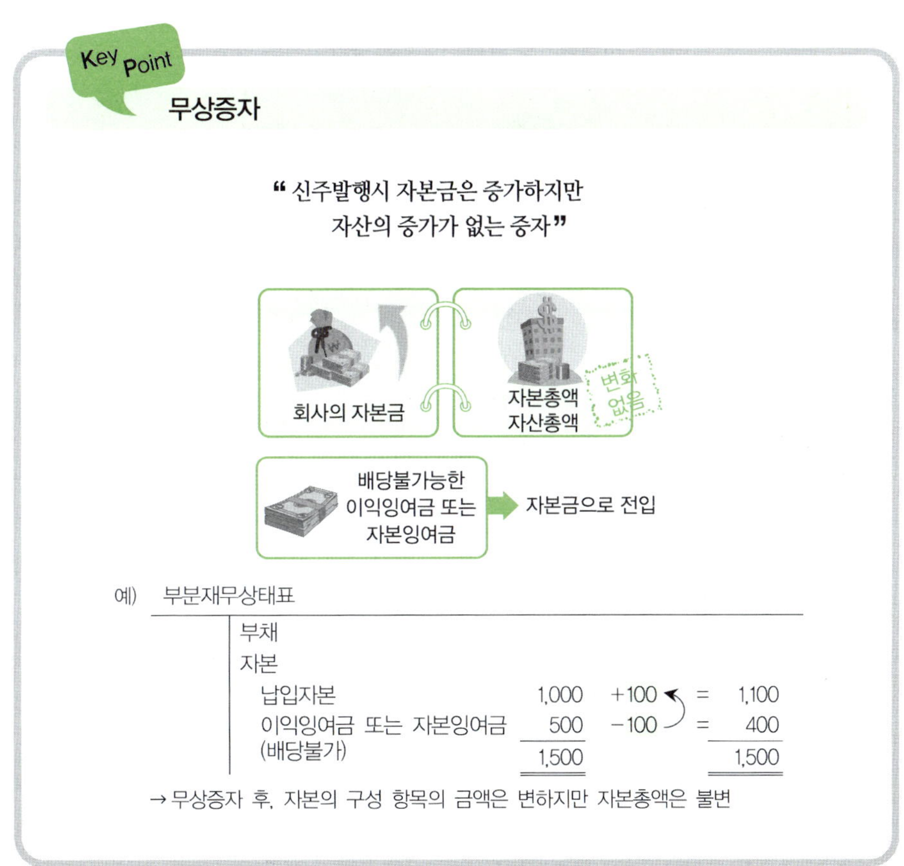

예) 부분재무상태표

부채					
자본					
납입자본	1,000	+100	=	1,100
이익잉여금 또는 자본잉여금 (배당불가)	500	−100	=	400
	1,500			1,500

→ 무상증자 후, 자본의 구성 항목의 금액은 변하지만 자본총액은 불변

(5) 주식분할(Stock splits)

① 주식분할은 주식의 액면금액을 감소시켜 비례적으로 발행주식수를 증가시키는 것이다.

② 예를 들어, 1 : 10으로 주식분할을 하면 액면금액 ₩5,000인 주식 1주가 액면금액 ₩500인 주식 10주로 분할된다.

③ 주식분할을 하면 액면금액이 낮아지고, 유통량이 증가하므로 거래량이 증대되는 효과는 있으나 자본총액의 변동은 없다.

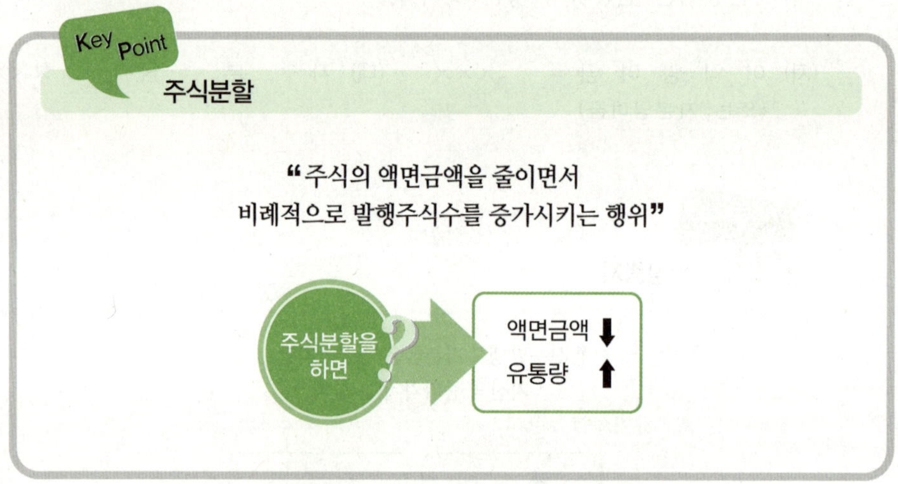

(6) 주식병합(Stock consolidation)

① 주식병합은 주식의 액면금액을 증가시켜 비례적으로 발행주식수를 감소시키는 것이다.

② 예를 들어, 5 : 1로 주식병합을 하면 액면금액 ₩1,000인 주식 5주가 액면금액 ₩5,000인 주식 1주로 병합된다.

③ 주식병합을 하면 액면금액이 높아지고, 유통량이 감소하지만 자본총액의 변동은 없다.

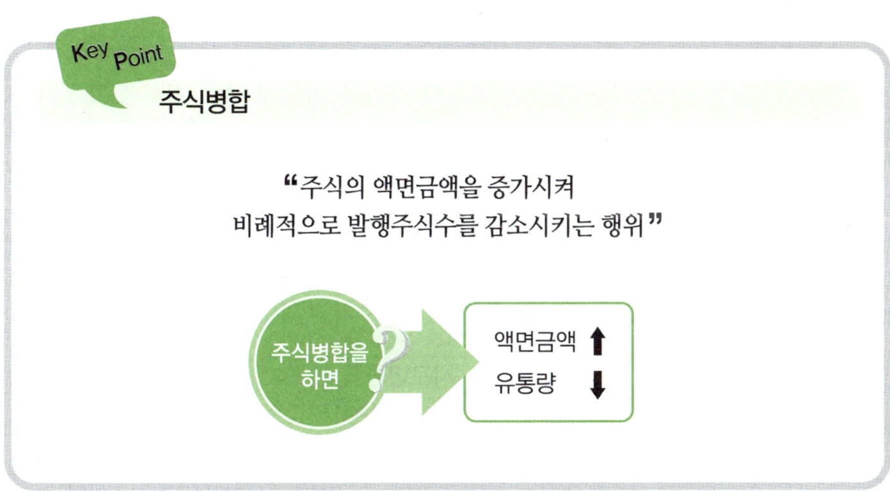

[주식배당, 무상증자, 주식분할, 주식병합 비교]

구 분	액면금액	발행주식수	자본금	자본잉여금	이익잉여금	자본총액
주식배당	불변	증가	증가	불변	감소	불변
무상증자	불변	증가	증가	감소	감소	불변
주식분할	감소	증가	불변	불변	불변	불변
주식병합	증가	감소	불변	불변	불변	불변

예제

㈜대한은 회사 설립 당시 주당 ₩10,000(액면금액 ₩5,000)인 주식 1,000주를 발행하였다. 다음의 독립적인 각 거래를 회계처리하시오.

① 자본금이 과다하여 200주를 주당 ₩4,000에 매입하여 소각하였다.
② 자본금이 과다하여 100주를 주당 ₩5,500에 매입하여 소각하였다.

풀이>

		차변	금액		대변	금액
①	(차)	자본금	1,000,000	(대)	현금	800,000
					감자차익	200,000
②	(차)	자본금	500,000	(대)	현금	550,000
		감자차손	50,000			

3 자본변동표(Statement of changes in equity)

자본변동표는 일정 기간 동안의 자본의 크기와 변동에 관한 정보를 제공하는 재무제표이다. 자본변동표에는 납입자본, 이익잉여금 및 기타자본구성요소의 각 항목별로(예 자본금, 자본잉여금, 자본조정, 기타포괄손익누계액 및 이익잉여금) 기초잔액, 변동사항, 기말잔액을 표시한다.

[자본변동표 양식]

자본변동표

20x1년 1월 1일 ~ 20x1년 12월 31일

㈜대한 (단위 : 원)

구 분	자본금	자본 잉여금	자본 조정	기타포괄 손익누계액	이익 잉여금	총 계
20x1. 1. 1(기초금액)	×××	×××	(×××)	×××	×××	×××
유상증자	×××	×××				×××
무상증자	×××	(×××)			(×××)	×××
당기순손익					×××	×××
자기주식 취득			(×××)			(×××)
기타포괄손익－공정가치측정 금융자산평가이익				×××		×××
20x1. 12. 31(기말금액)	×××	×××	(×××)	×××	×××	×××

01 다음 중 자본총액의 증가의 원인으로 옳은 것은 무엇인가?

① 보통주를 할인발행한 경우
② 상환우선주를 상환하는 경우
③ 주식배당을 한 경우
④ 자기주식을 발행금액보다 높게 매입한 경우

02 다음 중 20x1년도 말 재무상태표상 자본총액은 얼마인가?

> 20x1년 1월 10일 : 보통주 200주를 주당 ₩5,000에 발행(액면금액 : ₩5,000)
> 20x1년 3월 15일 : 보통주 100주를 주당 ₩6,000에 발행(액면금액 : ₩5,000)
> 20x1년 4월 20일 : 자기주식 50주를 주당 ₩4,500에 취득
> 20x1년 5월 30일 : 자기주식 30주를 주당 ₩5,500에 처분

① ₩1,600,000　② ₩1,540,000
③ ₩1,500,000　④ ₩1,000,000

03 다음 중 주식배당과 주식분할이 자본총액에 미치는 영향으로 옳은 것은 무엇인가?

	주식배당	주식분할
①	불변	불변
②	증가	감소
③	감소	증가
④	증가	불변

해설

01 보통주를 할인발행하면 현금 유입액만큼 자본이 증가한다. | 정답 ❶ |

02 (200주×5,000)+(100주×6,000)−(50주×4,500)+(30주×5,500)=₩1,540,000 | 정답 ❷ |

03 주식배당과 주식분할은 자본총액의 변함이 없다. | 정답 ❶ |

학습정리 *

1. 자기주식

① 자기주식은 자사발행의 주식을 취득하여 소유하고 있는 것이다.

② 자기주식에 대한 회계처리 사항은 다음과 같다.

[취 득]

(차) 자 기 주 식	×××	(대) 현 금	×××

[처 분]

처분금액 > 취득원가		처분금액 < 취득원가	
현 금×××	자기주식 ×××	현 금 ×××	자기주식×××
	자기주식 ×××*	자기주식 ×××*	
	처분이익	처분손실	

* 자기주식처분이익(손실) = 자기주식 처분금액 − 자기주식 취득원가
(자기주식처분이익과 자기주식처분손실은 서로 상계하여 순액으로 표시한다.)

[소 각]

액면금액 > 취득원가		액면금액 < 취득원가	
자 본 금×××	자기주식 ×××	자 본 금 ×××	자기주식×××
	감자차익 ×××*	감자차손 ×××*	

* 감자차익(차손) = 자기주식 액면금액 − 자기주식 취득원가
(감자차익과 감자차손은 서로 상계하여 순액으로 표시한다.)

2. 주식변동

구 분	액면금액	발행주식수	자본금	자본잉여금	이익잉여금	자본총액
주식배당	불변	증가	증가	불변	감소	불변
무상증자	불변	증가	증가	감소	감소	불변
주식분할	감소	증가	불변	불변	불변	불변
주식병합	증가	감소	불변	불변	불변	불변

3. 자본변동표

자본변동표는 일정 기간 동안의 자본의 크기와 변동에 관한 정보를 제공하는 재무제표이다. 자본변동표에는 납입자본, 이익잉여금 및 기타자본구성요소의 각 항목별로 (예 자본금, 자본잉여금, 자본조정, 기타포괄손익누계액 및 이익잉여금) 기초잔액, 변동사항, 기말잔액을 표시한다.

연습문제

객관식 문제

상

01 다음 중 자본에 대한 설명으로 옳지 않은 것은 무엇인가? • 40회 기업회계2급

① 주식회사의 경우 소유주가 출연한 자본, 이익잉여금, 이익잉여금 처분에 의한 적립금, 자본유지조정을 나타내는 적립금 등으로 구분하여 표시할 수 있다.

② 자본의 분류는 자본의 배당이나 그 밖의 활용에 대한 기업능력의 법률적 또는 기타의 제한을 표시함으로써 재무제표이용자의 의사결정 목적에 적합할 수 있다.

③ 법률, 정관 그리고 세무 목적에 따라 설정되는 적립금의 존재와 규모에 대한 정보는 이용자의 의사결정 목적에 적합한 정보이다. 이와 같은 적립금으로 전입되는 금액은 비용으로 계상한다.

④ 자본은 재무상태표에 납입자본, 이익잉여금, 기타자본요소로 구분하여 표시할 수 있다.

해설 법률, 정관 그리고 세무 목적에 따라 설정되는 적립금의 존재와 규모에 대한 정보는 이용자의 의사결정 목적에 적합한 정보이다. 이와 같은 적립금으로 전입되는 금액은 비용이 아니라 이익잉여금의 처분에 해당한다(한국채택국제회계기준 재무보고를 위한 개념체계 4.21).

하

02 다음은 ㈜한국의 주식발행에 관한 자료이다. 이에 대한 설명으로 옳지 않은 것은 무엇인가? • 43회 기업회계2급

- 발행주식의 종류 : 보통주
- 발행주식수 : 1,000주
- 액면금액 : 주당 ₩5,000
- 발행금액 : ₩7,000
- 주식대금 : 전액 현금납입

Answer 01. ③ 02. ④

① 자본이 증가한다. ② 자산이 증가한다.
③ 자본잉여금이 증가한다. ④ 주식할인발행차금이 발생한다.

해설 주식발행초과금이 발생한다.
분개 : 차) 현금 7,000,000 대) 자본금 5,000,000
주식발행초과금 2,000,000

※ [문제 3~4] ㈜대한은 20x1년 1월 4일 수권주식수 500주(주당 액면금액 ₩5,000)로 결정하여 설립하였으며 20x1년도의 자본거래는 다음과 같다.

1/ 5 : 보통주 200주를 주당 ₩5,000에 발행
4/15 : 보통주 100주를 주당 ₩6,000에 발행
9/20 : 자기주식 50주를 주당 ₩4,500에 취득
12/20 : 자기주식 30주를 주당 ₩5,500에 처분

중
03 다음 중 20x1년도 말 재무상태표상의 자본금은 얼마인가?

① ₩1,435,000 ② ₩1,500,000
③ ₩1,600,000 ④ ₩1,660,000

해설 200주×5,000＋100주×5,000＝₩1,500,000

중
04 다음 중 20x1년도 말 재무상태표상의 자본총액은 얼마인가?

① ₩1,600,000 ② ₩1,375,000
③ ₩1,540,000 ④ ₩1,510,000

해설 자본총액＝주식발행－자기주식취득＋자기주식처분
＝(200주×5,000＋100주×6,000)－(50주×4,500)＋(30주×5,500)
＝₩1,540,000

중상

05 **다음 중 무상증자, 주식배당, 주식분할에 대한 설명으로 옳지 않은 것은 무엇인가?**

① 발행주식수는 모두 증가한다.

② 자본금은 모두 증가한다.

③ 자본은 모두 일정하다.

④ 이익잉여금은 무상증자와 주식배당시 감소할 수 있다.

::해설 자본금은 무상증자나 주식배당의 경우만 증가하며 주식분할의 경우 액면금액이 감소하면서 발행주식수가 증가하므로 자본금은 변동이 없다. 이익잉여금은 이익준비금 등 법정적립금이 자본으로 전입되는 경우 감소한다.

중

06 **다음은 ㈜대한의 20x6년도 말 재무상태표에 기입된 내용의 일부이다. 이익잉여금의 합계액은 얼마인가?**

• 40회 기업회계3급

• 자본금	₩20,000,000	• 자기주식	₩2,000,000
• 이익준비금	500,000	• 임의적립금	350,000
• 감자차익	250,000	• 주식발행초과금	600,000

① ₩350,000 ② ₩500,000

③ ₩850,000 ④ ₩1,100,000

::해설 이익잉여금은 영업활동의 결과 발생한 순이익을 사내에 유보한 금액으로 이익준비금, 임의적립금 등이 있다.

중

07 **다음 중 자본을 실질적으로 증가시키는 거래로 옳은 것은 무엇인가?**

① 자본잉여금과 이익준비금을 자본전입한 경우

② 주식배당을 한 경우

③ 주식발행초과금을 자본전입한 경우

④ 주식을 할인발행한 경우

::해설 잉여금의 자본전입이나 주식배당시 자본금은 증가하나 자본총액에는 변화가 없다.

Answer 03. ② 04. ③ 05. ② 06. ③ 07. ④

중

08 **다음 중 자본변동표에 대한 설명으로 옳지 않은 것은 무엇인가?**

① 한 회계기간 동안 발생한 소유주지분인 자본의 변동을 표시하는 재무제표 중의 하나이다.

② 자기주식취득, 중간배당을 실시한 경우에도 자본변동표에 표시된다.

③ 회계기간 중의 유상증자나 무상증자도 자본변동표에 나타난다.

④ 이익잉여금이 법정적립금과 임의적립금으로 처분된 구체적인 내역이 표시된다.

::해설 이익잉여금에 대한 구체적인 내역은 주석으로 기재될 수 있는 이익잉여금처분계산서에 표시된다.

중

09 **㈜대한의 20x1년도 말 자본과 관련된 정보는 다음과 같다.**

• 보통주 자본금(주당 액면금액 ₩5,000)	₩2,500,000
• 주식발행초과금	450,000
• 자기주식처분이익	50,000
• 이익잉여금	650,000
• 자기주식(10주)	100,000
• 기타포괄손익－공정가치측정 금융자산평가이익	50,000

다음 중 20x2년도 주당 ₩500의 현금배당을 하는 경우 현금배당 후의 이익잉여금 잔액은 얼마인가?

① ₩150,000　　② ₩155,000

③ ₩400,000　　④ ₩405,000

::해설 650,000－(500주－10주)×500＝₩405,000

* 발행주식수는 500주이다(자본금(2,500,000)/액면금액(5,000)＝500주).

* 현금배당액 계산시, 발행주식수에서 자기주식수를 차감한 후 주당 배당금액을 곱한다.

상

10 **다음 중 자본거래에 대한 설명으로 옳지 않은 것은 무엇인가?**

① 주식을 할인발행하는 경우에는 자본이 실질적으로 증가한다.
② 주식분할과 주식배당은 자본에 영향을 주지 않는다.
③ 자기주식을 처분하는 경우 처분금액과 취득원가와의 차액을 자기주식처분손익으로 당기손익에 반영한다.
④ 감자차손은 감자차익과 우선 상계한다.

해설 자기주식처분이익(손실)은 당기손익이 아닌 자본 항목에 반영하며, 자기주식처분손실은 자기주식처분이익과 서로 상계한다.

중

11 **다음 중 주식회사의 자본금에 대한 표시방법으로 옳지 않은 것은 무엇인가?**

① 수권자본의 범위 내에서 주식을 추가로 발행하여 자금을 조달하는 것을 유상증자라 한다.
② 수권자본의 범위 내에서 주식을 추가로 발행할 수 있는 권리는 이사회에 부여되어 있다.
③ 수권자본이란 「수권주식수×주식의 액면금액」로 산출되며, 재무상태표상에는 자본금으로 표시된다.
④ 우선주와 보통주가 발행된 경우 재무상태표 자본금은 보통주자본금과 우선주자본금으로 나뉘어 표시된다.

해설 재무상태표상 자본금으로 표시되는 것은 「발행주식수×주식의 액면금액」이다.

중상

12 **다음 중 자기주식의 회계처리에 대한 다음의 설명 중 옳지 않은 것은 무엇인가?**

① 자기주식처분손실은 이미 계상된 자기주식처분이익이 존재할 경우, 우선적으로 상계한다.
② 자기주식을 취득하는 경우 취득원가를 자본에서 차감하는 형식으로 표시한다.

Answer 08. ④ 09. ④ 10. ③ 11. ③ 12. ④

③ 자기주식 처분거래를 기록하는 시점에서 이익잉여금 총액의 증감은 발생하지 않는다.

④ 자기주식을 소각할 경우 자기주식의 취득원가와 최초 발행금액의 차이를 감자차손 또는 감자차익으로 분류한다.

::해설 자기주식의 소각시 자기주식의 취득원가와 액면금액과의 차이를 감자차손 또는 감자차익으로 분류한다.

상

13 다음 중 자기주식(1,000주, 액면금액 ₩5,000, 발행금액 ₩5,000 취득원가 ₩6,000,000)을 소각한 경우 재무상태표상의 자본과 자본금의 변동내역으로 옳은 것은 무엇인가?

	자 본	자본금
①	₩1,000,000 감소	₩1,000,000 감소
②	불변	불변
③	불변	₩5,000,000 감소
④	₩6,000,000 감소	₩6,000,000 감소

::해설 자기주식은 자본의 (−)항목이므로 소각하는 경우, 자본 항목 간의 이동은 있으나 전체금액은 변동이 없다.

(차)	자 본 금	5,000,000	(대) 자 기 주 식	6,000,000
	감 자 차 손	1,000,000		

하

14 (주)민국의 자본 거래 내역이다. 20x6년 5월 15일 회계처리로 옳은 것은 무엇인가?

• 41회 기업회계2급 수정

(주)민국은 자본금(10,000주, 액면가 ₩10,000)으로 구성되어 있다.
- 20x6년 4월 15일, 자기주식 2,000주를 주당 ₩9,000에 취득하였다.
- 20x6년 5월 15일, 자기주식 500주를 주당 ₩11,000에 매입하여 소각하였다.
- 20x6년 6월 24일, 자기주식 1,000주를 주당 ₩8,000에 매각하였다.

① (차) 자 본 금 5,000,000 (대) 현금및현금성자산 5,500,000
감 자 차 손 500,000

② (차) 자 기 주 식 18,000,000 (대) 현금및현금성자산 18,000,000
③ (차) 현금및현금성자산 5,000,000 (대) 자 기 주 식 5,500,000
자기주식처분손실 500,000
④ (차) 자 본 금 5,000,000 (대) 현금및현금성자산 5,500,000
자기주식처분손실 500,000

해설 (차) 자 본 금 5,000,000 (대) 현금및현금성자산 5,500,000
감 자 차 손 500,000

중상

15 다음 중 유상감자의 회계처리 절차에 관한 설명으로 옳지 않은 것은 무엇인가?

① 유상감자는 발행된 주식이 과도하거나 불필요한 경우 주주들로부터 주식을 매입하여 소각함으로써 자본금을 감소시키는 것이다.
② 주주에게 지급하는 대가가 액면금액보다 작을 때는 그 차액을 감자차익으로 기록하고, 클 경우에는 그 차액을 감자차손 계정에 기록한다.
③ 유상감자시 발생하는 감자차익은 당기손익으로 처리한다.
④ 감자차손은 감자차익의 잔액이 있으면 우선 상계한다.

해설 감자차익은 자본(자본잉여금)으로 처리한다.

중

16 다음 중 주식배당에 대한 설명으로 옳지 않은 것은 무엇인가? • 42회 기업회계2급

① 배당선언일에는 (차) 미처분이익잉여금 ××× (대) 미교부주식배당금 ××× 으로 회계처리한다.
② 배당지급일(=주식교부일)에는 (차) 미교부주식배당금 ××× (대) 자본금 ××× 으로 회계처리한다.
③ 개업 전 일정한 기간 내에 이익잉여금 없이 주주에게 배당한 금액은 배당건설이자의 과목으로 한다.
④ 주식배당이란 미발행주식을 주주에게 유상으로 분배하는 형태의 배당이다.

해설 주식배당이란 무상으로 분배하는 형태의 배당이다.

Answer 13. ③ 14. ① 15. ③ 16. ④

상

17 **다음 중 재무상태표상의 자본총액과 포괄손익계산서상의 기타포괄손익에 포함되는 항목의 금액으로 옳은 것은 무엇인가?**

자본금	₩50,000,000	감자차익	₩800,000
주식발행초과금	5,200,000	자기주식처분손실	600,000
기타포괄손익－공정가치 측정 금융자산평가이익	700,000	기타포괄손익－공정가치 측정 금융자산처분손실	500,000
미처분이익잉여금	7,800,000	자기주식	3,000,000

	재무상태표상의 자본총액	포괄손익계산서상의 기타포괄손익에 포함되는 항목의 금액
①	₩67,500,000	₩500,000
②	₩63,900,000	₩300,000
③	₩60,900,000	₩700,000
④	₩60,400,000	₩500,000

해설 기타포괄손익－공정가치측정 금융자산처분손실은 포괄손익계산서의 영업외비용(금융비용) 항목이다.

〈재무상태표상 자본총계〉

자본금＋주식발행초과금＋감자차익＋기타포괄손익－공정가치측정 금융자산평가이익－자기주식처분손실－자기주식＋미처분이익잉여금＝재무상태표상 자본총계

50,000,000＋5,200,000＋800,000＋700,000－600,000－3,000,000＋7,800,000＝₩60,900,000

〈포괄손익계산서상 기타포괄손익에 포함되는 항목의 금액〉

기타포괄손익－공정가치측정 금융자산평가이익 ₩700,000

중하

18 **총포괄손익과 당기순손익은 일치하지 않을 수도 있다. 다음 중 총포괄손익과 당기순손익의 불일치를 초래하는 항목은 무엇인가?**

① 유형자산처분손익
② 당기손익-공정가치측정 금융자산평가손익
③ 상각후원가측정 금융자산처분손익
④ 기타포괄손익-공정가치측정 금융자산평가손익

해설
- 총포괄손익=당기순손익±기타포괄손익
- 기타포괄손익-공정가치측정 금융자산평가손익은 기타포괄손익으로서 당기순손익과 기타포괄손익의 불일치 이유가 된다. 나머지 보기(①, ②, ③)는 당기순손익에 포함되는 항목이다.

중하

19 **다음 중 재무상태표상 자본 항목에 속하는 항목으로 옳지 않은 것은 무엇인가?**

① 기타포괄손익-공정가치측정 금융자산평가손익
② 자기주식처분손익
③ 기타포괄손익-공정가치측정 금융자산처분손익
④ 감자차익

해설 기타포괄손익-공정가치측정 금융자산처분손익은 포괄손익계산서상 당기손익 항목이다.

중

20 **다음 중 자본에 관한 설명으로 옳지 않은 것은 무엇인가?**

① 주식회사의 자본금은 주주가 불입한 자본 중 주식의 액면총액이다.
② 자본금은 주식의 발행으로 인하여 증가하고 주식의 소각으로 감소한다.
③ 주식발행초과금은 주식발행에 의한 현금유입액 중 액면을 초과하는 금액을 나타내는 계정 항목이다.
④ 이익잉여금은 배당금의 지급 또는 손실의 발생 등에 의해서만 감소한다.

해설 이익잉여금은 자본전입 등에 의해서도 감소한다.

17. ③ 18. ④ 19. ③ 20. ④ **Answer**

상

21 **(주)대한의 2016년 말 자본의 세부구성항목이 다음과 같을 때 2016년 말 재무상태표에 다음 항목별로 표시될 금액은 얼마인가?** • 40회 기업회계2급

• 감자차익	₩90,000	• 주식발행초과금	₩200,000
• 기타포괄손익－공정가치 측정 금융자산평가이익	400,000	• 주식선택권	120,000
		• 자기주식처분이익	80,000
• 자기주식	100,000	• 이익잉여금	115,000
• 이익준비금	300,000		

	자본잉여금	기타포괄손익누계액	자본조정
①	₩290,000	₩200,000	₩20,000
②	₩370,000	₩200,000	₩40,000
③	₩370,000	₩400,000	(₩100,000)
④	₩370,000	₩400,000	₩20,000

해설
- 자본잉여금 : 감자차익 90,000＋주식발행초과금 200,000＋자기주식처분이익 80,000＝₩370,000
- 기타포괄손익누계액 : 기타포괄손익－공정가치측정 금융자산평가이익 ₩400,000
- 자본조정 : －100,000(자기주식)＋120,000(주식선택권)＝₩20,000

21. ④ **Answer**

주관식 평가문항

중

01 주식배당과 주식분할을 하면 자본총액, 이익잉여금, 주당 액면금액, 유통주식수에 각각 어떠한 영향(증가, 감소, 불편)이 있는지 적으시오.

	주식배당	주식분할
자본총액	(　　　)	(　　　)
이익잉여금	(　　　)	(　　　)
주당 액면금액	(　　　)	(　　　)
유통주식수	(　　　)	(　　　)

중

02 20x1년도 중 자기주식과 관련된 다음의 연속된 거래를 회계처리하시오.

20x1년 초 보통주 자본금(주당 액면금액 ₩5,000)	₩5,000,000
20x1년 초 보통주 주식발행초과금	10,000,000
20x1년 초 이익잉여금	5,000,000

① 자기주식 5주를 주당 ₩7,000에 취득하였다.
② ₩7,000에 취득한 자기주식 중 1주를 ₩7,500에 처분하였다.
③ ₩7,000에 취득한 자기주식 중 1주를 ₩6,300에 처분하였다.
④ ₩7,000에 취득한 자기주식 중 1주를 소각하였다.
⑤ ₩7,000에 취득한 자기주식 중 1주를 ₩7,200에 처분하였다.

Answer

01.

	주식배당	주식분할
자본총액	불변	불변
이익잉여금	감소	불변
주당 액면금액	불변	감소
유통주식수	증가	증가

02.

① (차) 자기주식	35,000	(대) 현금	35,000
② (차) 현금	7,500	(대) 자기주식	7,000
		자기주식처분이익	500
③ (차) 현금	6,300	(대) 자기주식	7,000
자기주식처분이익	500		
자기주식처분손실	200		
④ (차) 자본금	5,000	(대) 자기주식	7,000
감자차손	2,000		
④ (차) 현금	7,200	(대) 자기주식	7,000
		자기주식처분손실	200

기존의 자기주식처분손실 ₩200을 인식하고 있는 상황하에서 ₩7,000에 취득한 자기주식을 ₩7,200에 처분하였을 경우에는 자기주식처분손실 ₩200을 감소시킨다.

제 10 편

회계순환과정 Ⅱ 및 종합

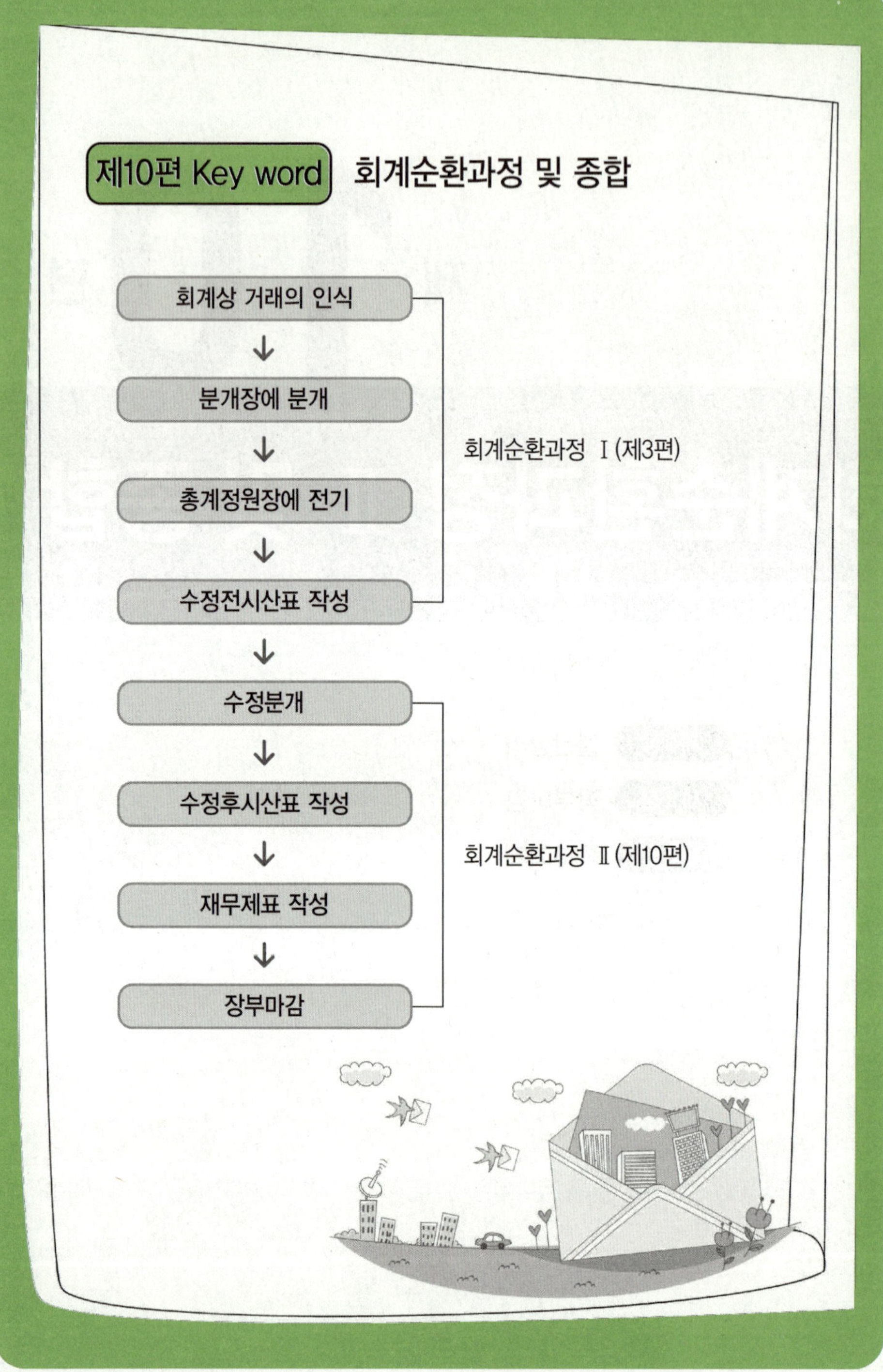
제10편 Key word
회계순환과정 및 종합
회계상 거래의 인식
분개장에 분개
총계정원장에 전기
수정전시산표 작성
회계순환과정 I (제3편)
수정분개
수정후시산표 작성
재무제표 작성
장부마감
회계순환과정 II (제10편)

제1장 결산정리

:: 학습목표

- ✔ 회계순환과정을 정리 학습한다.
- ✔ 결산정리의 개념을 학습한다.
- ✔ 결산수정분개를 학습한다.

1 회계순환과정(Accounting cycle)

(1) 회계순환과정 개념

회계순환과정이란 재무상태 및 경영성과를 올바르게 기록하기 위하여 회계기간 동안 일어난 거래에 대한 인식 및 분개로부터 재무제표 작성 및 장부를 마감하기까지의 일련의 반복적인 과정이다.

(2) 회계순환과정 절차

회계순환과정은 아래와 같은 순서로 진행된다. 이 중 ①~④까지는 제3편 기중회계순환과정에서 상세히 살펴보았으므로, 제10편에서는 기말시점에서 행하는 수정분개, 수정후시산표, 재무제표 작성, 장부마감에 대한 회계순환과정을 중심으로 설명하고자 한다.

① 회계상 거래의 인식
② 분개장에 분개
③ 총계정원장에 전기
④ 수정전시산표 작성

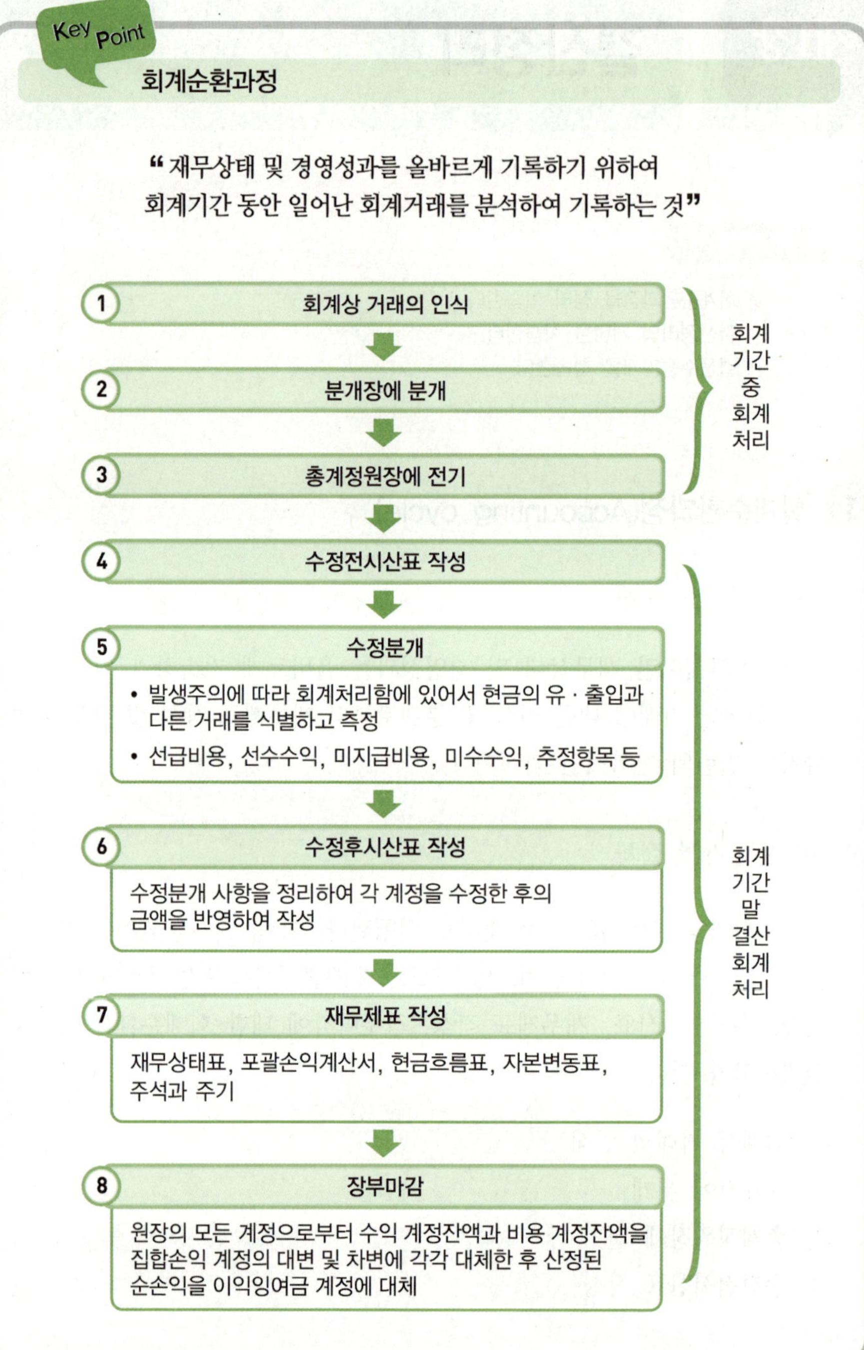
Key Point
회계순환과정
"재무상태 및 경영성과를 올바르게 기록하기 위하여 회계기간 동안 일어난 회계거래를 분석하여 기록하는 것"
1 회계상 거래의 인식
2 분개장에 분개
3 총계정원장에 전기
회계 기간 중 회계 처리
4 수정전시산표 작성
5 수정분개
• 발생주의에 따라 회계처리함에 있어서 현금의 유 · 출입과 다른 거래를 식별하고 측정
• 선급비용, 선수수익, 미지급비용, 미수수익, 추정항목 등
6 수정후시산표 작성
수정분개 사항을 정리하여 각 계정을 수정한 후의 금액을 반영하여 작성
7 재무제표 작성
재무상태표, 포괄손익계산서, 현금흐름표, 자본변동표, 주석과 주기
8 장부마감
원장의 모든 계정으로부터 수익 계정잔액과 비용 계정잔액을 집합손익 계정의 대변 및 차변에 각각 대체한 후 산정된 순손익을 이익잉여금 계정에 대체
회계 기간 말 결산 회계 처리

⑤ 수정분개
- 결산일 현재 현금주의 금액을 발생주의에 따른 금액으로 수정한다.
- 수정분개의 중요 항목은 선급비용, 선수수익, 미지급비용, 미수수익, 추정 항목 등이 있다.

⑥ 수정후시산표 작성 : 수정분개 사항을 정리하여 각 계정을 수정한 후의 금액으로 작성한다.

⑦ 재무제표 작성 : 재무상태표, 포괄손익계산서, 현금흐름표, 자본변동표, 주석과 주기를 작성한다.

⑧ 장부 마감 : 원장의 모든 계정으로부터 수익에 속하는 계정잔액과 비용에 속하는 계정잔액을 집합손익 계정의 대변 및 차변에 각각 대체한 후 집합손익 계정에서 산정된 순손익을 이익잉여금 계정으로 대체한다.

2 결산정리(수정분개, Adjusting journal entry)의 필요성

① 한 회계기간에 발생한 모든 거래는 분개장에 분개가 이루어지고, 분개내용은 모두 원장에 전기되므로 결산은 원장의 각 계정을 기초로 하여 이루어진다. 회계기말에 자산, 부채, 자본, 수익, 비용의 계정잔액이 실제금액과 일치하고, 올바르게 표시하고 있다면, 원장에는 문제가 없다.

② 그러나 한 회계기간이 끝나고 난 뒤 각 계정잔액(결산기의 계정잔액)은 단지 현금의 유·출입을 기록한 결과에 불과하기 때문에 자산, 부채, 자본, 수익, 비용의 계정잔액이 실제금액을 올바르게 나타내지 못한다.

예 건물이나 기계장치와 같은 자산은 사용 또는 시간의 경과에 따라 원가를 배분해야 하므로 기초의 자산금액과 기말의 자산금액은 일치하지 않는다.

③ 올바르지 못한 원장의 계정잔액을 수정하지 않고 그대로 집계하여 포괄손익계산서와 재무상태표를 작성하면, 기업의 경영성과와 재무상태를 제대로 표시하지 못한다.

④ 따라서 결산시점에 계정을 정리하여 기말에 자산, 부채, 자본, 수익, 비용 계정잔액을 올바르게 표시할 필요가 있다.

⑤ 결산시점에 원장의 각 계정을 발생주의에 따른 금액으로 수정하는 절차를 결산정리라고 하며, 결산정리를 위한 분개를 수정분개라고 한다.

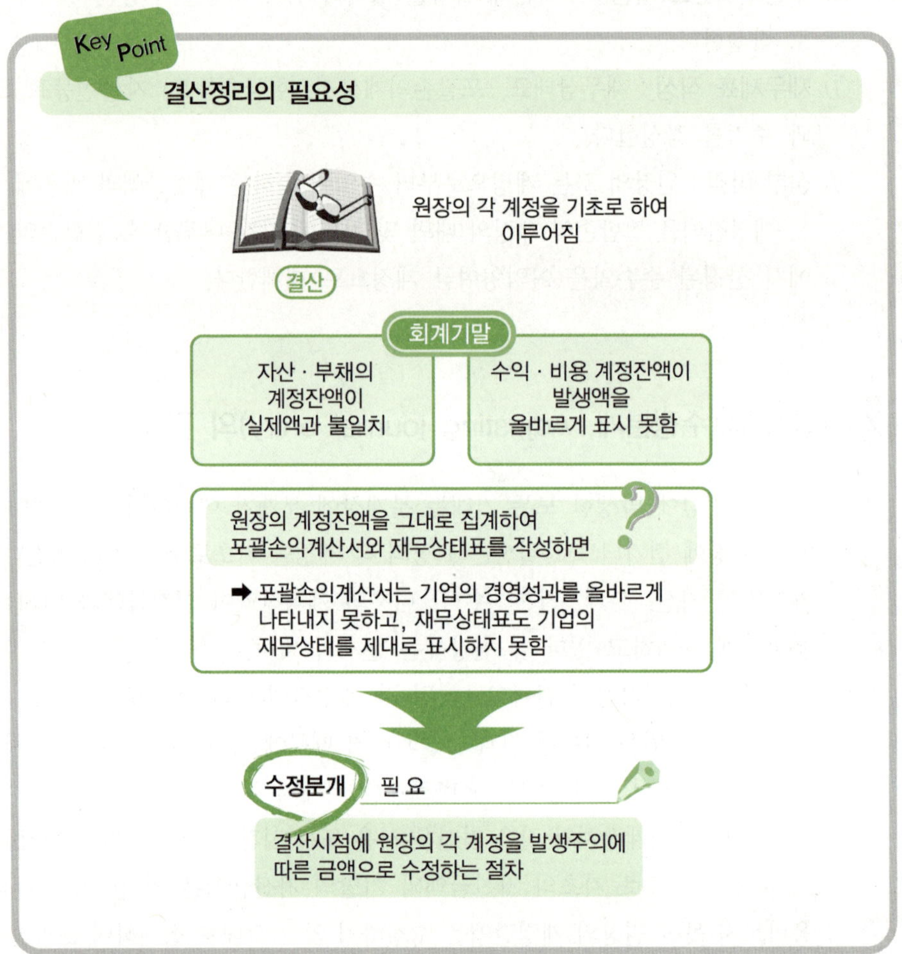

3 결산정리사항

결산정리는 크게 자산·부채가 속하는 재무상태표 결산정리와 수익·비용이 속하는 포괄손익계산서 결산정리로 구분된다.

(1) 재무상태표 계정 정리사항

① 자산·부채와 관련된 기본적인 결산정리사항은 아래와 같다. 이러한 재무상태표와 관련된 결산정리사항은 이미 본 책의 앞부분에서 구체적인 내용을 살펴보았으므로 제10편에서는 다음과 같이 간략히 정리하고자 한다.

[재무상태표 결산정리사항]

계 정	결산정리사항
손실충당금	손상추정액 반영
재고자산	실지재고조사법에서 매출원가 인식
	공정가치평가
유형자산	감가상각비 계산
무형자산	상각비 계산
금융자산	공정가치평가
사채할인(할증)발행차금	사채할인(할증)발행차금 상각

② 추가 결산정리사항 : 소모품

- 소모품은 기업에서 사용하는 문방구류와 기계장치에 투입하는 윤활유 등이다.
- 소모품에 대한 결산정리사항은 당기 중 소모품을 구입시 비용(소모품비)으로 처리하는 경우와 자산(소모품)으로 처리하는 경우에 따라 달라진다.
- 취득시 전액 비용(소모품비)으로 처리한 경우에는 당기 중에 사용한 부분만큼만 비용(소모품비)으로 인식하기 위하여 미사용 소모품에 대한 소모품비를 감소시키고, 미사용 소모품을 자산(소모품)으로 인식한다.
- 취득시 전액 자산(소모품)으로 처리한 경우에는 당기 중에 사용한 부분만큼만 비용(소모품비)으로 인식하기 위하여, 사용한 소모품을 감소시키고, 사용한 소모품만큼을 비용(소모품비)으로 인식한다.

구 분	전액 비용(소모품비)으로 회계처리		전액 자산(소모품)으로 회계처리	
소모품 취득시점	(차) 소모품비×××	(대) 현 금×××	(차) 소 모 품×××	(대) 현 금×××
결산수정 분개	(차) 소 모 품×××	(대) 소모품비××× (미사용 소모품비 감소)	(차) 소모품비×××	(대) 소 모 품××× (사용한 소모품 감소)

예제

20x1년 9월 1일에 사무용 소모품 ₩10,000을 구입하였다. 결산일 현재 미사용한 소모품은 ₩3,000이다. ㈜대한이 소모품을 구입하면서 ① 전액 비용으로 회계처리한 경우와 ② 전액 자산으로 회계처리한 경우로 구분하여 20x1년 9월 1일(취득시점)과 12월 31일(결산일)에 해야 할 회계처리를 하시오.

풀이 ① 전액 비용으로 회계처리한 경우

9. 1	(차) 소 모 품 비	10,000	(대) 현 금	10,000
12. 31	(차) 소 모 품	3,000	(대) 소 모 품 비	3,000

② 전액 자산으로 회계처리한 경우

9. 1	(차) 소 모 품	10,000	(대) 현 금	10,000
12. 31	(차) 소 모 품 비	7,000	(대) 소 모 품	7,000

(2) 포괄손익계산서 정리사항

① 현금주의란 현금의 유입이 있을 때 수익을 인식하고, 현금의 유출이 있을 때 비용을 인식하는 회계처리이다.

② 결산시점에 원장에 나타난 수익과 비용에 속하는 각 계정의 잔액은 현금주의에 따라 기록된 것에 불과하며 기간손익계산을 위한 최종적인 수익과 비용으로 보기에 불충분하다.

③ 예를 들어 수익(선수수익)과 비용(선급비용)이 발생하지 않아도 현금의 유·출입이 있을 수 있으며, 반대로 현금의 유·출입이 없더라도 수익(미수수익)과 비용(미지급비용)이 발생할 수 있다.

④ 발생주의란 현금의 유·출입과 관계없이 수익과 비용이 발생할 때 수익과 비용을 인식하는 회계처리이다.

⑤ 발생주의에 따라 결산시점에 수익과 비용을 확정하기 위해서 이루어지는 회계절차를 손익의 정리(수익과 비용의 정리)라고 한다. 개념적으로 손익의 정리에 속하는 사항으로서는 다음과 같은 네 가지가 있다.

1) 비용 이연(선급비용, Prepaid expense)

① 선급비용이란 보험료, 임차료, 이자비용 등의 비용이 발생하기 전에 미리 현금을 지급한 경우이다.

② 보험료, 임차료, 이자비용 등 당기에 지급한 비용 중에는 차기에 비용으로 인

식할 금액이 포함되어 있는 경우가 있다.

③ 이 경우 당기에 과대 인식된 비용 혹은 자산(선급비용) 중 당기에 적정한 비용 혹은 자산만을 기록하기 위하여 결산시점에 과대 인식된 비용 혹은 자산을 감소시키는 수정분개가 필요하다.

구 분	현금 지급시 모두 비용으로 회계처리	현금 지급시 모두 자산으로 회계처리
현금지급 시점	(차) 비　　용×××　(대) 현　　금×××	(차) 선급비용×××　(대) 현　　금×××
결산수정 분개	(차) 선급비용×××　(대) 비　　용××× (과대비용감소)	(차) 비　　용×××　(대) 선급비용××× (과대자산감소)

Key Point

비용 이연(선급비용)

당기에 지급한 비용 중 차기에 비용으로 인식할 금액이 포함되어 있는 경우

: 보험료 · 임차료 · 이자비용 등

예제

20x1년 8월 1일 화재보험료 1년분 ₩24,000을 지급하였다. ㈜대한이 화재보험료를 모두 ① 비용으로 회계처리한 경우와 ② 자산으로 회계처리한 경우로 구분하여 20x1년 8월 1일, 12월 31일(결산일), 20x2년 7월 31일의 회계처리를 하시오.

풀이 ① 전액 비용(보험료)으로 회계처리한 경우

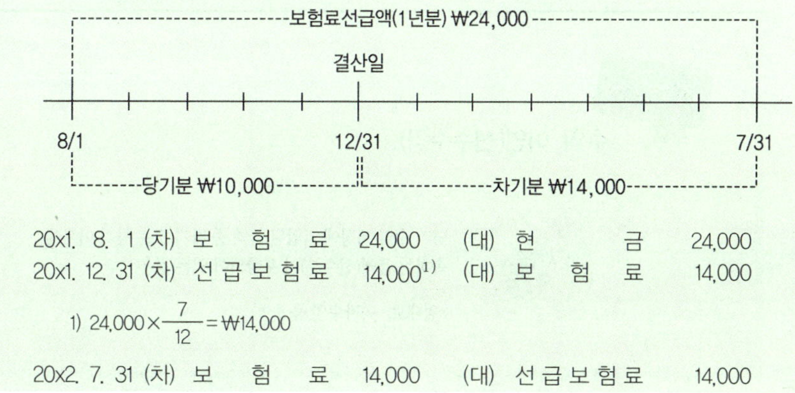

20x1. 8. 1 (차) 보　험　료　24,000　(대) 현　　금　24,000
20x1. 12. 31 (차) 선급보험료　14,000[1)]　(대) 보　험　료　14,000

1) $24,000 \times \frac{7}{12} = ₩14,000$

20x2. 7. 31 (차) 보　험　료　14,000　(대) 선급보험료　14,000

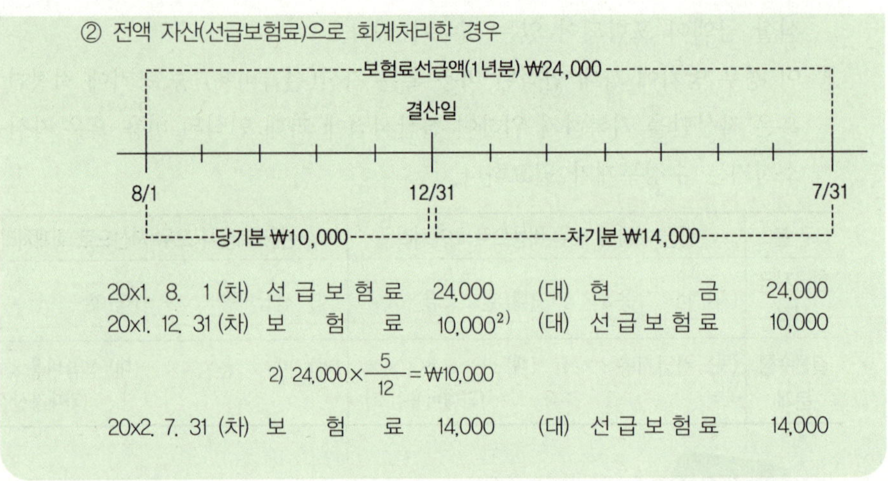

20x1. 8. 1 (차) 선급보험료 24,000 (대) 현 금 24,000
20x1. 12. 31 (차) 보 험 료 10,000[2)] (대) 선급보험료 10,000

2) $24,000 \times \frac{5}{12} = ₩10,000$

20x2. 7. 31 (차) 보 험 료 14,000 (대) 선급보험료 14,000

2) 수익 이연(선수수익, Unearned income)

① 선수수익이란 임대료, 이자수익 등의 수익이 발생하기 전에 미리 현금을 수취한 경우이다.

② 임대료, 이자수익 등 수익 계정에 기입된 금액 중 차기 또는 차기 이후에 속하는 금액(선수분)이 당기의 수익으로 포함되어 있는 경우가 있다.

③ 이 경우 당기에 과대 인식된 수익 혹은 부채(선수수익) 중 당기에 적정한 수익 혹은 부채만을 기록하기 위하여 결산시점에 과대 인식된 수익 혹은 부채를 감소시키는 수정분개가 필요하다.

구 분	현금 수취시 모두 수익으로 회계처리	현금 수취시 모두 부채로 회계처리
현금수취시점	(차) 현 금 ××× (대) 수 익 ×××	(차) 현 금 ××× (대) 선수수익 ×××
결산수정분개	(차) 수 익 ××× (대) 신수수익 ××× (과대수익감소)	(차) 선수수익 ××× (내) 수 익 ××× (과대부채감소)

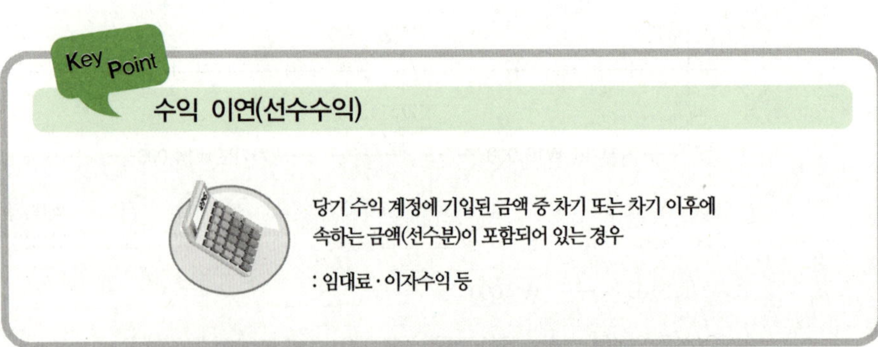

예제

20x1년 7월 1일 임대료 1년분 ₩600,000을 현금으로 받았다. ㈜대한이 임대료를 수취하면서 이를 모두 ① 수익으로 회계처리한 경우와 ② 부채로 회계처리한 경우로 구분하여 20x1년 7월 1일, 12월 31일(결산일), 20x2년 6월 30일의 회계처리를 하시오.

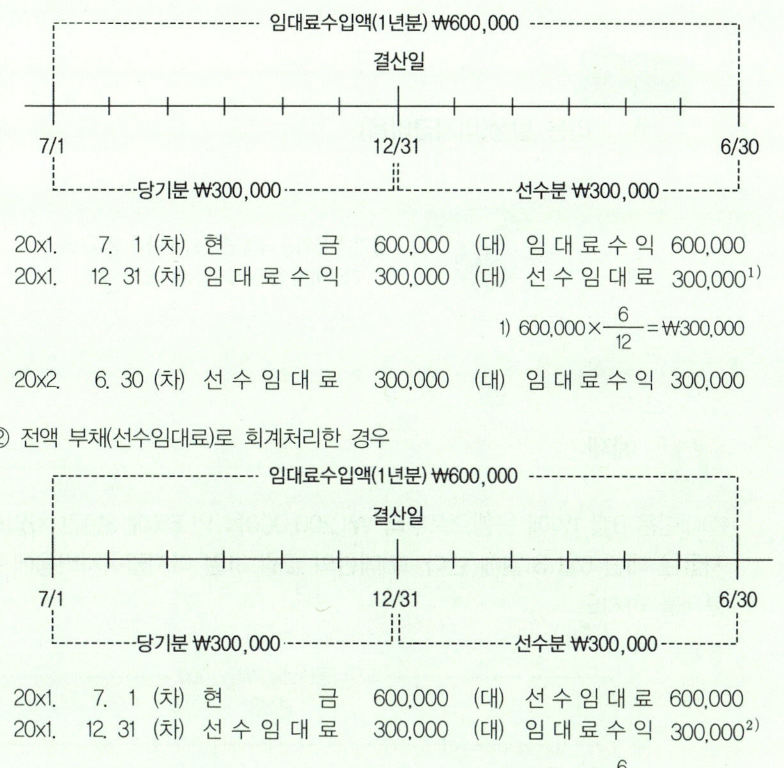

2) $600,000 \times \frac{6}{12} = ₩300,000$

20x2. 6. 30 (차) 선 수 임 대 료 300,000 (대) 임 대 료 수 익 300,000

3) 비용 발생(미지급비용, Accrued expense)

① 미지급비용이란 이자비용, 임차료와 같은 비용이 이미 발생했으나 현금을 지급하지 못한 경우이다.

② 미지급비용에는 미지급이자, 미지급임차료, 미지급지대 등이 있으며 부채로 기록한다.

③ 미지급비용이 있는 경우에는 해당 금액을 차변에 비용으로 인식하고, 대변에 미지급비용이란 부채를 기록한다.

(차) 비 용	×××	(대) 미 지 급 비 용	×××

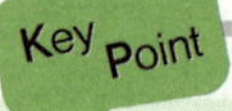

비용 발생(미지급비용)

당기에 용역을 제공받았으나 아직 현금으로 지급하지 않은 미지급분이 있는 경우

예제

㈜대한은 6월 1일에 은행으로부터 ₩1,200,000을 연 6%에 3년간 차입하였다. 이자 지급은 매년 5월 31일에 한다. ㈜대한의 12월 31일 미지급이자비용에 관련한 수정 분개를 하시오.

풀이

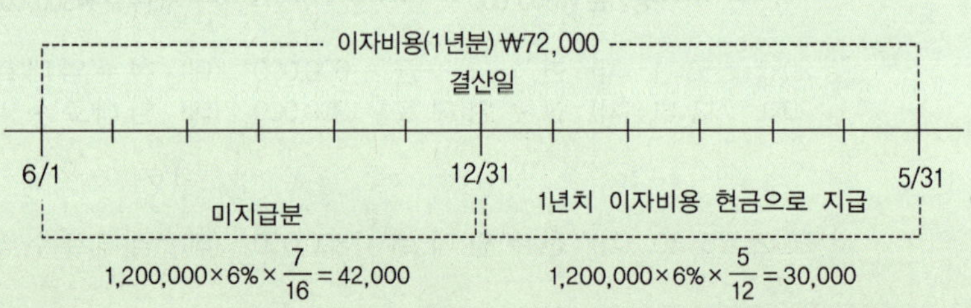

12/31	(차) 이 자 비 용	42,000	(대) 미 지 급 이 자	42,000
5/31	(차) 미 지 급 이 자	42,000	(대) 현 금	72,000
	이 자 비 용	30,000		

4) 수익 발생(미수수익, Accrued income)

① 미수수익이란 임대료, 이자수익과 같은 수익은 이미 발생했으나 현금을 수취하지 못한 경우이다.

② 미수수익에는 미수이자, 미수수수료, 미수지대, 미수임대료 등이 있으며 자산으로 기록된다.

③ 미수수익이 있을 경우에는 해당 금액을 차변에 미수수익이란 자산을 기록하고, 대변에 수익을 인식한다.

(차) 미 수 수 익 ××× (대) 수 익 ×××

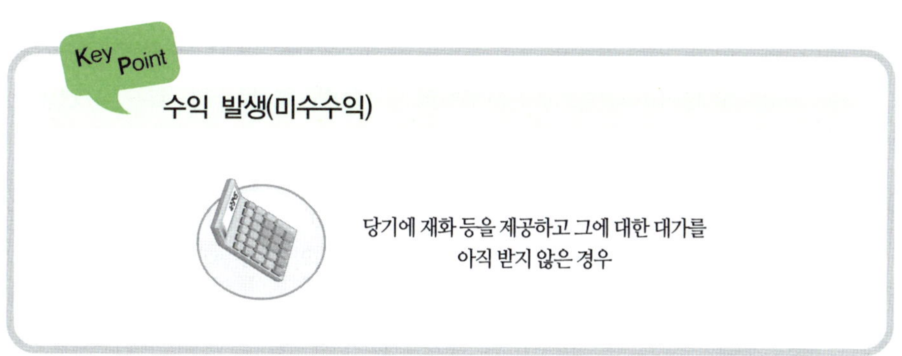

예제

㈜대한은 9월 1일에 ₩1,200,000 상당의 토지를 임대하고 1년에 8%의 수익을 보장하는 계약을 체결하였다. 임대료는 매년 8월 31일에 받는다. ㈜대한의 12월 31일 미수임대료에 관련한 수정분개를 하시오.

풀이

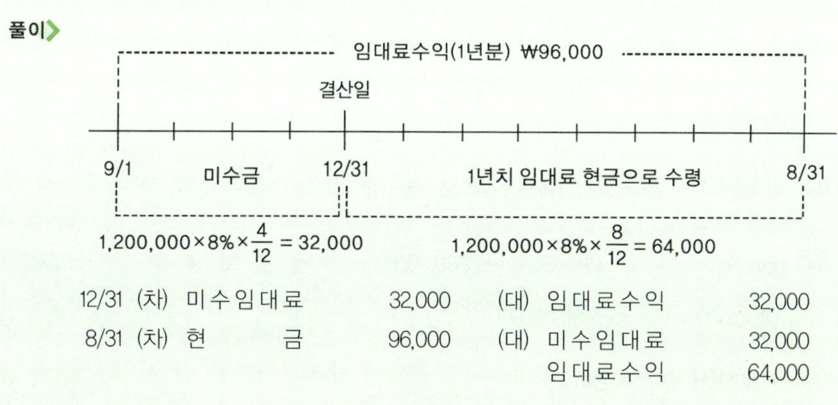

12/31	(차) 미수임대료	32,000	(대)	임대료수익	32,000
8/31	(차) 현 금	96,000	(대)	미수임대료	32,000
				임대료수익	64,000

학습 Quiz

01 다음 중 결산기말시점에서 발생하는 회계순환과정 사항으로 옳지 않은 것은 무엇인가?

① 수정분개　　② 수정후시산표 작성
③ 재무제표 작성　　④ 잔액합산

02 제10기(20x1.1.1. ~ 20x1.12.31)의 보험료를 20x1년 10월 1일에 총 ₩2,400,000(월 ₩200,000) 현금으로 납부하였다. 다음 중 회계처리로 옳지 않은 것은 무엇인가?

① 20x1.10. 1	(자산처리)	선급보험료	2,400,000	현　　금	2,400,000
② 20x1.12.31	(수정분개)	보 험 료	1,800,000	선급보험료	1,800,000
③ 20x1.10. 1	(비용처리)	보 험 료	2,400,000	현　　금	2,400,000
④ 20x1.12.31	(수정분개)	선급보험료	1,800,000	보 험 료	1,800,000

03 이미 비용으로 지출한 금액 중에서 당기에 전액이 비용화되지 않고 차기에 비용화되는 금액이 있을 수 있다. 이 부분을 선급비용이라고 하는데, 다음 중 이는 어디에 속하는가?

① 자산　　② 부채
③ 비용　　④ 자본

해설

01 회계순환과정 중 기말시점에서 일어나는 것은 수정분개, 수정후시산표, 재무제표 작성, 장부마감이다. | 정답 ④ |

02 20x1.12.31　보 험 료　600,000　　선 급 보 험 료　600,000

$2,400,000 \times \frac{3}{12} = ₩600,000$ | 정답 ② |

03 선급비용은 자산 계정이다. | 정답 ① |

학습정리

1. 회계순환과정은 다음과 같은 순서로 진행된다.
   ① 회계상 거래의 인식
   ② 분개장에 분개
   ③ 총계정원장에 전기
   ④ 수정전시산표 작성
   ⑤ 수정분개
   ⑥ 수정후시산표 작성
   ⑦ 재무제표 작성
   ⑧ 장부 마감

2. 결산에 앞서 계정을 정리하여 기말에 자산, 부채, 자본, 수익, 비용 금액을 올바르게 수정하는 절차를 결산정리라고 하며, 결산정리를 위한 분개를 수정분개라고 한다. 수정분개 사항으로는 재무상태표 계정과 포괄손익계산서 계정이 존재한다.

[결산정리사항]

재무상태표	포괄손익계산서
손상추정	선급비용
재고자산실사법	선수비용
재고자산공정가치평가	미지급비용
유형자산감가상각	미수수익
무형자산상각	
손실충당금	
재고자산	
유형자산	
무형자산	
금융자산	
사채할인(할증)발행차금	
금융자산공정가치평가	
사채발행자금상각	

제2장 장부마감

:: 학습목표

✔ 장부마감 정의를 학습한다.
✔ 장부마감 절차를 학습한다.

1 장부마감(Closing) 정의

① 회계순환과정에 따라 매년 같은 절차를 반복하여 재무제표가 작성되므로 결산일에 당기 회계연도의 기록내용과 차기 회계연도의 기록내용을 구분하기 위한 절차가 필요하다.

② 차기 회계연도에서 발생할 거래들을 새롭게 기록할 준비를 하기 위하여 지금까지 기록해 온 계정들을 마무리하는 절차를 장부마감이라고 한다.

③ 장부마감하는 데 있어서 재무상태표 계정과 포괄손익계산서 계정을 구분하는 것이 필요하다.

④ 재무상태표 계정은 영구계정 또는 실질계정이라고 부른다. 자산, 부채, 자본계정은 한 회계연도가 종료하더라도 계속적으로 잔액을 유지하는 영구계정이므로 잔액을 다음 회계연도로 이월시킨다.

⑤ 포괄손익계산서 계정은 임시계정 또는 명목계정이라고 한다. 수익과 비용 계정은 한 회계연도 동안의 경영성과를 나타내는 임시계정이므로 다음 회계연도의 수익과 비용에 영향을 미치지 않도록 하기 위하여 한 회계연도가 끝나면 잔액을 0으로 만든다.

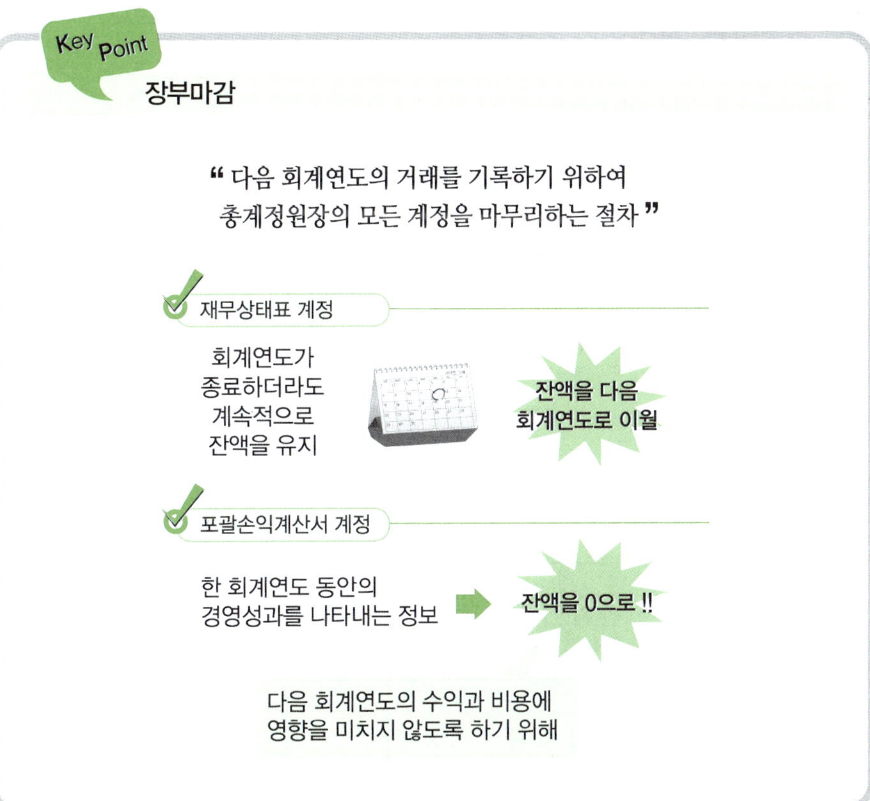
Key Point
장부마감
" 다음 회계연도의 거래를 기록하기 위하여
총계정원장의 모든 계정을 마무리하는 절차 "
재무상태표 계정
회계연도가
종료하더라도
계속적으로
잔액을 유지
잔액을 다음
회계연도로 이월
포괄손익계산서 계정
한 회계연도 동안의
경영성과를 나타내는 정보
잔액을 0으로 !!
다음 회계연도의 수익과 비용에
영향을 미치지 않도록 하기 위해

2 장부마감 절차

(1) 재무상태표 계정의 마감

재무상태표 계정의 마감절차는 다음과 같다.

① 결산일에 각 계정의 잔액을 계산한다.

② 해당 계정 반대편에 차기이월이라고 기재한다.

③ 차기 첫째 날에 원래 잔액이 있던 차변 혹은 대변에 전기이월이라고 기재한다.

[재무상태표 계정의 마감 절차]

자 산

	×××		×××
	×××	차기이월	×××
계	×××		×××
전기이월	×××		

부 채

	×××		×××
차기이월	×××		×××
계	×××		×××
		전기이월	×××

자 본

	×××		×××
차기이월	×××		×××
계	×××		×××
		전기이월	×××

Key Point

재무상태표 계정 마감

1. 결산일 → 각 계정의 잔액 계산
2. 해당 계정 반대편 → '차기이월' 기재
3. 차기 첫 날짜에 원래 잔액이 있던 변 → '전기이월' 기재

(2) 포괄손익계산서 계정 마감

1) 집합손익(Profit and loss summary)

집합손익이란 한 회계기간 동안 발생한 수익과 비용을 총괄적으로 정리하고 집계하기 위하여 만든 임시계정이다.

2) 손익 계정의 마감절차

① 집합손익 계정을 설정한다.
② 수익 계정의 잔액을 집합손익 계정으로 이동하여 수익 계정의 잔액을 0으로 만든다.
③ 비용 계정의 잔액을 집합손익 계정으로 이동하여 비용 계정의 잔액을 0으로 만든다.
④ 집합손익 계정의 차변과 대변의 차액이 당기순손익이 된다.
⑤ 당기순손익을 재무상태표상 이익잉여금으로 대체한다.

[포괄손익계산서 계정 마감 절차]

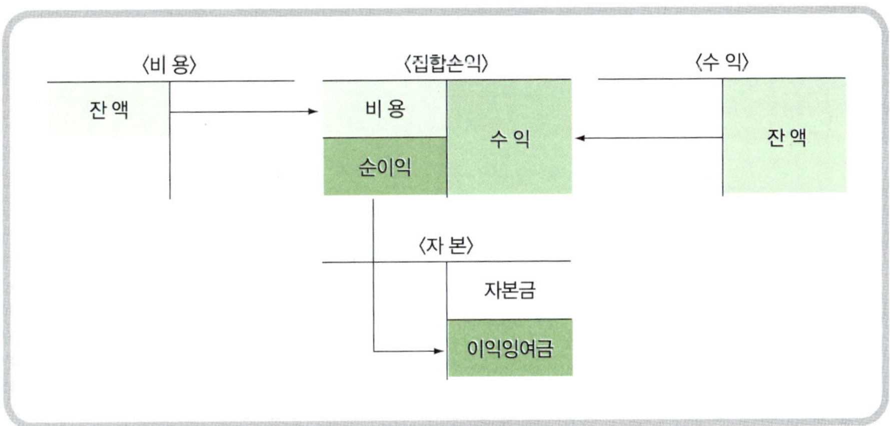

3) 포괄손익계산서 계정 마감분개(Closing entry journalizing)

① 수익 계정을 집합손익 계정으로 대체(수익 계정잔액을 0으로 만든다.)

(차) 수 익	×××	(대) 집 합 손 익	×××

② 비용 계정을 집합손익 계정으로 대체(비용 계정잔액을 0으로 만든다.)

(차) 집 합 손 익	×××	(대) 비 용	×××

③ 집합손익 계정을 이익잉여금 계정으로 대체(집합손익 계정잔액을 0으로 만든다.)

[당기순이익이 발생한 경우]

(차) 집 합 손 익	×××	(대) 이 익 잉 여 금	×××

[당기순손실이 발생한 경우]

(차) 이 익 잉 여 금	×××	(대) 집 합 손 익	×××

Key Point

포괄손익계산서 계정 마감

1 집합손익 계정 설정

한 회계기간 동안 발생한 수익과 비용을 총괄적으로 정리하고 집계하기 위하여 만든 임시계정

2 수익 계정의 대변잔액 : 집합손익 계정의 대변에 기록

(차) 수　　익 ×××　　(대) 집 합 손 익 ×××

3 비용 계정의 차변잔액 : 집합손익 계정의 차변에 기록

(차) 집 합 손 익 ×××　　(대) 비　　용 ×××

4 집합손익 계정의 차변과 대변의 차액 ➡ 이익잉여금

당기순이익이 발생한 경우

(차) 집 합 손 익 ×××　　(대) 이익잉여금 ×××

당기순손실이 발생한 경우

(차) 이익잉여금 ×××　　(대) 집 합 손 익 ×××

예제

다음의 자료를 이용하여 포괄손익계산서 계정에 대한 마감분개를 하시오.

포괄손익계산서

20x1년 1월 1일 ~ 20x1년 12월 31일

㈜대한 (단위 : 원)

매출액		200,000
매출원가		
기초상품재고액	25,000	
당기매입액	130,000	
기말상품재고액	(37,000)	(118,000)
매출총이익		82,000
판매비와관리비		
급여	9,000	
퇴직급여	6,000	
통신비	5,100	
감가상각비	20,000	
소모품비	1,500	
보험료	500	
손상차손	500	(42,600)
영업이익		39,400
영업외수익		
지대수익	3,000	
임대료수익	5,500	
당기손익－공정가치측정 금융자산평가이익	1,000	9,500
영업외비용		
이자비용	10,180	(10,180)
당기순손익		₩38,720

풀이 ① 수익 계정을 집합손익 계정으로 대체

(차)	매출	200,000	(대) 집합손익	209,500
	지대수익	3,000		
	임대료수익	5,500		
	당기손익-공정가치 측정 금융자산 평가이익	1,000		

② 비용 계정을 집합손익 계정으로 대체

(차)	집합손익	170,780	(대) 매출원가	118,000
			급여	9,000
			퇴직급여	6,000
			통신비	5,100
			감가상각비	20,000
			소모품비	1,500
			보험료	500
			손상차손	500
			이자비용	10,180

③ 집합손익 계정을 이익잉여금 계정으로 대체

(차)	집합손익	38,720*	(대) 이익잉여금	38,720

* 209,500 − 170,780 = ₩38,720

학습 Quiz

01 다음 중 마감분개에 대한 설명 중 옳지 않은 것은 무엇인가?

① 마감분개는 수익·비용과 같은 손익 계정을 이익잉여금으로 대체하고 그 잔액을 '₩0'으로 만들기 위한 절차이다.
② 마감분개는 이익잉여금 계정잔액에 그 결과를 대체하고, 다음 회계기간을 위해 수익과 비용 계정이나 배당금 계정을 준비하기 위한 절차이다.
③ 선급비용 계정은 결산정리시 마감되지 않는다.
④ 마감분개를 마치고 나면 집합손익 계정의 잔액이 남게 된다.

해설

01 집합손익 계정의 잔액은 ₩0이 된다. | 정답 ④ |

학습정리

*

1. 장부마감

다음 회계연도의 거래를 기록하기 위하여 총계정원장의 모든 계정을 마감하는 절차이다.

2. 재무상태표 계정 마감

재무상태표 계정은 잔액이 다음 회계연도로 이월된다.

3. 포괄손익계산서 계정 마감

포괄손익계산서 계정은 집합손익 계정을 통하여 모두 제거된다.

제3장 종합예제

:: 학습목표

- ✔ 수정분개
- ✔ 수정후시산표 작성하기
- ✔ 포괄손익계산서 작성하기
- ✔ 재무상태표 작성하기
- ✔ 장부마감

다음의 예제를 이용하여 수정분개, 수정후 잔액시산표, 포괄손익계산서, 재무상태표를 작성하고, 장부 마감을 종합적으로 학습하고자 한다.
㈜대한의 20x1년 동안(1/1~12/31) 회계 관련 정보는 다음과 같다.

수정전 잔액시산표

㈜대한 20x1년 12월 31일 (단위 : 원)

계정과목	차변잔액	대변잔액
현 금	1,000	
선급보험료	500,000	
소 모 품	600,000	
건 물	1,200,000	
매 입 채 무		19,000
단기차입금		296,000
선수임대료		84,000
자 본 금		1,200,000
매 출 액		900,000
임 차 료	45,000	
판 매 비	101,000	
급 여	52,000	
합 계	₩2,499,000	₩2,499,000

(추가정보)

① 20x1년도 보험료 해당분은 ₩100,000이다.
② 12월 31일 현재의 소모품재고는 ₩300,000이다.
③ 차입금에 대한 20x1년분 이자 ₩8,000을 아직 지급하지 않았다.
④ 1년치 사무실 임대료 ₩84,000을 12월 1일에 미리 받았다.
⑤ 상품 ₩18,000을 외상으로 판매하였다.
⑥ 종업원에 대한 12월분 급여 중 ₩200,000을 아직 지급하지 않았다.

(1) 앞의 시산표와 추가정보를 이용하여 12월 31일에 필요한 수정분개를 하시오.

① (차)	보험료	100,000	(대)	선급보험료	100,000
② (차)	소모품비	300,000*	(대)	소모품	300,000

* 소모품비 = 시산표상 소모품 − 소모품재고 = 600,000 − 300,000 = ₩300,000

③ (차)	이자비용	8,000	(대)	미지급이자	8,000
④ (차)	선수임대료	7,000	(대)	임대료수익	7,000
⑤ (차)	매출채권	18,000	(대)	매출	18,000
⑥ (차)	급여	200,000	(대)	미지급급여	200,000

(2) 수정후 잔액시산표를 작성하시오.

수정후 잔액시산표

㈜대한 20x1년 12월 31일 (단위 : 원)

계정과목	차변잔액	대변잔액
현금	1,000	
매출채권	18,000	
선급보험료	400,000	
소모품	300,000	
건물	1,200,000	
매입채무		19,000
단기차입금		296,000
선수임대료		77,000
미지급이자		8,000
미지급급여		200,000
자본금		1,200,000
매출액		918,000

임대료수익		7,000
판 매 비	101,000	
임 차 료	45,000	
급 여	252,000	
보 험 료	100,000	
소 모 품 비	300,000	
이 자 비 용	8,000	
합 계	₩2,725,000	₩2,725,000

(3) 포괄손익계산서를 작성하시오.

포괄손익계산서

㈜대한 20x1년 1월 1일부터 12월 31일까지 (단위 : 원)

수 익		
매 출 액		918,000
임 대 료 수 익		7,000
비 용		
판 매 비	101,000	
임 차 료	45,000	
급 여	252,000	
보 험 료	100,000	
소 모 품 비	300,000	
이 자 비 용	8,000	806,000
당 기 순 손 익		119,000
기 타 포 괄 손 익		0
총 포 괄 손 익		₩119,000

(4) 재무상태표를 작성하시오.

재무상태표

(주)대한 20x1년 12월 31일 (단위 : 원)

자산		부채	
현금	1,000	매입채무	19,000
매출채권	18,000	선수임대료	77,000
선급보험료	400,000	미지급이자	8,000
소모품	300,000	미지급급여	200,000
건물	1,200,000	단기차입금	296,000
		부채총계	600,000
		자본	
		자본금	1,200,000
		이익잉여금	119,000
		자본총계	1,319,000
자산총계	₩1,919,000	부채와 자본총계	₩1,919,000

(5) 마감분개를 하시오.

(차)	매출	918,000	(대) 집합손익	925,000
	임대료수익	7,000		
(차)	집합손익	806,000	(대) 판매비	101,000
			임차료	45,000
			급여	252,000
			보험료	100,000
			소모품비	300,000
			이자비용	8,000
(차)	집합손익	119,000	(대) 이익잉여금	119,000

제10편 **연습문제**

객관식 문제

중

01 **㈜대한은 20x1년 7월 1일에 ₩300,000의 소모품을 외상으로 구입하였다. 결산기말에 재고액을 조사해 본 결과 ₩70,000의 소모품이 남아 있는 것으로 확인되었다. 다음의 회계처리 중 옳지 않은 것은 무엇인가?**

① 구입시의 회계처리(소모품을 자산으로 계상한 경우)

(차) 소 모 품	300,000	(대) 미 지 급 금	300,000

② 구입시의 회계처리(소모품을 비용으로 계상한 경우)

(차) 소 모 품 비	300,000	(대) 미 지 급 비 용	300,000

③ 구입시 자산으로 계상한 경우의 수정분개

(차) 소 모 품 비	230,000	(대) 소 모 품	230,000

④ 구입시 비용으로 계상한 경우의 수정분개

(차) 소 모 품	230,000	(대) 소 모 품 비	230,000

해설 구입시 비용으로 계상한 경우 수정분개시 (차) 소모품 70,000 (대) 소모품비 70,000으로 회계처리한다.

중상

02 **다음 중 필요한 수정분개가 누락될 때 자산 계정이 과대계상되는 경우로 옳은 것은 무엇인가?**

① 선급보험료가 기간경과로 소멸한 경우
② 급여가 발생되었으나 미지급된 경우
③ 이자비용이 발생되었으나 미지급된 경우
④ 당해기간 중 용역은 제공하지 않고 대금을 미리 받은 경우

해설 자산 계정의 이연 항목(예 선급보험료)을 기간경과에 따라 수정분개하지 아니하는 경우 자산의 과대계상과 비용의 과소계상이 발생한다. 미지급비용 등과 같은 발생 항목들에 대한 수정분개 누락은 부채의 과소계상과 비용의 과소계상을 초래한다.

중하

03 **㈜민국은 20x1년 중 회사 건물의 일부를 임대해 주었으며 20x2년 1월에 임대료를 받기로 하였으나 장부에 기록하지 않았다. 다음 중 20x1년 12월 31일 재무상태표에 미치는 영향으로 옳은 것은 무엇인가?**

	총자산	총부채	자 본		총자산	총부채	자 본
①	과소계상	영향없음	과소계상	②	과소계상	과소계상	영향없음
③	과대계상	영향없음	과대계상	④	영향없음	과대계상	과소계상

해설 위 거래에 대해서 20x1년 결산시 수정분개를 하면, (차) 미수수익 ××× (대) 임대료수익 ×××이므로 미수수익이라는 자산의 증가와 임대료수익이라는 수익이 발생하게 된다. 그러나 이러한 분개를 하지 않음에 따라 자산의 과소계상, 자본(이익잉여금)의 과소계상을 초래하게 된다.

중상

04 **20x1년 초에 영업활동을 개시한 ㈜한국의 회계담당자는 20x1년 회계연도의 당기순손익을 ₩200,000으로 계산하였다. 그러나 회계감사인은 회계담당자가 계산한 당기순손익에는 다음 항목의 기말잔액에 대한 수정분개결과가 반영되지 않았다는 사실을 지적하였다. 위 사항을 반영하여 ㈜한국의 20x1년도의 당기순손익은 얼마인가?**

• 2009 행정안전부 9급

선수수익	₩10,000	선급비용	₩15,000
미지급비용	20,000	미수수익	25,000

① ₩180,000　　② ₩190,000
③ ₩200,000　　④ ₩210,000

해설 수정후 당기순손익 = 수정전 당기순손익 − 선수수익 + 선급비용 − 미지급비용 + 미수수익
= 200,000 − 10,000 + 15,000 − 20,000 + 25,000
= ₩210,000

Answer
01. ④　02. ①　03. ①　04. ④

중하

05 **㈜한국은 기초소모품이 ₩5,000,000이었고, 기중에 소모품 ₩6,000,000을 추가로 구입하고 자산으로 처리하였다. 기말에 남아 있는 소모품이 ₩3,000,000이라면, 다음 중 소모품과 관련된 기말 수정분개로 옳은 것은 무엇인가?**

• 2011 지방직

① (차) 소 모 품 비 8,000,000 (대) 소 모 품 8,000,000
② (차) 소 모 품 3,000,000 (대) 소 모 품 비 3,000,000
③ (차) 소 모 품 비 3,000,000 (대) 소 모 품 3,000,000
④ (차) 소 모 품 8,000,000 (대) 소 모 품 비 8,000,000

해설 소모품 구입시 자산으로 처리하였으므로, 기중에 사용한 소모품 ₩8,000,000만큼을 감소시키고, 비용처리한다.

하

06 **다음의 회계순환과정 중 결산절차에 해당하는 것으로 옳은 것은 무엇인가?**

(가) 분개장 작성
(나) 총계정원장에 전기
(다) 수정전시산표 작성
(라) 정산표의 작성
(마) 계정의 마감

① (가), (나)
② (가), (나), (다)
③ (나), (라)
④ (다), (라), (마)

해설 발생거래를 분개하여 분개장을 작성하고 분개에 기초하여 관련 총계정원장에 기록(전기)하는 절차는 기중에 이루어지는 절차이지 결산에 이루어지는 절차는 아니다.

중

07 **㈜대한(결산일 12월 31일)은 20x1년 4월 1일에 화재보험에 가입하면서 1년분 보험료 ₩120,000을 현금으로 지출하고 이를 모두 보험료(비용)로 처리하였다. 다음 중 20x1년 말에 보험료와 관련하여 장부에 반영해야 할 결산수정분개로 옳은 것은 무엇인가?**

① (차) 보 험 료 300,000 (대) 선급보험료 300,000
② (차) 보 험 료 90,000 (대) 선급보험료 90,000
③ (차) 선급보험료 30,000 (대) 보 험 료 30,000
④ (차) 선급보험료 90,000 (대) 보 험 료 90,000

::해설 20x1년도 포괄손익계산서에는 9개월분 보험료 ₩90,000이 계상되어야 한다. 그런데 기중거래 발생시 ₩120,000의 보험료를 계상했기 때문에 기말에 ₩30,000의 보험료를 감소시키면서(대변) 선급보험료(자산)를 증가시키는(차변) 결산수정분개를 해야 한다.

중

08 **㈜대한(결산일 12월 31일)은 20x1년 10월 1일에 ㈜민국에게 회사 창고를 임대해 주면서 1년분 임대료 ₩120,000을 현금으로 수령하고 이를 모두 임대료(수익)로 처리하였다. 다음 중 20x1년 말에 임대료와 관련하여 장부에 반영해야 할 결산수정분개로 옳은 것은 무엇인가?**

① (차) 선수임대료 30,000 (대) 임 대 료 30,000
② (차) 선수임대료 90,000 (대) 임 대 료 90,000
③ (차) 임 대 료 30,000 (대) 선수임대료 30,000
④ (차) 임 대 료 90,000 (대) 선수임대료 90,000

::해설 20x1년도 포괄손익계산서에는 3개월분 임대료 ₩30,000이 계상되어야 한다. 그런데 기중거래 발생시 ₩120,000의 임대료를 계상했기 때문에 기말에 ₩90,000의 임대료를 감소시키면서(차변) 선수임대료(부채)를 증가시키는(대변) 결산수정분개를 해야 한다.

Answer
05. ① 06. ④ 07. ③ 08. ④

중

09 **다음 중 장부의 마감 과정에서 다음 연도로 이월시키는 영구계정으로 옳지 않은 것은 무엇인가?**

① 선수수익 ② 이자수익 ③ 선급비용 ④ 매출채권

해설 영구계정은 재무상태표에 계상되는 계정이다. 이자수익은 포괄손익계산서에 계상되는 계정으로서 다음 연도로 이월되지 않는 계정이다.

중

10 **기말 결산수정분개를 할 때 고려해야 하는 것으로 차기에 현금유입 또는 유출을 수반하는 계정 중에 미수수익과 미지급비용이 있다. 다음 중 두 계정에 관한 설명으로 옳은 것은 무엇인가?** • 2010 관세직 9급

① 당기 미지급비용이 증가하든 미수수익이 증가하든 차기 현금이 감소한다.
② 당기 미지급비용이 증가하면 일반적으로 차기 현금이 감소하지만 당기 미수수익이 증가하면 일반적으로 차기 현금은 증가한다.
③ 당기 미지급비용이 증가하면 일반적으로 차기 현금이 증가하지만 당기 미수수익이 증가하면 차기 현금의 증감에는 영향이 없다.
④ 당기 미지급비용이 증가하든 미수수익이 증가하든 차기 현금이 증가한다.

해설 당기에 발생하였으나 미지급된 비용은 차기에 지출되므로 차기 현금이 감소하고, 당기에 발생(실현)하였으나 미수입된 수익은 차기에 수취하므로 차기 현금이 증가한다.

중

11 **수정전 수익과 비용의 차액이 ₩1,000(이익)이었다. 다음의 결산 수정분개사항을 반영하고 난 후 수정후 수익과 비용의 차액은 얼마인가? (단, 아래 항목 외에는 수정사항이 없는 것으로 가정한다)** • 2007 관세직 9급

기초소모품 ₩100, 당기매입 소모품 ₩500, 기말소모품 ₩200
(단, 소모품 구입시 자산 계정인 소모품 계정에 기록한다)
당기에 발생하였으나 지급하지 않은 이자비용 ₩250

① ₩250 손실 ② ₩850 이익
③ ₩1,350 이익 ④ ₩350 이익

(1) 소모품사용액	(차) 소 모 품 비	400	(대) 소 모 품	400
(2) 이자비용 미지급액	(차) 이 자 비 용	250	(대) 미 지 급 이 자	250

(3) 수정후순이익 : 1,000(수정전순이익) − 400(소모품비) − 250(미지급이자) = ₩350(이익)

중

12 결산을 하면서 선급보험료 중 기간경과로 인하여 소멸된 부분에 대한 수정분개를 누락하였다. 다음 중 이로 인한 영향으로 옳은 것은 무엇인가?

• 2005 중앙인사위 9급

① 당기순손익과 자산이 모두 과대계상된다.
② 당기순손익과 자산이 모두 과소계상된다.
③ 당기순손익은 과대계상되고, 자산은 과소계상된다.
④ 당기순손익은 과소계상되고, 자산은 과대계상된다.

::해설 선급보험료 중 기간경과분은 보험료 계정으로 대체해야 한다.

(차) 보 험 료	×××	(대) 선 급 보 험 료	×××

이와 같은 수정분개를 하면 보험료(비용)의 증가로 당기순손익은 감소한다. 그런데 이 수정분개를 누락함으로써 비용이 과소계상되고 자산(선급보험료)이 과대계상되어 당기순손익이 과대계상된다.

중하

13 다음 중 기말 수정분개사항으로 옳지 않은 것은 무엇인가? • 2003 행정자치부 7급

① 기말재고자산, 미수수익
② 선급금, 선수금
③ 손실충당금, 외화환산이익
④ 감가상각비

::해설 선급금, 선수금은 기말의 수정분개사항이 아니다.

Answer 09. ② 10. ② 11. ④ 12. ① 13. ②

주관식 평가문항

중

01 다음은 ㈜대한의 20x1년 12월 31일 현재의 추가정보이다. 회사의 회계기간은 1월 1일부터 12월 31일까지이며, 결산일은 매년 12월 31일이다. 다음 각각의 사항에 대해서 회사가 20x1년 12월 31일에 해야 할 수정분개를 나타내시오. (단위 : 원)

(1) 20x1년 12월 31일 현재 ₩50,000의 소모품이 남아 있었다. 12월 31일 현재 원장의 소모품비 계정에는 차변잔액이 ₩150,000이었다. 당사는 소모품을 구입할 때 즉시 비용으로 처리해왔다.
(2) 20x1년 7월 1일에 1년분 보험료 ₩60,000을 지급하고 선급보험료 계정에 기록하였다.

상

02 다음은 20x1년도 ㈜대한의 수정전시산표 및 기말수정사항이다.

〈수정전시산표〉

(단위 : 원)

현금	300,000	미지급금	350,000
매출채권	500,000	차입금	250,000
기계	600,000	감가상각누계액	60,000
급여	150,000	자본금	600,000
보험료	80,000	매출	400,000
소모품비	30,000		
	₩1,660,000		₩1,660,000

〈결산수정사항〉
1. 당기말 현재 차입금에 대한 이자비용 ₩20,000이 발생하였다.
2. 미사용 소모품은 ₩10,000이다.
3. 보험료 중 20x2년도 귀속보험료는 ₩30,000이다.
4. 기계에 대한 당기 감가상각비는 ₩40,000이다.

결산수정분개를 하시오.

※ [문제 3~4] 다음 ㈜민국의 수정후 잔액시산표를 이용하여 포괄손익계산서와 재무상태표를 작성하시오.

(단위 : 원)

계정과목	수정후 잔액시산표	
	차변	대변
현금	10,000	
매출채권	15,000	
선급보험료	4,000	
비품	70,000	
미지급금		12,000
미지급비용		7,000
차입금		20,000
감가상각누계액		30,000
자본금		40,000
매출		45,000
급여	20,000	
임차료	15,000	
소모품비	3,000	
보험료	4,000	
소모품	2,000	
이자비용	1,000	
감가상각비	10,000	
합계	₩154,000	₩154,000

상

03 포괄손익계산서를 작성하시오.

상

04 재무상태표를 작성하시오.

상

05 다음의 수정후 잔액시산표를 이용하여 손익 계정의 마감분개를 하시오.

계정과목	수정후 잔액시산표	
	차 변	대 변
현 금	1,000	
매 출 채 권	50,000	
비 품	70,000	
미 지 급 금		29,000
차 입 금		20,000
자 본 금		50,000
매 출		45,000
임 차 료	10,000	
급 여	12,000	
이 자 비 용	2,000	
미 지 급 비 용		3,000
선 급 비 용	2,000	
감 가 상 각 비	7,000	
감가상각누계액		7,000
합 계	₩154,000	₩154,000

Answer

01. (1) (차) 소 모 품 50,000 (대) 소 모 품 비 50,000
(2) (차) 보 험 료 30,000 (대) 선 급 보 험 료 30,000

02. 결산수정분개
① (차) 이 자 비 용 20,000 (대) 미 지 급 비 용 20,000
대변 계정을 미지급이자로 해도 무방하다.
② (차) 소 모 품 10,000 (대) 소 모 품 비 10,000
③ (차) 선 급 비 용 30,000 (대) 보 험 료 30,000
차변 계정을 선급보험료로 해도 무방하다.
④ (차) 감 가 상 각 비 40,000 (대) 감가상각누계액 40,000

03.

포괄손익계산서

㈜민국

수 익	매 출	45,000
비 용	급 여	20,000
	임 차 료	15,000
	소 모 품 비	3,000
	보 험 료	4,000
	이 자 비 용	1,000
	감 가 상 각 비	10,000
당 기 순 손 실		(8,000)

04.

재무상태표

㈜민국

현 금	10,000	미 지 급 금	12,000
매 출 채 권	15,000	미 지 급 비 용	7,000
선 급 보 험 료	4,000	차 입 금	20,000
비 품	70,000	자 본 금	40,000
감 가 상 각 누 계 액	(30,000)		
소 모 품	2,000	이 익 잉 여 금	(8,000)
	₩71,000		₩71,000

05. (차) 매 출 45,000 (대) 집 합 손 익 45,000
(차) 집 합 손 익 31,000 (대) 임 차 료 10,000
급 여 12,000
이 자 비 용 2,000
감 가 상 각 비 7,000
(차) 집 합 손 익 14,000 (대) 이 익 잉 여 금 14,000

MEMO

제 11 편

현금흐름표 및 재무제표 분석

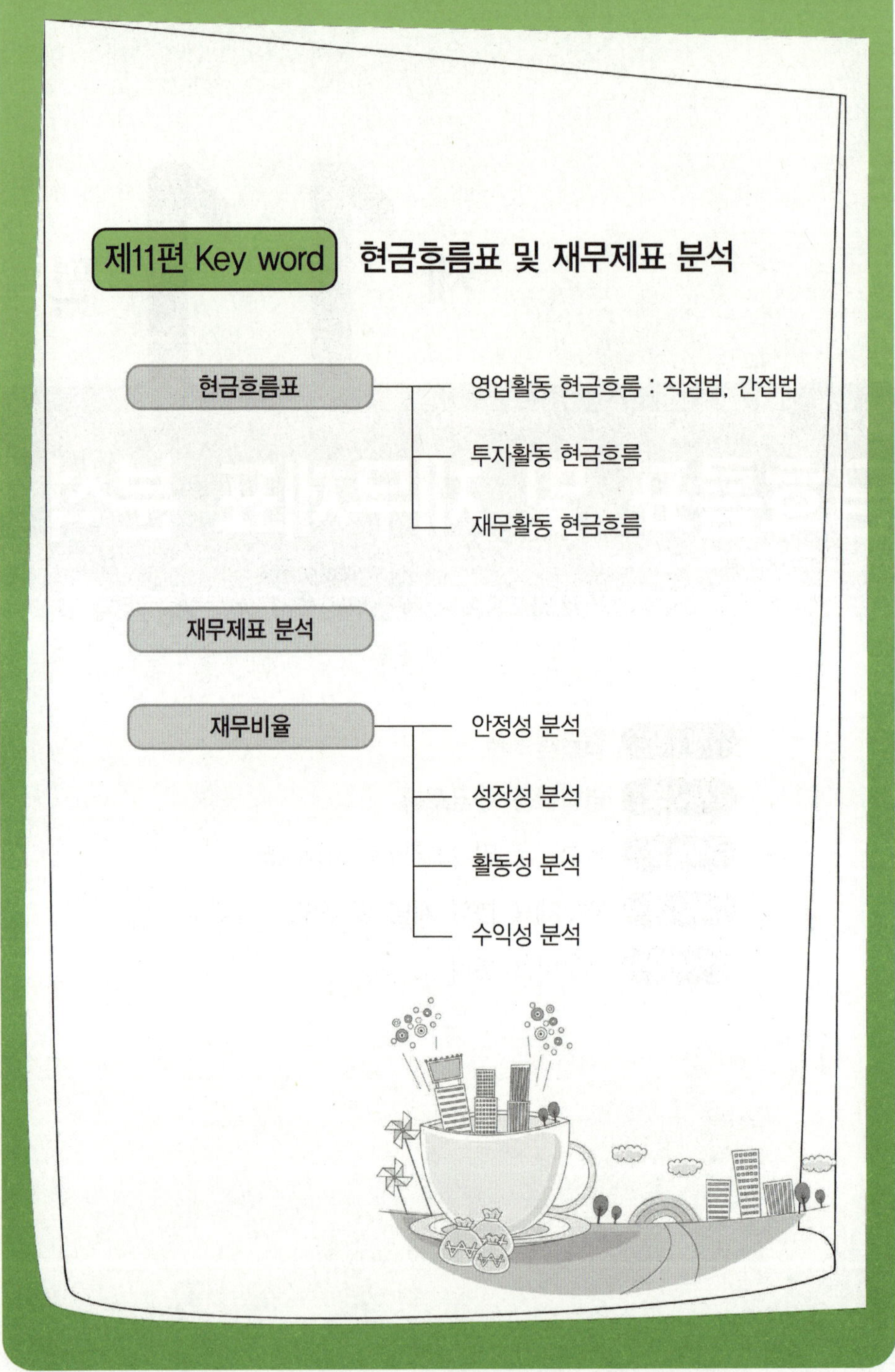

제11편 Key word
현금흐름표 및 재무제표 분석
현금흐름표
영업활동 현금흐름 : 직접법, 간접법
투자활동 현금흐름
재무활동 현금흐름
재무제표 분석
재무비율
안정성 분석
성장성 분석
활동성 분석
수익성 분석

현금흐름표

제21기 2019.01.01부터 2019.12.31.까지
제20기 2018.01.01부터 2018.12.31.까지

한라홀딩스

(단위 : 원)

구 분	제 21 기	제 20 기
영업활동현금흐름	56,660,580,291	5,794,566,303
영업으로부터 창출된 현금흐름(주32)	64,536,512,179	−1,697,537,693
이자의 수취	752,593,629	882,069,282
이자의 지급	−13,235,652,260	−13,485,350,266
배당금의 수취	14,195,496,028	45,428,201,640
법인세의 납부	−9,588,369,285	−25,332,816,660
투자활동현금흐름	−17,396,916,533	46,528,462,853
금융기관예치금의 순증감	18,121,784	30,565,016,461
종속기업투자주식 취득	−3,539,400,000	
종속기업투자주식 처분		10,000,000
대여금의 증가	−302,745,707	−819,483,659
대여금의 감소	413,474,820	547,451,081
당기손익−공정가치금융자산의 취득	−3,499,928,717	
당기손익−공정가치금융자산의 처분		181,790,000
기타포괄손익−공정가치측정 금융자산의 처분		
기타포괄손익−공정가치금융자산의 취득		−1,000,029,000
선수금의 증가		
유형자산의 취득	−13,797,806,460	−19,592,930,002
유형자산의 처분	84,359,947	37,014,656,838
무형자산의 취득	−643,786,000	−378,008,866
무형자산의 처분	3,870,793,800	
재무활동현금흐름	−23,049,493,071	−82,010,710,236
단기차입금의 증가		
단기차입금의 상환	−11,800,000,000	−45,000,000,000
장기차입금의 증가	6,000,000,000	77,777,600,000
리스부채의 원금상환	−10,983,818,068	
파생금융상품의 정산	−2,060,167,303	−908,357,396
사채의 발행	59,000,000,000	57,000,000,000
사채의 상환	−40,000,000,000	−150,000,000,000
사채발행비 지급	−269,300,000	−274,660,000
자기주식의 취득	−1,906,083,700	−6,202,024,040
배당금의 지급	−21,030,124,000	−14,403,268,800
현금및현금성자산의 환율변동효과	−62,856,735	−329,402,329
현금의 증가(감소)	16,151,313,952	−30,017,083,409
기초의 현금	73,209,407,358	103,226,490,767
기말의 현금	89,360,721,310	73,209,407,358

1. (주석 32) 영업으로부터 창출된 현금흐름정보

(단위 : 천원)

구 분	제21(당)기		제20(전)기	
법인세비용차감전 순이익		43,576,140		19,489,714
조정 항목 :		2,651,311		20,612,609
지분법손익	−30,211,171		−12,284,458	
종속기업투자주식처분이익			−10,000	
종속기업투자주식손상차손(환입)	11,652,081		22,238,500	
관계기업에대한투자자산처분이익			−2,765,520	
공정가치금융자산처분손실			18,210	
공정가치금융자산평가손익	−88,139		−290,304	
감가상각비	2,629,007		2,723,212	
무형자산상각비	2,068,761		2,242,134	
사용권자산상각비	11,147,697			
퇴직급여	4,235,512		3,363,731	
손상차손(환입)	222,740		−87,238	
기타의손상차손			500,000	
판매보증수리비	−3,856		205,439	
재고자산평가손실(환입액)	241,704		21,475	
파생상품평가손익	−4,682,496		3,250,967	
파생상품거래손익	−224,299		177,614	
유형자산처분손익	−988		−2,965,346	
무형자산처분손실	85,140			
외화환산손익	1,312,629		1,019,401	
기타충당부채전입액(환입액)	32,052			
배당금수익	−6,260,495		−6,260,495	
이자수익	−4,332,885		−5,120,023	
이자비용	14,828,317		14,635,310	
운전자본의 변동 :		18,309,061		−41,799,861
매출채권의 증감	48,480,568		−13,413,939	
기타수취채권의 증감	−361,309		854,117	
재고자산의 증감	−4,937,150		−11,599,920	
기타자산의 증감	−642,802		−151,728	
매입채무의 증감	−25,856,441		−8,988,164	
기타지급채무의 증감	5,751,608		−1,377,841	
퇴직급여의 순지급액	−2,320,899		−584,308	
사외적립자산의 적립	−3,500,000		−2,000,000	
충당부채의 증감	−48,625		−219,724	
기타부채의 증감	1,744,111		−4,318,354	
영업으로부터 창출된 현금흐름		64,536,512		−1,697,538

제1장 현금흐름표

:: 학습목표

✔ 현금흐름표의 개념을 학습한다.
✔ 현금흐름의 종류를 학습한다.

1 현금흐름표(Statements of cash flows) 정의

(1) 현금흐름표 정의

현금흐름표는 일정 기간 동안 기업의 영업활동, 투자활동, 재무활동으로 인한 현금의 유입과 유출에 따른 현금흐름의 변동 원인을 나타내는 재무제표이다.

Key Point

현금흐름표

"일정 기간 동안 기업의 영업활동, 투자활동, 재무활동으로 인한
현금의 유입과 유출을 적정하게 표시함으로써
현금흐름의 변동내용을 나타내는 보고서"

현금흐름의 변동내역을 포괄적으로
설명하는 재무제표

(2) 현금흐름표 장점

① 현금흐름표는 발생주의하에서 산출된 회계상 이익이 나타내지 못하는 실질적인 기업의 현금흐름에 대한 정보를 상세히 제공한다.
② 현금흐름표는 기업의 가치를 산출할 때 가장 중요한 정보인 미래현금흐름에 대한 정보를 제공한다.
③ 현금흐름표는 기업의 유동성 및 채무지급능력에 대한 정보를 제공한다.
④ 현금흐름표는 동일한 거래와 사건에 대하여 서로 다른 회계처리를 적용함에 따라 발생하는 영향을 제거하기 때문에 영업성과에 대한 기업 간의 비교가능성을 제고한다.

(3) 현금흐름표 단점

① 현금흐름표는 회계기간별 적절한 수익정보를 제공하지 못한다.
② 현금흐름표는 수익과 비용의 대응에 따른 비용정보를 제공하지 못한다.
③ 현금흐름표는 장기적인 관점에서 미래 이익을 예측하기 위한 정보를 제공하는데 제한적이다.
④ 현금흐름표는 재무상태표와 포괄손익계산서 등 발생주의에 의해 작성된 다른 재무제표와 연계하여 이용되어야 한다.

(4) 현금의 범위

현금흐름표 작성의 기준이 되는 현금의 범위는 현금및현금성자산이다.

2 현금흐름표 활동

(1) 현금흐름표의 활동 종류

현금흐름표는 기업의 세 가지 경영활동인 영업활동(Operating activities), 투자활동(Investment activities), 재무활동(Financial activities)으로 구분하여 활동별 현금흐름에 대한 정보를 제공한다.

① **영업활동** : 영업활동은 기업의 주요 수익창출활동, 그리고 투자활동이나 재무활동이 아닌 기타의 활동이다. 영업활동은 주로 제품의 생산과 판매활동, 상품과 용역의 구매와 판매활동 및 관리활동을 포함한다.

② **투자활동** : 투자활동은 장기성 자산 및 현금성자산에 속하지 않는 기타 투자자산의 취득과 처분 활동이다. 투자활동은 유·무형자산, 다른 기업의 지분상품이나 채무상품 등의 취득과 처분활동, 제3자에 대한 대여 및 회수활동 등을 포함한다.

③ **재무활동** : 재무활동은 기업의 납입자본과 차입금의 크기 및 구성내용에 변동을 가져오는 활동이다. 재무활동은 자본과 차입금의 조달, 환급 및 상환에 관한 활동을 포함한다.

현금흐름표 활동

영업활동

- 제품의 생산과 상품 및 용역의 구매 · 판매활동
- 투자활동과 재무활동에 속하지 아니하는 거래를 모두 포함

투자활동

- 현금의 대여와 회수활동
- 금융자산 · 투자자산 · 유형자산 및 무형자산의 취득과 처분활동 등

재무활동

신주발행이나 현금의 차입 및 상환활동 등과 같이 부채 및 자본에 영향을 미치는 거래

(2) 현금흐름표 활동별 세부 내용

① 한국채택국제회계기준상 현금흐름의 분류기준별 현금유입액과 현금유출액은 다음과 같다.

[한국채택국제회계기준상 현금흐름 분류기준]

현금유입액	활 동	현금유출액
재화 및 용역의 공급으로 인한 현금 유입액	영업활동	• 재화 및 용역의 구입으로 인한 현금유출액 • 종업원 관련 현금유출액
• 대여금 회수 • 지분 및 채무상품 처분 • 투자자산 처분 • 유형(무형)자산 처분	투자활동	• 대여금 • 지분 및 채무상품 취득 • 투자자산 취득 • 유형(무형)자산 취득
• 장·단기차입금 • 어음·사채 발행 • 주식 발행 • 자기주식 처분	재무활동	• 차입금 상환 • 자기주식 취득

② 한국채택국제회계기준에 따르면 이자수입, 배당금수입, 이자지급, 배당금지급, 법인세는 영업활동, 투자활동, 재무활동 중 해당 항목의 실질적인 관련성이 높은 활동으로 기업의 재량적 판단에 따라 다음과 같이 분류할 수 있다.

구 분	활동분류
이자수입	영업활동 또는 투자활동으로 분류 가능
배당금수입	영업활동 또는 투자활동으로 분류 가능
이자지급	영업활동 또는 재무활동으로 분류 가능
배당금지급	영업활동 또는 재무활동으로 분류 가능
법인세	영업활동, 투자활동, 재무활동으로 분류 가능

01 다음 중 현금흐름표에 대한 설명으로 옳지 않은 것은 무엇인가?

① 현금흐름표는 현금흐름의 변동내역을 포괄적으로 설명하는 재무제표이다.
② 현금흐름표는 기업의 유동성, 지급능력 및 재무탄력성을 평가하는 데 유용한 정보를 제공한다.
③ 현금흐름표상 현금은 현금및현금성자산을 의미한다.
④ 현금흐름표는 발생주의 기준에 따라 만들어진 재무제표이다.

02 다음 중 현금흐름표상 활동에 대한 설명으로 옳지 않은 것은 무엇인가?

① 영업활동은 투자활동과 재무활동에 속하지 아니하는 거래를 모두 포함한다.
② 투자활동은 유형자산 취득 및 처분활동과 관련된 활동이다.
③ 재무활동은 신주발행과 관련된 활동이다.
④ 현금흐름표상 활동은 판매활동, 투자활동, 재무활동으로 구분된다.

03 다음 중 현금흐름표상 영업활동 현금흐름으로 옳지 않은 것은 무엇인가?

① 매출 관련 현금 유입　② 재화의 구입 관련 현금 유출
③ 자금의 대여　④ 종업원 관련 현금 유출

해설

01 현금흐름표는 현금주의 기준에 따라 만들어진 재무제표이다. | 정답 ④ |
02 현금흐름표상 활동은 영업활동, 투자활동, 재무활동으로 구분된다. | 정답 ④ |
03 자금의 대여는 투자활동 현금흐름이다. | 정답 ③ |

학습정리 *

1. 현금흐름표 정의

현금흐름표는 일정 기간 동안 기업의 영업활동, 투자활동, 재무활동으로 인한 현금의 유입과 유출에 따른 현금흐름의 변동 원인을 나타내는 재무제표이다.

2. 현금흐름표 활동 종류

① 영업활동 : 영업활동은 기업의 주요 수익창출활동, 그리고 투자활동이나 재무활동이 아닌 기타의 활동이다. 영업활동은 주로 제품의 생산과 판매활동, 상품과 용역의 구매와 판매활동 및 관리활동을 포함한다.

② 투자활동 : 투자활동은 장기성 자산 및 현금성자산에 속하지 않는 기타 투자자산의 취득과 처분활동이다. 투자활동은 유·무형자산, 다른 기업의 지분상품이나 채무상품 등의 취득과 처분활동, 제3자에 대한 대여 및 회수활동 등을 포함한다.

③ 재무활동 : 재무활동은 기업의 납입자본과 차입금의 크기 및 구성내용에 변동을 가져오는 활동이다. 재무활동은 자본과 차입금의 조달, 환급 및 상환에 관한 활동을 포함한다.

제2장 영업활동 현금흐름

:: 학습목표

- ✔ 영업활동 현금흐름을 학습한다.
- ✔ 직접법과 간접법에 의한 현금흐름표 작성법을 학습한다.

1 영업활동 현금흐름(Cash flows from operating activities)

① 영업활동 현금흐름은 재화 및 용역의 구매·판매 등의 활동으로부터 발생하는 현금유입과 현금유출이다.

② 영업활동은 반복적이고 기업의 주된 활동이다.

③ 영업활동 현금흐름을 보고하는 방법에는 직접법과 간접법이 있다.

- **직접법** : 영업활동 현금흐름의 총현금유입과 총현금유출을 주요 항목별로 구분하여 표시하는 방법
  (한국채택국제회계기준에서는 직접법을 사용할 것을 권장함)
- **간접법** : 당기순손익에 당기순손익 조정 항목을 가감하여 표시하는 방법

[영업활동 현금흐름 보고 방법]

(이자수입, 배당금수입, 이자지급, 배당금지급, 법인세를 영업활동으로 분류하는 경우 가정)

직접법		간접법	
Ⅰ. 영업활동 현금흐름		Ⅰ. 영업활동 현금흐름	
1. 고객으로부터의 유입액	×××	1. 당기순손익	×××
2. 공급자 등에 대한 유출액	(×××)	2. 현금의 유출이 없는 비용 등의 가산	×××
3. 이자의 수취	×××	3. 현금의 유입이 없는 수익 등의 차감	(×××)
4. 배당금의 수취	×××	4. 영업활동으로 인한 자산, 부채의 변동	×××
5. 이자의 지급	(×××)		
6. 배당금의 지급	(×××)		
7. 법인세 납부	(×××)		

Key Point

영업활동 현금흐름

"재화 및 용역의 구매, 판매 등의 활동으로 발생하는 현금유입과 현금유출"

계산법 1 직접법

영업활동 현금흐름의 총현금유입과 총현금유출을 주요 항목별로 구분하여 표시하는 방법

계산법 2 간접법

당기순손익에 당기순손익 조정항목을 가감하여 표시하는 방법

(1) 직접법(Direct approach)

현금을 수반하여 발생하는 포괄손익계산서상의 수익과 비용 항목을 총액으로 표시하되, 현금유입과 유출액을 구하여 현금유입액은 원천별로, 현금유출액은 용도별로 표시하는 방법이다.

① 현금유입액 = 현금 유입을 수반하는 포괄손익계산서 수익 항목
+ 관련 자산의 감소(부채 증가) − 관련 자산의 증가(부채 감소)

② 현금유출액 = 현금 유출을 수반하는 포괄손익계산서 비용 항목
+ 관련 자산의 증가(부채 감소) − 관련 자산의 감소(부채 증가)

③ 영업활동 현금흐름 = ① − ②

Key Point

직접법

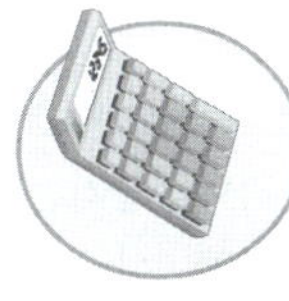

현금을 수반하여 발생하는 포괄손익계산서상의 수익과 비용항목을 총액으로 표시

① 현금유입액 = 현금을 수반하는 포괄손익계산서 수익항목
+ 관련 자산의 감소(부채 증가)
− 관련 자산의 증가(부채 감소)

② 현금유출액 = 현금을 수반하는 포괄손익계산서 비용항목
+ 관련 자산의 증가(부채 감소)
− 관련 자산의 감소(부채 증가)

③ 영업활동 현금흐름 = ① − ②

(2) 간접법(Indirect approach)

① 당기순손익을 기초로 하여 현금의 유출이 없는 비용 등을 가산하고, 현금의 유입이 없는 수익 등을 차감하고, 영업활동으로 인한 자산, 부채의 변동을 가감하여 산출하는 방법이다.

② 당기순손익에 가산 및 차감할 항목은 다음과 같다.

당기순손익에 가산할 항목 (현금의 유출이 없는 비용 등의 가산)	당기순손익에 차감할 항목 (현금의 유입이 없는 수익 등의 차감)
현금의 유출이 없는 비용 : 감가상각비, 무형자산상각비, 사채할인발행차금 상각으로 인한 이자비용, 당기손익－공정가치측정 금융자산평가손실 등	현금의 유입이 없는 수익 : 당기손익－공정가치측정 금융자산평가이익
현금의 유출은 있으나 영업활동에서 발생한 것이 아닌 비용 : 금융자산처분손실, 투자자산처분손실, 유형자산처분손실, 사채상환손실, 장기차입금 상환손실 등	현금의 유입은 있으나 영업활동에서 발생한 것이 아닌 수익 : 투자자산처분이익, 유형자산처분이익, 금융자산처분이익 등
영업활동과 관련된 자산 계정(현금및현금성자산 제외)의 감소액 : 매출채권 감소액, 재고자산 감소액, 당기손익－공정가치측정 금융자산 감소액, 선급비용 감소액, 선급금 감소액, 미수수익 감소액 등	영업활동과 관련된 자산 계정(현금및현금성자산 제외)의 증가액 : 매출채권 증가액, 재고자산 증가액, 당기손익－공정가치측정 금융자산 증가액, 선급비용 증가액, 선급금 증가액, 미수수익 증가액 등
영업활동과 관련된 부채 계정의 증가액 : 매입채무 증가액, 미지급비용 증가액, 선수금 증가액, 선수수익 증가액 등	영업활동과 관련된 부채 계정의 감소액 : 매입채무 감소액, 미지급비용 감소액, 선수금 감소액, 선수수익 감소액 등

Key Point

간접법

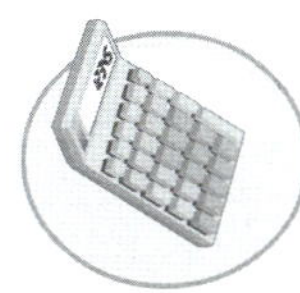

포괄손익계산서상의 당기순손익에
법인세비용을 가산하여 출발
(법인세비용 자료가 주어지지 않는
경우에는 당기순손익에서 출발)

- 현금의 유출이 없는 비용 등을 가산
- 현금의 유입이 없는 수익 등을 차감
- 영업활동으로 인한 자산, 부채의 변동을 가감

예제

영업활동 현금흐름을 구하시오(직접법).

재무상태표

(단위 : 원)

	20x1.12.31	20x2.12.31
현금	2,000,000	1,000,000
매출채권	11,500,000	11,800,000
재고자산	1,200,000	2,000,000
선급비용	2,000,000	1,000,000
건물	10,000,000	10,000,000
(건물감가상각누계액)	(2,000,000)	(4,000,000)
자산총계	₩24,700,000	₩21,800,000
매입채무	1,500,000	1,000,000
미지급비용	400,000	250,000
사채	3,000,000	4,000,000
자본금	19,200,000	16,200,000
이익잉여금	600,000	350,000
부채와 자본총계	₩24,700,000	₩21,800,000

포괄손익계산서

20x2.1.1 ~ 20x2.12.31

(단위 : 원)

매출	15,000,000	
매출원가	8,500,000	
매출총이익		6,500,000
판매비와관리비		(4,500,000)
감가상각비	2,000,000	
급여 등	2,500,000	
영업이익		2,000,000
영업외수익		500,000
유형자산처분이익	500,000	
당기순손익		₩2,500,000

풀이

[현금흐름표]

Ⅰ. 영업활동 현금흐름		₩3,250,000
가. 고객으로부터 유입액	14,700,000[1]	
나. 공급자 등에 대한 유출액		
매입에 대한 유출액	(9,800,000)[2]	
판매비와관리비에 대한 유출액	(1,650,000)[3]	

1) 15,000,000(매출) − 300,000(매출채권 증가) = ₩14,700,000

2) 8,500,000(매출원가) + 800,000(재고자산 증가) + 500,000(매입채무 감소) = ₩9,800,000

3) 2,500,000(판매비와관리비 : 감가상각비 제외) − 1,000,000(선급비용 감소) + 150,000(미지급비용 감소) = ₩1,650,000

예제

영업활동 현금흐름을 구하시오(간접법).

재무상태표

(단위 : 원)

과 목	20x1.12.31	20x2.12.31
매출채권	₩2,400,000	₩2,550,000
상품	2,100,000	1,900,000
선급보험료	21,000	15,000
미수이자	22,000	27,000
매입채무	2,200,000	1,700,000
선수임대료	53,000	66,000
미지급임차료	72,000	47,000

포괄손익계산서

20x2.1.1 ~ 20x2.12.31

(단위 : 원)

매출	12,000,000	
매출원가	7,500,000	
매출총이익		4,500,000
판매비와관리비		(2,460,000)
감가상각비	390,000	
급여	1,600,000	
보험료	120,000	
임차료	350,000	
영업이익		2,040,000
영업외수익		490,000
유형자산처분이익	160,000	
임대료	250,000	
이자수익*	80,000	
당기순손익		₩2,530,000

*재무활동으로 분류함

제11편 ● 현금흐름표 및 재무제표 분석

풀이▶ ① 현금의 유출입이 없는 수익과 비용 등

구 분		항 목	금 액
현금의 유출이 없는 비용 등 (당기순손익에 가산조정)	현금의 유출이 없는 비용	감가상각비	₩390,000
	투자와 재무활동으로 인한 손실	–	–
현금의 유입이 없는 수익 등 (당기순손익에 차감조정)	현금의 유입이 없는 수익	–	–
	투자와 재무활동으로 인한 이익	유형자산처분이익	₩160,000

② 영업활동으로 인한 자산·부채의 변동

구 분	항 목	변동액	증 감	당기순손익 조정
영업활동으로 인한 자산 변동	매출채권	₩150,000	증가	차감
	재고자산	200,000	감소	가산
	선급보험료	6,000	감소	가산
	미수이자	5,000	증가	차감
영업활동으로 인한 부채 변동	매입채무	500,000	감소	차감
	선수임대료	13,000	증가	가산
	미지급임차료	25,000	감소	차감

[현금흐름표]

(단위 : 원)

과 목	금 액		
Ⅰ. 영업활동 현금흐름			₩2,299,000
1. 당기순이익		2,530,000	
2. 현금의 유출이 없는 비용 등의 가산		390,000	
가. 감가상각비	390,000		
3. 현금의 유입이 없는 수익 등의 차감		(160,000)	
가. 유형자산처분이익	(160,000)		
4. 영업활동으로 인한 자산·부채의 변동		(461,000)	
가. 매출채권 증가	(150,000)		
나. 재고자산 감소	200,000		
다. 선급보험료 감소	6,000		
라. 미수이자 증가	(5,000)		
마. 매입채무 감소	(500,000)		
바. 선수임대료 증가	13,000		
사. 미지급임차료 감소	(25,000)		

01 다음 중 현금흐름표상 영업활동 현금흐름에 대한 설명으로 옳지 않은 것은 무엇인가?

① 영업활동 현금흐름을 산출함에 있어서 간접법에 의하면 현금의 유출이 없는 비용은 차감해야 한다.
② 영업활동 현금흐름은 직접법과 간접법에 의해 산출될 수 있다.
③ 영업활동 현금흐름을 현금의 유출과 유입을 수반하는 수익·비용 항목에 대하여 개별적으로 총액을 파악하여 보고하는 방법을 직접법이라고 한다.
④ 영업활동 현금흐름을 당기순손익 기준으로 하여 현금유출이 없는 비용 등을 가산하고, 현금 유입이 없는 수익 등을 차감하여 당기의 영업활동으로 인한 현금흐름을 산출하는 방법을 간접법이라고 한다.

02 ㈜대한은 보유하고 있는 기타포괄손익－공정가치측정 금융자산으로 인하여 20x1년의 결산 실적에 대해 20x2년 3월에 현금 배당금 ₩7,000,000과 주식배당액 ₩3,000,000을 지급받았다. 다음 중 현금흐름표(직접법) 작성방법으로 옳은 것은 무엇인가? (단, 배당금수입은 영업활동으로 분류한다)

① 20x1년 영업활동 현금유입액 ₩10,000,000으로 표시된다.
② 20x1년 영업활동 현금유입액 ₩7,000,000으로 표시된다.
③ 20x2년 영업활동 현금유입액 ₩10,000,000으로 표시된다.
④ 20x2년 영업활동 현금유입액 ₩7,000,000으로 표시된다.

해설

01 영업활동 현금흐름을 산출함에 있어서 간접법에 의하면 현금의 유출이 없는 비용은 가산해야 한다.
| 정답 ❶ |

02 실제 배당금 수익이 현금으로 유입된 20x2년도의 영업활동으로 인한 현금유입액으로 산출된다.
| 정답 ❹ |

학습정리

*

1. 영업활동 현금흐름

   영업활동 현금흐름은 재화 및 용역의 구매·판매 등의 활동으로부터 발생하는 현금유입과 현금유출이다.

2. 영업활동 현금흐름을 계산하는 방법

   ① 직접법 : 영업활동 현금흐름을 총현금유입과 총현금유출을 주요 항목별로 구분하여 표시하는 방법(한국채택국제회계기준에서는 직접법을 사용할 것을 권장함)

   ② 간접법 : 당기순손익에 당기순손익 조정 항목을 가감하여 표시하는 방법

제3장 투자활동 및 재무활동 현금흐름

:: 학습목표

- ✔ 투자활동 현금흐름을 학습한다.
- ✔ 재무활동 현금흐름을 학습한다.

1 투자활동 현금흐름(Cash flows from investing activities)

① 투자활동 현금흐름은 자금의 대여 및 회수, 금융자산·투자자산·유형(무형)자산의 취득 및 처분과 관련하여 발생된 현금의 유입과 유출이다.

② 투자활동은 비반복적이며 보조적인 활동이다.

③ 투자활동으로 인한 현금유입은 대여금의 회수, 금융자산, 투자자산, 유형자산의 등의 처분으로 인해 발생한다.

④ 투자활동으로 인한 현금유출은 자금의 대여, 금융자산, 투자자산, 유형(무형)자산의 등의 취득으로 발생한다.

Key Point

투자활동 현금흐름

투자활동이란?

현금의 대여와 회수활동,
금융자산 · 투자자산 · 유형자산의
취득 및 처분활동

영업활동

- 반복적
- 기업의 주된 활동

투자활동

- 비반복적
- 보조적인 활동

투자활동 현금유입

- 대여금 회수
- 금융자산 및 투자자산 처분
- 유형자산 처분 등

투자활동 현금유출

- 현금의 대여
- 금융자산 및 투자자산 취득
- 유형자산 취득 등

예제

다음 자료를 이용하여 ㈜대한의 투자활동 현금흐름을 계산하시오.
(단, 배당금수입을 영업활동으로 가정한다)

(1) ㈜대한은 ㈜민국의 주식 2,000주를 총 ₩260,000에 매입하였다.
(2) ㈜대한은 사채 ₩350,000(장부금액 ₩300,000)을 매각하였다.
(3) ㈜대한은 당기에 상각후원가측정 금융자산을 ₩500,000에 매입하였고, 이자수익 ₩37,500을 수령하였다.
(4) ㈜대한은 보유하고 있던 ㈜민국의 기타포괄손익－공정가치측정 금융자산으로부터 총 ₩12,000의 배당금을 수령하였다.

풀이

① 유입액 : 사채 매각액		350,000
② 유출액 : 주식 매입액		(260,000)
상각후원가측정 금융자산 매입액		(500,000)
③ 투자활동 현금흐름 :	①－②＝	(₩410,000)

2 재무활동 현금흐름(Cash flows from financing activities)

① 재무활동 현금흐름은 자금의 차입 및 상환, 신주 발행 등과 같이 부채 및 자본에 영향을 미치는 거래와 관련하여 발생된 현금의 유입과 유출이다.

② 재무활동으로 인한 현금의 유입은 단기·장기차입금의 차입, 어음·사채의 발행, 주식의 발행 등으로 발생한다.

③ 재무활동으로 인한 현금의 유출은 유상감자, 자기주식 취득, 차입금 상환, 자산의 취득에 따른 부채의 지급 등으로 발생한다.

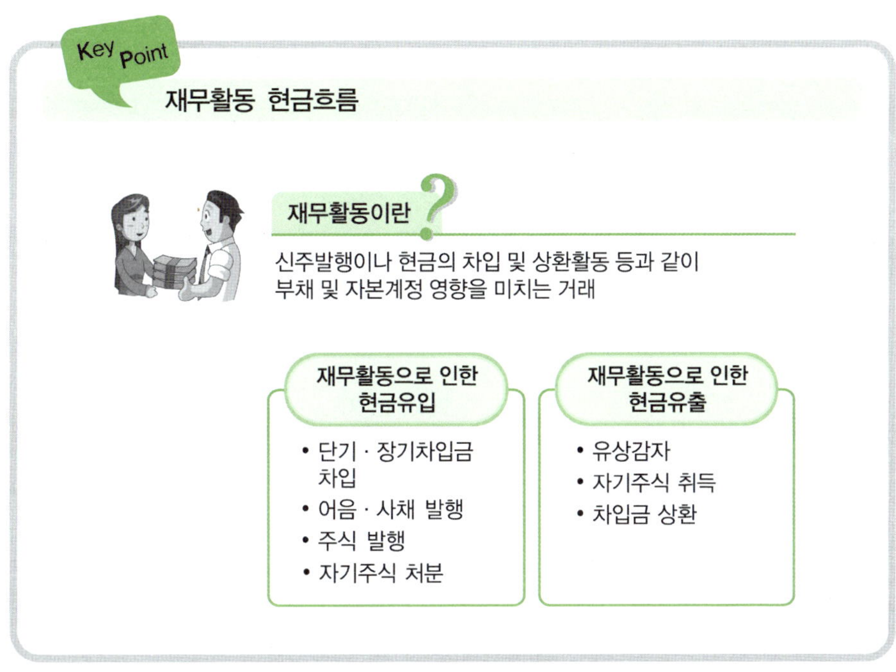

예제

다음의 자료를 이용하여 ㈜대한의 재무활동 현금흐름을 계산하시오(단, 배당금지급을 재무활동으로 가정한다).

(1) 자기주식 처분	₩95,000
(2) 사채원금 상환(액면금액 ₩1,000,000)	750,000
(3) 배당금 지급	62,000

풀이

① 유입액 : 자기주식처분금액		95,000
② 유출액 : 사채상환액		(750,000)
배당금 지급		(62,000)
③ 재무활동 현금흐름 :	①－②＝	(₩717,000)

3 종합예제

다음은 ㈜대한의 회계기록으로부터 얻은 자료이다.

	20x1.12.31.	20x2.12.31.
현금	350,000	3,500,000
매출채권	700,000	3,500,000
상각후원가측정 금융자산	3,360,000	－
기타포괄손익－공정가치측정 금융자산	4,060,000	700,000
건물	15,050,000	25,620,000
감가상각누계액	(2,800,000)	(1,400,000)
	₩20,720,000	₩31,920,000
매입채무	1,540,000	2,450,000
사채	－	5,600,000
자본금	17,780,000	17,780,000
이익잉여금	1,400,000	6,090,000
	₩20,720,000	₩31,920,000

(추가정보)

(1) 장부금액 ₩3,360,000의 상각후원가측정 금융자산이 20x2년에 ₩2,730,000에 처분되었다.
(2) 80% 상각된 취득원가 ₩3,500,000의 건물이 20x2년에 ₩560,000에 처분되었다.
(3) 20x2년의 정확한 당기순손익은 ₩5,390,000이었다.
(4) ₩700,000의 배당금이 현금으로 지급되었다.
(단, 배당금 지급은 재무활동으로 분류한다)
(5) 20x2년의 감가상각비는 ₩1,400,000이다.
(6) 정부로부터 건물을 기증받았다. 건물의 감정가액은 ₩2,170,000이었고, 이로 인해 이익잉여금(자산수증이익)이 증가하였다.

(1) 간접법에 의한 현금흐름표를 작성하라.

■ 현금흐름표 작성을 위한 회계처리

(차)	현금	2,730,000	(대)	상각후원가측정 금융자산	3,360,000
	상각후원가측정 금융자산처분손실	630,000			
(차)	현금	560,000	(대)	건물	3,500,000
	감가상각누계액	2,800,000			
	유형자산처분손실	140,000			
(차)	당기순손익	5,390,000	(대)	이익잉여금	5,390,000
(차)	이익잉여금	700,000	(대)	현금	700,000
(차)	감가상각비	1,400,000	(대)	감가상각누계액	1,400,000
(차)	건물	2,170,000	(대)	자산수증이익	2,170,000
(차)	건물	11,900,000	(대)	현금	11,900,000*
(차)	현금	5,600,000	(대)	사채	5,600,000
(차)	현금	3,360,000	(대)	기타포괄손익-공정가치측정 금융자산	3,360,000

* (15,050,000 − 3,500,000 + 2,170,000) − 25,620,000 = ₩11,900,000

■ 현금흐름표 작성

<u>현금흐름표</u>

20x2.1.1.~20x2.12.31.

㈜대한			(단위 : 원)
Ⅰ. 영업활동 현금흐름			3,500,000
1. 당기순손익		5,390,000	
2. 현금의 유출이 없는 비용 등의 가산			
상각후원가측정 금융자산처분손실	630,000		
건물처분손실	140,000		
감가상각비	1,400,000	2,170,000	
3. 현금의 유입이 없는 수익 등의 차감			
자산수증이익	(2,170,000)	(2,170,000)	
4. 영업활동과 관련된 자산, 부채의 변동			
매입채무의 증가	910,000		
매출채권의 증가	(2,800,000)	(1,890,000)	
Ⅱ. 투자활동 현금흐름			(5,250,000)
1. 투자활동 현금 유입액			
상각후원가측정 금융자산의 처분	2,730,000		
건물의 처분	560,000		
기타포괄손익－공정가치측정			
금융자산의 처분	3,360,000	6,650,000	
2. 투자활동 현금 유출액			
건물의 취득	(11,900,00)	(11,900,00)	
Ⅲ. 재무활동 현금흐름			4,900,000
1. 재무활동 현금 유입액			
사채의 발행		5,600,000	
2. 재무활동 현금 유출액			
배당금의 지급		(700,000)	
Ⅳ. 현금의 증가			3,150,000
Ⅴ. 기초의 현금			350,000
Ⅵ. 기말의 현금			₩3,500,000

01 다음 중 투자활동 및 재무활동에 대한 설명으로 옳지 않은 것은 무엇인가?

① 투자활동이란 현금의 대여와 회수활동, 금융자산·투자자산·유형자산의 취득 및 처분활동이다.
② 투자활동으로 인한 현금유출에는 자기주식의 취득, 차입금의 상환, 자산의 취득에 따른 부채의 지급 등이 포함된다.
③ 재무활동이란 현금의 차입 및 상환활동, 신주발행 등과 같이 부채 및 자본 계정에 영향을 미치는 거래이다.
④ 재무활동으로 인한 현금의 유입에는 단기·장기차입금의 차입, 어음·사채의 발행, 주식의 발행 등이 포함된다.

02 ㈜대한은 취득원가가 ₩400,000, 감가상각누계액이 ₩320,000인 기계를 ₩120,000에 처분하였다. 다음 중 현금흐름표와 관련하여 다음 설명 중 옳은 것은 무엇인가?

① 처분금액 ₩120,000은 투자활동 현금유입액으로 보고한다.
② 기계처분이익은 영업활동 부분에서 조정하고 투자활동 현금유입액으로 ₩80,000을 보고한다.
③ 투자활동 현금흐름으로 처분금액 ₩400,000을 보고한다.
④ 현금흐름이 발생하지 않았다.

해설

01 투자활동으로 인한 현금유출에는 현금의 대여, 금융자산 및 투자자산의 취득, 유형자산의 취득 등이 포함된다. | 정답 ❷ |

02 기계처분으로 인한 현금 유입액은 투자활동 현금유입액이다. | 정답 ❶ |

학습 Quiz

03 다음 중 20x1년 중의 현금 증감액은 얼마인가?

(1) 단기차입금으로 현금 조달	₩1,651,000
(2) 투자자산 현금 취득	884,000
(3) 당기손익－공정가치측정 금융자산 처분(처분손익 없음)	559,000
(4) 재고자산 매입	1,768,000
(5) 사채 현금 상환(상환손익 없음)	2,600,000

① ₩2,483,000 증가
② ₩3,042,000 감소
③ ₩4,810,000 증가
④ ₩5,642,000 감소

:: 해설

03

	현금의 유입(유출)
(1)	1,651,000
(2)	(884,000)
(3)	559,000
(4)	(1,768,000)
(5)	(2,600,000)
계	(₩3,042,000)

| 정답 ❷ |

학습정리

*

1. 투자활동 현금흐름

투자활동 현금흐름은 자금의 대여 및 회수, 금융자산·투자자산·유형(무형)자산의 취득 및 처분과 관련하여 발생된 현금의 유입과 유출이다.

2. 재무활동 현금흐름

재무활동 현금흐름은 신주발행이나 현금의 차입 및 상환활동 등과 같이 부채 및 자본에 영향을 미치는 거래와 관련하여 발생된 현금의 유입과 유출이다.

제4장

재무제표 분석 개념 및 방법

:: 학습목표

✔ 재무제표 분석 의의와 활용방법을 학습한다.
✔ 재무제표 분석방법을 학습한다.

1 재무제표 분석(Financial statement analysis) 의의와 활용

(1) 재무제표 분석 의의

① 재무제표는 일정 기간 동안 기업이 수행한 경영활동이 의미 있게 요약된 기업 정보에 대한 원천자료이므로 재무제표 자료의 분석을 통하여 기업과 관련된 의사결정을 위한 정보로 활용한다.

② 재무제표 분석은 기업의 재무적 성과에 관심 있는 기업 내·외부의 이해관계자에게 유용한 정보를 제공하기 위한 목적으로 행하는 재무제표의 분석활동이다.

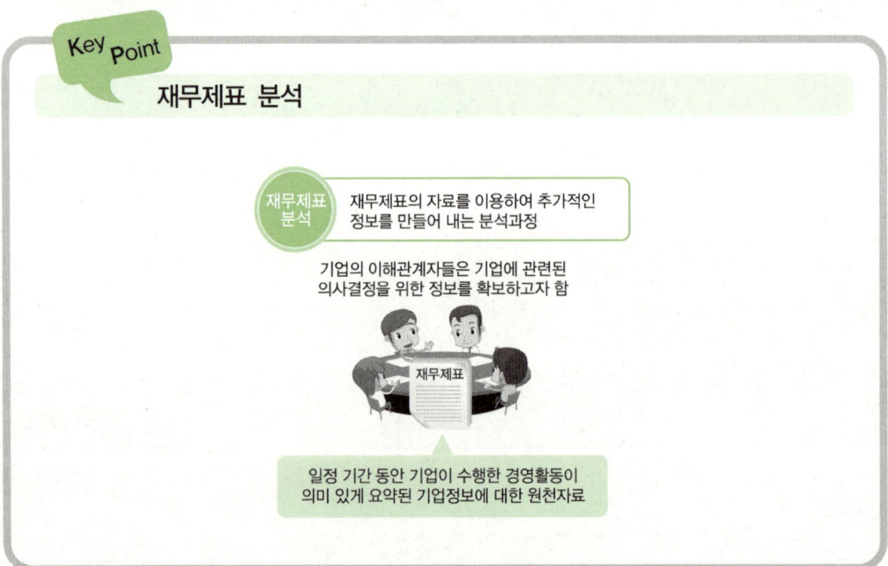

(2) 재무제표 분석 활용

1) 여신결정

① 금융기관은 여신결정을 할 때, 대출신청기업의 재무제표, 주요 재무제표 항목에 대한 추정치, 세부 사업계획서 및 담보자산 내역 등에 관한 정보를 고려한다.

② 특히, 여신결정에서 중요한 사항은 대출신청기업의 대출금 상환능력에 있다. 이와 관련하여 단기간 혹은 장기간에 걸친 기업의 현금흐름 및 지급능력을 파악하기 위하여 재무제표 분석이 필요하다.

2) 기업도산예측

① 기업의 도산이란 기업이 만기가 도래한 채무를 상환할 수 없는 지급불능상태를 의미한다.

② 이러한 기업도산가능성의 예측은 금융기관의 여신결정과 관련하여 중요할 뿐만 아니라, 투자자들이 최적의 포트폴리오를 구성하기 위해서도 중요하다.

③ 일반적으로 기업의 수익성, 유동성 및 재무구조 등을 파악하여 기업의 도산 가능성을 예측한다.

3) 신용등급평가

① 자본시장에서는 정보비대칭으로 인한 역선택이 발생할 수 있는 가능성이 존재하므로 이를 완화하기 위하여 신용평가기관인 정보중개인이 기업에 대한 신용을 평가한다.

② 신용평가기관은 기업이 발행한 사채나 어음 등의 상환가능성에 대해 재무제표 분석을 통하여 투자자들에게 기업의 위험에 대한 정보를 제공한다.

③ 국내 신용평가기관은 사업분석, 재무분석, 자금조달능력분석 등을 통하여 기업에 대한 위험에 등급을 부여하여 평가한다.

4) 기업가치평가

① 일반적으로 기업의 가치는 예상배당금액, 예상이익흐름 등 미래 발생하는 현금흐름의 현재가치로 평가된다.

② 미래의 배당금액이나 이익수준은 과거 및 현재의 재무제표에 나타나는 과거 및 현재의 배당금액 또는 이익수준과 기업의 환경 및 내부 성장요인 등을 고려하여 예측된다.

③ 이러한 예측을 위하여 재무제표 분석이 활용된다.

④ 또한 현재가치 계산을 위해 필요한 할인율은 재무제표 분석 또는 주식평가모형을 등을 이용하여 파악한다.

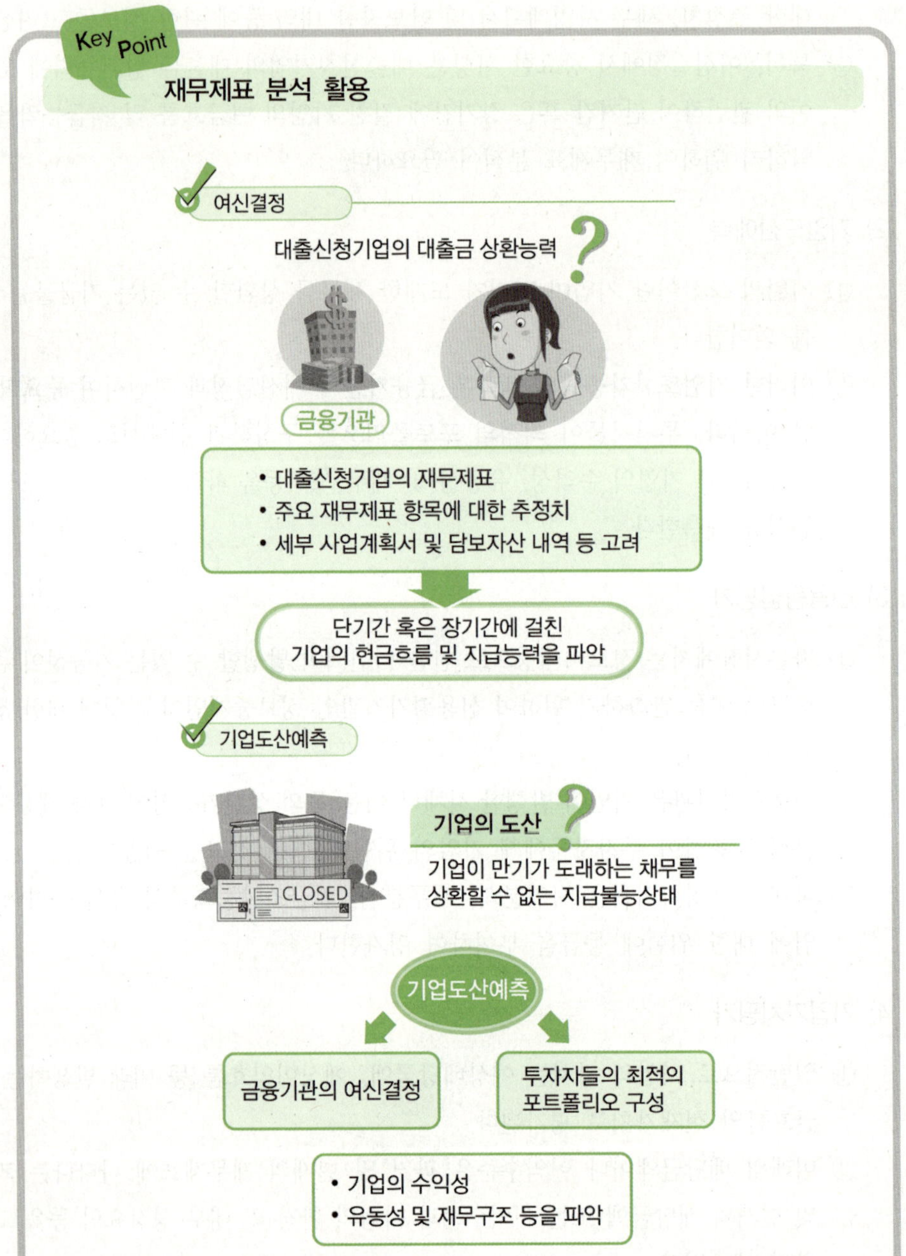

정보비대칭으로 인한 역선택이 발생 가능

완화

정보중개인(신용평가기관)의 기업신용 평가

기업이 발행한 사채나 어음 등의 상환가능성에 대해 재무제표 분석을 통하여 투자자들에게 기업의 위험에 대한 정보 제공

국내 신용평가기관은 …

사업분석, 재무분석, 자금조달능력분석 등을 통하여 기업에 대한 위험에 등급을 부여하여 평가

기업가치평가

기업의 가치는

예상배당금액, 예상이익흐름 등 미래 발생하는 현금흐름의 현재가치로 평가

미래

미래의 배당금액이나 이익수준

과거 및 현재의 재무제표에 나타나는 과거 및 현재의 배당금액 또는 이익수준과 기업의 환경 및 내부 성장요인 등을 고려하여 예측

현재

현재가치 계산을 위해 필요한 할인율을 재무제표 분석 또는 주식평가모형 등을 이용하여 파악

(3) 재무정보 파악방법

일정 규모 이상의 기업은 법률에 의해서 감사인의 외부감사를 받고 그 결과를 공시하도록 되어 있다.

- 일간신문
- 금융감독원(www.fss.or.kr) → 전자공시시스템(dart.fss.or.kr)
- 증권거래소(www.kse.or.kr)
- 한국공인회계사회
- 각 증권회사의 기업경영분석 또는 상장회사 투자분석
- 한국신용평가주식회사의 주가 및 재무제표 데이터베이스
- 한국상장회사협의회의 재무자료
- 기타 경제신문이나 개별 기업의 홍보자료

예 SM엔터테인먼트의 20x1년도 재무제표를 얻고자 한다. 어디에서 재무정보를 얻을 것인가?

- 금융감독원(www.fss.or.kr) → 전자공시시스템(dart.fss.or.kr)
- **상세검색 – 공시서류검색** **회사명** : 포스코
  기 간 : 전체
  보고서명 : 사업보고서 or 감사보고서
- 검색실행 – 재무제표 다운로드

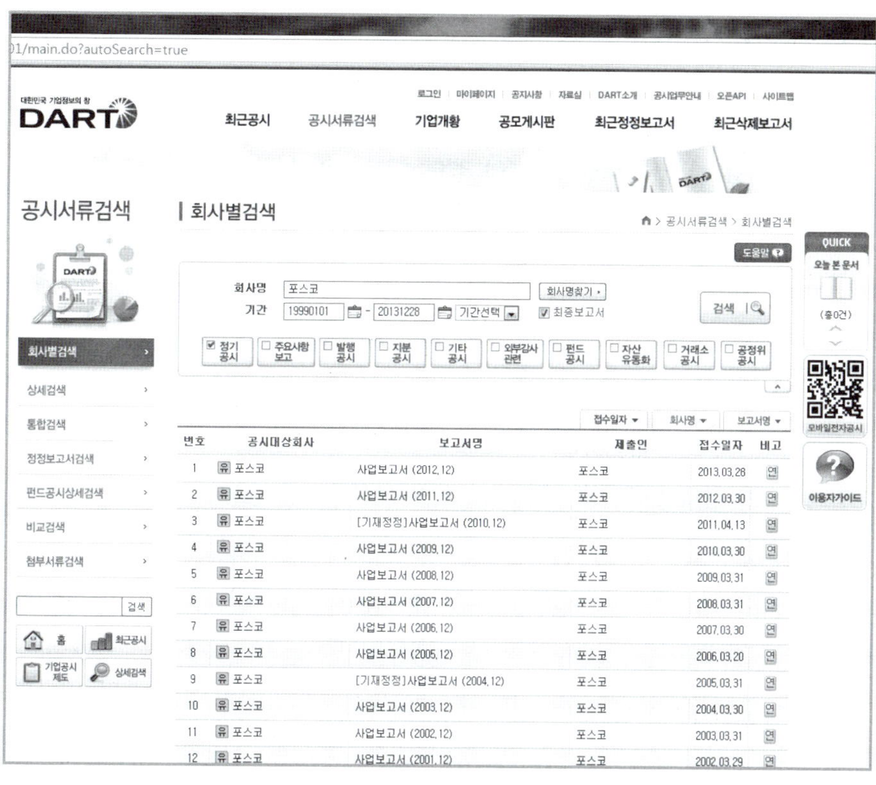

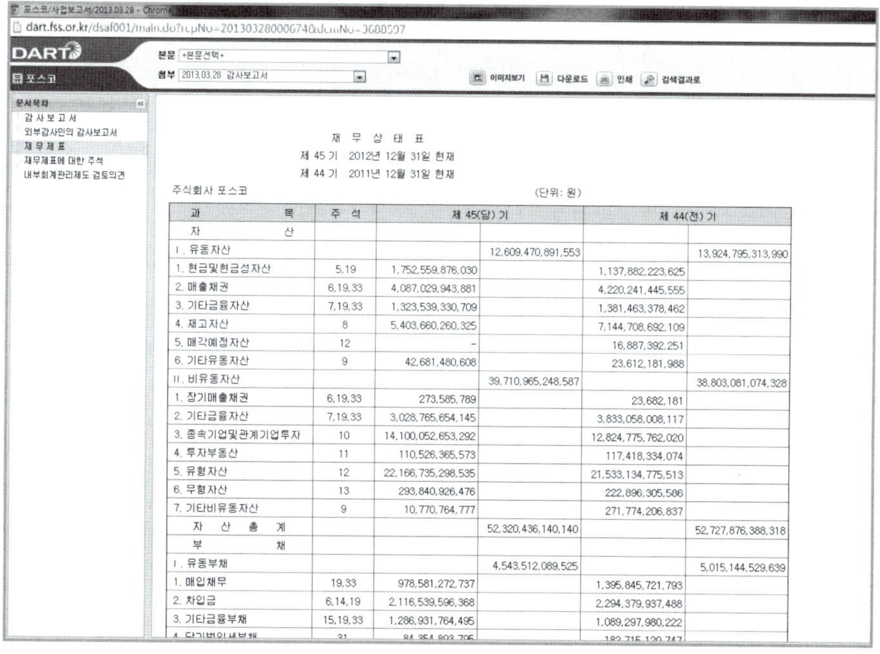

재 무 상 태 표

제 45 기 2012년 12월 31일 현재

제 44 기 2011년 12월 31일 현재

주식회사 포스코 (단위: 원)

과 목	주 석	제 45(당) 기		제 44(전) 기	
자 산					
Ⅰ. 유동자산			12,609,470,891,553		13,924,795,313,990
1. 현금및현금성자산	5,19	1,752,559,876,030		1,137,882,223,625	
2. 매출채권	6,19,33	4,087,029,943,881		4,220,241,445,555	
3. 기타금융자산	7,19,33	1,323,539,330,709		1,381,463,378,462	
4. 재고자산	8	5,403,660,260,325		7,144,708,692,109	
5. 매각예정자산	12	-		16,887,392,251	
6. 기타유동자산	9	42,681,480,608		23,612,181,988	
Ⅱ. 비유동자산			39,710,965,248,587		38,803,081,074,328
1. 장기매출채권	6,19,33	273,585,789		23,682,181	
2. 기타금융자산	7,19,33	3,028,765,654,145		3,833,058,008,117	
3. 종속기업및관계기업투자	10	14,100,052,653,292		12,824,775,762,020	
4. 투자부동산	11	110,526,365,573		117,418,334,074	
5. 유형자산	12	22,166,735,298,535		21,533,134,775,513	
6. 무형자산	13	293,840,926,476		222,896,305,586	
7. 기타비유동자산	9	10,770,764,777		271,774,206,837	
자 산 총 계			52,320,436,140,140		52,727,876,388,318
부 채					
Ⅰ. 유동부채			4,543,512,089,525		5,015,144,529,639
1. 매입채무	19,33	978,581,272,737		1,395,845,721,793	
2. 차입금	6,14,19	2,116,539,596,368		2,294,379,937,488	
3. 기타금융부채	15,19,33	1,286,931,764,495		1,089,297,980,222	

(4) 재무제표 분석 방법

1) 증감액과 증감률 분석

[표 1] 비교재무상태표의 주요 항목에 대한 증감액과 증감률

비교재무상태표

㈜대한 (단위 : 원, %)

	20x1년	20x2년	증감액	증감률
유동자산	250,000	230,000	(20,000)	(8.0%)
비유동자산	550,000	720,000	170,000	30.9%
자산총계	800,000	950,000	150,000	18.8%
유동부채	210,000	260,000	50,000	23.8%
비유동부채	290,000	270,000	(20,000)	(6.9%)
부채총계	500,000	530,000	30,000	6.0%
자본금	230,000	330,000	100,000	43.5%
이익잉여금	70,000	90,000	20,000	28.6%
자본총계	300,000	420,000	120,000	40.0%
부채와자본총계	₩800,000	₩950,000	₩150,000	18.8%

[표 2] 비교포괄손익계산서의 주요 항목에 대한 증감액과 증감률

비교포괄손익계산서

㈜대한 (단위 : 원, %)

	20x1년	20x2년	증감액	증감률
매출액	950,000	1,100,000	150,000	15.8%
매출원가	660,000	700,000	40,000	6.1%
매출총이익	290,000	400,000	110,000	37.9%
판매비와관리비	130,000	220,000	90,000	69.2%
영업이익	160,000	180,000	20,000	12.5%
영업외수익	50,000	30,000	(20,000)	(40.0%)
영업외비용	120,000	150,000	30,000	25.0%
법인세비용차감전순이익	90,000	60,000	(30,000)	(33.3%)
법인세비용	50,000	40,000	(10,000)	(20.0%)
당기순손익	₩40,000	₩20,000	₩(20,000)	(50.0%)

① 기업의 재무제표는 당기 회계연도와 전기 회계연도의 회계자료를 비교하는 형식으로 작성된다. 이와 같은 재무제표를 비교재무제표라고 한다.

② 비교재무제표의 당기 회계연도와 전기 회계연도의 주요 항목에 대한 변동을 분석하는 것을 증감액 분석과 증감률 분석이라고 한다.

③ 증감액과 증감률 분석은 직전 회계연도뿐만 아니라 과거의 특정시점(전분기, 전월)을 비교하여 진행될 수도 있다.

④ [표 1]은 ㈜대한의 비교재무상태표상 주요 항목에 대한 증감액과 증감률이다. 20x2년 말 대한의 총자산(자산총계)은 ₩950,000으로 20x1년 말 총자산 ₩800,000에 비해 ₩150,000 증가하였고, 이는 20x1년 대비 18.8% 증가하였다.

$$\text{총자산증가율} = \frac{\text{당기말의 총자산} - \text{전기말의 총자산}}{\text{전기말의 총자산}} \times 100$$

$$= \frac{950,000 - 800,000}{800,000} \times 100 = 18.8(\%)$$

⑤ 부채와 자본으로 나눠서 보면, 상대적으로 자본의 증가율이 높았음을 알 수 있다. [표 1]에서 부채총액의 증가율은 6%인 반면, 자본총액의 증가율은 40%이었다.

⑥ 또한 자산구성의 관점에서 보면, 총자산의 증가는 비유동자산 증가로 인한 것임을 파악할 수 있다. 비유동자산의 증가액은 ₩170,000이고, 증가율은 30.9%이다.

⑦ [표 2]는 ㈜대한의 비교포괄손익계산서에서 보고되는 주요 항목에 대한 증감액과 증감률을 보여주고 있다. 포괄손익계산서 중에서 일반적으로 관심의 대상이 되는 항목은 매출액과 이익 항목이다.

⑧ 매출액증가율은 15.8%, 영업이익증가율은 12.5%, 순이익증가율은 −50%로 전년대비 매출액증가율이 가장 높았다.

• 매출액증가율 = $\frac{\text{당기말의 매출액} - \text{전기말의 매출액}}{\text{전기말의 매출액}} \times 100$

$= \frac{1,100,000 - 950,000}{950,000} \times 100 = 15.8(\%)$

• 영업이익증가율 = $\frac{\text{당기말의 영업이익} - \text{전기말의 영업이익}}{\text{전기말의 영업이익}} \times 100$

$= \frac{180,000 - 160,000}{160,000} \times 100 = 12.5(\%)$

• 순이익증가율 = $\frac{\text{당기말의 당기순손익} - \text{전기말의 당기순손익}}{\text{전기말의 당기순손익}} \times 100$

$= \frac{20,000 - 40,000}{40,000} \times 100 = -50(\%)$

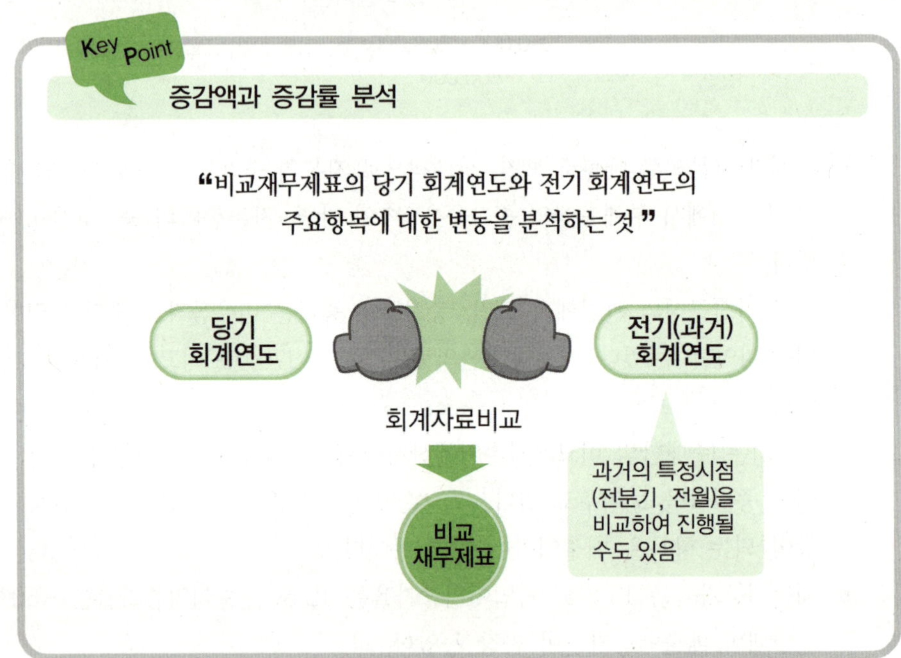

2) 항목 구성비 분석

[표 3] 백분율 비교재무상태표

백분율 비교재무상태표

㈜대한 (단위 : 원, %)

	20x1년		20x2년	
	금 액	백분율	금 액	백분율
유동자산	250,000	31.3%	230,000	24.2%
비유동자산	550,000	68.7%	720,000	75.8%
자산총계	800,000	100%	950,000	100%
유동부채	210,000	26.3%	260,000	27.4%
비유동부채	290,000	36.2%	270,000	28.4%
부채총계	500,000	62.5%	530,000	55.8%
자본금	230,000	28.8%	330,000	34.7%
이익잉여금	70,000	8.7%	90,000	9.5%
자본총계	300,000	37.5%	420,000	44.2%
부채와자본총계	₩800,000	100%	₩950,000	100%

[표 4] 백분율 비교포괄손익계산서

백분율 비교포괄손익계산서

㈜대한 (단위 : 원, %)

	20x1년		20x2년	
	금 액	구성비율	금 액	구성비율
매출액	950,000	100%	1,100,000	100%
매출원가	660,000	69.5%	700,000	63.6%
매출총이익	290,000	30.5%	400,000	36.4%
판매비와관리비	130,000	13.7%	220,000	20.0%
영업이익	160,000	16.8%	180,000	16.4%
영업외수익	50,000	5.3%	30,000	2.7%
영업외비용	120,000	12.6%	150,000	13.6%
법인세비용차감전순이익	90,000	9.5%	60,000	5.5%
법인세비용	50,000	5.3%	40,000	3.7%
당기순손익	₩40,000	4.2%	₩20,000	1.8%

① 재무제표를 분석하는 다른 방법으로 특정 항목이 전체에서 차지하는 비중을 분석하는 방법이 있다.
② 재무상태표에서 각 항목 및 합계치를 총자산에 대한 구성비율 형태로 나타내면 기업의 자산, 부채 및 자본의 구성을 쉽게 파악할 수 있다.
③ 포괄손익계산서에서는 수익과 비용을 매출액에 대한 비율로 측정하면 기업의 손익구조를 파악하기 쉽다.
④ 이러한 분석을 위해 재무제표의 각 항목을 총액에 대한 구성비율로 재구성한 재무제표를 백분율 재무제표 또는 공통형 재무제표라고 한다.

[표 3]은 ㈜대한의 백분율 비교재무상태표이다.

⑤ 20x2년 말 현재 유동자산은 총자산(자산총계)의 24.2%이고, 비유동자산은 총자산의 75.8%에 해당한다.
⑥ 또한, 20x2년 말 현재 부채의 비중은 55.8%로 20x1년에 비해 감소했음을 알 수 있다.

[표 4]는 ㈜대한의 백분율 비교손익계산서이다.

⑦ 20x2년의 경우 매출원가는 매출액의 63.6%, 판매비와관리비는 매출액의 20%를 차지하고 있다. 따라서 매출액 대비 영업이익률은 16.4%이다.
⑧ 즉, 매출액 ₩100당 약 ₩16.4의 이익이 실현되었음을 의미한다.
⑨ 당기순손익을 매출액과 비교하여 살펴보면 1.8% 수준임을 알 수 있다. 이는 최종적으로 매출액 ₩100당 약 ₩1.8의 이익을 달성했음을 의미하며, 20x1년(4.2%)에 비해 감소된 것이다.
⑩ 이러한 백분율 재무제표는 다른 기업과 비교하기 위하여 사용하기도 한다. 예를 들어, ㈜대한과 경쟁관계에 있는 ㈜민국의 재무제표에 대해 백분율 재무제표를 작성하여 두 기업의 자본 및 자산구조와 손익구조를 비교하면, 각 기업의 강점과 약점의 분석을 통해 ㈜대한의 경쟁우위를 파악할 수 있다. 따라서 경영전략의 성공여부를 평가하고 미래의 경영전략을 수립하는 데 기초지표로 사용할 수 있다.

항목 구성비 분석

"특정 항목이 전체에서 차지하는 비중을 분석하는 방법"

장점

재무상태표	각 항목 및 합계치를 총자산에 대한 구성비율 형태로 나타내면 기업의 자산, 부채 및 자본의 구성 쉽게 파악
포괄 손익계산서	수익과 비용을 매출액에 대한 비율로 나타내면 기업의 손익구조를 쉽게 파악

백분율 재무제표

재무제표의 각 항목을 총액에 대한 구성비율로 재구성한 재무제표

백분율 재무제표는 다른 기업과 비교하기 위하여 사용

백분율 재무제표 작성
↓
두 기업의 자본 및 자산구조와 손익구조 비교
↓
각 기업의 강점과 약점 분석

강점과 약점 분석을 통한 경쟁우위 파악

1. 경영전략의 성공여부를 평가
2. 미래의 경영전략을 수립하는 데 기초지표로 사용

제11편 ● 현금흐름표 및 재무제표 분석

학습 Quiz

01 다음 중 재무제표 분석의 활용 대상으로 옳지 않은 것은 무엇인가?

① 여신결정 ② 기업도산예측
③ 기업가치평가 ④ 고용산출

02 다음 중 재무제표 분석에 대한 설명으로 옳은 것은 무엇인가?

① 증감률 분석은 1년 단위로만 분석 가능하다.
② 비교재무제표의 당기 회계연도와 전기 회계연도의 주요 항목에 대한 변동을 분석하는 것을 증감액 분석과 증감률 분석이라고 한다.
③ 재무제표의 특정 항목이 전체에서 차지하는 비중을 분석하는 방법을 증감률 분석이라 한다.
④ 백분율 재무제표는 동일 기업 내에서만 사용하는 분석방법이다.

03 다음 중 부채비율(=부채/자산)의 증감률로 옳은 것은 무엇인가?

	20x2년 말	20x1년 말
자 산	200억	180억
부 채	120억	100억
자 본	80억	80억

① 60% ② 55.6%
③ 7.9% ④ 20%

해설

01 재무제표 분석은 여신결정, 기업도산예측, 신용등급평가, 기업가치평가 등에 활용된다.
| 정답 ❹ |

02 비교재무제표의 당기 회계연도와 전기 회계연도의 주요 항목에 대한 변동을 분석하는 것을 증감액 분석과 증감률 분석이라고 한다. | 정답 ❷ |

03 7.9% = (60% − 55.6%)/55.6% | 정답 ❸ |

학습정리

1. 재무제표 분석 의의

재무제표분석은 기업의 재무적 성과에 관심 있는 기업의 내·외부의 이해관계자에게 유용한 정보를 제공하기 위한 목적으로 행하는 재무제표 자료의 가공 및 분석활동이다.

2. 재무제표 분석 활용 범위

① 여신결정
② 기업도산예측
③ 신용등급평가
④ 기업가치평가 등

3. 재무제표 분석 방법

① 증감액과 증감률 분석
② 항목의 백분율 구성비 분석

제5장 재무비율 분석

:: 학습목표

- ✔ 안전성 분석을 학습한다.
- ✔ 성장성 분석을 학습한다.
- ✔ 활동성 분석을 학습한다.
- ✔ 수익성 분석을 학습한다.

1 재무비율 분석(Financial ratio analysis)

① 재무비율 분석은 기업의 재무제표의 정보를 정보이용자의 목적에 맞는 정보를 얻기 위하여 재무제표 정보를 가공하여 상황, 추세 등을 분석하는 기법이다.

② 재무비율 분석은 재무제표의 정보를 이용하여 각 항목을 목적에 맞게 비율화하여 정보를 가공하여 분석함으로써 해당 재무비율의 의미를 파악하게 된다.

③ 재무비율 분석은 크게 포괄손익계산서 분석과 재무상태표 분석으로 구분된다.

④ 포괄손익계산서 분석은 다음의 사항에 초점을 두고 분석이 이루어진다.

목 적	주요 재무비율
수익성	자기자본이익률, 총자산이이률, 매출액영업이익률
성장성	매출액증가율, 영업이익증가율, 당기순손익증가율
추정 포괄손익계산서 작성	기준연도의 손익계산서의 각 항목을 100으로 하고, 그 이후 연도는 기준연도 대비 증가율을 계산 • 수익성 추세 분석 • 향후 현금흐름 추정

⑤ 재무상태표 분석은 다음의 사항에 초점을 두고 분석이 이루어진다.

목 적	주요 재무비율
안전성	유동비율, 부채비율
성장성	총자산증가율
활동성	총자산회전율, 재고자산회전율
추정 재무상태표 작성	기준연도의 재무상태표의 각 항목을 100으로 하고, 그 이후 연도는 기준연도 대비 증가율을 계산 • 각 항목별 변화추세 분석 • 증감원인 분석 • 매출채권 중 불량채권 분석 • 재고자산 중 진부화가능성 높은 재고자산 분석 • 유형자산 중 노후화 설비자산 분석

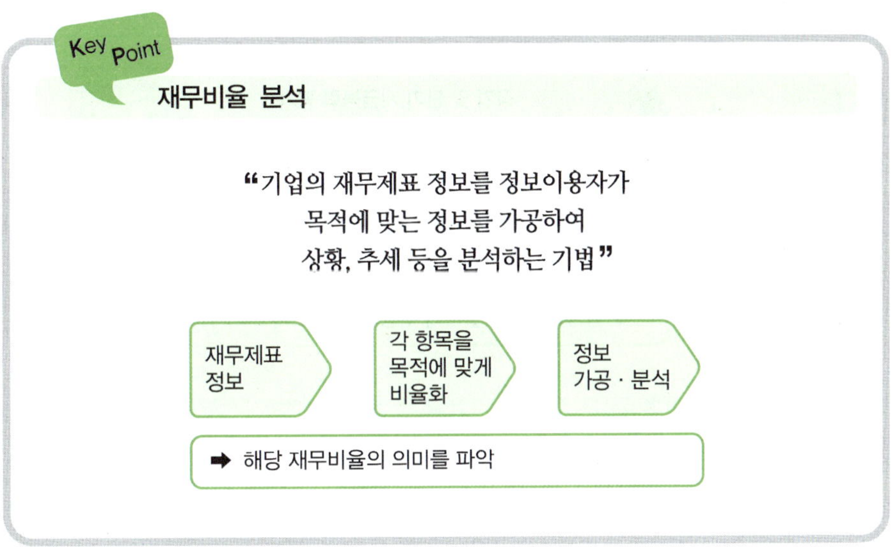

2 안전성 분석

① 안전성 분석은 기업의 안정적인 재무상황을 파악하기 위한 분석이다.

② 즉, 지급불능위험을 파악하기 위하여 장기 및 단기 지급능력을 평가하기 위한 분석이다.

③ 안전성 분석은 경영활동이 원활하게 수행될 수 있도록 일정 시점에 있어서의 각종 자산, 부채, 자본이 균형적인 재무구조를 유지하고 있는가를 분석한다.

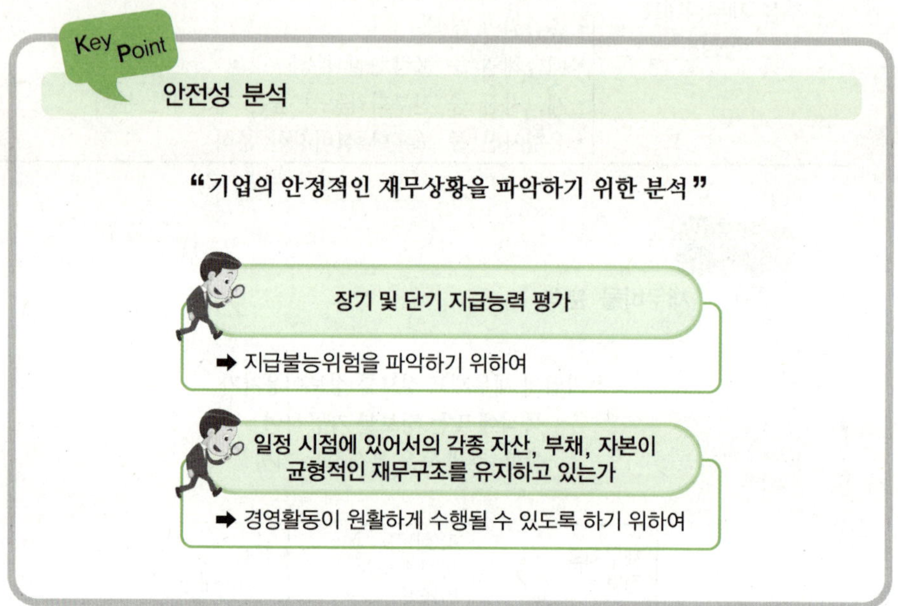

1) 유동비율(Current ratio)

① 기업의 단기지급능력을 파악하기 위한 비율이다.

② 단기지급능력이 충분하기 위해서는 현금 및 쉽게 현금화할 수 있는 자산을 충분히 보유해야 한다.

③ 기업의 유동자산 총액이 유동부채 총액보다 많을수록 단기지급능력이 양호한 것으로 평가된다.

④ 일반적으로 유동비율 200% 이상이면 양호하다고 판단한다. 그러나 기업의 유동비율이 너무 높다는 것은 기업이 자산을 효율적으로 운용하지 못함을 의미하기도 한다.

$$유동비율 = \frac{유동자산}{유동부채} \times 100$$

⑤ ㈜대한의 유동비율을 살펴보면 다음과 같다.

$$\frac{\overset{\text{20x2년 말 유동자산}}{230,000}}{\underset{\text{20x2년 말 유동부채}}{260,000}} \times 100 = 88.5\%$$

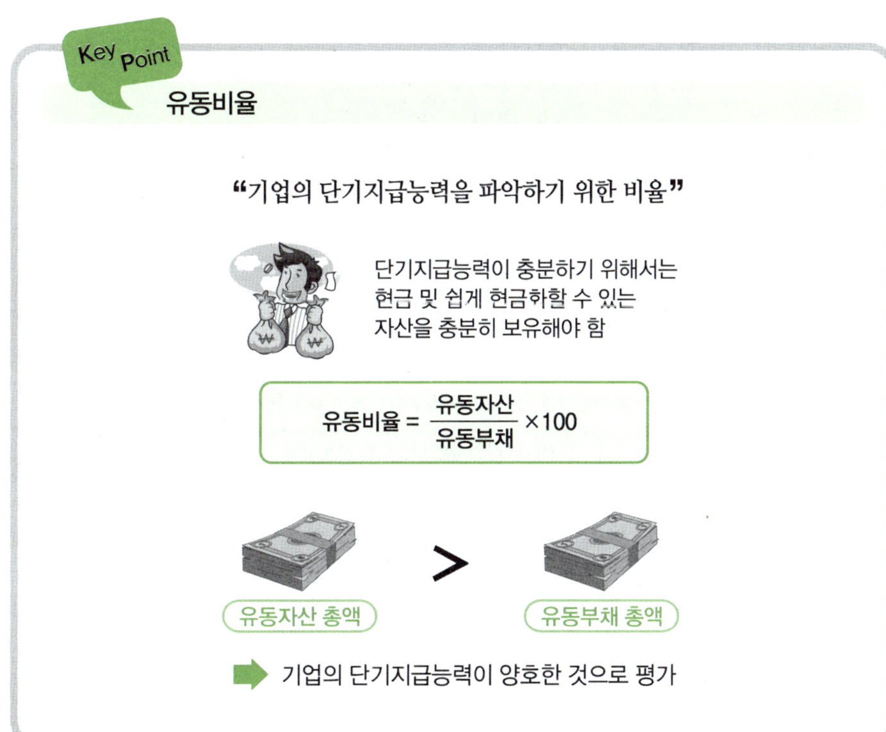

2) 부채비율(Debt-to-equity ratio)

① 기업은 타인자본 의존도가 높을수록 미래의 지급불능위험이 높아진다.

② 기업의 타인자본 의존도를 분석하여 지급능력을 파악하기 위해 사용되는 비율로 대표적인 것이 부채비율이다.

③ 부채가 많은 기업은 부채가 적은 기업에 비해 미래에 지급할 금액이 상대적으로 많으므로 원리금 지급의 불확실성이 상대적으로 높다고 할 수 있다.

④ 부채비율은 일반적으로 100% 이하를 표준비율로 하고 있으나 업종에 따라서 차이가 있다.

$$\text{부채비율} = \frac{\text{부채총계}}{\text{자본총계}} \times 100$$

⑤ ㈜대한의 부채비율은 다음과 같다.

$$\frac{\overset{\text{20x2년 말 부채총계}}{530,000}}{\underset{\text{20x2년 말 자본총계}}{420,000}} \times 100 = 126.2\%$$

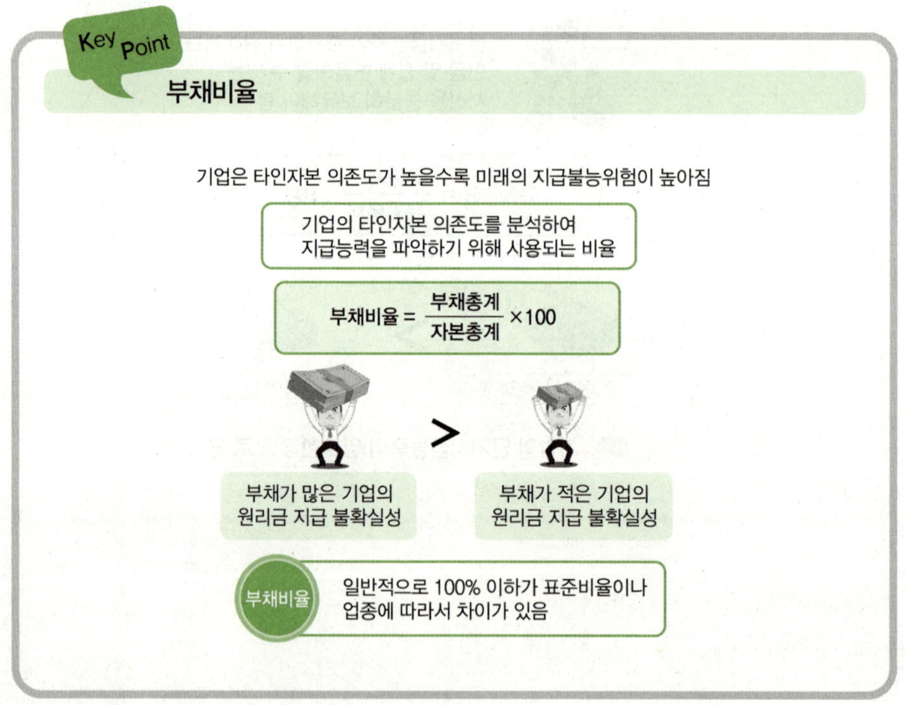

3 성장성 분석

① 성장성 분석은 기업의 규모나 경영성과 등과 관련해서 전년대비, 동기대비, 추세대비 등을 비교하여 얼마만큼 성장 혹은 감소하였는지를 분석한다.

② 성장성 분석을 통하여 미래 기업의 수익창출능력을 예측한다.

Key Point

성장성 분석

"기업의 규모나 경영성과 등과 관련해서 전년대비, 동기대비, 추세대비 등을 비교하여 얼마만큼 성장 혹은 감소하였는지를 분석하는 것"

미래 기업의 수익창출능력 예측

1) 매출액증가율(Growth rate of sales)

① 매출액증가율은 전기매출액에 대한 당기매출액의 증가율로 산출된다.

② 매출액증가율은 기업의 성장세를 판단하는 주요지표로 이용된다.

$$\text{매출액증가율} = \frac{(\text{당기매출액} - \text{전기매출액})}{\text{전기매출액}} \times 100$$

③ 앞에서 살펴본 ㈜대한의 재무제표를 이용하여 매출액증가율을 계산하면 다음과 같다.

$$\frac{(\underset{\text{20x2년 매출액}}{1,100,000} - \underset{\text{20x1년 매출액}}{950,000})}{\underset{\text{20x1년 매출액}}{950,000}} \times 100 = 15.8\%$$

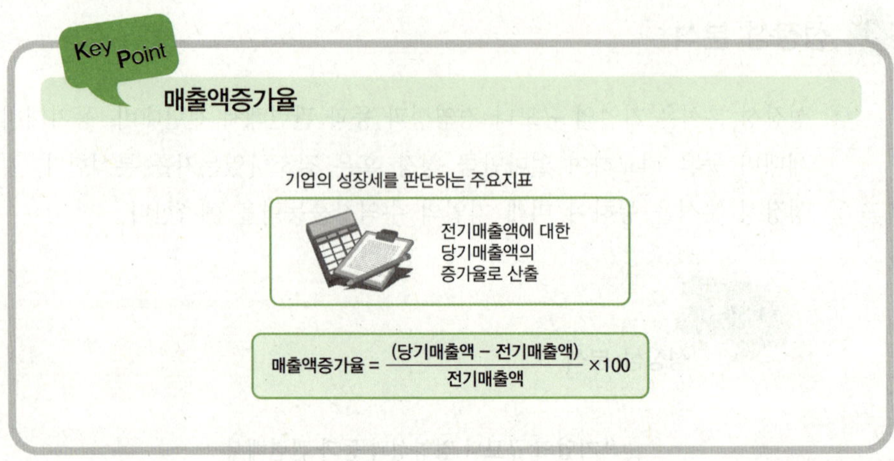

2) 이익증가율(Profit growth rate)

① 이익증가율은 전기이익(영업이익, 당기순손익)에 대한 당기이익(영업이익, 당기순손익)의 증가율로 산출된다.

② 이익증가율은 성장성의 분석에 있어서 가장 중요한 비율이다.

$$\text{이익증가율} = \frac{(\text{당기이익} - \text{전기이익})}{\text{전기이익}} \times 100$$

③ 앞서 살펴본 ㈜대한의 재무제표를 이용해 이익증가율을 계산하면 다음과 같다.

$$\frac{(\overset{\text{20x2년 당기순손익}}{20,000} - \overset{\text{20x1년 당기순손익}}{40,000})}{\underset{\text{20x1년 당기순손익}}{40,000}} \times 100 = -50\%$$

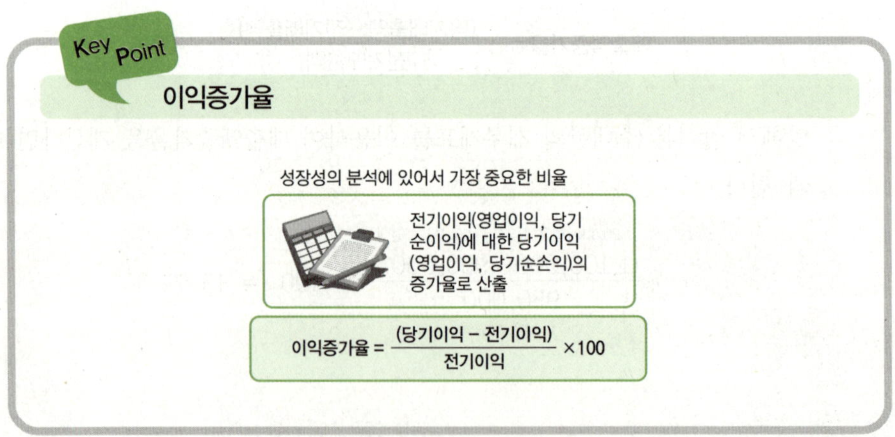

3) 총자산증가율(Growth rate of total asset)

① 총자산증가율은 전기총자산에 대한 당기총자산의 증가율로 산출된다.

② 총자산증가율은 기업에 투하되어 운용되고 있는 총자산이 당해 연도에 얼마나 증가했는가를 표시하는 비율이다.

③ 총자산증가율은 기업의 전체적인 성장규모를 측정하는 지표이다.

$$총자산증가율 = \frac{(당기총자산 - 전기총자산)}{전기총자산} \times 100$$

④ 앞에서 살펴본 ㈜대한의 재무제표를 이용하여 총자산증가율을 계산하면 다음과 같다.

$$\frac{\overset{20x2년\ 말\ 총자산}{(950,000} - \overset{20x1년\ 말\ 총자산}{800,000)}}{\underset{20x1년\ 말\ 총자산}{800,000}} \times 100 = 18.8\%$$

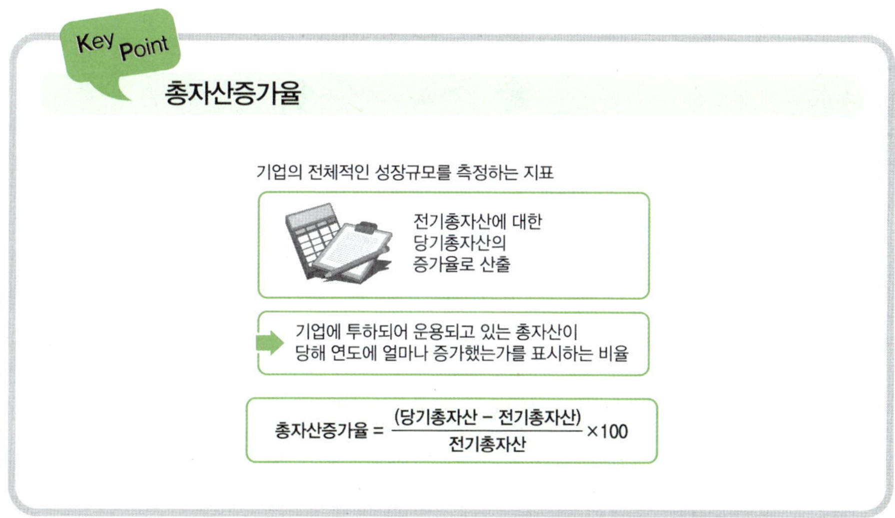

4 활동성 분석

① 기업이 보유자산을 얼마나 효과적으로 관리하고 있는가를 측정하기 위한 비율이다.

② 각 자산의 보유 잔액이 현재 및 미래의 영업수준에 비하여 적당한가를 판단하는 데 이용된다.

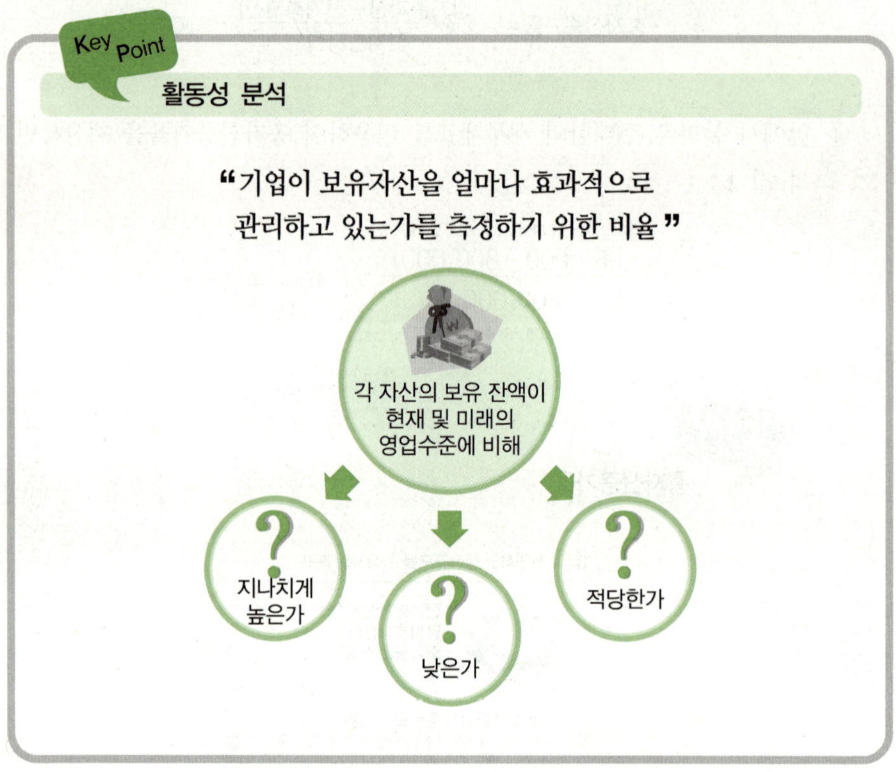

1) 총자산회전율(Total asset turnover ratio)

① 자산이 1년 동안 몇 번 회전했는지를 나타내는 비율이다.
② 기업이 얼마나 총자산을 능률적으로 활용했는지를 나타낸다.
③ 이 비율이 낮으면 과다투자나 비효율적 투자를 하는 것으로 볼 수 있다.

$$총자산회전율 = \frac{매출액}{(기초총자산 + 기말총자산) \div 2} \times 100$$

④ 앞에서 살펴본 ㈜대한의 재무제표를 이용하여 총자산회전율을 계산하면 다음과 같다.

$$\frac{\overset{20x2년\ 매출액}{1,100,000}}{(\underset{20x1년\ 말\ 자산총계}{800,000} + \underset{20x2년\ 말\ 자산총계}{950,000}) \div 2} \times 100 = 125.7\%$$

2) 재고자산회전율(Inventory turnover ratio)

① 재고자산이 얼마나 빨리 판매되는가를 나타내는 비율이다.
② 이 비율이 높을수록 자본이익률이 높아지고, 매입채무가 감소하는 등 기업경영을 잘하는 것으로 판단할 수 있다.

$$재고자산회전율 = \frac{매출원가}{(기초재고자산 + 기말재고자산) \div 2} \times 100$$

③ 앞에서 살펴본 ㈜대한의 재무제표를 이용하여 재고자산회전율을 계산하면 다음과 같다(20x1년 말 재고자산 100,000, 20x2년 말 재고자산 150,000).

$$\frac{\overset{20x2년\ 매출원가}{700,000}}{(\underset{20x1년\ 말\ 재고자산}{100,000} + \underset{20x2년\ 말\ 재고자산}{150,000}) \div 2} \times 100 = 5.6\%$$

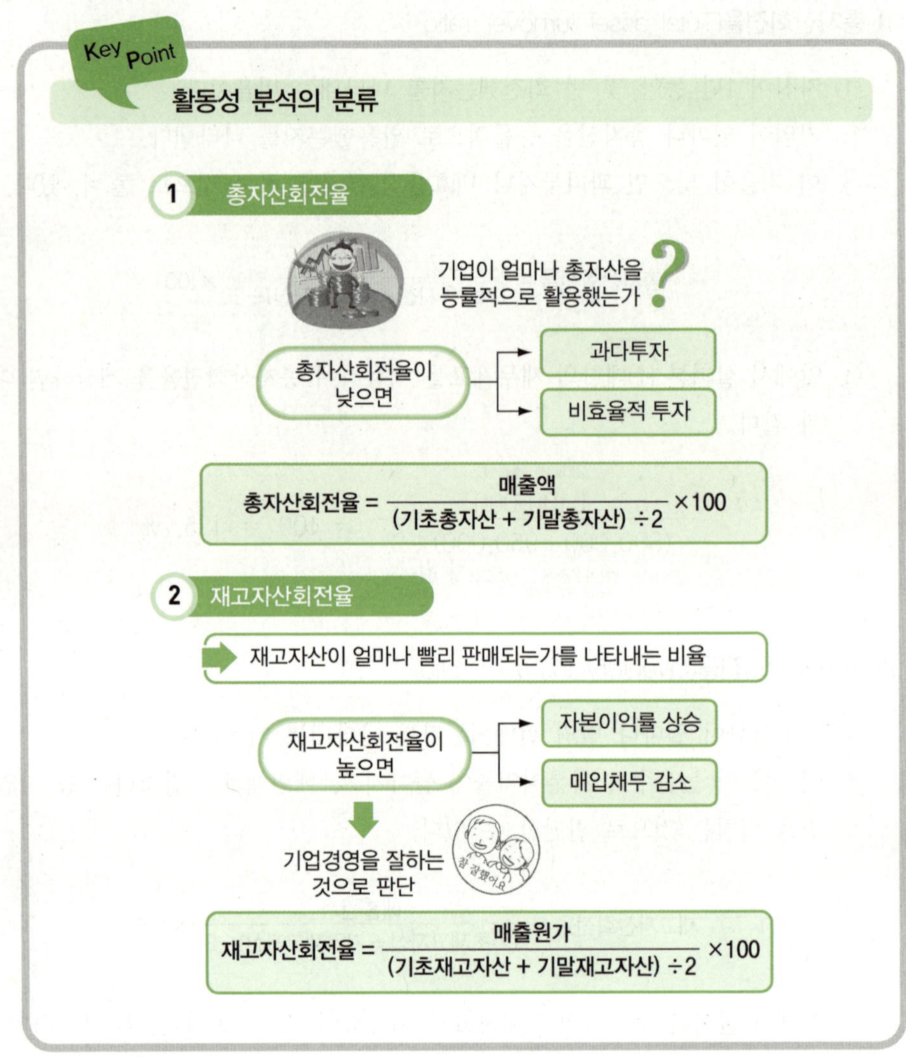
Key Point
활동성 분석의 분류
1 총자산회전율
기업이 얼마나 총자산을 능률적으로 활용했는가
총자산회전율이 낮으면
과다투자
비효율적 투자
총자산회전율 = 매출액 / (기초총자산 + 기말총자산) ÷2 ×100
2 재고자산회전율
재고자산이 얼마나 빨리 판매되는가를 나타내는 비율
재고자산회전율이 높으면
자본이익률 상승
매입채무 감소
기업경영을 잘하는 것으로 판단
참 잘했어요
재고자산회전율 = 매출원가 / (기초재고자산 + 기말재고자산) ÷2 ×100

5 수익성 분석

① 기업의 수익성은 기업가치평가에 있어서 핵심적인 사항이다.

② 기업의 수익성은 최종적으로 현금흐름 창출능력으로 나타나는데 기업의 가치평가 및 채무이행능력을 파악하는 데 있어서 기본사항이다.

③ 경영자도 기업의 수익성에 대해 파악하고 있어야 경영계획을 수립하고 투자의사결정을 할 수 있으므로 재무비율 분석에서 가장 기본적인 분석이다.

④ 수익성 분석은 기업이 얼마나 효율적으로 관리되고 있는가를 나타내는 종합적인 지표이다.

1) 자기자본이익률(ROE : Return On Equity)

① 주주들에 의하여 출자된 자본으로 얼마의 이익을 내고 있는지를 나타내는 재무비율이다. 자기 돈을 가지고 사업을 한 결과 얼마의 이익을 올렸는지 나타내며 다른 사람 또는 다른 투자안과 비교할 수 있다. 즉, ₩100의 자기자본을 투자했을 때 얼마의 이익을 올렸는지를 나타낸다.

② 기업이 창출한 순이익은 한 기간 동안 기업의 경영성과를 나타내는 측정치이다. 이러한 순이익은 타인자본에 대한 이자비용을 차감한 후의 금액이므로 기업의 소유주의 몫이 된다.

③ 기업의 규모에 따라 순이익의 규모에 차이가 존재하므로 기업이 한 기간 동안 순이익을 얼마나 많이 창출하였는가를 파악하기 위해 단순히 금액을 살펴보는 것에는 한계가 있다.

④ 기업의 규모를 통제하여 주주가 투자한 금액에 대비하여 창출된 순이익을 파악하는 방법으로 자기자본이익률이 있다.

$$\text{자기자본이익률} = \frac{\text{당기순손익}}{(\text{기초자기자본} + \text{기말자기자본}) \div 2} \times 100$$

⑤ 앞에서 살펴본 ㈜대한의 재무제표를 이용하여 자기자본이익률을 계산하면 다음과 같다.

$$\frac{\overset{\text{20x2년 당기순손익}}{20{,}000}}{(\underset{\text{20x1년 말 자본총계}}{300{,}000}+\underset{\text{20x2년 말 자본총계}}{420{,}000})\div 2}\times 100 = 5.6\%$$

⑥ 이러한 수치는 일반적인 금융상품(예 정기예금, 국고채)의 수익률과 비슷한 것으로 판단된다. 과거 및 현재의 자기자본이익률은 미래의 자기자본이익률을 추정하는 데에도 사용되므로 기업가치평가에도 긍정적인 효과가 있을 것으로 예상된다.

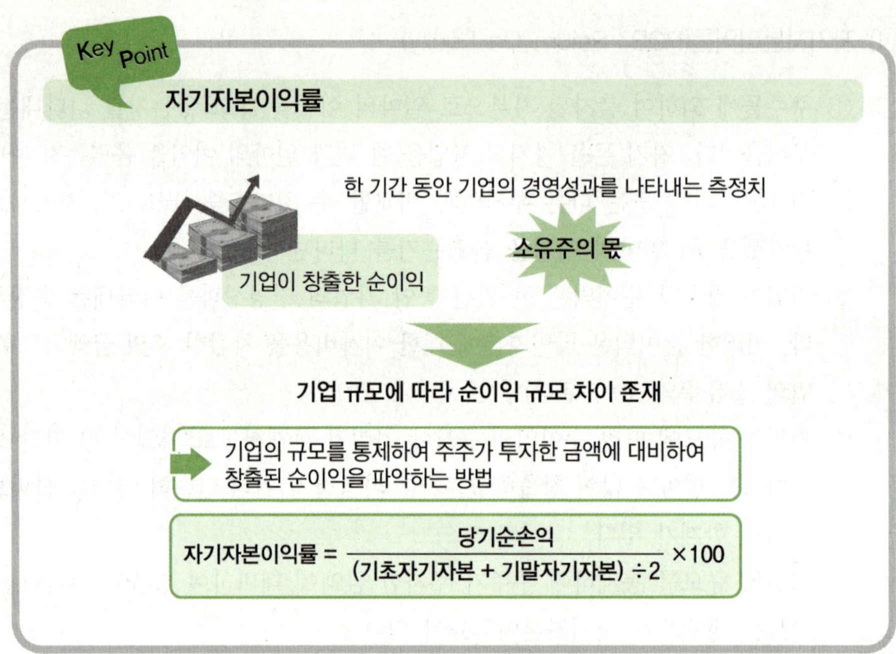

2) 총자산이익률(ROA : Return On Assets)

① 총자산을 얼마나 효율적으로 이용하고 있는지를 나타내는 재무비율이다.

② 기업 전체의 관점에서는 주주들이 출자한 투자금액만 수익창출에 기여하는 것이 아니라 타인자본까지 고려한 총자산을 사용하여 수익을 창출한다.

③ 즉, 총자산을 운용한 결과에 따라 기업의 전체 수익이 결정된다. 총자산의 운용성과를 분석하는 과정은 기업의 영업활동의 수익성을 평가하는 과정으로 해석된다.

④ 이 분석을 위해 영업활동에서 획득된 이익을 총자산과 대비시켜 총자산이익률을 계산한다.

$$총자산이익률 = \frac{당기순손익}{(기초자산총계 + 기말자산총계) \div 2} \times 100$$

⑤ 앞에서 살펴본 ㈜대한의 재무제표를 이용하여 총자산이익률을 계산하면 다음과 같다.

$$\frac{\overset{\text{20x2년 당기순손익}}{20{,}000}}{\underset{\text{20x1년 말 자산총계} \quad \text{20x2년 말 자산총계}}{(800{,}000 + 950{,}000) \div 2}} \times 100 = 2.3\%$$

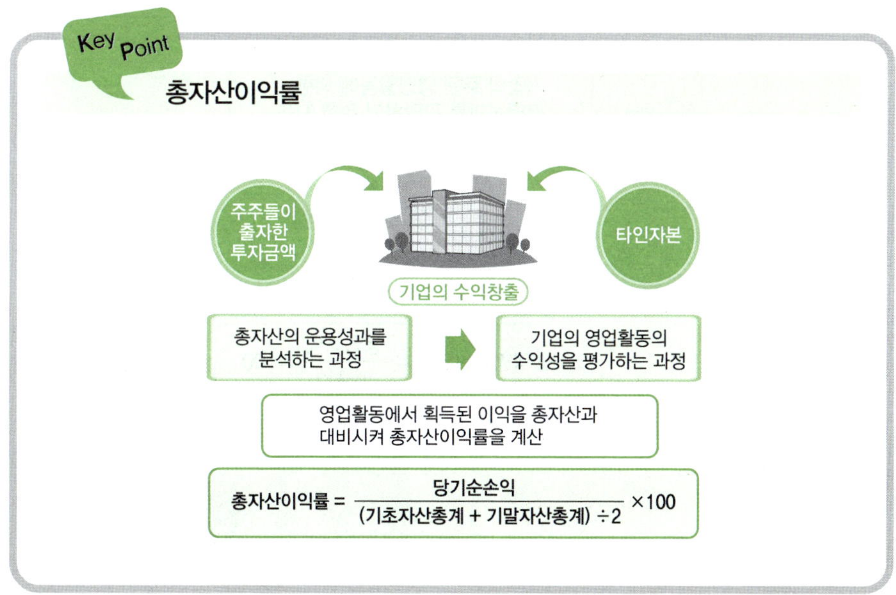

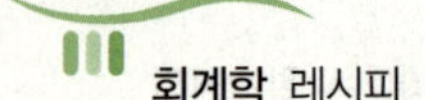

3) 매출액영업이익률(Return on net sales)

① 매출액에 대한 영업이익의 비율을 나타낸다.
즉, ₩100어치 물건을 팔았을 때 얼마의 영업이익이 나는지를 나타낸다.

② 기업의 주된 영업활동에 의한 경영성과를 판단하기 위한 지표이다.

③ 제조 및 판매활동과 직접 관계가 있는 영업이익만을 매출액과 대비한 것으로 판매마진을 의미한다.

$$\text{매출액영업이익률} = \frac{\text{영업이익}}{\text{매출액}} \times 100$$

④ 앞에서 살펴본 ㈜대한의 재무제표를 이용하여 매출액영업이익률을 계산하면 다음과 같다.

$$\frac{\overset{\text{20x2년 영업이익}}{180,000}}{\underset{\text{20x2년 매출액}}{1,100,000}} \times 100 = 16.4\%$$

6 재무비율 비교 기준

1) 분석대상기업의 과거 비율

① 기업의 수익성과 재무위험에 대해 과거의 재무비율과 비교하여 당해 회계연도의 수준이 양호한지를 판단할 수 있다.

② 이와 같이 한 기간의 비율을 과거 기간의 비율과 비교하여 진행하는 분석을 추세분석이라고 한다.

③ 일반적으로 과거 3년에서 5년간 재무비율과 비교하여 추세분석을 한다.

2) 자본비용(Cost of capital)

① 기업의 수익성을 판단함에 있어서는 투자자본과 비교하여야 한다.

② 즉, 기업의 투자자본으로 인해 발생하는 비용 대비 이익이 높을 때 수익성이 좋다고 판단할 수 있다.

③ 투자자본으로 인해 발생하는 비용으로 자기자본비용, 타인자본비용, 가중평균자본비용 등이 사용된다.

3) 산업평균비율(Industrial average ratio) 및 경쟁회사비율

① 기업의 재무비율은 유사한 특성을 가지고 있는 동일산업평균 재무비율과 비교한다.

② 혹은 동일업종 타 기업의 재무비율과 비교하여 분석한다.

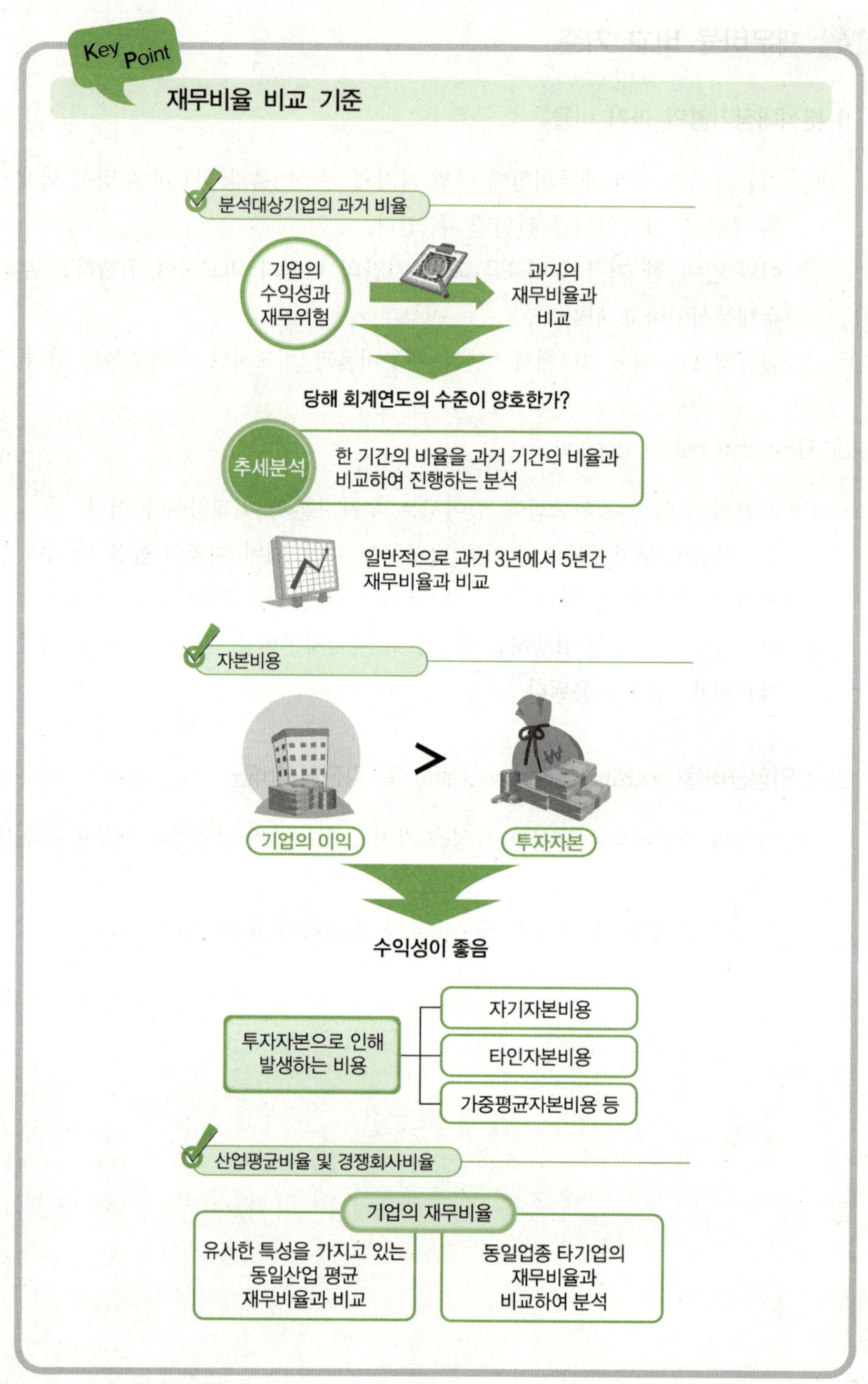
Key Point
재무비율 비교 기준
분석대상기업의 과거 비율
기업의 수익성과 재무위험
과거의 재무비율과 비교
당해 회계연도의 수준이 양호한가?
추세분석
한 기간의 비율을 과거 기간의 비율과 비교하여 진행하는 분석
일반적으로 과거 3년에서 5년간 재무비율과 비교
자본비용
기업의 이익
>
투자자본
수익성이 좋음
투자자본으로 인해 발생하는 비용
자기자본비용
타인자본비용
가중평균자본비용 등
산업평균비율 및 경쟁회사비율
기업의 재무비율
유사한 특성을 가지고 있는 동일산업 평균 재무비율과 비교
동일업종 타기업의 재무비율과 비교하여 분석

7 재무제표 분석시 고려사항

재무비율 분석의 장점은 간편하고 빠르게 기업의 재무상태 및 경영성과를 파악할 수 있다는 데 있다. 하지만 재무비율 분석은 한계점이 존재하기 때문에 재무비율 분석을 할 때에는 다음과 같은 사항들을 추가적으로 고려해야 한다.

① 재무제표에 나타난 정보를 이해하기 위해서는 단순히 계량적인 수치 정보 이외에 기업의 경영전략, 기업구조 및 산업의 특성을 고려하여 재무정보를 분석할 필요가 있다.

② 회계방법 및 회계정책의 차이(변경)를 고려하여 기업 간 재무비율을 계산하여야 기업 간 비교가 가능하다.

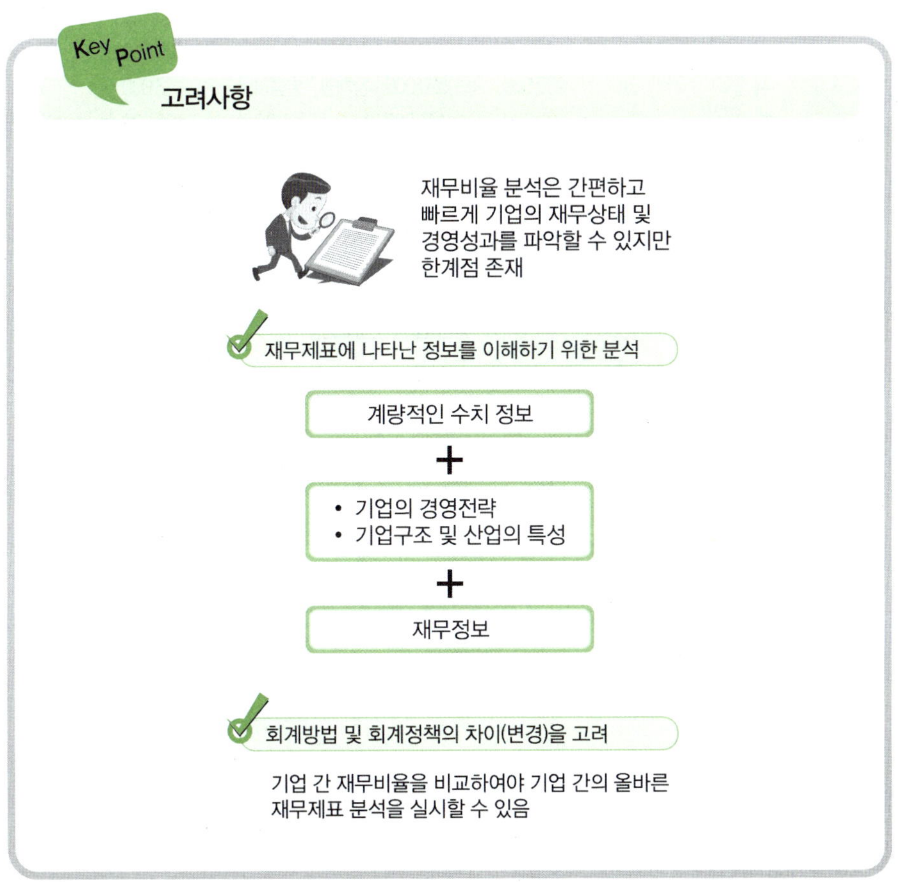

학습 Quiz

01 다음 중 수익성을 판단할 수 있는 재무비율로 옳지 않은 것은 무엇인가?

① 매출액영업이익률 ② 매출액증가율

③ 자기자본순이익률 ④ 총자산순이익률

※ [문제 2~6] 다음의 자료를 이용하여 물음에 답하시오.

재무상태표

(단위 : 원)

	20x1년	20x2년		20x1년	20x2년
현금	50,000	70,000	매입채무	92,000	210,000
매출채권(순액)	180,000	182,000	미지급비용	50,000	80,000
선급비용	10,000	8,000	사채	560,000	560,000
재고자산	280,000	320,000	사채할증발행차금	8,000	7,200
토지	200,000	180,000	보통주(@5,000)	220,000	330,000
기계장치	1,280,000	1,760,000	이익잉여금	670,000	812,800
감가상각누계액	(400,000)	(520,000)			
계	₩1,600,000	₩2,000,000	계	₩1,600,000	₩2,000,000

포괄손익계산서

(단위 : 원)

	20x1년	20x2년
매출액	3,200,000	4,400,000
매출원가	2,240,000	3,212,000
매출총이익	960,000	1,188,000
영업비용(이자비용 ₩44,800포함)	704,000	673,200
법인세차가전순이익	256,000	514,800
법인세비용	96,000	182,000
당기순손익	₩160,000	₩332,800

:: 해설

01 매출액증가율은 성장성을 나타내는 재무비율이다. | 정답 ❷ |

학습 Quiz

02 다음 중 20x2년도의 총자본이익률은 얼마인가?

① 26.6% ② 28.6%
③ 32.7% ④ 39.7%

03 다음 중 20x2년도의 재고자산회전율은 얼마인가?

① 10.71% ② 14.6%
③ 15.6% ④ 16.6%

04 다음 중 안전성 및 성장성지표에 대한 설명으로 옳지 않은 것은 무엇인가?

① 유동비율은 기업의 장·단기지급능력을 파악하기 위한 비율이다.
② 이익증가율은 성장성의 분석에 있어서 가장 중요한 비율이다.
③ 부채비율은 타인자본에 대한 지급능력을 파악하기 위한 비율이다.
④ 총자산증가율은 전기총자산에 대한 당기총자산의 증가율로 산출된다.

05 다음 중 20x2년도의 부채비율은 얼마인가?

① 65.5% ② 70.5%
③ 75.0% ④ 80.0%

06 다음 중 20x2년도의 총자산증가율은 얼마인가?

① 15.5% ② 25.0%
③ 25.5% ④ 30.0%

해설

02 $\frac{332,800}{(890,000+1,142,800)\div 2}\times 100=32.7\%$ | 정답 ❸ |

03 $\frac{3,212,000}{(280,000+320,000)\div 2}\times 100=10.7\%$ | 정답 ❶ |

04 유동비율은 기업의 단기지급능력을 파악하기 위한 비율이다. | 정답 ❶ |

05 $\frac{(210,000+80,000+560,000+7,200)}{(330,000+812,800)}\times 100=75\%$ | 정답 ❸ |

06 $\frac{(2,000,000-1,600,000)}{1,600,000}\times 100=25\%$ | 정답 ❷ |

학습정리

*

1. 재무비율 분석

재무비율 분석은 기업의 재무제표 정보를 정보이용자가 목적에 맞는 정보를 얻기 위하여 재무제표 정보를 가공하여 상황, 추세 등을 분석하는 기법이다.

2. 안전성 분석

① 안전성 분석은 지급불능위험을 파악하기 위하여 장기 및 단기 지급능력을 평가하기 위한 분석이며, 경영활동이 원활하게 수행될 수 있도록 일정 시점에 있어서의 각종 자산, 부채, 자본이 균형적인 재무구조를 유지하고 있는지를 파악하기 위한 분석이다.

② 안전성 분석은 주로 유동비율, 부채비율을 통해 이루어진다.

3. 성장성 분석

① 성장성 분석은 기업의 규모나 경영성과 등이 과거 대비 얼마나 변화하였는가를 분석하는 지표로서 미래 기업의 수익창출능력을 예측한다.

② 성장성 분석은 매출액증가율, 이익증가율, 총자산증가율을 통해 이루어진다.

4. 활동성 분석

활동성 분석은 기업이 보유자산을 얼마나 효과적으로 관리하고 있는지를 측정하기 위한 지표로서 총자산회전율, 재고자산회전율 등이 있다.

5. 수익성 분석

수익성 분석은 기업이 얼마나 효율적으로 관리되고 있는지를 나타내는 종합적 지표로서 자기자본이익률, 총자산이익률, 매출액영업이익률 등이 있다.

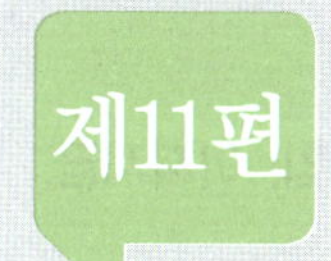

연습문제

객관식 문제

중

01 다음 중 ㈜대한의 영업활동 현금흐름은 얼마인가?

• 당기순손익	₩30,000,000
• 유형자산처분손실	1,500,000
• 감가상각비	3,000,000
• 당기손익－공정가치측정 금융자산 감소	3,000,000
• 기타포괄손익－공정가치측정 금융자산 증가	15,000,000
• 매출채권 감소	6,000,000

① ₩28,500,000　　② ₩31,500,000
③ ₩34,500,000　　④ ₩43,500,000

해설 30,000,000 + 1,500,000 + 3,000,000 + 3,000,000 + 6,000,000 = ₩43,500,000 증가

중하

02 ㈜대한은 20x1년 동안 현금을 제외한 자산 ₩120,000과 부채 ₩300,000이 감소했고, 자본은 ₩120,000 증가했다. 다음 중 20x1년 동안 ㈜대한의 현금 증감액은 얼마인가?

① ₩180,000 증가　　② ₩60,000 증가
③ ₩180,000 감소　　④ ₩60,000 감소

해설 120,000 − 300,000 + 120,000 = ₩60,000 감소

01. ④　02. ④　Answer

중

03 다음 중 재무활동 현금흐름은 얼마인가? (단, 이자수입, 배당금수입, 이자지급, 배당금지급은 영업활동으로 가정한다)

- 주식을 발행하여 공장부지를 매입(취득시 주식의 공정가치는 ₩10,000,000)
- 배당금 ₩3,000,000 수령
- 자기주식(구입가격 : ₩2,000,000)을 현금 ₩2,400,000에 매각
- 은행에서 ₩2,000,000 차입(만기 4개월)
- 회사채 액면금액 ₩2,000,000과 이자 ₩200,000 상환

① ₩5,200,000　② ₩5,400,000
③ ₩2,200,000　④ ₩2,400,000

해설 2,400,000 + 2,000,000 − 2,000,000(이자지급은 영업활동) = ₩2,400,000 증가

중상

04 다음 중 ㈜민국의 20x1년도의 영업활동 현금증가액은 얼마인가? (단, 이자수입, 배당금수입, 이자지급, 배당금지급은 영업활동으로 가정한다)

매출채권 현금회수액	₩435,000
임대료 수령액	5,000
종업원 및 매입처에 지급한 현금	255,000
배당금 지급액	55,000
기타포괄손익−공정가치측정 금융자산의 처분액	15,000

① ₩110,000　② ₩115,000
③ ₩125,000　④ ₩130,000

해설 435,000 + 5,000 − 255,000 − 55,000 = ₩130,000 증가

하

05 **작년과 올해의 매출액에 변화가 없고, 작년 기초 및 기말재고자산의 금액과 올해 기말재고자산의 금액이 변화가 없는 데 불구하고, 올해 재고자산회전율이 작년보다 크게 감소하였다. 다음 중 재고자산회전율이 감소하게 된 원인으로 옳은 것은 무엇인가? [다만, 재고자산회전율은 (매출원가/평균재고자산)으로 정의한다]**

• 2003 행정자치부 7급

① 올해의 매출채권 금액이 증가하였다.
② 올해의 매출총이익률이 증가하였다.
③ 올해의 매출원가가 증가하였다.
④ 올해의 유동비율이 감소하였다.

해설 매출원가가 감소(매출총이익 증가) 하면 재고자산회전율은 감소한다.

중하

06 **다음 중 안전성비율만으로 묶인 것으로 옳은 것은 무엇인가?**

a. 유동비율	b. 부채비율
c. 이자보상비율	d. 고정비율
e. 총자본이익률	f. 총자산회전율

① a, b, d
② b, c, d
③ b, e
④ a, b

해설 안전성비율에는 유동비율, 당좌비율, 순운전자본비율, 자본비율, 부채비율 등이 있다.

Answer 03. ④ 04. ④ 05. ② 06. ④

제11편 ● 현금흐름표 및 재무제표 분석

※ [문제 7~8] 다음은 ㈜대한의 재무자료 중 일부이다. 이를 토대로 각 물음에 답하시오.

재무상태표

(단위 : 원)

	20x1년	20x2년		20x1년	20x2년
현금	50,000	70,000	매입채무	92,000	210,000
매출채권(순액)	180,000	182,000	미지급비용	50,000	80,000
선급비용	10,000	8,000	사채	560,000	560,000
재고자산	280,000	320,000	사채할증발행차금	8,000	7,200
토지	200,000	180,000	보통주(@5,000)	220,000	330,000
기계장치	1,280,000	1,760,000	이익잉여금	670,000	812,800
감가상각누계액	(400,000)	(520,000)			
합계	₩1,600,000	₩2,000,000	합계	₩1,600,000	₩2,000,000

포괄손익계산서

(단위 : 천 원)

	20x1년	20x2년
매출액	3,200,000	4,400,000
매출원가	2,240,000	3,212,000
매출총이익	960,000	1,188,000
영업비(이자비용 ₩44,800 포함)	704,000	673,200
법인세차감전순이익	256,000	514,800
법인세비용	96,000	182,000
당기순손익	₩160,000	₩332,800

[추가자료]

㈜대한은 20x2년 초에 50%의 주식배당과 ₩80,000,000의 현금배당을 지급하였다. 당기 회사는 현금매출은 없으며 매출은 연중 평균적으로 발생한다. 재고자산과 매출채권도 연중 크게 변동하지 않았다. 20x1년 말과 20x2년 말 ㈜대한 주식의 시가는 각각 주당 ₩8,700과 ₩17,200이었다.

중상

07 다음 중 20x2년 말 현재 ㈜대한의 ⓐ 총자산이익률, ⓑ 매출액순이익률, ⓒ 유동비율은 각각 얼마인가? (단, %로 표시하되 소수 첫째 자리까지 반올림하여 나타낼 것)

	ⓐ 총자산이익률	ⓑ 매출액순이익률	ⓒ 유동비율
①	31.9%	7.6%	200%
②	50.6%	11.7%	150%
③	18.5%	7.6%	250%
④	32.7%	11.7%	200%

해설 ⓐ 총자산이익률 = 영업이익/평균총자산

$$= \frac{559,600}{(1,600,000 + 2,000,000) \div 2} \times 100 = 31.9\%$$

ⓑ 매출액순이익률 = 순이익/매출액 = $\frac{332,800}{4,400,000} \times 100 = 7.56\%$

ⓒ 유동비율 = 유동자산/유동부채

$$= \frac{70,000 + 182,000 + 8,000 + 320,000}{210,000 + 80,000} = \frac{580,000}{290,000} \times 100 = 200\%$$

중상

08 **다음 중 20x2년 말 현재 ㈜대한의 ⓐ 매출총이익률, ⓑ 부채비율(= 총부채/자기자본), ⓒ 매출채권회전율은 각각 얼마인가? (단, ⓐ, ⓑ(%)로 ⓒ는 (회)표시하되 소수 첫째 자리까지 반올림하여 나타낼 것)**

	ⓐ 매출총이익률	ⓑ 부채비율	ⓒ 매출채권회전율
①	27%	50%	27회
②	11.7%	50%	24.3회
③	27%	75%	24.3회
④	11.7%	75%	27회

해설 ⓐ 매출총이익률 = 매출총이익/매출액 = $\frac{1,188,000}{4,400,000} \times 100 = 27\%$

ⓑ 부채비율 = 총부채/자기자본

$$= \frac{210,000 + 80,000 + 560,000 + 7,200}{330,000 + 812,800} = \frac{857,200}{1,142,800} \times 100 = 75\%$$

ⓒ 매출채권회전율 = 매출액/평균매출채권

$$= \frac{4,400,000}{(180,000 + 182,000) \div 2} = \frac{4,400,000}{181,000} \times 100 = 24.3\%$$

Answer

07. ① 08. ③

중

09 **㈜대한은 결산일 현재 총자산이 ₩100,000이고 총부채가 ₩60,000이다. 총자산 중 유동자산은 ₩30,000이고 총부채 중 유동부채는 ₩50,000이다. 회사는 부채비율을 100%로 유지하는 것을 목표로 하고 있다. 이러한 목표를 달성하기 위한 조치로 옳은 것은 무엇인가?** • 2010 행정안전부 7급

① 유동부채 ₩20,000을 현금으로 상환한다.
② 유상증자를 실시하여 현금 ₩20,000을 조달한다.
③ 유동부채 ₩20,000을 출자전환한다.
④ 유동자산을 처분하여 유동부채 ₩20,000을 상환한다.

::해설 현재부채비율 = 총부채/자기자본 = 60,000/40,000 × 100 = 150%
목표부채비율 = 총부채/자기자본 = 100%
현재부채비율을 목표부채비율 수준으로 감소하기 위해 1) 부채를 감소하거나, 2) 자기자본을 증가한다.
따라서 유상증자 ₩20,000를 실시하면 자기자본이 ₩20,000 증가되어 목표부채비율 100%를 달성할 수 있다.

중하

10 **다음 중 기업의 채무상환능력을 나타내는 비율로 옳지 않은 것은 무엇인가?**

① 유동비율 ② 부채비율
③ 매출액순이익률 ④ 이자보상비율

::해설 매출액순이익률은 수익성 비율이다.

중상

11 **㈜대한의 당기 매출액은 ₩50,000,000이다. 그리고 ㈜대한의 기말 현재 유동부채는 ₩3,000,000, 유동비율은 300%, 당좌비율은 200%이다. 재고자산회전율이 12회일 경우 매출총이익은 얼마인가? (단, 재고자산회전율은 기말재고자산과 매출원가를 기준으로 산정된 것이다)** • 2010 관세직 9급

① ₩10,000,000 ② ₩14,000,000
③ ₩20,000,000 ④ ₩24,000,000

::해설 (1) 유동비율(= 유동자산/유동부채)이 300%이고, 유동부채가 ₩3,000,000이므로 유동자산은 ₩9,000,000이다.
(2) 당좌비율(당좌자산/유동부채)이 200%이고, 유동부채가 ₩3,000,000이므로, 당좌자산은 ₩6,000,000이다.

(3) 유동자산이 ₩9,000,000이고, 당좌자산이 ₩6,000,000이므로, 재고자산은 ₩3,000,000이다.
(4) 재고자산회전율(=매출원가/재고자산)이 12이고, 재고자산이 ₩3,000,000이므로 매출원가는 ₩36,000,000이다.
(5) 매출총이익 : 50,000,000 - 36,000,000 = ₩14,000,000

중상

12 다음은 ㈜대한의 회계자료를 이용하여 계산된 재무비율이다.

총자산회전율 : 100%　자기자본순이익률 : 12%　매출액순이익률 : 8%

다음 중 ㈜대한의 부채비율(=부채/자기자본)은 얼마인가? • 2008 관세직 9급

① 200%　② 100%
③ 80%　④ 50%

해설 (1) 자기자본순이익률(=당기순손익/자기자본)이 12%이므로 당기순손익 12, 자기자본 100으로 추정
(2) 당기순손익이 12이고 매출액순이익률(=당기순손익/매출액)이 8%이므로 매출액은 150으로 추정
(3) 매출액 150이고 총자산회전율(=매출액/총자산)이 100%이므로 총자산은 150으로 추정
따라서 부채는 50(=총자산150 - 자기자본100)이고, 부채비율은 50%(50/100)이다.

하

13 다음 중 유동비율에 영향을 미치지 않는 거래로 옳은 것은 무엇인가?

• 2007 관세직 9급

① 사채의 만기가 되어 현금으로 상환하였다.
② 건물을 매각하고 대금은 1개월 후에 받기로 하였다.
③ 장기성지급어음을 발행하고 기계장치를 취득하였다.
④ 상품을 실사한 결과 감모손실이 발생하였다.

해설 유동비율 : 유동자산/유동부채
장기성지급어음(비유동부채)과 기계장치(비유동자산, 유형자산)는 비유동자산, 부채로서 유동비율에 영향을 미치지 않는다.

Answer　09. ②　10. ③　11. ②　12. ④　13. ③

주관식 평가문항

상

01 ㈜대한의 포괄손익계산서상에 당기순손실이 ₩4,800,000으로 보고되었다. 이 당기순손실에는 다음과 같은 항목이 포함되었다.

토지처분이익	₩2,800,000
재해손실(건물)	5,040,000
사채이자(사채할증발행차금환입분)	720,000
감가상각비	3,680,000
산업재산권상각비	1,200,000

그리고 영업활동과 관련이 있는 자산과 부채의 증감액은 다음과 같다.

매출채권의 감소	₩1,600,000
선급비용의 증가	800,000
재고자산의 증가	560,000
매입채무의 감소	1,200,000
미지급비용의 증가	400,000

㈜대한의 현금흐름표에 표시될 영업활동 현금흐름을 간접법으로 계산하면 얼마인가?

※ **[문제 2~4] 다음은 20x1년 ㈜대한의 현금 계정의 변화를 요약한 표이다.**

현 금

차변	금액	대변	금액
기 초 잔 액	₩420,000	상품매입대금 지급	₩350,000
고객으로부터 현금회수	630,000	급 여 지 급	133,000
사 채 발 행 대 금	700,000	기타 판매관리비 지급	63,000
건 물 처 분 대 금	35,000	사 채 상 환	70,000
		배 당 금 지 급	49,000
		이 자 비 용 지 급	28,000
		토지취득대금 지급	910,000

위의 정보를 이용하여 다음 물음에 답하라.
(단, 이자지급은 영업활동으로, 배당금지급을 재무활동으로 가정한다)

중상

02 영업활동 현금흐름을 계산하면 얼마인가?

중상

03 투사활동 현금흐름을 계산하면 일마인가?

중하

04 재무활동 현금흐름을 계산하면 얼마인가?

중

05 다음의 기업 활동을 현금흐름표상의 각 활동(영업, 투자, 재무활동)으로 분류하고, 현금흐름표에 보고할 필요가 없는 거래는 그 이유를 설명하시오. (단, 현금흐름표 상의 각 활동으로 분류하는 경우, 대체적인 활동분류가 존재하는 경우에는 분류 가능한 모든 활동을 적을 것)

(1) 이자비용 ₩3,200,000을 지급하였다.
(2) 손상이 실제로 ₩10,000,000 확정되었다.
(3) 사채 ₩200,000,000을 상환하였다.
(4) 자기주식 200주를 주당 ₩1,000,000에 구입하였다.
(5) 주식을 발행하고 ₩400,000,000을 납입받았다.
(6) 토지를 구입하고 그 대금은 3개월 만기어음을 발행하였다.
(7) 내년도에 상품을 판매하기로 하고 대금 ₩4,000,000을 받았다.
(8) 주주에게 주당 ₩20,000을 배당하였다.
(9) ㈜대한으로부터 현금으로 주당 ₩2,000을 배당받았다.
(10) 단기대여금 ₩2,000,000과 이자 ₩200,000을 회수하였다.

Answer

01.

1. 당기순손실		(4,800,000)
2. 현금의 지출이 없는 비용 등의 가산		9,920,000
감가상각비	3,680,000	
산업재산권 상각비	1,200,000	
재해손실	5,040,000	
3. 현금의 수입이 없는 수익 등의 차감		(3,520,000)
토지처분이익	2,800,000	
사채이자비용	720,000	
4. 영업활동으로 인한 자산, 부채의 변동		(560,000)
매출채권의 감소	1,600,000	
미지급비용의 증가	400,000	
선급비용의 증가	(800,000)	
재고자산의 증가	(560,000)	
매입채무의 감소	(1,200,000)	
		₩1,040,000

02. 고객으로부터 현금회수 – 상품매입대금 지급 – 급여지급 – 기타 판매관리비 지급 – 이자비용 지급
= 630,000 – 350,000 – 133,000 – 63,000 – 28,000 = ₩56,000

03. 건물처분대금 – 토지취득대금지급 = 35,000 – 910,000 = (₩875,000)

04. 사채발행대금 – 사채상환 – 배당금 지급 = 700,000 – 70,000 – 49,000 = ₩581,000

05. (1) 영업활동, 재무활동
한국채택국제회계기준하에서는 이자비용의 지급을 영업활동 현금흐름으로 분류할 수 있다. 그리고 대체적인 방법으로 재무활동 현금흐름으로 분류할 수 있다.

(2) 영업활동이지만 현금흐름을 수반하지 않으므로 현금흐름표에 보고되지 않는다.

(3) 재무활동

(4) 재무활동

(5) 재무활동

(6) 토지구입은 투자활동, 어음의 발행은 재무활동. 그러나 이 거래는 현금을 수반한 거래가 아니므로 현금흐름표 본문에 기재할 필요가 없다.

(7) 영업활동

(8) 재무활동, 영업활동
한국채택국제회계기준하에서는 배당금 지급을 재무활동 현금흐름으로 분류할 수 있다. 그리고 대체적인 방법으로 영업활동 현금흐름으로 분류할 수 있다.

(9) 영업활동, 투자활동
한국채택국제회계기준하에서는 배당금수입을 영업활동 현금흐름으로 분류할 수 있다. 그리고 대체적인 방법으로 투자활동 현금흐름으로 분류할 수 있다.

(10) 원금회수 ₩2,000,000은 투자활동, 이자회수 ₩200,000은 영업활동, 투자활동
한국채택국제회계기준하에서는 이자수입을 영업활동 현금흐름으로 분류할 수 있다. 그리고 대체적인 방법으로 투자활동 현금흐름으로 분류할 수 있다.

MEMO

부 록

APPENDIX

부록1

현가계산표

[표 1] 단일금액 1원의 현재가치

$PVIF = \frac{1}{(1+i)^n}$ (n=기간, i=기간당 할인율)

n/i	1.0	2.0	3.0	4.0	5.0	6.0	7.0	8.0	9.0	10.0
1	0.99010	0.98039	0.97087	0.96154	0.95238	0.94340	0.93458	0.92593	0.91743	0.90909
2	0.98030	0.96117	0.94260	0.92456	0.90703	0.89000	0.87344	0.85734	0.84168	0.82645
3	0.97059	0.94232	0.91514	0.88900	0.86384	0.83962	0.81630	0.79383	0.77218	0.75131
4	0.96098	0.92385	0.88849	0.85480	0.82270	0.79209	0.76290	0.73503	0.70843	0.68301
5	0.95147	0.90573	0.86261	0.82193	0.78353	0.74726	0.71299	0.68058	0.64993	0.62092
6	0.94205	0.88797	0.83748	0.79031	0.74622	0.70496	0.66634	0.63017	0.59627	0.56447
7	0.93272	0.87056	0.81309	0.75992	0.71068	0.66506	0.62275	0.58349	0.54703	0.51316
8	0.92348	0.85349	0.78941	0.73069	0.67684	0.62741	0.58201	0.54027	0.50187	0.46651
9	0.91434	0.83676	0.76642	0.70259	0.64461	0.59190	0.54393	0.50025	0.46043	0.42410
10	0.90529	0.82035	0.74409	0.67556	0.61391	0.55839	0.50835	0.46319	0.42241	0.38554
11	0.89632	0.80426	0.72242	0.64958	0.58468	0.52679	0.47509	0.42888	0.38753	0.35049
12	0.88745	0.78849	0.70138	0.62460	0.55684	0.49697	0.44401	0.39711	0.35553	0.31863
13	0.87866	0.77303	0.68095	0.60057	0.53032	0.46884	0.41496	0.36770	0.32618	0.28966
14	0.86996	0.75788	0.66112	0.57748	0.50507	0.44230	0.38782	0.34046	0.29925	0.26333
15	0.86135	0.74301	0.64186	0.55526	0.48102	0.41727	0.36245	0.31524	0.27454	0.23939
16	0.85282	0.72845	0.62317	0.53391	0.45811	0.39365	0.33873	0.29189	0.25187	0.21763
17	0.84438	0.71416	0.60502	0.51337	0.43630	0.37136	0.31657	0.27027	0.23107	0.19784
18	0.83602	0.70016	0.58739	0.49363	0.41552	0.35034	0.29586	0.25025	0.21199	0.17986
19	0.82774	0.68643	0.57029	0.47464	0.39573	0.33051	0.27651	0.23171	0.19449	0.16351
20	0.81954	0.67297	0.55368	0.45639	0.37689	0.31180	0.25842	0.21455	0.17843	0.14864
n/i	11.0	12.0	13.0	14.0	15.0	16.0	17.0	18.0	19.0	20.0
1	0.90090	0.89286	0.88496	0.87719	0.86957	0.86207	0.85470	0.84746	0.84034	0.83333
2	0.81162	0.79719	0.78315	0.76947	0.75614	0.74316	0.73051	0.71818	0.70616	0.69444
3	0.73119	0.71178	0.69305	0.67497	0.65752	0.64066	0.62437	0.60863	0.59342	0.57870
4	0.65873	0.63552	0.61332	0.59208	0.57175	0.55229	0.53365	0.51579	0.49867	0.48225
5	0.59345	0.56743	0.54276	0.51937	0.49718	0.47611	0.45611	0.43711	0.41905	0.40188
6	0.53464	0.50663	0.48032	0.45559	0.43233	0.41044	0.38984	0.37043	0.35214	0.33490
7	0.48166	0.45235	0.42506	0.39964	0.37594	0.35383	0.33320	0.31393	0.29592	0.27908
8	0.43393	0.40388	0.37616	0.35056	0.32690	0.30503	0.28478	0.26604	0.24867	0.23257
9	0.39092	0.36061	0.33288	0.30751	0.28426	0.26295	0.24340	0.22546	0.20897	0.19381
10	0.35218	0.32197	0.29459	0.26974	0.24718	0.22668	0.20804	0.19106	0.17560	0.16151
11	0.31728	0.28748	0.26070	0.23662	0.21494	0.19542	0.17781	0.16192	0.14757	0.13459
12	0.28584	0.25668	0.23071	0.20756	0.18691	0.16846	0.15197	0.13722	0.12400	0.11216
13	0.25751	0.22917	0.20416	0.18207	0.16253	0.14523	0.12989	0.11629	0.10421	0.09346
14	0.23199	0.20462	0.18068	0.15971	0.14133	0.12520	0.11102	0.09855	0.08757	0.07789
15	0.20900	0.18270	0.15989	0.14010	0.12289	0.10793	0.09489	0.08352	0.07359	0.06491
16	0.18829	0.16312	0.14150	0.12289	0.10686	0.09304	0.08110	0.07078	0.06184	0.05409
17	0.16963	0.14564	0.12522	0.10780	0.09293	0.08021	0.06932	0.05998	0.05196	0.04507
18	0.15282	0.13004	0.11081	0.09456	0.08081	0.06914	0.05925	0.05083	0.04367	0.03756
19	0.13768	0.11611	0.09806	0.08295	0.07027	0.05961	0.05064	0.04308	0.03670	0.03130
20	0.12403	0.10367	0.08678	0.07276	0.06110	0.05139	0.04328	0.03651	0.03084	0.02608

[표 2] 정상연금 1원의 현재가치

$$PVIFa = \frac{1 - \frac{1}{(1+i)^n}}{i}$$

n/i	1.0	2.0	3.0	4.0	5.0	6.0	7.0	8.0	9.0	10.0
1	0.99010	0.98039	0.97087	0.96154	0.95238	0.94340	0.93458	0.92593	0.91743	0.90909
2	1.97039	1.94156	1.91347	1.88609	1.85941	1.83339	1.80802	1.78326	1.75911	1.73554
3	2.94098	2.88388	2.82861	2.77509	2.72325	2.67301	2.62432	2.57710	2.53129	2.48685
4	3.90197	3.80773	3.71710	3.62990	3.54595	3.46511	3.38721	3.31213	3.23972	3.16987
5	4.85343	4.71346	4.57971	4.45182	4.32948	4.21236	4.10020	3.99271	3.88965	3.79079
6	5.79548	5.60143	5.41719	5.24214	5.07569	4.91732	4.76654	4.62288	4.48592	4.35526
7	6.72819	6.47199	6.23028	6.00206	5.78637	5.58238	5.38929	5.20637	5.03295	4.86842
8	7.65168	7.32548	7.01969	6.73275	6.46321	6.20979	5.97130	5.74664	5.53482	5.33493
9	8.56602	8.16224	7.78611	7.43533	7.10782	6.80169	6.51523	6.24689	5.99525	5.75902
10	9.47130	8.98259	8.53020	8.11090	7.72174	7.36009	7.02358	6.71008	6.41766	6.14457
11	10.36763	9.78685	9.25262	8.76048	8.30642	7.88687	7.49867	7.13896	6.80519	6.49506
12	11.25508	10.57534	9.95400	9.38507	8.86325	8.38384	7.94269	7.53608	7.16073	6.81369
13	12.13374	11.34837	10.63495	9.98565	9.39357	8.85268	8.35765	7.90378	7.48690	7.10336
14	13.00370	12.10625	11.29607	10.56312	9.89864	9.29498	8.74547	8.24424	7.78615	7.36669
15	13.86505	12.84926	11.93793	11.11839	10.37966	9.71225	9.10791	8.55948	8.06069	7.60608
16	14.71787	13.57771	12.56110	11.65230	10.83777	10.10590	9.44665	8.85137	8.31256	7.82371
17	15.56225	14.29187	13.16612	12.16567	11.27407	10.47726	9.76322	9.12164	8.54363	8.02155
18	16.39827	14.99203	13.75351	12.65930	11.68959	10.82760	10.05909	9.37189	8.75563	8.20141
19	17.22601	15.67846	14.32380	13.13394	12.08532	11.15812	10.33560	9.60360	8.95011	8.36492
20	18.04555	16.35143	14.87747	13.59033	12.46221	11.46992	10.59401	9.81815	9.12855	8.51356
n/i	11.0	12.0	13.0	14.0	15.0	16.0	17.0	18.0	19.0	20.0
1	0.90090	0.89286	0.88496	0.87719	0.86957	0.86207	0.85470	0.84746	0.84034	0.83333
2	1.71252	1.69005	1.66810	1.64666	1.62571	1.60523	1.58521	1.56564	1.54650	1.52778
3	2.44371	2.40183	2.36115	2.32163	2.28323	2.24589	2.20959	2.17427	2.13992	2.10648
4	3.10245	3.03735	2.97447	2.91371	2.85498	2.79818	2.74324	2.69006	2.63859	2.58873
5	3.69590	3.60478	3.51723	3.43308	3.35216	3.27429	3.19935	3.12717	3.05764	2.99061
6	4.23054	4.11141	3.99755	3.88867	3.78448	3.68474	3.58918	3.49760	3.40978	3.32551
7	4.71220	4.56376	4.42261	4.28830	4.16042	4.03857	3.92238	3.81153	3.70570	3.60459
8	5.14612	4.96764	4.79877	4.63886	4.48732	4.34359	4.20716	4.07757	3.95437	3.83716
9	5.53705	5.32825	5.13166	4.94637	4.77158	4.60654	4.45057	4.30302	4.16333	4.03097
10	5.88923	5.65022	5.42624	5.21612	5.01877	4.83323	4.65860	4.49409	4.33894	4.19247
11	6.20652	5.93770	5.68694	5.45273	5.23371	5.02864	4.83641	4.65601	4.48650	4.32706
12	6.49236	6.19437	5.91765	5.66029	5.42062	5.19711	4.98839	4.79323	4.61050	4.43922
13	6.74987	6.42355	6.12181	5.84236	5.58315	5.34233	5.11828	4.90951	4.71471	4.53268
14	6.98187	6.62817	6.30249	6.00207	5.72448	5.46753	5.22930	5.00806	4.80228	4.61057
15	7.19087	6.81086	6.46238	6.14217	5.84737	5.57546	5.32419	5.09158	4.87586	4.67547
16	7.37916	6.97399	6.60388	6.26506	5.95424	5.66850	5.40529	5.16235	4.93770	4.72956
17	7.54879	7.11963	6.72909	6.37286	6.04716	5.74870	5.47461	5.22233	4.98966	4.77463
18	7.70162	7.24967	6.83991	6.46742	6.12797	5.81785	5.53385	5.27316	5.03333	4.81220
19	7.83929	7.36578	6.93797	6.55037	6.19823	5.87746	5.58449	5.31624	5.07003	4.84350
20	7.96333	7.46944	7.02475	6.62313	6.25933	5.92884	5.62777	5.35275	5.10086	4.86958

[표 3] 단일금액 1원의 미래가치

CVIF = $(1+i)^n$ (n=기간, i=기간당 이자율)

n/i	1.0	2.0	3.0	4.0	5.0	6.0	7.0	8.0	9.0	10.0
1	1.01000	1.02000	1.03000	1.04000	1.05000	1.06000	1.07000	1.08000	1.09000	1.10000
2	1.02010	1.04040	1.06090	1.08160	1.10250	1.12360	1.14490	1.16640	1.18810	1.21000
3	1.03030	1.06121	1.09273	1.12486	1.15762	1.19102	1.22504	1.25971	1.29503	1.33100
4	1.04060	1.08243	1.12551	1.16986	1.21551	1.26248	1.31080	1.36049	1.41158	1.46410
5	1.05101	1.10408	1.15927	1.21665	1.27628	1.33823	1.40255	1.46933	1.53862	1.61051
6	1.06152	1.12616	1.19405	1.26532	1.34010	1.41852	1.50073	1.58687	1.67710	1.77156
7	1.07214	1.14869	1.22987	1.31593	1.40710	1.50363	1.60578	1.71382	1.82804	1.94872
8	1.08286	1.17166	1.26677	1.36857	1.47746	1.59385	1.71819	1.85093	1.99256	2.14359
9	1.09369	1.19509	1.30477	1.42331	1.55133	1.68948	1.83846	1.99900	2.17189	2.35795
10	1.10462	1.21899	1.34392	1.48024	1.62889	1.79085	1.96715	2.15892	2.36736	2.59374
11	1.11567	1.24337	1.38423	1.53945	1.71034	1.89830	2.10485	2.33164	2.58043	2.85312
12	1.12682	1.26824	1.42576	1.60103	1.79586	2.01220	2.25219	2.51817	2.81266	3.13843
13	1.13809	1.29361	1.46853	1.66507	1.88565	2.13293	2.40984	2.71962	3.06580	3.45227
14	1.14947	1.31948	1.51259	1.73168	1.97993	2.26090	2.57853	2.93719	3.34173	3.79750
15	1.16097	1.34587	1.55797	1.80094	2.07893	2.39656	2.75903	3.17217	3.64248	4.17725
16	1.17258	1.37279	1.60471	1.87298	2.18287	2.54035	2.95216	3.42594	3.97030	4.59497
17	1.18430	1.40024	1.65285	1.94790	2.29202	2.69277	3.15881	3.70002	4.32763	5.05447
18	1.19615	1.42825	1.70243	2.02582	2.40662	2.85434	3.37993	3.99602	4.71712	5.55992
19	1.20811	1.45681	1.75351	2.10685	2.52695	3.02560	3.61653	4.31570	5.14166	6.11591
20	1.22019	1.48595	1.80611	2.19112	2.65330	3.20713	3.86968	4.66096	5.60441	6.72750

n/i	11.0	12.0	13.0	14.0	15.0	16.0	17.0	18.0	19.0	20.0
1	1.11000	1.12000	1.13000	1.14000	1.15000	1.16000	1.17000	1.18000	1.19000	1.20000
2	1.23210	1.25440	1.27690	1.29960	1.32250	1.34560	1.36890	1.39240	1.41610	1.44000
3	1.36763	1.40493	1.44290	1.48154	1.52087	1.56090	1.60161	1.64303	1.68516	1.72800
4	1.51807	1.57352	1.63047	1.68896	1.74901	1.81064	1.87389	1.93878	2.00534	2.07360
5	1.68506	1.76234	1.84244	1.92541	2.01136	2.10034	2.19245	2.28776	2.38635	2.48832
6	1.87041	1.97382	2.08195	2.19497	2.31306	2.43640	2.56516	2.69955	2.83976	2.98598
7	2.07616	2.21068	2.35261	2.50227	2.66002	2.82622	3.00124	3.18547	3.37931	3.58318
8	2.30454	2.47596	2.65844	2.85259	3.05902	3.27841	3.51145	3.75886	4.02138	4.29982
9	2.55804	2.77308	3.00404	3.25195	3.51788	3.80296	4.10840	4.43545	4.78545	5.15978
10	2.83942	3.10585	3.39457	3.70722	4.04556	4.41143	4.80683	5.23383	5.69468	6.19173
11	3.15176	3.47855	3.83586	4.22623	4.65239	5.11726	5.62399	6.17592	6.77667	7.43008
12	3.49845	3.89598	4.33452	4.81790	5.35025	5.93603	6.58007	7.28759	8.06424	8.91610
13	3.88328	4.36349	4.89801	5.49241	6.15279	6.88579	7.69868	8.59936	9.59645	10.69932
14	4.31044	4.88711	5.53475	6.26135	7.07570	7.98752	9.00745	10.14724	11.41977	12.83918
15	4.78459	5.47356	6.25427	7.13794	8.13706	9.26552	10.53872	11.97374	13.58953	15.40701
16	5.31089	6.13039	7.06732	8.13725	9.35762	10.74800	12.33030	14.12902	16.17154	18.48842
17	5.89509	6.86604	7.98608	9.27646	10.76126	12.46768	14.42645	16.67224	19.24413	22.18610
18	6.54355	7.68996	9.02427	10.57517	12.37545	14.46251	16.87895	19.67324	22.90051	26.62332
19	7.26334	8.61276	10.19742	12.05569	14.23177	16.77651	19.74837	23.21443	27.25161	31.94798
20	8.06231	9.64629	11.52309	13.74348	16.36653	19.46075	23.10559	27.39302	32.42941	38.33758

[표 4] 정상연금 1원의 미래가치

$$CVIFa = \frac{(1+i)^n - 1}{i}$$

n/i	1.0	2.0	3.0	4.0	5.0	6.0	7.0	8.0	9.0	10.0
1	1.00000	1.00000	1.00000	1.00000	1.00000	1.00000	1.00000	1.00000	1.00000	1.00000
2	2.01000	2.02000	2.03000	2.04000	2.04500	2.06000	2.07000	2.08000	2.09000	2.10000
3	3.03010	3.06040	3.09090	3.12160	3.13702	3.18360	3.21490	3.24640	3.27810	3.31000
4	4.06040	4.12161	4.18363	4.24646	4.27819	4.37462	4.43994	4.50611	4.57313	4.64100
5	5.10100	5.20404	5.30914	5.41632	5.47071	5.63709	5.75074	5.86660	5.98471	6.10510
6	6.15201	6.30812	6.46841	6.63298	6.71689	6.97532	7.15329	7.33593	7.52333	7.71561
7	7.21353	7.43428	7.66246	7.89829	8.01915	8.39384	8.65402	8.92280	9.20043	9.48717
8	8.28567	8.58297	8.89234	9.21423	9.38001	9.89747	10.25980	10.63663	11.02847	11.43589
9	9.36853	9.75463	10.15911	10.58279	10.80211	11.49132	11.97799	12.48756	13.02104	13.57948
10	10.46221	10.94972	11.46388	12.00611	12.28821	13.18079	13.81645	14.48656	15.19293	15.93742
11	11.56683	12.16871	12.80779	13.48635	13.84118	14.97164	15.78360	16.64549	17.56029	18.53117
12	12.68250	13.41209	14.19203	15.02580	15.46403	16.86994	17.88845	18.97713	20.14072	21.38428
13	13.80933	14.68033	15.61779	16.62684	17.15991	18.88214	20.14064	21.49530	22.95338	24.52271
14	14.94742	15.97394	17.08632	18.29191	18.93211	21.01506	22.55049	24.21492	26.01919	27.97498
15	16.09689	17.29342	18.59891	20.02359	20.78405	23.27597	25.12902	27.15211	29.36091	31.77248
16	17.25786	18.63928	20.15688	21.82453	22.71933	25.67252	27.88805	30.32428	33.00339	35.94973
17	18.43044	20.01207	21.76158	23.69751	24.74170	28.21287	30.84021	33.75022	36.97370	40.54470
18	19.61474	21.41231	23.41443	25.64541	26.85508	30.90565	33.99903	37.45024	41.30133	45.59917
19	20.81089	22.84056	25.11686	27.67123	29.06356	33.75998	37.37896	41.44626	46.01845	51.15908
20	22.01900	24.29737	26.87037	29.77807	31.37142	36.78558	40.99549	45.76196	51.16011	57.27499

n/i	11.0	12.0	13.0	14.0	15.0	16.0	17.0	18.0	19.0	20.0
1	1.00000	1.00000	1.00000	1.00000	1.00000	1.00000	1.00000	1.00000	1.00000	1.00000
2	2.11000	2.12000	2.13000	2.14000	2.15000	2.16000	2.17000	2.18000	2.19000	2.20000
3	3.34210	3.37440	3.40690	3.43960	3.47250	3.50560	3.53890	3.57240	3.60610	3.64000
4	4.70973	4.77933	4.84980	4.92114	4.99337	5.06650	5.14051	5.21543	5.29126	5.36800
5	6.22780	6.35285	6.48027	6.61010	6.74238	6.87714	7.01440	7.15421	7.29660	7.44160
6	7.91286	8.11519	8.32271	8.53552	8.75374	8.97748	9.20685	9.44197	9.68295	9.92992
7	9.78327	10.08901	10.40466	10.73049	11.06680	11.41387	11.77201	12.14152	12.52271	12.91590
8	11.85943	12.29969	12.75726	13.23276	13.72682	14.24009	14.77325	15.32699	15.90203	16.49908
9	14.16397	14.77566	15.41571	16.08535	16.78584	17.51851	18.28471	19.08585	19.92341	20.79890
10	16.72201	17.54873	18.41975	19.33729	20.30372	21.32147	22.39311	23.52131	24.70886	25.95868
11	19.56143	20.65458	21.81432	23.04451	24.34927	25.73290	27.19993	28.75514	30.40354	32.15041
12	22.71318	24.13313	25.65018	27.27074	29.00166	30.85016	32.82392	34.93106	37.18021	39.58049
13	26.21163	28.02911	29.98470	32.08865	34.35191	36.78619	39.40399	42.21865	45.24445	48.49659
14	30.09491	32.39260	34.88271	37.58106	40.50470	43.67198	47.10266	50.81801	54.84090	59.19591
15	34.40535	37.27971	40.41746	43.84241	47.58041	51.65949	56.11012	60.96525	66.26067	72.03509
16	39.18994	42.75327	46.67173	50.98034	55.71747	60.92501	66.64883	72.93899	79.85019	87.44210
17	44.50083	48.88367	53.73906	59.11759	65.07508	71.67301	78.97913	87.06801	96.02173	105.93052
18	50.39592	55.74971	61.72513	68.39405	75.83635	84.14069	93.40559	103.74025	115.26585	128.11662
19	56.93947	63.43967	70.74940	78.96922	88.21180	98.60320	110.28453	123.41349	138.16636	154.73994
20	64.20282	72.05243	80.94682	91.02491	102.44357	115.37971	130.03290	146.62792	165.41797	186.68792

부록2 재무제표 양식(일반기업회계기준)

다음은 일반기업회계기준에 따른 재무제표 양식의 예시이다.

1. 재무상태표

재무상태표

제x기 20xx년 x월 x일 현재

제x기 20xx년 x월 x일 현재

회사명 (단위 : 원)

과 목	당 기		전 기	
자 산				
유동자산		×××		×××
당좌자산		×××		×××
현금및현금성자산	×××		×××	
단기투자자산	×××		×××	
매출채권	×××		×××	
선급비용	×××		×××	
이연법인세자산	×××		×××	
⋮	×××		×××	
재고자산		×××		×××
제품	×××		×××	
재공품	×××		×××	
원재료	×××		×××	
⋮	×××		×××	
비유동자산		×××		×××
투자자산		×××		×××
투자부동산	×××		×××	
장기투자증권	×××		×××	
관계기업투자주식	×××		×××	
⋮	×××		×××	
유형자산		×××		×××
토지	×××		×××	
설비자산	×××		×××	
(−) 감가상각누계액	(×××)		(×××)	
건설중인자산	×××		×××	
⋮	×××		×××	
무형자산		×××		×××
영업권	×××		×××	
산업재산권	×××		×××	
개발비	×××		×××	
⋮	×××		×××	
기타비유동자산		×××		×××
이연법인세자산	×××		×××	
⋮	×××		×××	
자 산 총 계		×××		×××

과 목	당 기		전 기	
부 채				
유동부채		×××		×××
단기차입금	×××		×××	
매입채무	×××		×××	
미지급법인세	×××		×××	
미지급비용	×××		×××	
이연법인세부채	×××		×××	
⋮	×××		×××	
비유동부채		×××		×××
사채	×××		×××	
신주인수권부사채	×××		×××	
전환사채	×××		×××	
장기차입금	×××		×××	
퇴직급여충당부채	×××		×××	
장기제품보증충당부채	×××		×××	
이연법인세부채	×××		×××	
⋮	×××		×××	
부 채 총 계		×××	×××	×××
자 본				
자본금		×××		×××
보통주자본금	×××		×××	
우선주자본금	×××		×××	
자본잉여금		×××		×××
주식발행초과금	×××		×××	
⋮	×××		×××	
자본조정		×××		×××
자기주식	×××		×××	
⋮	×××		×××	
기타포괄손익누계액		×××		×××
기타포괄손익－공정가치측정	×××		×××	
금융자산평가손익			×××	
해외사업환산손익	×××			
현금흐름위험회피 파생상품평가손익	×××		×××	
⋮	×××		×××	
이익잉여금(또는 결손금)		×××		×××
법정적립금	×××		×××	
임의적립금	×××		×××	
미처분이익잉여금(또는 미처리결손금)	×××		×××	
자 본 총 계		×××		×××
부채 및 자본 총계		×××		×××

2. 포괄손익계산서

포괄손익계산서

제x기 20xx년 x월 x일부터 20xx년 x월 x일까지

제x기 20xx년 x월 x일부터 20xx년 x월 x일까지

회사명 (단위 : 원)

과 목	당 기		전 기	
매출액		×××		×××
매출원가		×××		×××
기초제품(또는 상품)재고액	×××		×××	
당기제품제조원가 (또는 당기상품매입액)	×××		×××	
기말제품(또는 상품)재고액	(×××)		(×××)	
매출총이익(또는 매출총손실)		×××		×××
판매비와관리비		×××		×××
급여	×××		×××	
퇴직급여	×××		×××	
복리후생비	×××		×××	
임차료	×××		×××	
접대비	×××		×××	
감가상각비	×××		×××	
무형자산상각비	×××		×××	
세금과공과	×××		×××	
광고선전비	×××		×××	
연구비	×××		×××	
경상개발비	×××		×××	
손상차손	×××		×××	
⋮	×××		×××	
영업이익(또는 영업손실)		×××		×××
영업외수익		×××		×××
이자수익	×××		×××	
배당금수익	×××		×××	
임대료	×××		×××	
단기투자자산처분이익	×××		×××	
단기투자자산평가이익	×××		×××	
외환차익	×××		×××	
외화환산이익	×××		×××	
지분법이익	×××		×××	
장기투자증권손상차손환입	×××		×××	
유형자산처분이익	×××		×××	
사채상환이익	×××		×××	
전기오류수정이익	×××		×××	
⋮	×××		×××	

과 목	당 기		전 기	
영업외비용		×××		×××
이자비용	×××		×××	
기타의손상차손	×××		×××	
단기투자자산처분손실	×××		×××	
단기투자자산평가손실	×××		×××	
재고자산감모손실	×××		×××	
외환차손	×××		×××	
외화환산손실	×××		×××	
기부금	×××		×××	
지분법손실	×××		×××	
장기투자증권손상차손	×××		×××	
유형자산처분손실	×××		×××	
사채상환손실	×××		×××	
전기오류수정손실	×××		×××	
⋮	×××		×××	
법인세비용차감전계속사업손익		×××		×××
계속사업손익법인세비용		×××		×××
계속사업이익(또는 계속사업손실)		×××		×××
중단사업손익		×××		×××
(법인세효과 : ×××원)				
당기순손익		×××		×××
기타포괄손익		×××		×××
기타포괄손익－공정가치측정 금융자산평가손익 (법인세효과 : ×××원)		×××		×××
해외사업환산손익(법인세효과 : ×××원)		×××		×××
현금흐름위험회피 파생상품평가손익 (법인세효과 : ×××원)		×××		×××
총포괄손익		×××		×××

3. 자본변동표

자본변동표

제x기 20xx년 x월 x일부터 20xx년 x월 x일까지

제x기 20xx년 x월 x일부터 20xx년 x월 x일까지

회사명 (단위 : 원)

구 분	자본금	자본 잉여금	자본조정	기타포괄 손익누계액	이익 잉여금	총 계
20××.×.×(보고금액)	×××	×××	×××	×××	×××	×××
회계정책변경누적효과					(×××)	(×××)
전기오류수정					(×××)	(×××)
수정후 이익잉여금					×××	×××
연차배당					(×××)	(×××)
처분후 이익잉여금					×××	×××
중간배당					(×××)	(×××)
유상 증자(감자)	×××	×××				×××
당기순손익					×××	×××
자기주식 취득			(×××)			(×××)
해외사업환산손익				(×××)		(×××)
20××.×.×	×××	×××	×××	×××	×××	×××
20××.×.×(보고금액)	×××	×××	×××	×××	×××	×××
회계정책변경누적효과					(×××)	(×××)
전기오류수정					(×××)	(×××)
수정후 이익잉여금					×××	×××
연차배당					(×××)	(×××)
처분후 이익잉여금					×××	×××
중간배당					(×××)	(×××)
유상 증자(감자)	×××	×××				×××
당기순손익					×××	×××
자기주식 취득			(×××)			(×××)
기타포괄손익-공정가치 측정 금융자산평가손익				×××		×××
20××.×.×	×××	×××	×××	×××	×××	×××

4. 이익잉여금처분계산서

이익잉여금처분계산서

제 x 기 처분예정일	20xx년 x월 x일부터 20xx년 x월 x일까지 20xx년 x월 x일	제 x 기 처분확정일	20xx년 x월 x일부터 20xx년 x월 x일까지 20xx년 x월 x일

회사명 (단위 : 원)

구 분	당 기		전 기	
미처분이익잉여금		×××		×××
전기이월미처분이익잉여금 (또는 전기이월미처리결손금)	×××		×××	
회계정책변경누적효과	–		×××	
전기오류수정	–		×××	
중간배당액	×××		×××	
당기순손익	×××		×××	
임의적립금등의이입액		×××		×××
×××적립금	×××		×××	
×××적립금	×××		×××	
합 계		×××		×××
이익잉여금처분액		×××		×××
이익준비금	×××		×××	
기타법정적립금	×××		×××	
주식할인발행차금상각액	×××		×××	
배당금	×××		×××	
현금배당				
주당배당금(률) 보통주 : 당기 ××원(%)				
전기 ××원(%)				
우선주 : 당기 ××원(%)				
전기 ××원(%)				
주식배당				
주당배당금(률) 보통주 : 당기 ××원(%)				
전기 ××원(%)				
우선주 : 당기 ××원(%)				
전기 ××원(%)				
사업확장적립금	×××		×××	
감채적립금	×××		×××	
⋮				
차기이월미처분이익잉여금		×××		×××

부록 ● APPENDIX

5. 현금흐름표

(1) 직접법

<u>현금흐름표</u>

제x기 20xx년 x월 x일부터 20xx년 x월 x일까지

제x기 20xx년 x월 x일부터 20xx년 x월 x일까지

기업명 (단위 : 원)

과 목	당 기		전 기	
영업활동으로 인한 현금흐름		×××		×××
매출등 수익활동으로부터의 유입액	×××		×××	
매입 및 종업원에 대한 유출액	×××		×××	
이자수익 유입액	×××		×××	
배당금수익 유입액	×××		×××	
이자비용 유출액	×××		×××	
법인세의 지급	×××		×××	
투자활동으로 인한 현금흐름		×××		×××
투자활동으로 인한 현금유입액				
단기투자자산의 처분	×××		×××	
유가증권의 처분	×××		×××	
토지의 처분	×××		×××	
투자활동으로 인한 현금유출액				
현금의 단기대여	×××		×××	
단기투자자산의 취득	×××		×××	
유가증권의 취득	×××		×××	
토지의 취득	×××		×××	
개발비의 지급	×××		×××	
재무활동으로 인한 현금흐름		×××		×××
재무활동으로 인한 현금유입액				
단기차입금의 차입	×××		×××	
사채의 발행	×××		×××	
보통주의 발행	×××		×××	
재무활동으로 인한 현금유출액				
단기차입금의 상환	×××		×××	
사채의 상환	×××		×××	
유상감자	×××		×××	
현금의 증가(감소)		×××		×××
기초의 현금		×××		×××
기말의 현금		×××		×××

(2) 간접법

현금흐름표

제x기 20xx년 x월 x일부터 20xx년 x월 x일까지

제x기 20xx년 x월 x일부터 20xx년 x월 x일까지

기업명 (단위 : 원)

과 목	당 기		전 기	
영업활동으로 인한 현금흐름		×××		×××
당기순손익	×××		×××	
현금의 유출이 없는 비용 등의 가산				
감가상각비	×××		×××	
퇴직급여	×××		×××	
현금의 유입이 없는 수익 등의 차감				
사채상환이익	×××		×××	
영업활동으로 인한 자산·부채의 변동				
재고자산의 감소(증가)	×××		×××	
매출채권의 감소(증가)	×××		×××	
이연법인세자산의 감소(증가)	×××		×××	
매입채무의 증가(감소)	×××		×××	
당기법인세부채의 증가(감소)	×××		×××	
이연법인세부채의 증가(감소)	×××		×××	
투자활동으로 인한 현금흐름		×××		×××
투자활동으로 인한 현금유입액				
단기투자자산의 처분	×××		×××	
유가증권의 처분	×××		×××	
토지의 처분	×××		×××	
투자활동으로 인한 현금유출액				
현금의 단기대여	×××		×××	
단기투자자산의 취득	×××		×××	
유가증권의 취득	×××		×××	
토지의 취득	×××		×××	
개발비의 지급	×××		×××	
재무활동으로 인한 현금흐름		×××		×××
재무활동으로 인한 현금유입액				
단기차입금의 차입	×××		×××	
사채의 발행	×××		×××	
재무활동으로 인한 현금유출액	×××		×××	
단기차입금의 상환				
사채의 상환	×××		×××	
유상감자	×××		×××	
보통주의 발행	×××		×××	
현금의 증가(감소)		×××		×××
기초의 현금		×××		×××
기말의 현금		×××		×××

부록3 연결재무제표 양식(한국채택국제회계기준)

다음은 한국채택국제회계기준에 따른 연결재무제표 양식의 예시이다.

1. 재무상태표에 표시되는 정보

재무상태표에는 적어도 다음에 해당하는 금액을 나타내는 항목을 표시한다.

(1) 유형자산
(2) 투자부동산
(3) 무형자산
(4) 금융자산(단, (5), (8) 및 (9)를 제외)
(5) 지분법에 따라 회계처리하는 투자자산
(6) 생물자산
(7) 재고자산
(8) 매출채권 및 기타 채권
(9) 현금및현금성자산
(10) 기업회계기준서 제1105호 '매각예정비유동자산과 중단영업'에 따라 매각예정으로 분류된 자산과 매각예정으로 분류된 처분자산집단에 포함된 자산의 총계
(11) 매입채무 및 기타 채무
(12) 충당부채
(13) 금융부채(단, (11)과 (12) 제외)
(14) 기업회계기준서 제1012호 '법인세'에서 정의된 당기 법인세와 관련한 부채와 자산
(15) 기업회계기준서 제1012호에서 정의된 이연법인세부채 및 이연법인세자산

(16) 기업회계기준서 제1105호에 따라 매각예정으로 분류된 처분자산집단에 포함된 부채
(17) 자본에 표시된 소수주주지분
(18) 지배기업의 소유주에게 귀속되는 주식발행 자본금과 적립금

2. 포괄손익계산서에 표시되는 정보

포괄손익계산서에는 적어도 당해 기간의 다음 금액을 표시하는 항목을 포함한다.

(1) 수익
(2) 금융원가
(3) 지분법 적용대상인 관계기업과 조인트벤처의 당기순손익에 대한 지분
(4) 법인세비용
(5) 다음의 (가)와 (나)를 합한 금액
  (가) 세후 중단영업손익
  (나) 중단영업에 속한 자산이나 처분자산집단의 처분으로 인하여 또는 순공정가치의 측정으로 인하여 인식된 세후 중단영업손익
(6) 당기순손익
(7) 성격별로 분류되는 기타포괄손익의 각 구성요소((8)의 금액은 제외)
(8) 지분법 적용대상인 관계기업과 조인트벤처의 기타포괄손익에 대한 지분
(9) 총포괄손익

3. 포괄손익계산서 형태

한국채택국제회계기준하에서 포괄손익계산서의 형태는 두 가지가 가능하다. 첫 번째 형태는 성격별 분류이고, 두 번째 형태는 기능별 분류법이다.

(1) 성격별 분류 형태

당기손익에 포함된 비용은 그 성격(예 감가상각비, 원재료의 구입, 운송비, 종업원 급여와 광고비)별로 통합하며, 기능별로 재배분하지 않는다. 비용을 기능별 분류로 배분할 필요가 없기 때문에 적용이 간단하다. 비용의 성격별 분류의 예는 다음과 같다.

수익		×××
기타수익		×××
제품과 재공품의 변동	×××	
원재료와 소모품의 사용액	×××	
종업원급여비용	×××	
감가상각비와 기타 상각비	×××	
기타비용	×××	
총비용		(×××)
법인세비용차감전순이익		×××

(2) 기능별 분류 형태

비용을 매출원가, 그리고 물류원가와 관리활동원가 등과 같이 기능별로 분류한다. 이 방법에서는 적어도 매출원가를 다른 비용과 분리하여 공시(Disclosure)한다. 이 방법은 성격별 분류보다 재무제표이용자에게 더욱 목적적합한 정보를 제공할 수 있지만 비용을 기능별로 배분하는 데 자의적인 배분과 상당한 정도의 판단이 개입될 수 있다. 비용의 기능별 분류의 예는 다음과 같다.

수익	×××
매출원가	(×××)
매출총이익	×××
기타수익	×××
물류원가	(×××)
관리비	(×××)
기타비용	(×××)
법인세비용차감전순이익	×××

4. 연결 재무상태표

(단위 : 천원)

	20x2년 12월 31일	20x1년 12월 31일
자산		
비유동자산		
유형자산		×××
영업권	×××	×××
기타무형자산	×××	×××
관계기업투자	×××	×××
기타포괄손익－공정가치측정 금융자산	×××	×××
	×××	×××
유동자산		
재고자산	×××	×××
매출채권	×××	×××
기타유동자산	×××	×××
현금및현금성자산	×××	×××
	×××	×××
자산총계	×××	×××
자본 및 부채		
지배기업의 소유주에게 귀속되는 자본		
납입자본	×××	×××
이익잉여금	×××	×××
기타자본구성요소	×××	×××
	×××	×××
비지배지분	×××	×××
자본총계	×××	×××
비유동부채		
장기차입금	×××	×××
이연법인세	×××	×××
장기충당부채	×××	×××
비유동부채합계	×××	×××

유동부채		
매입채무와 기타미지급금	×××	×××
단기차입금	×××	×××
유동성장기차입금	×××	×××
당기법인세부채	×××	×××
단기충당부채	×××	×××
유동부채합계	×××	×××
부채총계	×××	×××
자본 및 부채총계	×××	×××

5. 연결포괄손익계산서

(1) 기능별 연결포괄손익계산서

(단위 : 천원)

	20x2년	20x1년
수익(revenue)	×××	×××
매출원가	(×××)	(×××)
매출총이익	×××	×××
기타 수익(other income)	×××	×××
물류원가	(×××)	(×××)
관리비	(×××)	(×××)
기타비용	(×××)	(×××)
금융원가	(×××)	(×××)
관계기업의 이익에 대한 지분	×××	×××
법인세비용차감전순이익	×××	×××
법인세비용	(×××)	(×××)
계속영업이익	×××	×××
중단영업손실	–	(×××)
당기순이익	×××	×××
기타포괄손익 :		
당기손익으로 재분류되지 않는 항목		
자산재평가차익	×××	×××
확정급여제도의 재측정요소	(×××)	(×××)
관계기업의 기타포괄손익에 대한 지분	×××	×××
당기손익으로 재분류되지 않는 항목과 관련된 법인세	(×××)	(×××)
	×××	×××
후속적으로 당기손익으로 재분류될 수 있는 항목		
해외사업장 환산외환차이	×××	×××
기타포괄손익-공정가치측정 금융자산	(×××)	(×××)
현금흐름위험회피	(×××)	(×××)
당기손익으로 재분류될 수 있는 항목과 관련된 법인세	×××	×××
	(×××)	(×××)
법인세비용차감후기타포괄손익	(×××)	(×××)
총포괄이익	×××	×××

(2) 성격별 연결포괄손익계산서

(단위 : 천원)

	20x2년	20x1년
수익(revenue)	×××	×××
기타 수익(other income)	×××	×××
제품과 재공품의 변동	(×××)	(×××)
기업이 수행한 용역으로서 자본화되어 있는 부분	×××	×××
원재료와 소모품의 사용액	(×××)	(×××)
종업원급여비용	(×××)	(×××)
감가상각비와 기타 상각비	(×××)	(×××)
유형자산손상차손	(×××)	(×××)
기타비용	(×××)	(×××)
금융원가	(×××)	(×××)
관계기업의 이익에 대한 지분	×××	×××
법인세비용차감전순이익	×××	×××
법인세비용	(×××)	(×××)
계속영업이익	×××	×××
중단영업손실	-	(×××)
당기순이익	×××	×××
당기순이익의 귀속 :		
지배기업의 소유주	×××	×××
비지배지분	×××	×××
	×××	×××
주당이익 (단위 : 원) :		
기본 및 희석	×××	×××

6. 연결 자본변동표

(단위 : 천원)

	납입자본	이익잉여금	해외사업장환산	기타포괄손익-공정가치측정금융자산	현금흐름위험회피	재평가잉여금	총계	비지배지분	총자본
20x1년 1월 1일 현재 잔액	×××	×××	(×××)	×××	×××	-	×××	×××	×××
회계정책의 변경	-	×××	-	-	-	-	×××	×××	×××
재작성된 금액	×××	×××	(×××)	×××	×××	-	×××	×××	×××
20x1년 자본의 변동									
배당	-	(×××)	-	-	-	-	(×××)	-	(×××)
총포괄손익(1)	-	×××	×××	×××	×××	×××	×××	×××	×××
20x6년 12월 31일 현재 잔액	×××	×××	×××	×××	×××	×××	×××	×××	×××
20x2년 자본의 변동									
유상증자	×××	-	-	-	-	-	×××	-	×××
배당	-	(×××)	-	-	-	-	(×××)	-	(×××)
총포괄손익(2)	-	×××	×××	(×××)	(×××)	×××	×××	×××	×××
이익잉여금으로 대체	-	×××	-	-	-	(×××)	-	-	-
20x2년 12월 31일 현재 잔액	×××	×××	×××	×××	(×××)	×××	×××	×××	×××

7. 연결 현금흐름표

(1) 연결 현금흐름표(직접법)

(단위 : 원)

		20x2
영업활동현금흐름		
고객으로부터의 유입된 현금	×××	
공급자와 종업원에 대한 현금유출	(×××)	
영업으로부터 창출된 현금	×××	
이자지급	(×××)	
법인세의 납부	(×××)	
영업활동순현금흐름		×××
투자활동현금흐름		
종속기업 X의 취득에 따른 순현금흐름	(×××)	
유형자산의 취득	(×××)	
설비의 처분	×××	
이자수취	×××	
배당금수취	×××	
투자활동순현금흐름		(×××)
재무활동현금흐름		
유상증자	×××	
장기차입금	×××	
금융리스부채의 지급	(×××)	
배당금지급	(×××)	
재무활동순현금흐름		(×××)
현금및현금성자산의 순증가		×××
기초 현금및현금성자산		×××
기말 현금및현금성자산		×××

(2) 연결 현금흐름표(간접법)

(단위 : 원)

		20x2
영업활동현금흐름		
법인세비용차감전순이익	×××	
가감 :		
감가상각비	×××	
외화환산손실	×××	
투자수익	(×××)	
이자비용	×××	
	×××	
매출채권 및 기타채권의 증가	(×××)	
재고자산의 감소	×××	
매입채무의 감소	(×××)	
영업에서 창출된 현금	×××	
이자지급	(×××)	
법인세의 납부	(×××)	
영업활동순현금흐름		×××
투자활동현금흐름		
종속기업 X의 취득에 따른 순현금흐름	(×××)	
유형사산의 취득	(×××)	
설비의 처분	×××	
이자수취	×××	
배당금수취	×××	
투자활동순현금흐름		(×××)
재무활동현금흐름		
유상증자	×××	
장기차입금	×××	
금융리스부채의 상환	×××	
배당금지급	(×××)	
재무활동순현금흐름		(×××)
현금및현금성자산의 순증가		×××
기초 현금및현금성자산		×××
기말 현금및현금성자산		×××

[저자 약력]

■ 고윤성

연세대학교 경영학 박사/미국공인회계사, KT&G 사외이사(감사위원장)

현) 한국외국어대학교 경영대학 교수

전) 경기대학교 회계세무학과 교수

- 한국회계학회 총무이사, 한국세무학회 상임이사, 한국회계정보학회 상임이사 등 역임
- 국세청 납세자보호위원, 기재부·국토부·경기도 공공기관 경영평가위원, 한국공인회계사 등 시험 출제위원

[제5판] 회계학 레시피

발 행 일 2020년 9월 1일 1쇄

저　　자 고윤성

발 행 인 임재환

발 행 처 (주)유비온

등　　록 제22-630호(2001.4.17.)

주　　소 서울시 구로구 디지털로 34길 27 대륭포스트타워 3차 601호

전　　화 02-2023-8710 (위탁거래 문의) / 02-2023-8788 (현매거래 문의)

팩　　스 02-6020-8590 (위탁 및 현매거래)

I S B N 978-89-5863-582-6 (93320)

※ 정가는 뒤표지에 있습니다.

※ 낙장이나 파본은 교환해 드립니다.